客家学术研究丛书

主编　陈春声　罗　勇　王　东

走进客家历史田野

地方社会与文化传统

杨彦杰　著

SPM
南方出版传媒
广东人民出版社
·广　州·

图书在版编目（CIP）数据

走进客家历史田野：地方社会与文化传统／杨彦杰著．—广州：广东人民出版社，2018.4（2023.1 重印）
（客家学术研究丛书）
ISBN 978－7－218－11203－9

Ⅰ．①走… Ⅱ．①杨… Ⅲ．①客家人—民族历史—研究—中国 Ⅳ．①K281.1

中国版本图书馆 CIP 数据核字（2016）第 225101 号

ZOUJIN KEJIA LISHI TIANYE：DIFANG SHEHUI YU WENHUA CHUANTONG
走进客家历史田野：地方社会与文化传统

杨彦杰 著

出 版 人：肖风华

出版策划：钟 菱
责任编辑：钟 菱 王红星
插　　图：曹知博
印章篆刻：林清书
装帧设计：吴长乐 金 彤
责任技编：周 杰 吴彦斌
出版发行：广东人民出版社
地　　址：广州市大沙头四马路 10 号（邮政编码：510199）
电　　话：（020）85716809（总编室）
传　　真：（020）83289585
网　　址：http：//www. gdpph. com
印　　刷：三河市同力彩印有限公司
开　　本：787mm×1092mm 1/16
印　　张：20. 25　　**字数：**299 千
版　　次：2018 年 4 月第 1 版 2023 年 1 月第 2 次印刷
定　　价：98. 00 元

ISBN 978-7-218-11203-9

如发现印装质量问题，影响阅读，请与出版社（020－85716849）联系调换。
售书热线：（020）85716826

杨彦杰　厦门大学历史系毕业，1992年被评为副研究员，1996年破格晋升为研究员；历任福建社会科学院研究员兼台湾研究所副所长、科研组织处处长、客家研究中心主任、福建省海峡文化研究中心秘书长、中国闽台缘博物馆馆长等职，现兼任两岸关系和平发展协同创新中心学术委员。主要研究领域是台湾史、客家传统社会与文化；著有《荷据时代台湾史》一书，曾获福建省社会科学优秀成果二等奖；发表客家研究的论文数十篇。

从1992年开始，杨彦杰与劳格文（John Lagerwey）合作，在闽粤赣三省交界区，尤其是福建省西部从事客家传统社会与文化的田野研究。十余年来这项国际合作计划编辑出版“客家传统社会丛书”30种，其中由本人撰写或主编的专集10种（含诏安专集2本）。

《客家学术研究丛书》总序

清嘉庆十三年（1808），执掌惠州丰湖书院的徐旭曾，受广东东莞、博罗一带“土客械斗”的触动，招集院内诸生，讲述客家源流及其语言文化。徐氏的讲述，后经门人整理，以《丰湖杂记》为名，收录在《和平徐氏族谱》之中。[①] 在客家研究的学术史上，徐氏的这份讲述，“虽文仅一千余言，然颇能简明得要，且为最先提述客家源流问题的作品”[②]，故而一直被视为研究客家历史文化的先声。

以《丰湖杂记》为起始，客家研究已走过200多年的历程。200多年来，围绕着客家历史文化所建构的知识体系，可谓丰富而又饱满。尤其是进入20世纪90年代以后，伴随着民族学、人类学和语言学等社会科学学科的纷纷介入，在多学科交叉与整合背景下的“客家学”建构，正在成为一种真正意义上的学术实践。

从学术史的角度来看，在200多年来的客家研究进程中，罗香林先生的《客家研究导论》和《客家源流考》两书，无疑是具有划时代意义的著作。前者在继承和发展徐旭曾以来客家籍传统文人士大夫对于乡土历史与文化认同的集体记忆的同时，又立足于现代的学术规范，“以科学之方法，为客观之论述”[③]，从而首次以严谨的学术理路，对客家历史与文化作了系统的梳理和厘定，并得出了客家是汉民族中的一个系统分明的“民系”（或“支系”），而不是一个独立的民族，客家是由于

---

① 详请参阅罗香林：《客家史料汇编》，香港：中国学社，1965，第297～2199页。

② 罗香林：《客家研究导论》，兴宁：希山书藏社，1933，第2页。

③ 朱希祖：《客家研究导论序》，罗香林：《客家研究导论》，朱序，第1页。

历史上多次移民运动而引发的北方汉人南迁的产物等一系列重要结论。至于《客家源流考》，则主要是以客家谱牒文献为基础，进一步夯实前书所得出的重要结论。

继罗香林先生之后，海内外学术界又推出了大量的有关客家历史与文化的研究成果。不过，直到20世纪90年代之前，这类后续的成果除了拾遗补缺之外，总体上都没有超过罗香林《客家研究导论》和《客家源流考》两书的水平。一直到了90年代之后，随着民族学、人类学和语言学等众多社会科学学科的加入，特别是随中国改革开放而来的中外学术交流与合作的日趋频繁和深入，反思罗香林先生以来的客家研究传统，突破已有的以历史源流考证、方言特征描述和民俗事象举证为旨归的有限格局，一种全新的客家研究范式才开始越来越清晰地呈现出来。

正因为如此，在学术史的分期上，我们可以把20世纪80年代中后期以前的客家研究，笼统地归入由罗香林先生所开创的学术传统。就研究范式而言，这一传统有两个重要的特点：其一，从中国历史的整体进程出发，通过梳理北方汉族人口的几次大规模南迁，来辨析客家的渊源流变，再对客家的民族归属问题进行剖判；其二，在具体的研究策略上，主要是以零星的正史材料和地方志文献为经，以大量的客家谱牒文献为纬，通过这种经纬交织的文献铺陈方式，“再现”客家的起源、形成和发展过程。

“汉族移民史”范式主导下的客家研究，经过半个多世纪的承传与发展，积累了大量的有关客家历史与文化的知识。但是，从学理的层面看，这一研究模式至少存在两个方面的严重不足。首先，也是最为重要的，这种宏观的“汉族移民史”研究理路，无法从根本上解决同一部汉人南迁史背景下南方汉族又分化成不同方言文化群体的这一重要事实。众所周知，在今天的南方汉族人群中，不仅有客家这个群体的存在，而且还有吴、湘、赣、闽、粤等诸多汉语方言文化群。从语言与文化的角度来看，他们都是在北方汉人南迁的这一共同背景下形成和发展起来的。这一事实表明，仅仅从汉人南迁这个单一的移民史维度，是无法彻底厘清客家之所以成为客家、其他南方汉语方言群体之所以不同于客家的历史文化缘由。其次，这一研究路径在整体上漠视了赣南、闽西和粤东北这片毗邻区域（笔者称之为“赣闽粤边”）历史文化景观的独特性，漠视了该区域独特的历史文化景观与客家形成及发展之间的种种内在关联。数十年来，在“汉族移民史”的研究理路影响下，作为客家赖以生存与发展地理基础的“赣闽粤边”，一直以来只是一个“配景”，是接纳北方人口南迁的“容器”，是承载随北方人口南下而来的中原文化意识、文化观念和文化事物的“集装箱”。在这种“赣闽粤边”完全“不在场”的叙事模式下，客家就是一群“中原衣冠”辗转南迁、“雅不欲与土人相混处”[①] 的“中原音韵”承传者、“诗书礼乐”传播者和“爱国保族思想”的勇敢实践者。[②] 至于赣闽粤边区域内部的族群关系、社会文化发展过程以及该区域与周边其他区域的互动等各种因素，对客家这个特定的区域性语言文化群体所产生的影响，在这一叙事模式之下，则一概阙如。

就主要研究策略来看，“汉族移民史”研究理路，主要立足于中国历史的宏观发展进程，经由对中国历史上几次大规模北方汉族人口南迁过程的梳理，来厘清客家人的来龙去脉，一方面借以证明客家是汉民族的重要组成部分，另一方面则彰显客家人根在中原和忠义爱国的群体特性。显而易见的是，这一研究的核心关怀，一方面是力图化解自19世纪以来华南地区日益强化的客家人与周边其他语言文化群体之间的矛盾与紧张，另一方面又与20世纪初叶以来华南地区不断高涨的民族主义思想相呼应。在这样的研究策略和核心关怀指导下，作为中国历史上重大事件的晋室南渡、安史之乱、宋金对峙、蒙元南下以及清军入关等等，遂成为理解客家起源与发展的几个最主要的历史情节。相应地，所谓“中原衣冠”“义不帝秦”“诗礼传家”“崇文重教”等，便成为客

① 徐旭曾：《丰湖杂记》，罗香林编：《客家史料汇编》，第299页。
② 详请参阅罗香林：《客家研究导论》，第四至第八各章。

家人或客家文化的基本特质。在过去半个多世纪的时间里，围绕着客家历史与文化所建构的一整套叙事模式，包括在这一叙事模式之下所积淀起来的有关客家历史与文化的各种知识，都与上述这套话语体系密切相关。

进入20世纪90年代之后，伴随着民族学和文化人类学等学科的纷纷介入，特别是经过中国史研究从原先的“宏大叙事”向中观层面的“区域史”路向的转变，不同学科的学者都开始了对罗香林先生所开创的学术传统进行反思与检讨。正是在这一反思与检讨的过程中，客家研究进入了学术上的“突破”期。

这一时期所谓的“突破”，尽管体现在问题意识、研究理路、概念工具乃至具体方法等各个不同的面向，但由此前“汉族移民史”的宏大叙事模式，向“区域社会史”叙事模式的转向，则是这一时期最为引人注目的学术现象。尽管就严格的意义而言，最近二三十年来所问世的客家研究成果，丰富而又驳杂，以至于我们很难用某种统一的理论范式来加以归类；但是，把客家的起源、形成与发展以及客家文化的类型特征放置于特定的区域社会史的脉络之中，从区域社会的发展过程、人口流动、族群关系、生计类型、贸易网络、区域互动等各个不同角度，来理解客家这个特定的方言文化群体的形成与发展，辨析客家文化与周边其他区域文化的异同，则是这一时期众多研究者的共同取向。在“区域社会史”的脉络下，客家这个地域性的语言文化群体，就不再是一群行色匆匆的北方来客（及其后裔），而是赣闽粤边地域社会与文化发展的必然结果。这一研究的整体理路，是以赣闽粤边这一特定的地理范围及其相邻区域为基础，揭示具体的时间和空间因素与作为历史主体的人在构成区域历史或区域文化过程中所扮演的不同角色及作用。它重在从区域内部的人地关系、族群关系以及该区域与周边其他区域的互动过程中，来理解地域社会的类型及其特征。与以往那种宏观的汉族移民史研究理路相比，这一研究路径所开凿出的诸多研究课题，所发展出的各种研究方法，所凝练出的各种理论诠释，不仅极大地拓展和深化了我们对于客家历史与文化的认知，而且为推动中国区域社会史研究向纵深的发展提供了丰沛的学术资源。

正是基于对百余年来客家研究学术史的以上认识，我们在编辑这套“客家学术研究丛书”时，把罗香林先生的《客家研究导论》和《客家源流考》作为整套丛书的第一种。这样的结构安排，既是对百余年来客家研究学术史的尊重，更是对罗香林先生这份学术遗产的格外珍视。而整套丛书所希望重点呈现的，自然是最近若干年来客家研究界所贡献的一系列最新成果。这里需要特别说明的是，客家研究从19世纪中叶以来，就是一项世界性的学术事业。从近代来华的西方传教士、外交官，到当代欧美和日本的中国学研究界，关于客家人、客家历史及文化的研究，一直就未曾中断过。在最近二三十年来客家研究的发展与“突破”过程中，一些来自于海外的学术成果，就起着十分重要的作用。因此，在着手编辑这套丛书时，我们也曾考虑将海外学术界的重要成果加以收录。然而，由于这些成果大都是以外文出版或发表的，短时间内很难一一译成中文。故而，除梁肇庭先生的著作外，其他的成果暂时都未能编入丛书。这当然是非常遗憾的。我们殷切地期待译界朋友能尽快地将这些成果系统地迻译过来，一方面以嘉惠整个学林，另一方面也让这套丛书在内容上更加丰富和饱满。

是为序。

王　东

2018年2月1日

前　言

运用田野调查和文献分析相结合的方法来探讨中国社会文化史，是近二三十年来中国史学研究的一个新发展。1992 年，我和劳格文（John Lagerwey）开始合作探讨客家的传统社会与文化，自然而然也踏进了客家这块历史田野。

我和劳格文都不是客家人，我们选择在闽粤赣边这片客家人传统聚居区做田野研究的理由，最主要的是这片区域以前学术界关注较少。尽管客家人在海内外相当有名，并早已有研究成果问世，但以前人们对客家人的了解最多是在粤北尤其是梅州，而闽西、赣南等大片区域却很少有人关注。20 世纪 90 年代初，中国改革开放的东风正吹向这片山区，闽粤赣边正面临巨大的社会变迁，在这片即将被“扰动”的传统区域做社会历史调查，可以说是时不我待了。

我们的关注点是普通百姓的日常生活以及他们的文化传统，因为普通百姓的文化传统是理解中国传统社会的基础，他们年复一年的神明庙会、扫墓祭祖、迎神打醮、传说故事乃至生产技能、生活禁忌等，这些看似平常的民众社会生活及其文化传统既是历史积淀的结果，同时也是地方社会在历史延伸中不断发生作用的集体智慧和文化基因。从地域人群的角度说，这种由底层民众集体呈现的文化传统，正是一个地方人群有别于其他地方最值得关注的文化特色。我们的调查以宗族和民间宗教为主，同时也注意当地民众的传统经济活动。这些大量的田野调查成果，包括我撰写的《闽西客家宗族社会研究》和编辑的几本闽西专集，都收录在劳格文主编的《客家传统社会丛书》之中。

除此之外，本书收录的主要是 1996 年以来我参加各种学术会议的论文和演讲稿。由于这些文章发表的时间和地点都比较分散，集中起来阅读相对不便。而参加会议的主题也各不相同，因此本书的编排大致将这些文章分成五类：庙会与地方社会、宗族建构与文化传统、祖神崇拜与畲族文化、妈祖信仰及其变迁、饮食文化的特色。这样的分类只是为了使每个版块的文章显得主题相对集中，但并不表示每篇只论述一个问题，其实有的文章所探讨的地方社会，回应的问题是多方面的。

神明庙会是研究中国社会文化史的学者普遍关注的问题。通过对神明庙会的观察和理解，可以让我们认识一个地方的历史演变轨迹、各种人群之间的互动关系，以及底层社会的运作规则等。客家人聚居的地方是一片山区，这里与沿海地区常见的神明崇拜模式不同。一般而言，客家人没有祖庙，没有分香、谒祖进香等观念，有的地方的神明崇拜根本就没有庙宇。宁化县治平乡的华光大帝“轮祀圈”就是一个例子。这个从明朝就开始的轮祀系统，包含治平中心区的十个“乡”，每乡轮流供奉华光大帝一年，周而复始。整个轮祀圈实际就是一个宗族联盟，并由此设立了代表会制度。而类似的神明崇拜模式在连城县等地也可以看到，而且都有汉畲杂居的背景。它让我们清醒地意识到以前学术界常用的祭祀圈、信仰圈等概念其实只是从某些地方的传统概括出来的，并不可以过度使用。一个地方的神明崇拜模式往往与当地的人文历史和自然环境密切相关。

神明作为地方庙会集体崇拜的对象也是历史选择的结果。宁化县夏坊的“梅山七圣”更像是赣南、闽西北地区古老遗存的傩神崇拜。而这些负责驱邪赶鬼的“七圣”是由弱势群体装扮的，它的兴起不会超过清末，但却最终取代了大姓的神明成为众人祀奉的对象。强弱派系之间的互动，以及庙宇管理、庙会运作机制的演变等都可以从庙宇账册的记录中显现出来。长汀县濯田镇的“霸王”信仰同样存在着取代早期“五通”祭祀的历史过程。这个兴衰更替的过程与濯田水路码头的变迁、商业贸易的发展、宗族势力的崛起和各种利益关系的竞争等因素密切相关，年复一年的“霸王”庙会成为当地新移入人口与土著居民互动交流并逐步融入地方社会的文化媒介和平台。泰宁县开善上保的民俗宗教更倾向于佛教传统，当地民众有装塑佛像的习俗，并把这些奉献都记载在族谱里。而当地民众共同祀奉的神明同样也是从历史承续下来的。不同宗族利用他们各自的文化资源在展示自己，同时共同塑造着地方文化传统；而官府则利用这座村庙宣讲圣谕，当地知识分子扮演着传播国家意识形态的角色。地方神明庙会就是一个浓缩历史与现实的社会舞台，通过观察与理解，展示的是地方社会复杂、多元、长期互动的历史画卷。

与华南各地一样，客家的宗族制度普遍形成于明代。客家人大都认为自己的祖先来自中原，并在构建宗族制度的过程中不断型塑自身的文化印记。宁化伊氏是当地古老的姓氏之一。他们的族谱强调伊氏祖先来自开封，是由于唐朝末年黄巢起义的社会动乱才迁徙南下的。从清代至民国，这个宗族经历了自下而上的整合过程。而在这个过程中，族人对汴京、北宋皇帝的历史情感通过伊公的故事不断得以强化和展示，同时也日渐成为当地各姓居民共同的文化遗产。清流县东坑陈氏的源起也被追溯到宋代。而陈氏保留下来的大量宗族文献显示在这个宗族内部曾存在各种各样的祭祀组织。这些被称作“会”或者“社”的祭祀组织并不是完全按照个人出资多少自由组合成的，而是与宗族内部的“房”和国家的“甲”有密切关联，这与以前我们认识的神明会组织原则并不太一致。在这个宗族内部还有一个很有特色的文化传统，就是他们每年都要祭祀临水夫人和“姑婆”，而这两个被赋予宗族血缘色彩的女性神明是从地方崇拜的神明转化而来的，特别是“姑婆”，她原来是武夷山的一位得道高僧，即辟支古佛。

客家人在明清时期大量移往中国台湾地区和东南亚各地。那些在祖居地形成的宗族文化传统，也会随着族人外迁的脚步向外播展，并在新的历史环境中继续发挥作用。诏安县霞葛江氏的宗族文化传统是强烈的风水观和有关鸭子生双黄蛋的地方传说，令人感兴趣的是这些观念和传说故事都随着族人带到台湾，并在台南构建宗族的过程中很自然地成为他们的文化资源。永定县是闽西著名的侨乡。湖坑李氏族人在清乾隆年间大量移往东南亚各地，他们带出的村社保护神观念与当地文化结合后又传回祖地，成为湖坑李氏族人至今仍热烈崇奉的“暹罗国汉民主本头公王”。这些外迁族人所携带的文化基因，包括乡土知识、行为习惯、祖先和神明崇拜观念等，就是我们在客家祖地研究中不断理解的宗族文化传统。而这些文化传统在移民向外延伸、拓展和互动交流的过程中，显示了极强的适应性、生命力和创造力。

客家人崇拜的神明各种各样，有一类神明是从自己的祖先演化而来的，我们称之为“祖神”。这种祖神在华南不少地方都有存在，但在闽粤赣客家地区出现的大部分都有民间道士（或闾山或梅山或茅山）的背景，并且都有与社公斗法的故事在流传。闽粤赣边原是畲瑶族的居住地，闾山道教又与畲族有相当密切的关系，因此客家地区的祖神崇拜实在含有深刻的社会历史背景。清流县东山萧氏就是这样一个并不常见的例子。萧氏自称是唐朝名臣萧瑀的后代，但查考正史却与这位历史名人无关。他们的语言、节庆、祭祖、游神等都与一般的客家人相同，但在口传故事、祭祀仪式、饮食习惯和思想观念等方面都存在畲瑶族的文化遗留，因而更像是土著居民被同化而进入客家群体的。这种逐渐汉化的过程可能经历了相当漫长的时间，宋元之际出现的有法术的祖先似乎说明已经与汉人道士接触交融，而明朝开始兴建的萧瑀庙则明显是进一步儒家化的结果。这个案例从一个侧面反映汉族先民进入闽粤赣边区以后逐步与土著居民融合最后形成客家的长时段变迁历程。如今在客家地区存在着尊崇女性祖先的传统，“婆太”的地位很高，不少地方（包括台湾）女性祖先开基的故事时有所闻。这种比较尊崇女性的社会习俗及其观念也有受畲族文化影响的背景。

客家地区的神明大部分是本地的，但也有一些来自外部世界，妈祖就是其中一例。来自沿海地区的妈祖信仰传到闽西山区以后，主要成了当地村落或城关社区的保护神，尤其与妇女儿童有着相当密切的关系。妈祖信仰的传播来自商人和船运活动，因此河流走向是一条重要的纽带。但是在比较长汀与宁化城关的妈祖庙会则发现：长汀包括整个汀江流域的妈祖信仰来自沿海，它的源起与南宋的海盐运输密切相关；而宁化城关的妈祖是从陈、林、李三位夫人的林氏演变而来的。宁化属于闽江水系，当地的临水夫人信仰特别盛行，而保护船只航行安全的最主要神明是拿公。因此，要深入理解一个地方的文化传统，山形地貌、河流走向是基本要素。河流是传统社会重要的运输通道，而普通百姓日常行走的山间小路也是物资流动、信息交流的重要渠道，这些小路往往是官修地方志没有记载的，但却是普通百姓耳熟能详、日常活动的基础。山川地势制约着人们的活动走向，也规范着人流、物流乃至信息流通的基本格局和方向，最终造就了一个区域相对统一的社会文化特色。

饮食是体现客家文化的一个侧面。客家人的饮食文化既相对统一又各有不同的区域特色。而他们的食材取用、烹饪习惯、聚餐传统、宴客礼仪乃至饮食禁忌等，则是结合地方物产、人群互动、内外交流等因素在长期的历史进程中逐渐累积而成的。这种逐步累积的历史过程并不容易描述，但有些因素则相当明显。如宗族制度的建立和国家礼仪的推行，使得客家人特别讲究宴饮规矩和座次礼仪；而畲族文化的影响以及山区生活环境的制约，又使得客家人的某些食物、饮料的制作存在着自身的特点。

一方水土养一方人。这里的"水土"不单指自然环境和物产，也包括人文历史背景；而在此基础上养育的"人"才具有社会文化意义。客家文化传统就是来源于客家人所处的山区环境、畲瑶族文化的影响，以及对内对外交往等多重因素交互作用的结果。

我要感谢曾经与我们合作，为我们田野调查提供帮助的各位客家乡亲。其实，客家人的历史就存留在这些老人家的记忆之中，离开了他们，以往没有被记录的普通百姓日常生活和文化传统就很难得以呈现。

本书收录的文章，其田野资料都是我和劳格文在将近二十年合作期间共同取得的。我们一起分享着调查的成果，也一起分享着合作研究带来的喜悦和收获。文章的写作由我个人完成，不足之处，敬请大家批评指正！

杨彦杰

2018年1月26日

周文家库

目 录

妈祖信仰及其变迁

饮食文化的特色

附　录

庙会与地方社会

轮祀圈：宁化治平的华光大帝崇拜[①]

在闽西客家地区，一尊神明由几个乡村轮流祀奉的活动相当普遍。这种活动最基本的特征是，神明常年不在庙里，而是由几个相关的村社轮流祀奉，每村一年，周而复始，由此形成了一个以神明为中心、具有固定区域范围和参与人群的祭祀网络，我们把它称为某个神明的轮祀圈。这种神明崇拜模式和以庙宇为中心、定期举办庙会或醮会的崇拜模式明显不同，它更带有宗族联盟的色彩。1996 年笔者曾撰文探讨了连城县河源十三坊对珨瑚侯王的崇拜[②]，本文拟再以宁化县治平乡十乡轮祀华光大帝为例，对这个问题做进一步的探讨。

一

宁化县治平乡位于福建省西部。它东与本县的曹坊乡接壤，西与江西省石城乡毗邻，南接长汀县的馆前、庵杰两乡，北靠本县方田乡，是宁化县最靠近江西的一个乡镇。全乡区域面积 178 平方公里，总人口 14216 人（2015 年数字），在全县十六个乡镇当中，人口密度最低。[③]

境内四处皆山，其中较高的木马山海拔 1328 米，鸡公岽海拔 1389. 9 米，均与江西省交界。有三条溪流从这里流向境外：最大的治平溪在清流汇入罗口溪最后注入闽江，其次下坪溪向南流经沙罗排汇入汀江，再有一条横江溪

---

① 本文是笔者在香港中文大学宗教系做访问研究期间完成的，参加在台北举行的“第四届国际客家学研讨会”（1998 年 11 月 4—7 日），谨在此向贡献宝贵意见的各位学者表示感谢！

② 杨彦杰：《珨瑚侯王：一个跨宗族的地方土神》，载杨彦杰：《闽西客家宗族社会研究》，国际客家学会、海外华人研究社、法国远东学院 1996 年版。

③ 宁化县方志编纂委员会：治平畲族乡乡镇概况，宁化县人民政府网，2015 年 9 月 8 日。

向西北流去最后注入赣江。因此，从某种意义上说，治平成为闽江、汀江、赣江三大水系的发源地之一。

由于治平乡被高山阻隔，位置偏远，因此历史上有关它的记载极少。据康熙《宁化县志》载：宋时乡里设乡团制，“以乡统团，团统里”，治平属该县桂枝乡统辖下的新村团会同里。元代因之。明朝建立后，废除了乡团制，“该诸团悉称里”，因此治平仍属会同里的一部分。当时会同里共有二十一村，而治平仅有二村被载入史册。该县志云：

其在县之南一百里为会同里。领图者六……为村者二十有一：曰罗溪，曰曹坊，曰根竹，曰彭坊，曰邓屋，曰箬里迳，曰彭家庄，曰张地，曰黄屋坑，曰滑石，曰龙头，曰上赖，曰下赖，曰石牛，曰夏坊，曰实竹山，曰画眉迳，曰禾塘，曰蔡屋，曰俞坊，由俞坊而往，是达连城也。①

以上所引的这些村名，仅有彭坊、邓屋属于现在的治平乡，其余均属与之相邻的曹坊乡和安乐乡。曹坊、安乐两乡均在治平乡以东，历史上官方大道正好从那里经过，因此知名度比较高。前引康熙《宁化县志》又载：

县前铺：西南十里曰鱼龙。又各十里曰黄源，曰赖畲，曰石迳，曰石牛，曰碑岭，曰罗溪，曰滑石，曰张地，以达于汀州。南十里曰夏坊。又各十里曰安乐，曰杨梅，曰黄柏，曰黄土，以达于清流而抵汀州也。旧有丘源铺，与安乐相接而达汀州者，今改由赖畲、石迳直抵石牛而捷二十里，此嘉靖十一年梁佥事命知县莫大德所更也。②

也就是说，在明清时期从宁化县城通往汀州府城和清流县城的官道有两条：一条经安乐、曹坊一直往南，最后抵达汀州；另一条出宁化城关后经安乐往东，直抵清流县城再通往汀州（参见图1）。而治平乡正好处在这些官道之外，因而是一个与外界相对隔绝、政令难通的僻远之地。

民国初年，治平属大同乡。1932年10月—1935年11月，治平曾划归汀东县管辖，此时它被称作“长宁”。③ 1941年，由于地方械斗频繁，宁化县长

---

① 李世熊：《宁化县志》卷一《疆界志》，宁化县志编纂委员会整理，福建人民出版社1989年版，第42页。按，原文云“为村者二十有一”，可是实际记载的村名才二十个，原文如此，特此说明。

② 李世熊：《宁化县志》卷二《邮置志》，第55页。

③ 长汀县志编纂委员会：《长汀县志》，生活·读书·新知三联书店1993年版，第51、500页。

乃决定加强控制，在此设立乡制并把它定名为“治平”，取“治理平服之意”①。自此以后，治平这个名称就一直被沿用下来。

1958 年，治平始有公路与外界相通，新修成的公路仅 15 公里长，通往曹坊。1965 年，又修筑了治平通往城关的公路。② 20 世纪 70 年代以后，在治平境内又相继开通了乡政府与各个行政村之间的简易公路。如今，几乎每个行政村都有公路相通，虽然算不上特别发达，但与过去相比已大大改观了。

治平长期以来交通不便，因此外界对它的了解很少。但经过田野调查，我们还是多少能了解它的历史发展概貌，其中最主要的一个特征是，此地一直是畲族与汉族居民相互混杂的地区。

治平现有人口 1.4 万多人，其中约有 3/10，即 4000 多人属于畲族居民。

这些畲民分成雷、蓝两姓，较为集中地居住在坪埔、光亮、治平、下坪四个行政村的九个自然村内。其中雷姓主要聚居在坪埔村的连理坪、光亮村的沙罗排、治平村的洋里和下坪村的大岌；而蓝姓畲民则聚居于坪埔村的大岭，治平村的大燕里和焦里两个自然村。除此之外，还有一些散居在其他地方的，比如在乡政府所在地仍有一些畲族居民，但人数不多。这些畲民是何时从何地来到治平的？实际情况并不清楚。据下沙和治平乡的《雷氏族谱》记载：雷姓是唐建中四年（783）由江西抚州迁往中沙、下沙开基的，其始祖名叫雷甫。而《蓝氏族谱》则云：他们的始祖万一郎于宋朝从建宁迁往宁化石壁开基。其实这些记载都相当不可靠。因为畲族早先没有文字，他们如何有可能把数百年乃至上千年的祖先开基历史完整地保留下来。正如笔者在一篇探讨蓝姓畲族的文章所说，如果我们相信他们这些记载是真的，那么我们就要怀疑他们是否真是畲族。③

尽管治平的雷、蓝两姓来源并不清楚，但当地居民都把他们当作畲族看待，这一点倒是没有问题。我们在调查中听说，现在这些畲族都已基本汉化了，不过他们的说话和行为都还有点“粗”，还能感觉出与汉人稍微有点不

① 宁化县地名办公室编印：《宁化县地名录》，1981 年版，第 139 页。宁化县方志编纂委员会：治平畲族乡乡镇概况，宁化县人民政府网，2015 年 9 月 8 日，第 65～66、81 页。

② 新编《宁化县志》，第 289～292 页。

③ 杨彦杰：《闽西客家地区的畲族——以上杭官庄蓝姓为例》，《闽西客家宗族社会研究》，国际客家学会、海外华人研究社、法国远东学院 1996 年版，第 277 页。

同。当地也有很多地名是用“畲”来命取的，如田畲、凉畲、来畲、畲哩等，而且就在十几年前，住在连理坪的雷姓居民还献出了一张他们保留下来的“祖图”。这张“祖图”画卷全长10米左右，宽0.36米，纸质，工笔重彩，其落款为清嘉庆十九年（1814）。画面以连环画形式，反映畲族先民的传说：由龙狗出世、御敌立功、娶高辛帝女为妻，到繁衍畲民后代等。每年农历六月初六，雷姓居民就要把它拿出来曝晒。① 从这幅“祖图”绘制的年代来看，迟至19世纪初年，治平雷姓仍保持着他们的图腾崇拜，而他们的迅速汉化则是最近这100多年来的事情。

与畲民共同生活在治平的汉人，大约是唐宋以后才逐渐迁入的。据我们在彭坊调查，当地居民说彭姓始祖是唐末从江西宁都迁来开基的。《彭氏族谱》并未见到，但在他们的神主牌上则写着：“陇西：唐始祖三十郎公彭福祥、孺吴四娘，二世二十一郎、妣邓氏，二十二郎、妣廖氏，二十三郎、妣曹氏，二十四郎、妣曾氏之神主。”彭坊距离曹坊乡甚近，是最靠近外界的村落之一，因此当地开发较早应可以肯定，但是否确在唐朝则未必可知。与彭坊相毗邻的邓屋，他们的始祖二十六郎公则是南宋末年才从赣州迁来开基。当时文天祥督率义军抗元，邓姓祖先亦参加了抗元斗争，“奉丞相文公讳天祥之谕，督率廿六旗豪杰”来到宁化，最后在后来被称为“邓屋”的地方居住下来，至今已繁衍32代。② 此外，治平最大的宗族——曾姓，亦是宋朝从江西迁来的。据兴宁《曾氏族谱》记载，其始祖曾庆禄公于宋代从江西南丰迁往宁化会同里。先肇基于田畲，后来才向其他地方扩展。原来在田畲还有曾姓的一座祠堂，不幸于1949年以前被大火烧毁，迄今未再重建。居住在高地的池姓则是南宋时迁来开基的。据《池氏族谱》记云，其开基祖裕郎公于南宋开禧元年（1205）从江西宁都迁入高地，至今已繁衍了700余年，其始迁之地在宁都的鹅鸭塘③。

由此可见，汉族移民迁入治平大致始于唐宋时期，而且早期大都来自江西宁都，这与治平较靠近江西省有密切关系。当然，也有相当一部分移民是

---

① 新编《宁化县志》，第786页。

② 宁化县治平乡邓屋村邓氏：《南阳邓氏族谱》，木刻本，1995年编印。

③ 本文所引族谱，除了在“参考文献”有列出者外，其余均来自新编《宁化县志》第137～145页。

明清时期才迁入的，有关这方面的资料在下面论述中还会谈到。但无论如何，在大批汉族移民陆续迁入的同时，治平已有畲族居民在那里居住了。畲汉居民长期杂居在一起，他们既相互融合，同时也会有矛盾和冲突。而汉族移民在迁入开基以后，面对着险恶的自然环境，也必然要寻找精神上的慰藉，以增强战胜困难的勇气和力量。就在这样的历史背景下，治平出现了十乡轮祀华光大帝的活动。

二

所谓“十乡轮祀华光大帝”，指的是十个汉族居民点（即历史上的乡村）轮流祭祀华光。这十个乡是：邓屋、凉畲、下街、上街、下坪、田畲、坪埔、黄田馆、彭坊、绍光（参见表1）。其中黄田馆属于现在的曹坊乡，其余均在治平乡境内，因此从现在行政区划的角度看，这个轮祀圈实际上横跨了两个乡镇。

表1　治平十乡姓氏与人口

序号	乡名	估计人口（人）	主要姓氏
1	黄田馆	300	吴、范
2	彭坊	800	范、彭、赖
3	绍光	300	廖、范、陈
4	邓屋	1100	邓、曹
5	凉畲	900	赖、曾、刘、张
6	下街	900	曾、连、雷、蓝
7	上街	2000	曾、李、罗、江、邹、雷、蓝
8	下坪	1900	李、刘、胡、雷
9	田畲	2700	曾
10	坪埔	900	连、张、雷、蓝

现在治平乡分为十二个行政村，与这个轮祀圈有关的共有八个，即治平、坪埔、彭坊、下坪、湖背角、邓屋、社福、田畲。然而，如果把这八个行政村与上述的九“乡”（黄田馆除外）相对照，则会发现它们是很难一一对应的。如治平行政村，现在是乡政府所在地，那里从清初开始就设有墟场，因此区分为上街和下街两个“乡”，其中上街除了现在的治平行政村一部分外，还包括湖背角、社福这两个行政村。而邓屋和绍光，在轮祀圈中它们分属两个“乡”，但在现在的行政区划中都属于邓屋行政村。凉畲现属于治平行政村，可是历史上它却是单独的一个“乡”。因此，我们现在所看到的这十“乡”轮祀圈，实际上是一个相当古老的概念，尽管随着历史的演变和发展，有的“乡”人口发展起来，变成了好几个行政村，有的“乡”却没有多少发展，行政区划也屡经变动，但它们却作为一个相对固定的概念被保留下来。

那么，这十个“乡”是何时才联系起来共同轮祀华光的呢？这个问题需要做一些具体辨析。1981 年，邓屋、凉畲、上街、下街等十乡曾建立了一份《灵官大帝序记簿》，据《复塑灵官大帝神像序言》云：“我五通五显灵官大帝，自宋以来，功德昭彰，神通广大，有求皆应，无所不灵。我宁化会同里一都十乡众信弟子，在神光普照之下，千百年来，风调雨顺，国泰民安……”亦是说，他们认为十乡轮祀华光大帝是从宋代开始的。但细读原文，所谓“自宋以来”“千百年来”云云，则仅是一种相当笼统的提法，究竟根据何在，并无说明。根据笔者分析，治平十乡轮祀华光大帝很可能不是始于宋代，而是从明代开始的。理由如次：

1. 前面已经提到，治平是一个相当闭塞的地方，在明清时期外界对它的了解还远远比不上曹坊、安乐两乡。换言之，治平的华光大帝崇拜亦需要从外边传入，其中与较为方便的曹坊乡关系十分密切。而曹坊的大姓《曹氏家谱》记载，他们崇拜五通公王（即华光大帝）是从明朝开始的。该族谱《五通庙记》云：

庙在彭家庄村口，乃上下曹众建，他姓无与。中祀五通公王，旁祀我始祖远生公神主……每年四月八日赛神，商贾辏集，远近毕至，新旧劝首交代于斯……庙基是余十四世祖汝珪所助，今地租存曹富荣户内，递年收粮银一钱二分五。①

上引这段记载有两点十分值得注意：（1）曹姓的五通庙建在彭家庄村口。此地正处于曹坊南部，和参与十乡轮祀的黄田馆距离甚近，而且从庙会的规模来看，“商贾辏集，远近毕至”，很难说不对近在咫尺的治平产生影响。（2）此庙地基为汝珪公所有。汝珪是曹氏十四世祖，他的一位胞弟名叫汝康，“明天顺癸未岁”（天顺七年，1463）亦在罗溪铺村口建造祠堂②。因此，曹姓的五通庙肯定建于明代，更确切一点说，当在明天顺年间即15世纪中叶前后。而治平比曹坊要闭塞得多，他们的华光崇祀不可能比曹姓更早。

2. 从参与轮祀的宗族来看，也可以大致判断出这个轮祀圈开始的时间。十乡轮祀华光大帝共涉及彭、曾、邓、范、廖等十几个姓氏（参见表1）。这些姓氏前来开基的时间前后不一，如前面已经提到，彭姓据说是唐末就来到彭坊，曾姓于宋代迁往田畲开基，邓姓在邓屋肇基亦始于南宋末年。可是有些姓氏迁入的时间则较迟。如同样是住在彭坊的范姓，据其《族谱》记载是明洪武三年（1370）才从“建宁松溪皈伏里八图双茎竺”迁来开基的，至今繁衍22代。而居住在绍光的廖姓，他们来自淮土，据宁化县淮土《廖氏族谱》记载，其始祖景公于明洪武二年（1369）从江西宁都麻兰寺迁至淮土禾坑。而等到淮土的族人再迁至治平，那肯定是明初以后的事了。值得注意的是，上述范、廖两姓在十乡轮祀中一直是有份的。换言之，这十乡轮祀圈的建立肯定不会早于他们迁入的时间。而从另一个角度看，现在居住在邓屋的曹姓以前则是没有份的。曹姓来自曹坊。据他们的《族谱》记载，其始祖远生公于南宋时在曹坊肇基，现在已繁衍31代。而从曹坊迁至邓屋开基的是十九世祖万云公，约生活于清康熙至乾隆年间。因此，我们可以做出这样的判断：在清康、乾以前，治平的十乡轮祀圈已经建立，因此后到的曹姓没有份；但它至早不会超过明代。如果参照范、廖两姓迁来开基的时间，再考虑到宗族的参与亦需要有一个繁衍过程，那么它的建立很可能是在明代中叶以后，至迟在明末清初这一段。

十乡轮祀华光大帝涉及有份的有十个村社。这十乡又分成“内五乡”和

① 宁化县曹坊乡曹氏：《曹氏家谱》卷一《五通庙记》，木刻本，1994年编印。
② 宁化县曹坊乡曹氏：《曹氏家谱》卷一《汝康公祠图记》。

“外五乡”两部分。所谓“内五乡”，指的是住在治平较靠近内山的五个居民点，他们是上街、下街、下坪、田畲、坪埔，其中治平上街为这五乡的中心，以前那里有座“兴福寺”，每年的菩萨交接在此进行。所谓“外五乡”，指的是较靠近外部，即与曹坊接壤的五个村社，他们是凉畲、邓屋、彭坊、绍光、黄田馆。“外五乡”也有一个中心点在邓屋，以前那里亦有一座庙宇称“牛守寺”，这五乡菩萨的交接就在此庙。

“兴福寺”和“牛守寺”建于何时并不清楚，但这两座寺庙现在皆已倒毁。据当地文献推测，兴福寺在清初以前就有了。因为清朝初年治平设立墟市，由于它正好处在兴福寺的背后，所以此地也被称作“寺背岭”①。兴福寺和牛守寺都是佛教寺庙。据当地老人说，以前兴福寺奉有十八罗汉、三宝、观音等，1944 年以前曾被大火烧毁。1944 或 1945 年重修，但后来又被拆掉，现在庙址已变成了治平乡的粮店。牛守寺在邓屋村的水口外侧，以前邓屋水口还建有观音庙、“三圣龛”及社公坛。牛守寺内亦有三宝、观音堂等。当地人印象最深的是，过去每年四月初八，牛守寺的庙祝就要请“太子菩萨”出来到各家各户去念经（称作“谢灶”），每家人都会给他一点米，这样一直转到黄田馆才回庙。

兴福寺和牛守寺都是十乡轮祀的中心点，因而当地人特别重视。现在治平民众又在乡政府附近的湖背角另建一座兴福寺，仍供奉观音、三宝、地藏王等。而邓屋的牛守寺尚未恢复，不过每年的外五乡交接仍然在这里进行。值得注意的是，治平的十乡轮祀分为内、外五乡，即形成两个相对独立的地域单位，而这两个单位又有机地结合在一起，由此构成一个更大的轮祀圈。这种组合方式往往是有一个形成过程的。例如，我们在清流县调查时发现，那里有个“罗汉公”（即定光）轮祀也涉及“十乡”“五甲”“六村”等概念，而每个地域单位加入的时间是不一样的，其中六村已得到证实，它是后来因捐钱修庙才参加进来的。② 治平的情况是否也是如此？尤其是它各有一个中心，又内外有别，这显然并非毫无缘故。

① 《宁化县地名录》，第 139 页。

② 参见 John Lagerwey，*A Year in the Life of a Mingqi Saint*，载《民俗曲艺》117 期，第 329～370 页，台北财团法人施合郑民俗文化基金会，1999 年。

与这一点相联系的是，1994 年在治平街又新建了一座华光庙。该庙的神坛正中供奉着华光和东岳大帝的神像（泥塑），左边附祀五谷真仙，右边是小鬼、判官。据管庙人告诉我们，这个东岳大帝原来在三黄（即黄田馆），他是华光大帝的“哥哥”。在建庙时，他通过神童降旨说“要过来跟弟弟住在一起”，于是 1994 年庙宇落成后就在华光的左边增塑了一尊东岳大帝神像。这个故事除了告诉我们治平的东岳来自曹坊，似乎也暗示着他的“弟弟”华光也来自同一个地方。而黄田馆正是治平十乡轮祀的外五乡之一，离它不远的地方——彭家庄村口，早在明代天顺前后曹姓已建了一座五通庙，这一切综合起来考虑，包括治平一些宗族的开基年代，其十乡轮祀的来源和发展轨迹就愈加隐然若现了。

当然，我们现在还找不到直接的证据来证实上述的假设，但话又说回来，这种证据说不定是永远也找不到的。重要的是，这十乡轮祀华光大帝自从它形成以后，就一直以固定的顺序在轮流运转，年复一年，周而复始，数百年来从未间断。直至 1966 年“文化大革命”开始后，由于“破旧立新”的冲击，这个活动才被迫停顿下来。但时隔十五年之后，当地人又在悄悄地筹划恢复活动。我们前面引用过的《灵官大帝序记簿》正是这时建立起来的，其中《复塑灵官大帝神像序言》，较详细地记录了这一筹划的过程，现全文引录于下：

宇宙之间，万物唯神最明。有神必有敬，有敬必有礼，有礼必有序。我五通五显灵官大帝，自宋以来，功德昭彰，神通广大，有求皆应，无所不灵。我宁化会同里一都十乡众信弟子，在神光普照之下，千百年来，风调雨顺，国泰民安，五谷丰登，物阜人宁，万民利赖，千古颂扬。其间文章道德，忠臣孝子，理学名臣，义夫节妇，代有其人。而我神圣佛像，在公元一九六六年间，由于形势所致，竟遭毁灭残害。已有前人创始，必有后人以维其续。于公元一九八一年八月间，时机比较好转，众信弟子不敢忘记先年获庇之恩，今由江东山、曾万荣、李国庆、赖长春、廖运来、吴光启、连嵩山、曾衍庆、连好成、邓光显、范作舟、曾打来、范春霖等人①，倡议向前发起，进行筹

① 由于有些当时人还在世，所以上述人名均经笔者更改，并非真实名字，但姓氏未变。本文其他地方涉及的人名均按此原则处理。

备金（经）费；复请巧匠精工，重塑全堂神像，现已告成安奉。兹为轮流有序，以及有关事项，经十乡代表讨论如右。务望各乡自觉遵守执行，不得违犯。恐口无凭，特立簿一本。每乡各执一本，另立众簿一本，随跟神像轮流保存，便以临时有事记载，永远为据。待形势好转之期，由邓屋开始接案。

由于1966年停止时刚好轮到邓屋，所以这次恢复决定从邓屋开始。不过，上引《序言》明确显示，1981年仅仅是做了一些筹备工作，如筹集经费，延请师傅雕刻神像等，还不敢过于张扬。他们认为要等到时机成熟，即“形势好转之期”，才可以正式接案。

关于发起雕刻神像的过程，我们在调查中还听到一个更具体的故事。据说那是1981年某一天，有个神童突然在一个厅堂里跳起来，被华光大帝附身降旨：他要有一个偶像，还要有住的地方。第二天正好是墟日，于是就有五六个老人家在一起讨论此事。后来，他们上山去寻找，在茶叶坝（村名）找到了一棵大樟树，于是便请人把它砍下来，准备雕刻菩萨。兴工的日子是由神童决定的。师傅来自长汀。至八月，菩萨已雕成，八月十八日在下坪山上举行开光仪式。那时请了九个道士，有1000多人上山。开始时大家都不敢说话，也不能点火，生怕灵魂被华光掠去。当听到第一声鸟叫时，道士们便开始敲锣打鼓。开光法事共进行了一个多小时，然后把菩萨抬到圆坑一个人的家里，道士们继续念经。此时乡里也有所风闻，曾派人前来阻拦，但没有什么结果。

菩萨雕成后一直藏在圆坑农民的家里，直至第二年即1982年，才开始请出来祭祀。这次重新轮祀从邓屋开始，但它的轮流顺序和参与乡村都做了个别调整。

在“文化大革命”以前，十乡原来的轮祀顺序是：黄田馆—彭坊—绍光—邓屋—凉畲—下街—上街—下坪—田畲—坪埔，再返回黄田馆（参见图2）。而此次则把黄田馆和绍光合在一起，作为一“乡”，另外增补高峰乡，仍保持十乡之数。高峰的加入一方面是由于他们有这个要求，自愿提出来；另一方面则是黄田馆、绍光现在人口太少，各自轮祀一年负担太重。1981年的决议在最后有“附注”云：

原黄田馆、韶光（即绍光）是为第二乡，因户数少，经二乡同意提出合并一乡。高丰（即高峰）一乡是新增乡，也是自愿参加，并经各乡一致同意。今后不论新乡老乡，应该一致（视）同仁，互相尊重团结。

同时，对这个新组成的十乡轮流顺序也做了安排：

第一为邓屋，第二凉畲，第三治平下街，第四上街，第五下坪，第六高丰（高峰），第七田畲，第八坪埔，第九绍黄（绍光、黄田馆），第十彭坊。轮流满后，周而复始再轮。

这个顺序与过去相比较，基本上并没有太大的变动，但由于高峰乡的加入，使得原来的“内五乡、外五乡”，变成为现在的“内六乡、外四乡”了。

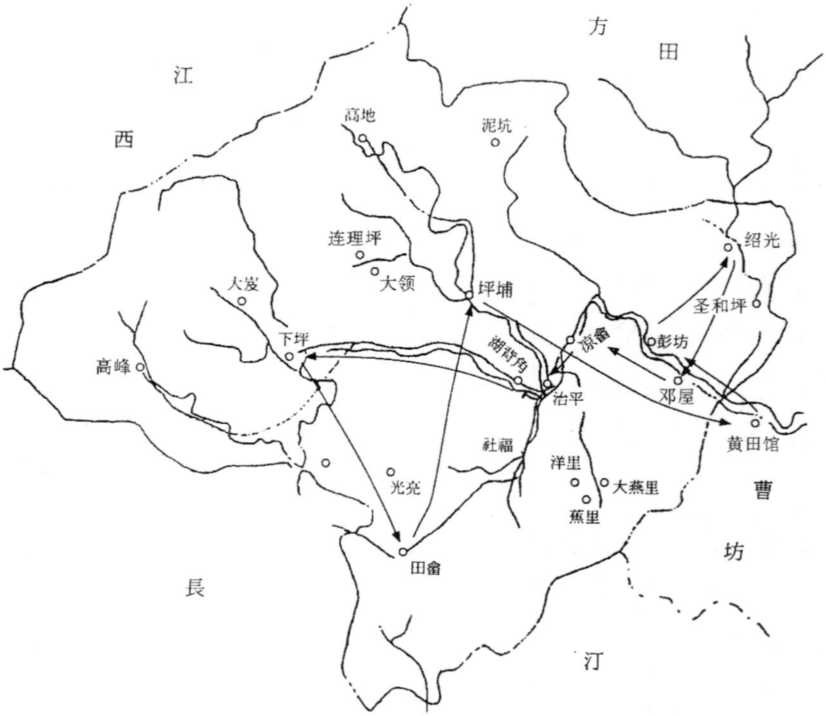

治平十乡传统轮祀中路线图

三

十乡轮祀华光大帝，是一项集体性的神明崇拜活动。由于每乡都是一个或多个宗族的聚居区，因此这种活动实际上带有浓厚的宗族联盟色彩。而十乡轮祀最大的特点是，它设有代表会，显示出很强的组织性。

代表会每年召开一次，特殊的情况下也可以临时举行，一年当中有时召开多次，重要的决议内容都做了记录。会内设有《记簿》，“每乡各执一本，另立众簿一本，随跟神像轮流保存”，因此积累下相当丰富的资料，几乎把轮祀过程中出现的重大问题都记载下来。如上面我们引录的《记簿》资料，就是1981年开会讨论恢复事宜所做决议的部分内容。这次会议共做出七条决议，其中除了第三条轮流顺序和第七条“附注”已经引录之外，其余各条再摘要如下：

一、全堂神像及执事等暂为保存，等形势好转之期，由邓屋开始接案。

二、交案地点：治平上街、下街、田畲、高峰、下坪、坪埔等六乡，在湖背角接交；凉畲、彭坊、邓屋、绍黄等四乡，在牛守寺接交。

三、交案轮流顺序（略）。

四、有关神像以及全堂执事和一切物资，如有遭受损坏，十乡共同负责修理，但须各乡代表参加检验。

五、决定交案时，得由十乡各派一人，共同参加检验，并处理一切有关事项，但由接案备办点心一餐，并规定猪肉五斤、粉干五斤。

六、有关未尽事宜，可临时召开会议解决。

七、附注（略）。

到会代表签名盖章

公元一九八一年岁次辛酉秋月吉旦立

由此可见，代表会决议的内容是十分具体的，大到轮流顺序、交接地点，小到交接时十乡代表的点心由谁负责、数量多少。参加这次会议的代表共34人，根据决议后面说附的代表签名统计，其中邓屋3人、凉畲3人、下街4人、上街5人、下坪4人、高峰3人、田畲3人、坪埔3人、绍黄3人、彭坊3人，足见每乡都有人参加，会议的规模还算不小。

十乡的民众也为轮祀活动捐钱、捐物，共同添置必要的财产。如1981年重塑华光大帝神像时，“各乡乐助”的总金额达5924.90元人民币，其中田畲捐706元、治平上街939元、坪埔507元、下街548元、凉畲602元、彭坊522.10元、绍黄412.80元、高峰766元、下坪422元、邓屋500元。在以上这份捐款账目中，最引人注目的是高峰乡共捐了766元，仅次于上街而居第二位。高峰在治平算是高山较多的地区，据1981年统计，它的人口数既比不上上街，也比不上下坪、邓屋、田畲等乡①，但却能够积极捐款参加重塑神像，可见这也是它后来被接纳进入轮祀圈的重要条件之一。

1982年，十乡已开始恢复祭祀。此后，各姓“众信士”仍在陆续乐捐钱物，据《记簿》记载：

1983年　众信士乐捐坐（座）钟壹架

1984年　众信士乐捐锡烛台大小贰架

1987年　高丰（峰）乡杨屋场村以旧更新钢板桌肆张

1988年　田畲乡新添置灵官大帝身像照片壹张

1989年　经十乡代表公认过秤，大锡台壹对重壹拾贰市斤，小锡台一对重五斤贰市两

彭坊乡交人民币捌拾捌元正，庚午岁（1990）古历五月初七

至1990年，乐捐给华光大帝轮祀的器物越来越多，这些都是十乡人的共同财产。每轮过一乡，都要在各乡代表的监督下双方进行认真检查，如有损坏或丢失就要根据不同情节予以处理，严重的甚至会被开除出轮祀圈外。如《记簿》记云：“庚午年交接正常。官（关）刀坏一把，小锡台脚已烧坏。”这两件东西的损坏好像不是人为过失造成的，因而没有做出处罚。但以前曾经出现一个例子，据说20世纪40年代，有一年轮到上街的福坑村，当地人在抬菩萨下山时由于不小心把神像摔坏了，结果从那以后，福坑人就“丢了份”，直至1995年大约停了半个世纪之后，他们的“份”才得到恢复。

十乡人轮祀华光大帝从20世纪90年代起已逐步走向正常化。1990年，又重新选举出十乡代表，并选出两名总代表。这次会议是农历九月二十日召开的，《记簿》云：“庚午年古历九月廿日十乡代表决定总代表范式人、曾显彰……又决定每年定于古历九月廿七日（召开）全体代表会。”选出的各乡代表是：邓屋4人、凉畲4人、下街3人、上街4人、下坪4人、高峰4人、田畲5人、坪埔3人、绍黄5人、彭坊5人，总共41人。如按姓氏统计，则

① 《宁化县地名录》，第140页。

曾姓9人、赖姓5人、李姓5人、邓姓4人、范姓4人、连姓3人、彭姓2人、廖姓2人、陈姓2人，其余刘、罗、邹、张、吴各1人（详见表2）。各姓代表人数的多寡，实际与他们现在的人口数相吻合。如曾姓时有人口3500~4000人，占治平总人口的30%以上，为当地第一大姓，因此他们选出的代表人数也最多。而赖姓约2000人，占治平总人口的15%，李、邓、范等姓亦都在千人以上，所以他们的代表人数也有所反映。

表2　1990年十乡代表人数统计

乡名	代表数	分姓氏统计													
		曾	赖	李	邓	范	连	彭	廖	陈	刘	罗	邹	张	吴
邓屋	4				4										
凉畲	4	1	2								1				
下街	3	2					1								
上街	4	1		1								1	1		
下坪	4			4											
高峰	4		2							2					
田畲	5	5													
坪埔	3						2							1	
绍黄	5					2			2						1
彭坊	5		1			2		2							
总计	41	9	5	5	4	4	3	2	2	2	1	1	1	1	1

十乡轮祀华光大帝不仅建立有代表会议制度，而且在冬乡轮祀过程中，还有各种约定俗成的规定和安排。既反映了宗族自身的利益，又有宗族与宗族之间的相互合作，使整个祭祀活动有条不紊，且充满活力。

华光交接的日子定于每年农历九月二十八日。在此前一天，华光大帝必须由交方抬至预定地点——兴福寺或牛守寺，并开始在庙里打醮。打醮的时间一般是一至三天，届时治平、长汀、宁化等地信众都会前来烧香、许愿或还愿（当地称作“披红”）。特别是九月二十八日那天，上香的人最多。交接时间由接方择定，时辰一到便进行移交手续。接着，轮到祭祀的一方便敲锣打鼓，把华光迎回乡里。

华光不论轮到哪乡，都要在该乡停留一年。而每乡都是由一个或数个宗族组成，因此华光大帝轮到某乡之后，又必须在这个乡的内部进行分配，以决定某姓或某姓内部的房能够祀奉多长时间。如邓屋，该乡为邓、曹两姓的聚居地，历史上仅邓姓有份，因此华光临乡，就在邓姓内部进行分配。邓姓始祖二十六郎公自宋末前往开基后，繁衍至第三世即产生出两房：长房十七郎公居前屋，次房十一郎公居后屋。此后这两房人各自发展，形成该宗族的两个基本派系。前屋现有人口约 140 人，而后屋人丁甚众，约 800 人。两房人都建有祠堂。据当地人说，在乾隆以前，他们的族谱是合在一起修的，但乾隆以后就分开了，至今仍是如此。除了祭扫祖坟之外，前、后屋的族人都是分开活动。因此，华光轮到邓屋后，就在前、后屋两个祠堂轮流供奉，后屋先放半年，然后轮给前屋。而曹姓因为是清代才迁来开基的，尽管他们也有自己的祠堂，但不能轮放华光，只能去参与邓姓的各种祭祀活动。至 1992 年，由于曹姓提出要求（此时曹姓 100 余人），加上邓姓前屋人口较少，因此改成从前屋的半年当中抽出两个月给曹姓，从此他们才享有在自己的祠堂内祭祀华光的权利。现在邓屋的轮流顺序是：

九月二十八日至次年四月初八日	邓姓后屋祠堂
四月初八日至七月二十八日	邓姓前屋祠堂
七月二十八日至九月二十八日	曹姓祠堂

如果说邓屋在清代以前还是单姓村，情况比较简单，那么彭坊则是一个多姓村，那里的宗族关系就要相对复杂一些。彭坊现有彭、范、赖三姓。彭姓前往开基最早，其后是范、赖两姓，但赖姓何时迁来开基我们并不清楚，只知道他们来自长汀的馆前。现在彭坊共有人口 800 余人，其中范姓人口最多，达 500 余人，占 60% 以上，其次是彭姓 200 余人，赖姓仅 100 人左右。据当地老人说，过去华光轮到彭坊，是赖姓轮两个月，而且排在中间；其余为彭、范两姓，各放五个月，安排在头尾。每次华光来临，彭、范两姓都要抓阄以决定谁先谁后，至今仍是如此。不过，我们在调查中还听到另一种说

法，据说以前范、赖两姓曾为轮祀华光发生争执，大家互不相让，后来想出了一个解决的办法，看谁家的祠堂宽谁就先放，结果测量以后，赖姓祠堂比范姓宽了将近一尺（约合0.333米），因此赖姓先放华光。这个故事是从范姓那里听来的，显然报告人并没有夸耀自己的意思。从中我们可以看出，历史上每个宗族为了自身的利益，在轮祀华光的问题上是会发生争执的，并经过不断的协商、调整，才逐步稳定下来。赖姓为什么才有两个月的祭期？是否因为人口较少，还是与曹姓一样是较迟才来开基的？这些我们都无法臆测，但有一点可以肯定，今天我们所看到的一切，正是长期以来当地宗族关系演变发展的一种结果。

上街原为墟场所在地，那里的情况就更为复杂，不仅姓氏多，而且所属的自然村也多。如今属上街与轮祀华光有关的就有曾、罗、李、邹等姓，有份的自然村则包括上街、庵子前、湖背角、规头岌、圆坑尾、中圆坑、勾刀岭、员岭、社田、福坑等。因此，当地人就把华光的一年祭期分成四段：中心点（即上街）放四个月、圆坑两个月、社田三个月、福坑三个月，附近居民到这四个点去祭祀。不管华光轮到哪个地点，一般都把他供奉在祖祠里。如一个姓曾的报告人介绍说，以前轮到曾姓祀奉华光，他们就把神像抬到曾姓祠堂。1949年以前曾姓祠堂被大火烧毁了，就寄放在兴福寺内。他还说，如果轮到下街祀奉华光，就把神像抬到培珠坑的连姓祠堂里。我们还访问了一位住在圣和平的农民，他说圣和平与绍光同属一个乡，以前轮到绍光时，华光是放在廖姓祖祠里的。

由此可见，十乡人轮祀华光，其基本特征是以宗族为整个活动的基础。一个宗族是否有份，关键是看他能否把华光抬到自己的祠堂里去祀奉。换言之，在祠堂里祭祀华光是一个宗族有份还是没份的重要标志。当然，所谓“份”是一个历史的概念，在不同时期都会有所变动，但在当地人的心目中，这个问题倒是十分清楚的。哪姓可以放华光，哪姓祠堂没有这个权利，是一个相对固定的安排，任何人都无权随意加以改变。

但是另一方面，华光大帝又是当地民众普遍信奉的神明，因此在祭祀活动中，各姓居民又可以相互合作，共同参与。华光临乡是当地的一件大事，所有人都会出来迎接。迎神的队伍往往很长。走在最前面的是放铳的群体，紧接着是一个牵头人手里提着香灯和马灯，有大小旗帜两三百面，在神轿前面还有锣鼓队、“万岁牌”、手举着执事和仪仗的各种队伍，随着华光出游的有千里眼、顺风耳以及四个大香炉，每个神轿和香炉都由四人抬着，有数班人在轮流替换。当迎神队伍进村时，各家各户都在门口摆设香案迎接，此时鞭炮声、锣鼓声响成一片，神铳齐鸣，震耳欲聋。队伍在村中环绕，最后才把神像送入事先安排好的祠堂里。

华光进入某祠堂安奉后，便开始在那里打醮，并由该祠堂的族人安排专人负责每天给华光大帝上香、点灯，据说神像前的灯火必须长明，是不能中断的。各祠堂打醮的次数和时间各不相同，但一般说来，每当华光迎入或送出都必须打醮。这样，一个祠堂轮到另一个祠堂，一村迎至另一村，在一年当中，几乎醮事不断。以邓屋村为例：当华光来临时，从九月二十八日起就在邓姓后屋祠堂打醮，一连三天；紧接着次年四月初八又要打一次，才把华光轮给前屋祠堂。而前屋的族人在迎进之后，同样要请道士建醮，而且在六月初六还要再打一次。除此之外，后屋祠堂在每年的八月或闰八月间，固定要打一次大醮。此时不管华光轮到哪乡，他们就会派人去把他抬过来，并到长汀馆前迎请妈祖，一连打四天的醮，请九个道士来主持。这些醮事虽然都是由某个宗族或房组织的（过去一般都有蒸尝田），但其他姓氏的居民亦可以参与。如邓屋的曹姓在1992年以前就是分别参加前屋或后屋祠堂的活动，平时也可以到邓姓祠堂里去祭祀华光。

当地人共同祀奉华光，其中一项最有意义的活动是华光临乡每月定期举行的“牙会”。这项活动远近闻名。我们在曹坊乡调查时就有所闻，来到治平后，每到一村都能听到有关的报告。所谓“牙会”，实际上是按照固定日期由当地居民共同参与的集体性祭祀活动。“牙会”是以“棚”的形式来组织的。每个乡根据自己的实际情况，将所有居民（不管有份没份）随机性地分成若干棚。每棚在每个祭日分别安排一户出来负责祭祀华光，同时宴请棚内的成员。这样一年当中，每个月都有人去轮流祭祀，每家每户都有担任主持人的机会，并享受棚友不断而来的宴请。

棚的组织要按照人口多少而定，同时与祭日的安排也有关系。按照当地的习惯，华光临乡一般每月要祭两次到三次。如果祭祀两次，则在每月的初

六、十六；如果三次，则是初六、十六、二十六。一般人口较少的乡都只有两次，这样每次出一户，一年十二个月，每棚就要有二十四户。倘若每月三次，则需三十六户。每棚的户数确定之后，再根据当地的户口考虑可以组成多少个棚。① 棚的成员组合由抓阄来决定，因此每次都不一样。如彭坊，最近的一次轮祀共组成六棚，分别取名为“神、通、广、大、显、应”，按照抓阄的方式把当地居民分别编排，每棚二十四户。邓屋人口较多，则编成八棚，用千字文“天地玄黄，宇宙洪荒”来命名，每棚二十五户。绍光组成五棚，各取“鸿、禄、福、吉、祥”一字，每棚仅十六户。上街的人口众多，则编成十五棚，每棚三十六户，并根据华光在该乡的轮流地点分别组织，其中中心点六棚、圆坑三棚、社田三棚、福坑三棚，每个地点供奉的时间长短不一，前已述及。

棚的成员确定之后，各棚再自行分工，安排出先后顺序。每到祭日，各棚便有一户当值者出来祭祀。祭祀华光需用大猪。当天清早，接连有几户人家抬着大猪到华光神像前宰杀，把新鲜的猪肉供奉给他。有的人还要割下一块猪肝，插在万岁牌的前面。这块万岁牌刻着“皇帝万岁万万岁”② 字样。据当地人说，万岁牌代表华光大帝的母亲，这块猪肝是敬献给她老人家的。供奉之后，当值者必须赶快回家去，准备这天的宴席。酒席非常丰盛，据说每桌共有二十多道菜。前来赴宴的除了自家亲朋好友之外，还有同棚的成员（每户派一个代表）。这样，不管轮到哪家当值，那天必定宾朋满座。据一位姓曾的报告人说，1995 年轮到他家做“牙会”，一共请了六桌。除了宴请客人之外，还必须专门备办一桌同样的菜肴敬献给华光。这桌酒席是不能去动的，要供在神像前，直至宴会散后才把它收起来倒入剩菜里，第二天归家人食用。

由以上所述可见，十乡轮祀华光大帝相当有秩序，形成了一整套自下而上的组织规则和习惯做法。华光临乡，各乡都要组织人马去迎接，安排供奉

---

① 区分“户”的标准，按当地习惯做法是：兄弟未分家算成一户，如果分家就要算作新立户。

② 承蒙欧大年（Daniel L. Overmyer）启发：明代流行于民间的《宝卷》在扉页上也刻着“皇帝万岁万万岁”字样，如弘阳教的《弘阳苦功悟道经》便是一例。可见这种传统以前在民间相当普遍，不仅存在于民间教派，而且在乡村神明信仰中也经常可以看到，这两者是相互影响的。谨在此向欧大年教授表示感谢！

地点、打醮，并轮流举办“牙会”祭祀。这里面既体现了有份宗族的利益，又照顾到各姓之间的团结与合作，是一种相当有弹性的安排。在各乡之上，又有代表全体利益的代表会，通过定期或不定期的会议及时解决各种问题，从而把十乡人有机地联系在一起，形成上下层次分明，既有原则性又有灵活性的结构体系。而这种组织结构与十乡人对华光的崇拜热情结合起来，正是十乡轮祀华光大帝长盛不衰、历经数百年而不坠的原因所在。

四

治平十乡轮祀华光大帝是一个十分典型的案例，它与连城县河源十三坊轮祀珨瑚侯王一样①，都带有宗族联盟的色彩。如果把这两个个案加以对比，则可以看出它们有一些相似之处，其中主要有四点：

1. 这两个轮祀圈都发生于畲汉杂居区。连城河源十三坊古称“河源峒”，属梅花十八峒之一。历史上那里曾是畲族住地，一直到清朝初年还有畲民在那里活动，此后就逐渐消失了。而本文探讨的治平乡也是这么一个地区，而且至今仍有畲族存在。如果从他们现在的分布范围看，治平的这些畲族较集中地居住在周边山地，而汉人的十乡轮祀圈则处于该乡的中心地带。虽然如今已有一些散居的畲民与汉人住在一起，并参加了当地的祭祀和“牙会”活动②，但这些畲民在代表权和轮放菩萨方面还是没有份的，显示这个轮祀圈仍以汉人为基础的固有性质。为什么这两个地区都是畲汉杂居区，在这里出现某个神明的轮祀圈是否与畲汉关系有关？由于史料缺乏，我们至今仍找不到直接的答案，但这种“雷同”和“巧合”显然值得注意。

2. 这两个轮祀圈都是跨区域性的。河源十三坊地处长汀和连城两县交界处，历史上被称作上河源和下河源。上河源长期隶属长汀县管辖，下河源则属于连城县管理，直至1956年才统一划归连城县，并成为该县的两个乡镇。

① 参见杨彦杰：《珨瑚侯王：一个跨宗族的地方土神》，载杨彦杰：《闽西客家宗族社会研究》，国际客家学会、海外华人研究社、法国远东学院1996年版。

② 如治平上街，那里杂居着雷、蓝两姓居民，他们现在也参加“牙会”活动。据一位姓曾的报告人说，1995年他参加的那一棚共有三十六户，其中曾姓十八户、雷姓九户、蓝姓三户、张姓三户、江姓三户。

而治平十乡绝大部分分布在治平乡境内，但仍有一个属于邻近的曹坊乡。虽然这两个轮祀圈覆盖的地域范围大小不一，但很明显的，都与行政区划无关；而且它们轮流的方式也完全一样：每个乡（坊）轮祀一年，按照固定的顺序不断运转，一直循环下去。

3. 从起源的时间看，都产生于明代。河源十三坊轮祀珨瑚侯王有直接史料，证明始于明弘治三年（1490）。而治平的十乡轮流虽然没有直接证据，但根据笔者综合分析，当始于明代中叶以后，至迟在明末清初这一段，估计这个结论不会离事实太远。

4. 从组织方式来看，都有代表会的组织。这是轮祀圈与其他类型的神明崇拜最大的一个不同点。代表会的成员由各乡（坊）推举产生，他们定期或不定期地开会，讨论解决各种问题，其中一个会议必定要在神明交接之前一天举行，并参加交接仪式。代表会讨论的问题涉及公共利益的各个方面，大到捐款修庙、塑造神像、恢复活动，小到神明轮流过程中出现的各种问题和争执。这种代表会不仅密切了各乡之间的联系，保证神明轮祀能有条不紊地开展下去，而且在客观上也成为各个宗族（村落）结成联盟的具体组织形式。尽管这种联盟只局限在神明崇拜方面，但作为一种社会组织，在维护宗族之间的团结、解决各种社会矛盾等问题上都具有不可忽视的作用。

除了以上谈到的这些共同点之外，这两个轮祀圈还有一些不同点，其中最值得考虑的是有关神明和庙宇，以及“棚”的组织——这两个方面。河源十三坊建有珨瑚侯王庙，而治平十乡轮祀我们却发现它在历史上并没有建庙，只是到近年才在治平街建了一个，但与十乡的轮祀仍然没有什么关系。河源十三坊的珨瑚侯王庙始建于何时尚难确考。新编《连城县志》云，珨瑚侯王庙创建于明正统年间（1436—1449），但该县志并未说明根据何在，令人不敢深信。① 据我们在河源十三坊收集到的培田《吴氏族谱》记载，“十三坊建造珨瑚公庙”是由吴氏十世祖吴在敬主持的。② 吴在敬的父亲生于明正德九年（1514），按此推算，他能主持建庙最早也应在16世纪中叶以后，而此时距离

① 新编《连城县志》，群众出版社1993年版，第845~846页。

② 连城县曹坊乡培田村吴氏：《吴氏族谱》卷二十《乐庵公行略》，光绪三十二年（1906）修，木刻本。

明弘治三年（1490）十三坊开始轮祀玱瑚侯王，已是半个多世纪以后的事了。不过，有关吴在敬与玱瑚侯王庙的事迹在杨澜《临汀汇考》中也有记载，杨澜说的不是“建庙”，而是“倡修”。① 这样一来，有关玱瑚侯王庙的创始年代也就变得更加模糊不清。

相比之下，治平十乡的情况反而令人一目了然。治平虽然也有两个庙宇被指定为神明交接地点，但这两处均是佛教寺庙，并不是华光庙。从某种意义上说，治平这个例子反而给我们提供了一个很好的思考机会。事实上，神明长期在外轮流的崇拜模式，是根本不需要庙宇的。因为神明一直在乡村之间轮祀，一村轮过另一村，他们所需的只是固定的交接地点而已，即使有庙，入庙的时间也很短（仅仅一两天），实际作用并不大。因此，治平这个案例显得更加“古老”而有代表性。它使我们看到，历史上，尤其是山区，事实上存在着一种没有庙宇的神明崇拜模式。神明在一个固定的路线上巡回运转，以满足聚落星散、交往不便的乡民在心理上的渴望与需求，而当这种祭祀活动随着岁月的流失逐步被“放大”起来以后，有关神明灵验的故事越来越多，民众对他的祈望也日益增强，在这样的情况下，由于某些偶然因素的促成才会在适当的地点建起庙宇。换言之，庙宇的兴建一般说并不是这种神明崇拜模式的前提，而只是一种结果，或者说仅仅是一种派生物而已。以往我们一谈起神明崇拜必然想到庙宇，尤其是一些祖庙更是引人注目，这当然无可非议，但这里需要提醒的是：当我们注意到以神庙为中心的崇拜模式的同时，千万不要忘记还有另一种模式，它并不是以庙宇为中心，而这种神明崇拜模式已经在鲜为人知的乡民社会中悄悄运转了好几百年，至今仍没有多少改变。

治平的十乡轮祀还有一个重要问题，那就是以“棚”的形式来组织祭祀活动。“棚”的组织我们在闽西许多地方都反复碰到过。它不仅出现在宗族内部，也出现在宗族之外共同的神明祭祀活动中。不同场合具体的含义和内容都不太一样，因此以下我们再就这个问题做一些专门讨论。

---

① 杨澜《临汀汇考》的原文是，“明成化间，吴在敬倡修”玱瑚侯王庙（卷四《山鬼淫祠》）。杨澜这一记载也有讹误的地方。前面已经谈到，吴在敬的父亲生于明正德九年（1514），已在成化（1465—1487）之后，显然他不可能在成化年间“倡修”庙宇。

“棚”的写法各种各样，通常有朋、棚、蓬三种。这三个字的发音都相同，但在书写并不规范的乡村社会中，我们无法判断哪个字是正确的，因此单从字面的含义去理解它的起源显然相当困难。不过，在早期留下的契约文书中，大都使用“朋”字，而现在的人经常写作“棚”，也有人喜欢用“朋”或“蓬”来表达。

“棚”的组织早在清代就已在宗族内部存在，以下先引一份连城县楼下曹姓的契约为例：

□合同人宗衡公太七朋裔孙等，为经收钱粮事。钱粮国课攸关，急公始号良民。□递年不有经征则缓散而无统纪，若散户不依限付纳即赔累难堪。今七朋照依拈阄，轮流经收，众□将宗衡公太尝田五处，递年津贴经征劳力之资。至于散户钱粮，其米上石者，自开金花之后宜先秤其三四，至五六月秤其七八，及至十月务要全完……恐口无凭，立合同为照。

（中略）

康熙五十一年正月廿一日

一朋世权　二朋小洲　三朋世兴　四朋国隆　五朋必卿

六朋选卿　七朋世英　八朋众　九朋众　未入朋衡玉

上引这份契约，是康熙五十一年（1712）曹宗衡公的裔孙为了轮流征收钱粮、完纳国课而订立的。从契约文件的内容看，他们早就有“七朋裔孙”的概念，而且这七朋人的轮流顺序仍是“照依拈阄”来决定的。再看契约末尾所附的每朋人名，也都是宗衡公派下各房的房头祖。也就是说，在一个宗族内部，这种“朋”的组织可以被用来轮流完成某项公共事务，其组织原则是以房为单位的。每朋按顺序负责一年。

其实，这种组织形式在宁化县泉上镇延祥村的上官宗族里也同样存在。据《天水郡上官氏房谱》记载，他们曾于乾隆二十五年（1760）与另一房人签订了一份合户契约，规定两房人各自应尽的各项义务，并特别提到要“朋充”里长①。这里的“朋充”即轮流充当之意，与上面的“朋”在含义上显然相同，都是以房为单位，共同尽义务，轮流负责。

除了以房为单位来组织之外，在祭祀神明或祖先的场合，“朋”的组织方式还有不同的变化。以下我们仍以连城县曹姓为例，再引一份买卖会份的

---

① 宁化县泉上镇延祥村上官氏：《天水郡上官氏房谱》卷五，光绪三年（1877）修，木刻本。

契约作为参考：

立卖社人曹九长，今因无钱吉用，将祖遗下伯三郎公祠冬至社第壹朋壹分，又七月十五日茅井头无士社第四朋壹分，今托中送本家秉彝身边承买为业。当日三面言断，时价铜钱壹千伍佰文正。其钱即日随契两相交讫明白，其社任凭卖（买）主前去分胙岑（领）席，立卖字为照。

在见人曹翠琳亲笔（画押）

光绪丙戌十二年十二月廿七日立卖社人曹九长（画押）

在这份契约里，所谓“伯三郎公祠东至社”是在祠堂祭祖的结社，而所谓“七月十五日茅井头无士社”是在中元节祭祀孤魂野鬼的结社（“无士社”又称“义祭社”），可见在曹氏宗族里，不管是祭祀祖先还是鬼神，有很多都用结社的方式来组织。而在这类结社当中，仍有“朋”的组织，即参加者被分别编入第几朋，按照他们捐出的钱数享有某朋名下的股份。“朋”作为“社”底下的单位，显然仍有组织人群、承担祭祀任务的功能。而这种结社的股份是可以继承、买卖、典当的，结社成员的身份认定不再以血缘关系为基础，而是以能否出钱为标准，有出钱的有份，没有出钱的无份，出钱多少决定着今后“分胙岑席”的份额有多少。因此，这种结社里面的“朋”，就不再可能用房（血缘）来组织，而是在同一个宗族内部，以经济为纽带，将有份的成员编组在一起。

“朋”被运用于宗族之外，同样与宗族的房没有关系，而是根据各个地方的实际情况，将各姓居民按住地或抓阄结果来组织编排，共同完成某项集体性的任务。

按住地来组织“朋”的例子很多。如宁化县城关，以前每年八月十八日都有举行大规模的妈祖出巡活动，一连六天（八月十三至十八日）。当地居民就被分成五个“棚组”，分别负责一个晚上的游街活动。这五个“棚组”按照不同地域的居民点来划分，离天后宫最近的塔街被编在第一棚组，接下来依次为双虹、寿宁、横街、小溪。每个棚都有自己选出的牵头人①。而在长汀城关，那里也有同样的情况。所谓“长汀十三坊，坊坊十蓬人”。以前每年二月间，攀桂坊的天后宫就要把妈祖抬出来巡游，为期大约一个月。如

① 参见叶兴林、张国玉：《宁化县城区的天后宫庙会》，载杨彦杰主编：《闽西的城乡庙会与村落文化》，国际客家学会、海外华人研究社、法国远东学院1997年版。

此大规模的活动也是由该坊的七蓬人轮流主持（另有三个蓬在郊外没有参加），每蓬负责一年。蓬的成员都是左邻右舍的居民，按照住地的远近把他们分别组织在一起。①

另一种组织“棚”的方式不是按住地，而是按抓阄的结果，这便是本文探讨的治平十乡的例子。他们先考虑每棚需要多少户，再根据实际人口决定大约可以组成多少个棚，最后以抓阄的方式把所有居民都分别编到各个棚里。这样的组织方式显然更具有灵活性。人们不必受制于一个固定的框框，而是可以随着人口的消长变化而变化。以前治平十乡的人口并不是太多。以彭坊范姓为例，据他们的《族谱》记载：乾隆六年（1741），范姓已“十三世矣，仅有五十余家”。范姓是彭坊的大姓，才这么一点人口，那么全村人数就可想而知了。② 再据民国时期的统计资料，1941 年的治平全乡总共才 1047 户，4937 人。③ 亦是说，全乡的人口总数还上不了 5000，如果再扣除一些没有参加轮祀的村社，那么真正属于这个轮祀圈的人口户数肯定在几百户以内，平均每乡仅几十户人家而已。如此有限的人口，要负担一整年的祭祀任务，显然困难重重，因此就必须要考虑制订出一套切实可行的方法。而治平十乡“棚”的组织方式正好适应了这种需要。他们只要能排出二十四户为一棚，便可以每月举办两次“牙会”祭祀，安排出一年的祭期。人口增长排出的棚可以相应增加，人口减少棚的数量也可以减少，但都不影响到一整年的祭祀活动。

由此可见，“棚”的组织形式，不管在宗族之内或者宗族之外，都是千变万化、各有不同的，但有一个共同点，就是都必须根据当时当地的历史条件进行选择。“棚”作为一个社会组织形式，在闽西客家地区相当广泛地存在着，不论是宗族内部的征收钱粮，还是祭祀祖先、祀奉神明等民间崇拜活动，“棚”都被用来作为集合人群的一种手段。因此，我们在考察历史上的神明崇拜活动时，千万不要忘记它是当地社会生活的一个组成部分，人们用来组织庙会、祀奉神明的各种方法，正是他们在日常生活中经常碰到并被普遍使用的。一种广泛存在的社会组织形式，同时也是当地有特色的社会文化的一部分。

---

① 参见张鸿祥：《汀州城区的庙会大观》，载杨彦杰主编：《闽西的城乡庙会与村落文化》，国际客家学会、海外华人研究社、法国远东学院 1997 年版。

② 宁化县治平乡彭坊村范氏：《范氏族谱・谱叙》，1993 年修，木刻本。

③ 新编《宁化县志》，第 134 页。

夏坊的宗族社会与“梅山七圣”崇拜[①]

以往对客家传统社会的研究，学者们已经注意到民间庙会对地方社会的重要性。特别是在一个多姓聚居的乡村社会里，由村民共同举办的庙会往往被视为代表“公”的利益，对宗族社会的维系和发展有着重要意义。然而，我们的研究能否更进一步，这种“公”的庙会活动究竟是怎样形成的，在庙会组织过程中各种不同姓氏或房派的利益如何体现，通过庙会我们能够看到怎样的地方文化权力结构及其意义？本文拟根据宁化县夏坊村“七圣”庙会的相关材料，对上述问题作具体的探讨。

一、宁化夏坊的宗族社会

夏坊村位于宁化县东南部，属安乐乡管辖，距离乡政府大约10公里，但与相邻的曹坊乡仅咫尺之遥。因此相对安乐乡的行政区域来说，夏坊村处在该乡“边陲”。夏坊行政村共辖有六个村民小组：中村、街上、夏逸垣、庄下窠、何坑、何树里，有1600多人，耕地2663亩。在这六个村民小组中又可分为两部分：中村、街上、夏逸垣、庄下窠、何坑相对靠近，村部就设在中村，可视为这个行政村的中心区域（参见附图）；而何树里则另处一地，距离中心区较远，往东北方向还有4公里左右。

历史上，夏坊行政村一直被称作“夏坊”，明清时期属会同里。康熙《宁化县志》云：“其在县之南一百里为会同里。领图者六。为墟者二：曰安

① 本文刊于《宁化县的宗族经济与民俗》，国际客家学会、海外华人资料研究中心、法国远东学院2005年版。

乐，曰滑石。（宋设而今废也）为村者二十有一：……曰夏坊”。[①] 当时共有多少个自然村并不清楚，但据我们的田野调查，至少在清朝那时已有九个自然村，称溪背、路背、夏逸垣、街上、岭坊口、邓利坑、庄下窠、何坑、何树里。现在的六个村民小组就是在此基础上形成的，但这些小地名仍在村民中使用。

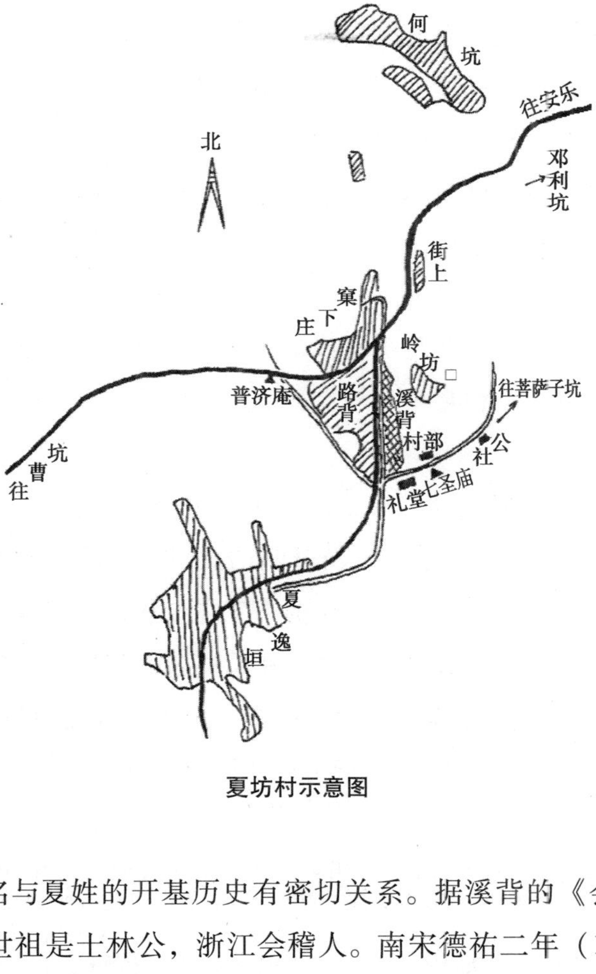

夏坊村示意图

夏坊的得名与夏姓的开基历史有密切关系。据溪背的《会稽夏氏族谱》载：他们的一世祖是士林公，浙江会稽人。南宋德祐二年（1276）中进士，官至佥事枢密院事，后来因南宋行将灭亡，“目击时艰，挂冠不仕，退于洪都

① 李世熊：《宁化县志》卷一《疆界志》，宁化县志编纂委员会整理，福建人民出版社 1989 年版，第 42 页。

之竹坪焉”。至三世祖良佑公因“学校闽汀”，又迁往长汀县居住。良佑公生三子：长子原弘仍居长汀，次子原吉迁宁化县的夏坊路背开基，三子原启迁上杭县。① 现在夏姓最小的是四十一世，如果从四世祖原吉公迁往夏坊开基算起，已经在那里繁衍了37代。按照一般规律，每代人约需25年，夏姓来到夏坊已经历了900余年的历史，显然是不可能在元朝才迁来开基的。清朝修谱时把夏姓始祖定为南宋末年的朝臣夏士林②，似有附会之嫌。

夏姓在元朝就已开始编修族谱，但因战乱毁失。明朝成化年间曾经再修，亦因不幸失火毁坏。至明末天启三年（1623）才由族人“将残卷所记遗文轶事集成一帙，以启后人”③，此后接修不断。明天启三年的《原序》，根据早年传闻记录的开基过程是这样的：

溯夏氏添良公原下觉里人也。聪明特达，蜚声黉序，游艺于四方。复因艰于嗣息，俗有朝岩求子之说，公亦欣然从之。迨回自长汀路抵宁阳石牛驿，行数里，遥望山清水秀，茂林修竹之下，庄前有茅庵曰普济，因作宿客七日，不禁叹赏曰：此佳境也，余愿得适彼乐土矣。离庵数武，复有壹处，相其形势，俨然金龟出洞，徘徊数日然后去。遂挈其眷属而迁居焉，因名之曰“夏坊”。④

以上所述“添良公”即夏原吉的父亲良佑公⑤，此时他不是在长汀，而是在宁化县的下觉里⑥。他前往夏坊开基的故事与常听到的十分相似，也是看到当地山清水秀，形势极佳，因此携带家眷前往，表明这类故事的流传背景与当地盛行的风水观念有直接关系。在添良公开基以后，他的五世孙夏钦“于宋癸未年会试赐进士，累官至正治上卿，庚子年致仕荣归，光耀闾里”⑦。如果这里提到的“宋癸未年”是指南宋嘉熙四年（1240，岁次癸未）的话，

① 溪背《会稽夏氏族谱》，康熙七年《旧序》，二十二世孙仁贡、仁祖同撰，1998年三修，木刻本。

② 夏士林在南宋德祐年间任刑部尚书，正史有载。见《宋史》本纪第四十七，中华书局1977年版，第936页。

③ 路背《会稽夏氏族谱》天启三年《原序》，1998年十三修，木刻本。

④ 路背《会稽夏氏族谱》天启三年《原序》，1998年十三修，木刻本。

⑤ 溪背《会稽夏氏族谱》，1998年十三修，木刻本，《始祖世传》云：“良佑，即名添良。”

⑥ 下觉里原属宁化县，明成化七年（1471）与柳杨里一起析出归新建的归化县（今明溪县），见李世熊《宁化县志》卷一《疆界志》。

⑦ 路背《会稽夏氏族谱》，天启三年《原序》，1998年十三修，木刻本。

那么添良公从下觉里迁往开基就大约在北宋时期，与现在夏姓的繁衍代数相吻合。

添良公生有一子原吉公。原吉生二子：长子益郎仍居住在开基祖地路背，而次子壬郎则迁往河对岸的溪背定居。此后，夏姓在夏坊的繁衍分成路背、溪背两大派系。在路背的益郎公后裔发展甚速，至十三世分出前屋、后屋两房，十七世又从前屋分出一支前往夏逸垣开基，在此前后还分别开拓何坑、何树里、石竹山（现属马家围行政村）等村落。现在路背的益郎公后裔人口已将近1300人，占全村总人口的80%。而溪背的壬郎公后裔却发展缓慢，除了外迁的之外，在溪背居住的仅有几户、30多人而已。

夏坊的人口除了夏姓之外，还有吴、叶、周、赖、施、张等六姓①，但他们都比夏姓迟来，而且人数也不多。据吴姓《族谱》记载，吴姓是十九世祖天衡公从宁化城关迁来的，开基于溪背。天衡公生于明嘉靖十三年（1534），卒于万历二十二年（1594），享年61岁，可见他迁来开基当在16世纪下半叶，现在最小的三十二世，在夏坊繁衍了13代。又据叶姓《族谱》记载，他们是十三世祖大仑公于明朝万历年间从宁化县的横锁乡叶坊迁来开基的，居住于庄下窠，现在最小二十八世，也就是说只繁衍了15代人。周姓是十八世祖时聪公从石竹山迁来开基的，聚居于岭坊口，现在最小三十一世，也是在夏坊繁衍了13代。因此，吴、叶、周三姓都是明朝中叶以后才从宁化县各地迁来夏坊开基的，时间都不会太早。至于赖、施、张三姓，他们到现在才繁衍5~7代人，而且都还没有修族谱，历史肯定更短（参见下表1）。由此可见，夏坊这地方的开发，从现在收集到的资料分析最早当在北宋时期。当时这里仍很荒凉，据传只有一座普济庵（茅草房），人烟稀少。至明朝以后人口才逐渐增多，不仅有其他姓氏相继迁入，最早来的夏姓也开始分支另建村落，因此到清朝才有了较为繁盛的基础。

上述这些姓氏所居住的村落，都散布在或宽或窄、绵延起伏的丘陵山谷中。历史上，夏坊的交通主要依靠山间小路，另有一条从城关出发经安乐通

① 按，这些姓氏不包括何树里的萧、巫、邱三姓，共计40人左右，因为他们没有参加夏坊的“七圣”崇拜，故不在本文探讨的范围之内。

表 1　夏姓各姓开基繁衍基本情况一览表

姓氏	（几世）开基祖	迁自何地	开基地点	现住村落	最小几世	繁衍几代	2000 年人口数
夏	（3 世）良佑	宁化县下觉里	路背	路背、溪背、夏逸垣、何坑、何树里、石竹山、田均下等	41	38	1299
吴	（19 世）天衡	宁化县	溪背	溪背	32	13	77
赖	（1 世）？	安乐乡上赖	溪背	溪背	7	7	5
叶	（13 世）大仑	横锁乡叶坊	庄下窠	庄下窠	28	15	62
施	（25 世）荣五	方田乡朱坊	溪背	溪背	30	5	10
周	（18 世）时聪	安乐乡石竹山	岭坊口	岭坊口	31	13	181
张	（1 世）承宝	上杭县	溪背	溪背	5	5	21

按：夏姓的繁衍代数，本表从三世祖良佑公算起，如果从四世祖原吉公算起，则为 37 代。

资料来源：路背《会稽夏氏族谱》（1998 年版）、溪背《会稽夏氏族谱》（1998 年版）、《延陵郡吴氏房谱》（光绪三十四年版，1908）、《南阳叶氏房谱》（1993 年版）、《汝南周氏房谱》（1993 年版）。其余赖、施、张三姓没有族谱，依照被访者口述。

往清流的官道从这里经过。清初李世熊《宁化县志》载："县前铺：西南十里曰鱼龙。又各十里曰黄源，曰赖畲，曰石迳，曰石牛，曰碑岭，曰罗溪，曰滑石，曰张地，以达于汀州。南十里曰夏坊。又各十里曰安乐，曰杨梅，曰黄柏，曰黄土，以达于清流而抵汀州也。"① 这里记述的两条铺递路线，前

① 李世熊：《宁化县志》卷二《邮置志》。

一条从宁化城关直达汀州府城，主要经过今曹坊乡；而后一条从宁化通往清流再折抵长汀，主要经过安乐乡，夏坊亦在其中。不过，这里提到“南十里曰夏坊”不知从何处算起？如果从张地算起，夏坊不在张地之南，而在它的东边；如果从城关开始计算，夏坊的方位正确，但到那里显然不止“十里”。

夏坊在历史上没有墟场，村民赶集都要到相距15里以外的安乐墟或者曹坊墟，因此村民除了在家耕田之外，还需要经常外出赶集或者打工、经商贸易等，外出活动成为村民与外部世界沟通的必要环节。再加上当地人口以夏姓为主，一姓独大，村民很难在本村范围内解决婚姻问题，更需要与周边姓氏往来，建立起固定的婚姻亲属关系。我们根据夏坊人数最多的路背夏姓《族谱》，对其中一房进行娶入外姓女性的统计，结果发现在开基以后直至民国时期，路背夏姓的前屋族人共与马、赖、曹、刘等50个姓氏有通婚往来，其中娶入马姓的通婚实例最多共有32例，其余依次为赖姓23例、曹姓22例、刘姓20例、周姓18例、罗姓16例、黄姓16例、陈姓15例、张姓15例、童姓14例、吴姓13例、巫姓12例、李姓12例、余姓10例。以上这14个姓氏仅占所有通婚姓氏的28%，但他们的通婚实例则达239例，约占总数358例的66.8%，可见夏姓与周围几个姓氏的通婚比例相当高。具体详见表2。

表2　路背夏姓前屋房娶入外姓女性统计

	吴	罗	巫	刘	马	李	丘	曹	叶	雷	蔡	周	黄	余	陈	凌	张	赖	廖	童	邹	杨
5世		1																				
6世																						
7世																						
8世		1		1																		
9世					1																	
10世						1																
11世																						

（续上表）

	吴	罗	巫	刘	马	李	丘	曹	叶	雷	蔡	周	黄	余	陈	凌	张	赖	廖	童	邹	杨
12 世					1																	
13 世						1																
14 世							1															
15 世					1																	
16 世		1						1														
17 世																						
18 世																						
19 世									1	1	1											
20 世				1				1			1											
21 世				1	1			1				1	1	1	1	1	1					
22 世					1							1	1				1	1	1	1		
23 世	1	1		1	1						2		2		3			1	1		1	
24 世				1				1	2	1	1		1		1		1	3		1		
25 世			1		1	1			1			1	2	1	2		2	1			1	
26 世	4	1	2		7	1	1	1	1			3	3		2		1	1	1		1	1
27 世		1	1	4	6	1	1	1		1		1	2		1	1	3	2	1	1	2	
28 世	2	5	5	3	2	1	1	2	2	2				3	2	2	1	3	1	3	1	4
29 世	2	1	1	2	5	2	1	3		2		3	3	4	2	1	3	6	1	2	1	1
30 世		1	1	3	1	1	1	3	1			1	1			1		2		1		1
31 世	1		1	1				2				1					1			4		
32 世		2		1	2	1		4				4			1		1	3		1		
33 世	1			1	2		1	1				2		1								
34 世	2	1				2		1			1											
合计	13	16	12	20	32	12	7	22	8	7	6	18	16	10	15	6	15	23	6	14	7	7

注：本表据路背《会稽夏氏族谱》（民国三十七年版，1948年）统计。除了表上所及22姓、293例之外，还有通婚实例较少的28姓未入。他们是：曾、邓、范各5例；卢、俞各4例；伊、官、任、王、温、江、元各3例；胡、傅、杜、徐、孙各2例；萧、谢、许、姜、汪、钟、林、石、何、修、薛各1例。因此，总共涉及50姓、358例。以上统计由我的同事钟晋兰完成，特记。

这几个与夏姓有关的主要姓氏都聚居于距离夏坊10~20里的范围内。如马姓聚居于安乐乡马家围，距夏坊18里；赖姓在曹坊乡下赖、上赖两村，距夏坊10里；曹姓在曹坊乡是大姓，在安乐乡刘坊村也有不少人口，距离夏坊分别是15里和10里；刘姓主要聚居于刘坊村，距夏坊10里；周姓主要分布在安乐乡石竹山和曹坊乡石牛村，都距离夏坊10里；罗姓在清流县里田乡，距夏坊15里；黄姓在安乐乡黄庄村，距夏坊20里；陈、张、李三姓分布都比较分散，没有明显聚居地；而童姓主要聚居于安乐乡双石村，距夏坊10里；吴姓聚居于安乐乡吴屋，距夏坊20里；巫姓在安乐乡罗坊村，距夏坊15里；余姓在安乐乡洋坊村，距夏坊15里。当地村民在闲谈时也说：我们娶媳妇大部分来自曹坊乡的曹姓和本乡刘坊村的曹、刘等姓。这样的通婚范围似乎与墟场的交往功能有关，但不是以墟场为中心进行分布的，更重要的应该是村民长期亲属往来形成的通婚惯习。夏姓的通婚范围主要局限在20里之内，与当地的自然交通状况是密切相关的，村民们选择在这样的范围内建立亲属通婚关系，可以在步行条件下当天往返，走动十分方便。这一切也构成了当地宗族社会发展的整体人文背景。

二、夏坊“七圣”崇拜的来源

夏坊“七圣”崇拜也被称为“梅山七圣”。这种崇拜在闽西地区较为罕见。夏坊村的“七圣”崇拜起源于何时，史籍未载。据村民们口头相传，据说是吴姓的一个祖先到外边做生意捡回来的。

当时这个姓吴的祖先外出经商，有一次遇到涨大水，河里共有十三条，船被打沉了九条，十分危险。这时河面上漂来两只箱子，船上的人看到了，不敢去捡，结果又有两条船翻了。箱子再次漂来，吴姓商人就叫艄公去捡，艄公不肯。吴姓商人说，我给你钱。箱子捡上来以后，另一条船又被风浪打翻了，只剩下这船安然无恙。回到客店以后，吴姓商人要把箱子打开，可是怎么也开不了，后来就到外边买了香烛回来烧，才把箱子的锁打开了，发现里面装着九个面具。于是就请挑夫把这两只箱子挑回村，放在吴姓住屋内。以后每年正月十三日都把面具摆在一个竹制的大簸箕里置于厅堂上，供人们祭祀。平时由吴姓人烧香点烛。后来有一个从上杭来的张姓乩童（即张姓开基祖）住在村里，由他降童才选择了建庙地址。这两个箱子，一个里面装着面具，另一个装法器。

这个故事的基本情节，我们在村里反复听过，没有多大变化，基本可以确定“七圣”与吴姓关系最为密切，而且是从外边来的。不过，我们在调查中还听到另外一种说法：据说这“七圣”原来是姓翁的，他们是从湖南捡回来的。翁姓宗族势力原来很大，他们还把河水引到村里来。吴姓开基祖天衡公刚来的时候就是当姓翁的女婿。后来翁姓不知何故迁走或灭绝了，他们的田产、山林包括“七圣”就由吴姓来继承，现在姓翁的坟墓还由吴姓人去扫。这个报告人不姓吴，因此敢于说出平常不便在大庭广众之下谈论的故事。不过我们查阅了吴姓《族谱》，天衡公只娶一个太太姓赖，他的两个儿媳妇都姓夏，没有任何与翁姓有关的记载。作为一个传说故事是很难得到证实的，但我们知道现在看到的族谱也是后人编撰出来的。在早期，迟到的外姓如何进入一个已经定居的土著社会，被招赘往往是最有效的途径之一，这在闽西地区经常可以见到。① 从这个意义上说，尽管我们无法辨清翁、吴两姓的关系，但也不排除确有存在的可能。就“七圣”的来源而言，显然与吴姓早期的历史存在着最为密切的关系。

前面说过，吴姓开基祖天衡公生于明嘉靖十三年（1534），卒于万历二十二年（1594），享年61岁。由此可见，夏坊的“七圣”崇拜应该在明朝中叶以后就已经存在。刚开始时是放在吴姓人的家里，后来才在吴、夏、赖等姓住地即溪背的水口建造了庙宇，时间当在清朝末年。因为我们在前面已经

---

① 如泰宁县开善上保的伍姓一个开基祖原来就给已定居的杨姓招赘，江姓的一个开基祖也给廖姓招赘，后来才融入当地社会。参见杨彦杰：《开善上保的宗族社会与民俗宗教传统》，载《台湾宗教研究》第1卷第2期，台湾宗教学会2001年版，第85~118页。

谈到，据村民们口头相传“七圣庙”的庙址是张姓乩童选择的。张姓在夏坊才繁衍5代，相传开基于同治年间，因此建庙必定在同治以后；而且庙内有一幅早期的对联落款为“光绪九年岁次癸未冬月谷旦”，与上述说法相互印证，此庙建于光绪九年（1883）冬季应该可以肯定。

“七圣”据说原来有九个面具，后来有一次游神来到石竹山夏姓住地，因为其中两个面具装扮成“流肠破肚”的样子，面貌相当恐怖，结果把一个姓夏的男孩子（一说独生子）给吓死了。后来经乩童降神指点，认为应该把这两个面具化掉，所以就变成了七个。这“七圣”究竟代表什么神明？当地人大都说不清楚，较懂事的则说是《封神演义》中的“梅山七怪”，也叫“梅山七圣”。他们原来代表猿猴、猪、羊、狗、牛、长蛇、蜈蚣等七种动物精怪，后来才被杨二郎一一收服。有的人还能大略说出这七种精怪的姓氏，如白猿精姓袁、羊精姓杨、长蛇精姓常、蜈蚣精姓吴等等。[①]“梅山七圣”在现在部分村民的知识体系里即指《封神演义》中的七种精怪，但如果细加考察，其历史渊源就更加复杂。

梅山在湖南省中北部的新化、安化两县之间，其文化区还包括周边一些县市的相关区域。北宋熙宁年间下令开梅山以后，梅山古老的文化才逐渐为外界所认识。据学者研究，所谓“梅山神”实际有土著和汉人之分。如土家族信奉的梅山神是女性梅嫦，而汉人信奉的是男性猎神张五郎[②]，他能够倒立翻坛，与闽西、赣南常见的闾山、茅山道教派别有明显不同。这大概是早期较靠近源头的梅山神的情况。

南宋时，就已出现“七圣”的称呼，而且与灌口二郎神斩蛟的故事相联系。如民国《霞浦县志》记载，南宋时福建省霞浦县城关就有“七圣庙”：“在治北朝天境。祀隋嘉州守赵昱。明初庙圮，知县尹昌隆重修，有记：‘昱，蜀人，尝为嘉州守，斩蛟拯人，民为立祠于灌口，唐、宋屡加封号。（南宋）开庆元年长溪令李公，自蜀奉神至邑……’”[③] 元刻本《搜神记》也

---

① 关于“梅山七怪”的故事，详见许仲琳《封神演义》（下册），第九十一、九十二回，北京图书馆出版社2000年版。

② 董珞：《土家族的山神和猎神》，载《中南民族学院学报》（哲学社会科学版）1999年第2期，第35~39页。

③ 霞浦县志编纂委员会整理：民国《霞浦县志》卷二十四《祠祀志》，1996年印。

记载了赵昱持刃入水斩蛟的事迹，并记当时帮助赵昱“入水者七人，即七圣是也”。后来蜀民感赵昱功德，“立庙于灌江口奉祀焉，俗曰灌口二郎”。① 这是所谓“七圣”在南宋、元朝被奉祀或记录的情况。从根本上说，与梅山地区的梅山神崇拜是没有什么联系的。

大约在元朝以后，“七圣”就与“梅山”结合起来了，称“梅山七圣”，而且有多种版本。《灌志文征·李冰父子治水记》云：“二郎……喜驰猎之事，奉父命而斩蛟，其友七人实助之，世传梅山七圣。”《元曲选外编·西游记》第九出云：“李天王命哪吒与眉山七圣搜山，寻找通天大圣孙悟空。”这里的“眉山”即指“梅山”②。前条资料说“梅山七圣”帮助二郎神斩蛟，后条资料说与哪吒一起奉命搜山寻找孙悟空。至明朝《封神演义》问世，“梅山七圣”变成了与哪吒、杨戬大战，后来被收服封神的七种精怪。由此可见，所谓“梅山七圣”是北宋开梅山以后，梅山神信仰与周边其他地区的文化不断融合附会的结果。这种融合附会的过程是相当复杂而且多线条的。但有一点值得注意，在“七圣”前面冠于“梅山”之名，与梅山地区的文化应该也有某种联系。据学者研究，梅山地区的土家族特别崇尚“七”这个数字，他们把梅山神说成七个仙女下凡，结成七姐妹，而梅嫦是七妹。③ 如果根据这个说法，在古老的梅山地区“梅山七圣”这个概念就已呼之欲出了。只是随着梅山文化的传播以及与周边各种文化的相互融合，“梅山七圣”的内涵变得越来越复杂而且多样化。

夏坊的“七圣”崇拜始于明朝中叶以后。不过，当地村民认为他们的“七圣”就是梅山七种精怪可能是受《封神演义》的影响，其真实来源如何很难厘清。前面说过，夏坊的“七圣”原来有九个面具，后来化掉两个，可是当我们问到那两个面具叫什么名字时，没有人能够回答出来。现在看到的“七圣”是七个傩神面具，怒目、张牙咧嘴，其中为首的一个是红脸，其余均为黑脸。每个面具的造型都不一样，前三个头上还有一个“V”形缺口，化妆时可以插上法器（见表3）。

---

① 佚名：《绘图三教源流搜神大全（外二种）》，上海古籍出版社1990年版，第538页。

② 康保成：《二郎神信仰及其周边考察》，载《文艺研究》1999年第1期，第63页。

③ 董珞：《土家族的山神和猎神》，载《中南民族学院学报》（哲学社会科学版）1999年第2期，第88页。

表3　“七圣”面具及其装扮特征

序号	面具特征	装扮特征
一	红脸，怒目、咧嘴、獠牙，头上有“V”形缺口	头扎绿巾，“V”形缺口处置一把红色锯子，上身赤裸，下身着黄裙
二	黑脸，怒目、咧嘴、獠牙，头上有“V”形缺口	头扎红巾，“V”形缺口处置一把砍肉刀，上身赤裸，下身着黄裙
三	黑脸，怒目、咧嘴、露齐牙，头上有“V”形缺口	头扎红巾，“V”形缺口处置一把砍肉刀，上身赤裸，下身着黄裙
四	黑脸，怒目、咧嘴、舌头向左侧吐出	头扎红巾，上身赤裸，腹部穿过一把利刃，肚肠流出，下身着蓝裙
五	黑脸，怒目、咧嘴、舌头向中间吐出	头扎红巾，上身赤裸，腹部穿过一把利刃，肚肠流出，下身着蓝裙
六	黑脸，怒目、斜向咧嘴	头扎红巾，上身赤裸，左手腕穿过一把匕首，下身着蓝裙
七	黑脸，怒目、横向咧嘴	头扎红巾，上身赤裸，左手腕穿过一把匕首，下身着蓝裙

这七个傩神面具每年正月十三日都要化妆出来巡游一次，村民们对之崇拜有加，甚至认为每年春节过后当地都会下雨或下雪，而当“七圣”出游时，不管雨雪有多大，总会停下来或者变小几个小时，村民们屡试不爽。因此，从这些崇拜的面具及其装神游神的特征看，与其说夏坊的“七圣”就是《封神演义》中的七怪，还不如说是古代傩文化的一种遗留。不过，夏坊的这种游傩仪式与福建其他地方发现的傩戏、傩舞有明显不同，它更具有原始的味道。① 但是如果就庙会的起源来说，就如同以后我们将要证明的，它形成大规模的集体祭祀活动其实是清末的事情了。

① 福建省现已发现并有文章发表的傩戏、傩舞有邵武市大阜岗乡和泰宁县开善上保，参见叶明生：《福建省邵武市大阜岗乡河源村的“跳番僧”与“跳八蛮”》，台北财团法人施合郑民俗文化基金会1993年版；傅光辉：《泰宁县开善上保的宗族与侯王庙会》，载杨彦杰主编：《闽西北的民俗宗教与社会》，国际客家学会、海外华人资料研究中心、法国远东学院、岭南大学族群与海外华人经济研究部2000年版。

三、庙会的组织与经过

夏坊“七圣”的面具就供于溪背水口的“七圣庙”里。这座庙正位于三条小溪渠的汇合处，离它不远处还有一座溪背的社公坛。“七圣庙”只有一个神殿，规模不大。庙宇正中的神龛内供奉着上述七个傩面具，中间一个为红色，其余按先左后右的顺序依次排列。在神龛上方悬挂一块牌匾，上书“梦熊显赫”四字。据吴姓报告人说，该庙宇是吴姓的祖先做梦才决定兴建的，因此当时建庙以吴姓为主，看来这块牌匾从吴姓人的角度看有它特定的含义。神龛两侧的一副对联是“七圣显神奇近悦远来有求必应，千秋隆报赛民康物阜被泽靡涯”；其上下落款为“光绪九年岁次癸未冬月谷旦，公元一九九八年戊寅岁秋月重修”。这是庙里仅存的一个能够反映庙宇修建历史的文物。村民们说，以前庙里还有两块牌匾，上面写着捐款人的名字，“文革”期间烧掉了。如今这座庙已修葺一新。在庙的右侧还有一间观音堂，是近年重修庙宇时加盖出来的，以前没有。

夏坊除了“七圣庙”之外，最古老的庙宇是普济庵。前引夏姓《族谱》提到，它在夏姓未来开基之前就已经存在了。这座庵位于路背夏姓聚居地的西侧小溪对岸，1965 年被拆除，现在仅剩庙址而已。据当地老人回忆，以前普济庵内供奉定光古佛、二佛、华光大帝、万岁牌、三宝、弥勒、观音等，规模比七圣庙大。由于它是夏坊历史最早的庙宇，因此当地人称之为“老庵下”，而七圣庙被称为“新庵下”。老庵和新庵都共同参加了正月的游神活动。另外，在四月和七月老庵还有两次单独的游神打醮。一次在四月初八日，抬庵里的定光古佛、二佛、华光大帝三尊菩萨到路背—溪背—夏逸垣—何坑巡游，供村民上香。另一次从七月初一开始，菩萨依次到路背的前屋、后屋，夏逸垣的背屋、祠堂下、田均下，以及溪背、何坑等七个地方，每个地方打醮两天，十五日回到庵内再打醮一天。从这两次的巡游路线看，普济庵显然归夏姓所有，其他外姓的村落都没有参与。① 这一点与正月的游神有很大不同。

---

① 但四月在庙里打禾苗醮时其他姓也有出钱参与的，由夏姓主持。

由于夏坊的“七圣”最早属吴姓所有，因此正月装扮傩神出游，吴姓的地位相对突出，或者说扮演着与众不同的角色。据吴姓报告人讲，“七圣”是吴姓先祖捡回来的。但由于当时吴姓人很少，因此装扮“七圣”时就要请同住溪背的夏姓和赖姓来帮忙。溪背的夏姓（壬郎公后裔）现仅有30多人、赖姓仅一户5人，再加上吴姓70多人，总共才100多人，在夏坊属小姓小房，但他们却拥有主持庙会、装扮神明的神圣权力，同时也是不可推卸的义务。

每年春节过后，如果天气晴好，溪背三姓人在正月初五以后就要上山砍“竹鞭”（即大毛竹的竹枝）。这竹鞭是游神时“七圣”拿在手里用来赶鬼的，由于它被神明拿过，具有某种灵力，因此经常被人要走，放在厅堂里辟邪，砍竹鞭时就要多备一些，通常至少要两三百根。竹鞭砍回来以后，其他村民可以来帮忙，先用火把竹鞭烤直，再削去下部的一些枝杈，仅留顶端竹枝，然后用红纸条把整根竹鞭缠绕好。

在准备竹鞭的同时还要制硝、妆古事等。按照规定，硝是由放铳人准备的。最早负责放铳的是叶姓，后来改成姓施的，因为施姓是赖姓的女婿，也住在溪背，所以当地人认为砍竹鞭和制硝都是溪背人的工作。而妆古事则是夏坊其他主要村落的任务。在历史上，夏坊正月游神共有十棚古事，六个高棚、四个低棚。其中何坑分配四个（两高两低）、路背两个（前后屋各一个低棚）、夏逸垣四个（都是高棚）。每棚古事都要挑选两个小孩，化妆成各种历史故事或戏剧人物。十棚古事在正月十一日之前就要准备好。十二日开始抬出来在上述各村包括普济庵游行，至十五日为止。

正月十二日开始准备装神。凌晨五点，溪背吴、夏、赖首先派人到离村大约两里的菩萨子坑取水。据说，那里的水比较洁净，是全村饮用水的源头。取水时需要上香点烛，燃放鞭炮，然后由一个姓吴的主持人用瓢子舀上半桶水，提回来放在吴姓祖堂内。[①] 装神是在极其秘密的状态下进行。在几天前，吴姓祖堂就已打扫干净，前厅靠近大门处挂着一块大红布以遮挡外人视线，

① 吴姓祖堂建于民国三年（1914），据说在未建之前，装神在赖姓的一间空房子里进行。

里面燃香点烛。我们曾提出要进去观看，也被谢绝。村里人都不敢随便谈论“七圣”是如何装扮的，认为随便谈论“七圣”的法器会头痛肚子疼，有的会害红眼病，装神者对此更是讳莫如深。据知情者介绍，大约在用过晚饭以后，装扮“七圣”的所有人员就要集中到祖堂内，先把取回来的水烧开、冷却，然后用这种洁净水来磨刀（法器），这样就不会生锈。半夜过后，装扮“七圣”的七个人都要到庙里迎奉面具，从红脸的“一圣”开始，逐一从神龛上取下，手捧列队返回。接着在吴姓祖堂内装扮，要一直持续到天亮才能完成。按前面表3所示，每个神圣的装扮都有固定模式：“一圣”头扎绿巾，头上“V”形缺口处置一把红锯子，上身赤裸，下身着黄裙；“二圣”以下都是头扎红巾，也是赤裸上身，但“二圣”“三圣”都是头上置一把砍肉刀，下身着黄裙；“四圣”“五圣”则腹部插一把利刃，直透后背，肚肠流出，下身着蓝裙；“六圣”“七圣”左手腕各插一把匕首，下身亦着蓝裙。所有神圣都打着赤脚，后来由于路上有玻璃，才改穿胶鞋。从这些神圣的装扮看“七圣”，崇拜显然带有浓厚的原始巫术的味道。而且值得注意的是，这“七圣”中的老大（即红脸“一圣”）不管情况怎样变化，必定要由姓吴的人来扮饰，其他姓氏没有这个权利，游神时他也是走在最前面。

从正月十三日凌晨一点开始，“七圣庙”就持续放铳，燃放鞭炮。这时村里人纷纷携带供品到庙里上香祭祀，整个狭小的“七圣庙”全被烟雾笼罩，空气中弥漫着浓烈的硝烟气味。在早晨八九点以后，游神就开始了。

夏坊正月的游神是与普济庵联系在一起。在游神的前两天即正月十一日下午，“七圣庙”就开始演戏。首先要到普济庵打八仙，入夜以后才移到“七圣庙”上演，并杀猪敬神，猪肉用以招待戏班和装神者。正月十三日上午游神正式开始后，已经装扮妥当的“七圣”依次从吴姓祖堂里出来，顿时神铳、鞭炮声大作，硝烟四起。而每个神圣刚跨出门槛时，左手都会拿着年长主持者递上的一面镜子和一本通书，当空照一下，口中念念有词，然后再还给主持人，如此逐一而过。装神时或者“七圣”出发以后，这镜子和通书就挂在吴姓祖堂门口。“七圣”走出来要列队先行至普济庵等候，这时老庵供奉的老佛、二佛、华光大帝、万岁牌出宫。这些菩萨均由制作古事的何坑、夏逸垣、路背三村人扛抬，每村轮流一年。两个庵庙的神佛汇合后，由万岁牌打头，接着是老佛、二佛、华光，然后是“七圣”，依次而行，后面是锣鼓队以及十棚古事，孩子们扛着二三十面彩旗紧随队伍，最后是观看的人群。

游神队伍从普济庵出发，分上午和下午两个阶段：上午首先游何坑，稍事休息后再游夏逸垣；下午游路背、街上、岭边口，然后沿着溪背回庙。凡是神明路过的地方，家家户户都摆设供品迎接祭祀。“七圣”手上各持一根竹鞭，左右挥动。据说这竹鞭能够驱邪保平安，有的人还愿意让竹鞭轻轻打几下，以示得到保佑。一路上不断有人把神明用过的竹鞭取走，这时抱着整捆竹鞭跟随其后的人就会马上递上一根，索要和替换竹鞭成了整个巡游过程的一大景观。凡是家中有不顺或者建造新屋的，一般都会请“七圣”进去（主要是前三个），在厅堂内走一圈，主人给一个红包。游神路过的各姓祖祠、祖堂，则“七圣”必定要进去，在正厅内环绕走几圈然后出来。在巡游过程中还有一人手持凉伞，紧紧跟在“七圣”之后，如果“七圣”装饰的法器出了问题，马上就用凉伞罩住，在里面整理清楚再继续前行。这个持伞人一定姓张。因为张姓祖先原本住庙当乩童，他们在庙会过程中也担负着与常人不同的角色。

在“七圣”巡游各村的同时，远近十里八乡的信徒、民众都纷纷赶到夏坊来，甚至远在明溪县的嵩溪、新畲人也会前来。他们有的是为了探亲观看庙会，并讨要一根竹鞭回家；有的是为了许愿、还愿。“七圣庙”据说许愿甚灵，因此很多人都选在正月十三日这天到庙里许愿、还愿。许愿者烧香，捐点香火钱；还愿者大都手提一只鸡送给庙里，或者往还愿箱捐钱。据一位70 多岁姓夏的报告人说，他年轻时曾见过庙里公布的账目，1926 年庙会收入仅还愿的鸡就达1300只！

整个“七圣庙”人流不断。庙旁的戏台持续演戏，一般都要到正月十六日才结束。这些演戏和庙会的各项开支都由庙产来负担。还有一种说法，除了“七圣庙”演六天戏以外，普济庵从正月十七日开始也接着演四天戏，费用由路背、夏逸垣、何坑、溪背即姓夏的各房分摊。这样，在过去日子里，从正月十一日至二十日，夏坊村民有前后十天一直沉浸在演戏看戏、亲朋往来、娱神娱人的节日气氛中，其中正月十三日是庙会的高潮。

如今，夏坊的“七圣”庙会仍在继续，但已经有不少改变。首先是普济庵已经没有了，十棚古事和普济庵菩萨出游也随之取消，庙会规模由此变小而且变成纯粹的“七圣”出游活动。有关“七圣”的装扮、出巡仍维持传统，但一些细节也简单化了。如装神前的取水不再是凌晨五点，而变成了十二日傍晚；去取水的人也只有两个，一人取水，一人烧香放炮，过去则需要三个，并且要祖孙三代。庙会期间还愿的鸡仍然不少，但大部分已经不是拿鸡而是交现金代替；演戏也不是十天，而变成了四天或者六天。有关这些变化以及庙会的组织和庙产情况下面还会谈到。

四、从账册看庙会的组织及其演变

“七圣”庙会作为夏坊一个重要的传统活动，它是怎样发展起来的？其间经历了怎样的变化？代表着怎样的社会意义？这些都是很值得探讨的问题。我们在调查期间曾收集到一本“七圣庙”的账册记录，对于研究该庙的庙产管理以及庙会组织和它的历史演变有重要的参考价值。

这本账册名为《夏坊七圣祖师庙总簿》，立于民国十九年（1930）正月，而最早的资料可追溯到光绪十年（1884），因此可以视为清末建庙以来有关“七圣庙”的最原始记录。据账册保管人回忆，原来“七圣庙”共立有三本相同的账册，可是“文革”期间有两本毁失了，这是仅存的一本。在清末以至民国时期，“七圣庙”的管理和庙会组织主要都由溪背的吴、夏、赖三姓负责。他们为此设立了“和”“顺”两班，每班都有吴姓人参加，其中“和”班还结合了赖姓，“顺”班结合了夏姓，每班各主持一年。这本账册就是原来参与“和”班一个姓赖的后代保留下来的（全文见文末附录1）。

该账册记录的内容包括田产情况、庙会收支账目、重要事项、借贷、契约等，属于流水账的形式，不同性质的内容相互混杂在一起，但有一定的时间顺序。根据账册记载，我们可以从中捡出“七圣庙”的田产共计30笔，见表4。

表4　夏坊七圣祖师庙产一览表

序号	地　址	面积（石）	租谷（石/年）	民米（升）	备　注
1	喜溪里早田	6	2.7		民米含于“海螺墩早田”
2	溪背门口墩上早田	1	0.6	0.5	
3	葛坑冬田	8	2.0	3.2	
4	海螺墩早田	3	1.8	1.5	民米包括“喜溪里早田”
5	葛畲坑冬田	8	2.5	2.6	
6	新坑早田	2	0.6	1.85	
7	新坑排早田		2.5	3.2	
8	溪背门口墩早田	1	0.6	1.0	1914年赎回
9	溪背门口墩上早田	4	1.1	3.3	
10	溪背社公前冬早田	9	1.62	2.0	每三年收租二年
11	溪背门口墩上早田	3	0.67		每三年收租二年
12	暂里冬田	8	2.2	3.2	
13	湖坑冬田	8	2.3	4.0	
14	葛畲坑冬田	6	1.8	4.8	
15	狗尾塘冬田		3.0	小洋1个	此田收入归点灯人
16	香炉丘冬田	4		3.0	
17	田背园早田	3	1.2		
18	牛寨下早田	12	3.0	9.6	
19	新屋下早田	3		1.0	
20	葛畲坑冬田	6		3.8	
21	狗尾塘冬田	3			
22	塘嘞上早田	3			

（续上表）

序号	地　址	面积（石）	租谷（石/年）	民米（升）	备　注
23	竹垣坑旱田	6		4.3	
24	桐子排旱田	3		1.8	
25	罗屋前冬田	8		4.8	
26	恩家坑冬田	6	0.5	1.5	
27	新坑冬田	4	1.0		
28	坐树下背冬田	30	6.2		
29	牛寮下旱冬田	1.5	0.3		
30	老鸦枪旱田	3			1925年卖与吴立和
合计		162.5	38.19	60.95	

备注：1. 土地面积当地习惯以稻谷收割量“石”计算，1石=1挑，4石=1亩。2.“租谷”一栏，有的田地是每三年收租两年，但表上数字已换算成每年的收租量。3.“民米”指官府征收的田赋。

这些田产是不同时期逐步积累下来的，至1930年整理庙产时已基本形成。因此从这一角度看，以上田产可视为1930—1940年间“七圣庙”最兴盛时期的田产总和。据账册所记的资料统计，这时期“七圣庙”共有田产162.5石。当时宁化县各地计算田地面积的单位是“石”，即以每块田所产稻谷的数量为计算标准，如果折成现在面积，4石=1亩，亦即相当于今天的40亩。这些田地每年所收租谷至少38石，合6000多斤。如果考虑到还有不少田地没有记载租谷数量，其实际年收租谷量肯定远不止这些。

这些田地有一些是当地村民捐献的。如账册载：“路背，光绪十年正月廿四日明养死溪里［喜溪里］田契存元招手。光各契一纸存元招手，田产计如下（略）。”上述喜溪里的田产就是光绪十年（1884）由路背人夏明养献给庙里的，当时连田契也一起移交，另有夏光各亦捐了田产，情况相同。又据账册记载：“光绪二十六年正月十三日，七圣祖师台前赖运夫弟子助冬田一处，地名狗尾塘，割谷 3 石正，递年帮点灯人耕作管业轮转，民米小边 1 只。”①这处由信徒赖运夫捐献的田产，是光绪二十六年（1900）正月十三日举办庙会时捐献出来的，每年可收割稻谷 3 石，须交纳田赋小洋（即“小边”）1 角，该田供住庙点灯人耕种收益。我们在调查中还了解到，大约在民国时期，还有不少路背夏姓族人也向“七圣庙”捐献了田地。如夏姓三十三世祖夏芳文据说曾捐田 6 石给“七圣庙”。1915—1916 年，另一个夏姓三十二世祖也向“七圣庙”捐田并参与了修庙。

除了村民和信徒的捐献之外，有的田产是庙方向私人购买的，我们在账册中看到这样一条记载：“溪背社公前冬早田 9 石，契存春林手，捡。三股内买得二股，三年内收租谷贰年，收实租骨租谷 2.7 石，风净。破月谷三年收二年，上炠谷 2.4 石。民米 2 升。每年份收得 1.8 石，折炠谷 1.62 石。”这处在溪背社公前的冬早田，即是庙方向私人购买的，“三股内买得二股”，正常年份每年共可收田骨租 2.7 石，“七圣庙”得其中 2/3，因此每年实收租谷 1.8 石，晒干以后折合 1.62 石。账册又载：“新坑排早田，光钦卖，民米 3.2 升，上纳炠谷 2.5 石。”这也是“七圣庙”向私人购买土地的另一个例子，引文中提到的“光钦”姓夏，即属夏姓益郎公的后代。当然，“七圣庙”向私人购买土地肯定还不止这一些。在传统社会里，庙宇作为投资土地的一方，也参与了土地买卖的过程，只是账册中有关田产来源的记录大都语焉不详，很难辨识而已。

值得注意的是，这些田产不管是个人捐献或向私人购买的，它们的所有权都转移到庙方手中，因此账册对每笔田产的契约在何人手里都作了明确记录，如前面提到的“契存元招手”“契存春林手”，以及“契存启进手”“契存绪发手”“契存立和手”等。这些人名，经过调查完全可以确定都属于溪背吴、夏、赖三姓，亦即“七圣庙”的核心管理层。如元招又作“言招”，属溪背夏姓；绪发、立和都姓吴；启进、春林都是姓赖。至今当地人仍能说出这些人的血缘亲属关系，并能说出他们是属于“和”班或者“顺”班的。比如吴绪发是吴立和的父亲，吴立和还有一个弟弟叫吴立寿，他们与夏元招

① 按，该账册的数字大都用传统的“码子”书写，为排版方便，一律改成阿拉伯数字，如果原文是用中文书写的，则原文照录，不予改动。下同。

及其两个儿子夏立朋、夏立保一起，均属“顺”班。而吴立和还有几个堂兄弟立根、立荣、立华，他们与赖启进、赖春林同属“和”班，赖启进的儿子赖嘉恒、孙子赖水廷自然也都是“和”班，而且都在账册里出现过。

这些早期掌管契约的人物，从他们的生活年代看都在清朝末年。换句话说，如果联系到建庙年代以及田产的积累过程，可以看出光绪九年（1883）建庙，次年就开始有了田产的记录，溪背三姓设立“和”“顺”两班进行管理也必定在此时。这些事件相互连接，说明夏坊“七圣”崇拜作为各姓参与的集体性活动，是在长期小范围祀奉的基础上至清末才扩大和发展起来的。

“七圣庙”的庙产除了田产之外，还有历年庙会的香火钱和还愿鸡的收入。该庙由溪背的“和”“顺”两班轮流管理。轮到某班由某人充当值首，值首人就负责耕种庙田，收入租谷，并操办次年的庙会。庙会收入的结余则属于溪背三姓管庙人共有，并不时有共同议定的规矩。如账册记载：“光绪二十三年二月十八日众议：三姓有股分［份］者，每分［份］只得秤鸡 3 斤，如有多者作银即付，银众用。”也就是说，对于庙会收入的鸡在光绪二十三年（1897）就作出规定，凡是有股份的每股只能得鸡三斤，其余全部作为公共收入，不得随便占有。而且值得注意的，这三姓人也是以股份的形式进入庙产管理的，有投资者才有份。民间庙宇就像一个经济实体，投资与收益是相互联系在一起的。

民国十八年（1929），溪背三姓人又一次作出规定，主要是针对庙会收入和值首的租谷如何开支食米等情况。据账册记载：

民国十八年正月十八日为式当众面议定：无论何人值首，照出入数目经算，递年除消用后，剩银十八日即交，不得延约，此据。

一议，递年值首食米对谷除捌石正，并前一年收谷食米在内。

这里有两点值得关注：一是规定每年庙会结束以后，值首人必须将收入结余银两及时交公；二是值首人每年收入的租谷扣除八石用于庙会伙食，包括上年收租的饭食开支在内。如果对照次年（1930）的庙会出入账则可知道，这八石谷实际上是作为庙会的收入入账的①，反过来就是说，庙田的租

① 实际记“入谷”8.1 石，折小洋 324 角，详后。

谷收入扣除这八石之外都归值首人所有。因此“七圣庙”的田产管理必须在有份的三姓人中间轮流，上年负责耕种收租的值首人同时也是次年庙会的操办者，待庙会过后账目结算清楚（正月十八日）才移交给下“班”值首去负责管理。

由于“七圣庙”的庙会每年都有一笔结余存储下来，因此对这些财产的保管经营就成为一个重要问题。根据“七圣庙”的账册记载，我们可以知道他们的积蓄曾经用于修理戏台，但平时一般是借给溪背人使用的，典借者用自己的田产作抵押，每年须交纳一定数量的“干租”。下举一例：

赖朝兴干租 2.5 石正，价银 23.76 两，小礼 1.664 两，契存立和手，捡。此契捡回，民国十九年正月廿六日当众劝和调处消清，众眼生放，余后誊民国十九年编据内。

这里反映的是赖朝兴将自己的田典给“七圣庙”，价银 23.76 两，小礼银 1.664 两，因此赖朝兴耕种这块田每年须交纳租谷 2.5 石，称作“干租”。此田赖朝兴一直没有赎回，直至民国十九年（1930）才在众人调解下赎回田产，庙方收回典价及小礼银，并当众予以“生放”收息。类似的例子还可以举出一些，如赖嘉恒曾“立票一纸，大边 4 元”。吴立和每年交纳干租 4 石，其田的典价是“大边 40 元，伸银 28.8 两，小礼银 2 两正”，这些价银和小礼银直至民国四年（1915）庙方才当众收回。“吴立保、立荣纳干租 2 石正，价大边叁拾元，小礼 14 只，立契二纸，存土苟手”等。

在光绪以至民国初年，在“七圣庙”掌管账目的一直是吴立和父子（属“顺”班）和赖水廷父子（属“和”班）。吴绪发、吴立和父子直至光绪三十三年（1907）正月才当众将以前所管账目结算清楚，移交他人掌管，并申明“诸数一体算明，一足出清明白，俱各不得异说，此照”。赖嘉恒、赖水廷父子可能是接续的管账人，至民国十九年（1930）正月才将大小数目当众一体结清，同时立下了相同的字据存照。在传统社会里，普通民众绝大多数都是文盲或半文盲，因此粗通文墨有条件管账的人很少。这些人凭借掌握知识的优势，不仅在乡村社会里居于较高地位，同时也最有条件接近公共财富，或优先使用（或“借用”）这些财富。事实上，我们在这本账册里可以发现，历年庙会收入的结余款经常是被几个管账人留在手中或在他们的亲属之间转来转去，有时某个人“自存”的结余款就达到小洋300余角。

至民国十九年（1930），夏坊主要姓氏夏姓益郎公的后代就开始介入对庙产的管理。这一方面是由于路背等地的益郎公后代有不少人向“七圣庙”捐田并参与建庙，他们自然也关注到这座庙宇的经济收益；另一方面是“七圣庙”的管理似乎也有一些问题成为引人注目的借口。该账册载：“七圣祖师位下立有老簿壹本，不知何年为失破烂簿据壹页，今民国十九年正月廿六日查明以上田产所少田名叁处，添补于后。”于是，路背等地的夏姓族人就趁机介入，不仅重立《夏坊七圣祖师庙总簿》，即我们今天看到的这本；而且对庙内的田产契约逐一进行登录，当时负责验收田契者正是益郎公派下的三十四世孙夏由荣。与此同时，对以前由赖水廷父子经管的账目也进行清理结算，包括对该年庙会的出入账直接进行结算。这一年的出入账目是：

民国十九年正月出入消用数目：

零星用小洋陆百贰十角正

猪肉共小洋壹仟叁百捌十柒合半正

戏资小洋共小洋壹仟陆百贰十角正

以上大共消用小洋叁仟陆百叁十角正

入，十叁日箱内外共小洋贰仟贰百四十角正

入，十四日现鸡小洋伍百玖十壹角正

入，十四日鸡认余小洋捌百四十玖角正

入谷除旧年收谷食米粉干并食米1.5斗，今食米捌石，又租米除后，该谷8.1石，扣毛叁百贰十四角正

总共结除消用后，剩小洋叁百柒拾角正。十八日即交现毛贰百角，由源手领。

这条记载最引人注意的是此次庙会结余370角小洋（实计为376.5角），其中有200角小洋交给夏由源保管，另有170角仍存赖水廷手。夏由源与夏由荣同辈，住夏逸垣，均属益郎公后代。而在此之前庙产及庙会收入均是溪背人掌管的，现在很清楚，路背等地的夏姓也参与进来了。

路背等地的夏姓介入账目管理，最主要的是监督这些庙会结余款的使用

与去向。在这以后，“七圣庙”的账册每年都记载了庙产公款在不同人手中的移交和轮转情况，特别是开头几年最为详细。如：“民国十八年正月十八日，赖水廷领得夏立保代夏金水赎回干租价并小礼共小洋柒拾伍合［角］正。民国十九年正月十九日当众还清，即生放，吴立和手领吃［讫］”；“民国十九年正月十九日，吴立和领得赖水廷还小洋柒拾伍角正，于民国廿年正月廿八日还清，即交吴立华手领吃［讫］”；“吴立华，民国廿年正月廿八日领得吴立和交小洋柒拾伍角正”。这是一笔由庙方在民国一八年（1929）收回的干租价和小礼银，共计小洋 75 角，经赖水廷、吴立和、吴立华三人之手，每人领管一年。

又一例：“民国十八年立和领得周文球还装香租谷正并小礼共小洋伍拾捌角，又铜片 12 介［个］，于民国十九年正月廿五日即交赖水廷手领吃［讫］”；“民国十九年正月廿五日，赖水廷领得立和交小洋伍拾捌角，又铜片 12 介［个］，于民国贰拾年正月廿八日即交吴立和手领吃［讫］”；“吴立和民国贰拾年正月廿八日领得赖水廷交小洋伍拾捌角零，铜片拾贰介［个］正”。这是另一笔于民国十八年（1929）收回的公款，共有小洋 58 角、铜钱 12 个，也是在吴立和、赖水廷之间轮流保管，每人一年。

这些由不同人轮流保管的公款，主要目的是准备用于公共事务，如买田、修理庙宇等。民国十九年（1930）庙会结束以后，夏由源领得结余的公款小洋 200 角，次年益郎公后代即发起整修戏台，夏由源即将此款交出，并记载了溪背人手中还存有较大笔的公款，如下：

由源领来之小洋，民国十九、二十年本利小洋，交出修整戏台，用吃［讫］。水廷自手存剩小洋壹百柒拾角，誊后。

立和自存剩小洋叁百陆十角正。此小洋本年交出整戏台，本年无息算。倘有未交，加三行息，长年照算。此据此钱于民国贰十年。

上述两条记载当记于民国二十年（1931）。这年夏由源将保管的小洋交出，并加上了利息；而赖水廷手上还存有上年庙会结余的小洋 170 角未用；吴立和手中则存有历年积累下来的小洋 360 角，特别注明如果交出可以不算利息，如果未交就要按每年 30% 的利率计息，“长年照算”。由此可见，路背等地的夏姓介入庙产管理，主要目的在于监督这些公款的流转积累能够最终用于公共事务，而不致成为少数人手中的财富。

除了帮助算账、监督公款使用之外，民国十九（1930）、二十年（1931）路背等地夏姓还充当起官府在地方收税的角色，向“七圣庙”代为收缴牛寨下的田赋。据账册记载，当年益郎公的后代夏由荣就立有一张收钱粮的字据，引录于下：

立收钱粮字人夏由荣，今收到七圣祖师边收得一田牛寨下钱粮帮纳毫31只正，所收实［是］实，立收钱粮字为照。收得民国十九年、廿年，两年以前一体收清。

民国廿年正月十八日　立收钱粮字人夏由荣自笔

至民国二十八年（1939），路背等地夏姓更进一步就庙会演戏事宜专门作出决议，规定庙会值首人每年必须演戏六部，否则就要作出相应处罚等，表明当地这些大姓对庙会的干预权继续扩大。该决议云：

民国廿八年正月十八日，众议为式，为编定七圣祖师台前递年演戏事。自民国廿九年起，每年值年人定要演戏陆部，撰［赚］钱亏本归于值首人，他人不得干涉，不得减少。如有减少，由各屋董事于十三日还愿款内向值首人照戏价若干补出存众，不得违抗。倘有违抗，众议每日罚足喜爆乙万。倘有不能办理者，除举和、顺两班不能办理外，从来年冬收之日向各屋通知，再由各屋董事设法办理。空口无凭，立编定演戏六部字为据。

董事：夏仁德、夏腾桂、夏腾琴、夏腾云、夏芳标、夏腾惠、
夏由林、夏福财、夏光辉、夏振文、夏由源　仝编
夏芳期笔编

这份决议很具有代表性。当时参与签名的均属益郎公后裔，而行文中提到的“各屋董事”即指益郎公派下的各个房派。从全文内容看，夏坊益郎公后裔仍然承认溪背三姓人对庙会的主导权，但对这些值首人的权利和义务进行了约束。如果值首人收入租谷但不能每年演戏六部，“各屋董事”就有权要求值首人当场补出戏价“存众”，甚至随时准备介入“设法办理”。因此，从“七圣”庙会的组织及其演变过程看，人数众多的路背等地夏姓在民国十九年（1930）以后越来越积极介入管理事务，并扮演着严厉的监视者的角色。

如今，夏坊“七圣”庙会的组织仍然保持着这种格局。1966年“七圣庙”的面具被焚，庙会停止。1984年以后开始筹备重修庙宇并新刻面具，当

时参加理事会的有吴、夏、赖三姓，包括溪背和路背各地的夏姓代表。1998年庙宇整修一新，同年庙会恢复了。2003年又组成了新一届的“七圣庙”管理机构，理事会成员15人含全村夏、吴、赖、周、叶各姓，并在此基础上推选出常务理事会5人和监事会5人，其中常务理事会的成员即来自溪背三姓，与过去完全一样仍然负责管理庙宇并组织庙会；而监事会成员以夏姓益郎公后代为主，则是对庙宇管理及庙会活动进行监督（参见附录2）。我们在庙内还看到，庙会期间墙上挂的捐款箱锁着两把大锁，分别代表常务理事会和监事会的权利。

五、传说、对联、题记及其社会意义

夏坊“七圣”崇拜原来只属吴姓人所有，后来才扩大到溪背三姓，至清末已发展成全村人共同参与的庙会。神明崇拜的扩大往往与民众的参与热情是联系在一起的，这里面神明的传说故事起着特别重要的作用。

夏坊有关“七圣”的传说故事很多，其中最为集中的是关于神明灵验的故事。不仅溪背人爱讲，其他姓氏的村民也经常会谈到，内容包括求子、治病、替人解困、预卜凶吉等，反映了村民对“七圣”的崇敬和畏惧心理。如有一则故事是这样的：

庙里的“七圣”并不是都住在庙里，有时只有一个在庙，其他六个都外出，有时是七个都在庙里。如果有事情要问“七圣”，他们的意见就通过神童来转达。

有一次，一个人生病了，病了很久，吃了很多药都不见好，他的家人就到庙里求“七圣”。告诉说：弟子家里有个病人，今年几岁了，是某月某日得的病，请了很多医生来看，吃了很多的药都没有好转，祈求“七圣”帮忙。“七圣”回答说：你这个弟子很有福气，今天刚好我们七兄弟都在家，可以帮助你打过那个精怪。过了没多久，神童就喊道：打到了，你见到了吗？那个人说没有。神童就伸出手来，一看，原来是一只青蛙。后来那个病人的病就好了。

这个为人治病的故事，如果不是病人的家属讲的，就是出自住庙乩童

（当地人称作“神童”“童官”“童子”）之口。在1949年以前，“七圣庙”的神童已经换成姓曹的，来自曹坊乡，他死后没有后代，现在“七圣庙”也就没有神童了。还有一个故事，是一个70多岁的叶姓报告人听他父亲说的：

正月游神时，有的村子会请“七圣”去，问他们今年村子好不好，吉利不吉利。他们就会说今年好，或者说有些不好。如果不好，就要到庙里许愿，许大鸡公、红蜡烛等。“七圣”的意见会讲给童官听，童官再讲出来。

听叔公说过，有一年游神的时候，大约是1930年前后，村里的祖堂树上停着一只老鹰，一直看着祖堂。这时“七圣”进来就把老鹰赶走了。“七圣”说，今年村子不太平。果然，那一年连续死了好几个人。后来就请人来打醮。

村民们在讲这些故事时，好像在讲一个个灵验事迹，故事情节都很短，但满脸坚定、不可不信的样子。他们更喜欢讲的是“七圣”能辨是非、为人解困的故事。如一个外地人来庙里求子的故事即属此类：

以前经常有外地人来庙里许愿，明溪人特别多。有一年，明溪那边有一对夫妇，结婚很多年了一直没有孩子，就到“七圣庙”来求子。住庙的童子问明来意，就对这个妇女说：你这弟子舍得吗？要好多花边银子。如果舍得，今年你来这里求子，明年的今天你再来的时候就有一个孩子了。这妇女连忙说：舍得，舍得！许了愿以后，童子又对妇女说：如果你有了孩子，就不要为他取名，等明年你再来的时候，大神会为他取名的。妇女满心欢喜而去。

果然，第二年这个妇女生了一个漂亮的男孩子，于是就请鼓手吹吹打打来到庙里。这妇女家中有很多银子，他们很有钱，可是却很吝啬。在准备启程时，他们就把家里的花边都拿出来，挑挑拣拣，专门挑轻的、烂的，还拿银秤子去称，把最轻的花边都挑出来，带来“七圣庙”还愿。来到了庙里，大神就问：你这孩子打扮得这么漂亮，来这里干什么？妇女答道：我去年来这里许愿，生了一个孩子，今天是还愿来了。请大神给孩子取个名字。大神说：这孩子的名字就不用取了，他不是你的。你昨天晚上为什么要用秤子挑选烂银来给大神呢？你可以用钱去买孩子，但这孩子我要回来了。你现在赶快回去还来得及，到了晚上这孩子就看不到了。妇女听了大神这番话吓得放声大哭，连忙跪下来求神，可是怎么也求不应。

这个故事带有浓厚的道德审判的味道，同时也在宣扬“七圣”的神威和灵验事迹。村里人经常喜欢谈论的还有“七圣”帮助张姓娶媳妇，以及他们为庙会请戏班的故事。这两个故事都比较诙谐有趣，内容如下：

1. 张姓在村里住久了，后来找到了一门亲事，没有钱，所以没请鼓手，不吹也不弹就要去迎亲。他挑着猪肉来到新娘家。丈母娘问他：有轿子吗？回答说没有，用背的。又问：有鼓手吗？回答还是没有。丈母娘就有点生气了。可是到了八九点钟，一班鼓手来了。众人就问是怎么请来的？鼓手回答：在小溪边有两个石头的地方，有两个人拿了两个银毫子给我们，说是帮姓张的请鼓手队，所以我们就来了。下午，又有一顶花轿来了。新娘的家里人说，上午说什么都没有，可是现在有轿子也有鼓手。所以姓张的就高高兴兴把媳妇娶回来了。

后来听菩萨讲：这个姓张的真不懂事，给他请了鼓手乐队，还有花轿子，到现在居然还少人家两个毫子的工钱。这下子大家才明白，原来那鼓手和轿子都是“七圣”帮忙请的。

2. 有一年，正月十三日眼看就要到了，可是一直订不到戏。这时“七圣”就自己去写戏。他们变成一个老人，手里拿着一把雨伞来到谢坊，与正在演戏的新福班订了合同，还给了一个光洋当订金。这时谢坊煮了不少点心招待戏班，有粉干、猪肉、酒等，“七圣”把它全吃光了。吃完后，太阳快下山了，“七圣”就拿起雨伞说：正月十二如果不能来，十三日一定要来。我们那边有很多人，不来演戏不像样子。

正月十三日戏班果然来了，看到有那么多人等着看戏，就说：早知道有这么多人，昨天就不在谢坊演了。大家觉得奇怪，本来订不到戏，怎么突然有戏班来演，就问是谁订的。戏班说有一个拿雨伞的人来订的，并讲述了订戏的经过，还说送那个拿雨伞的人送出很远。这时，谢坊来了一班人，手里拿着绳子要来绑戏班，因为他们的戏还没演完呢。可是绑在身上的绳子一下子就松开了。戏班于是在夏坊演了一天的戏。

这些故事年复一年地在村民中间流传，由于故事具有诙诸、神奇、劝人为善的成分，大家爱听，也爱讲，不断地加工、传播，再加工……故事的内容就变得越来越丰富，同时也不断增强着人们对神明的敬畏心理。人们相信这些故事，相信它们确确实实曾经发生过，就像相信自己祖先的历史一样。

这种已经变成乡土文化存活于民众中的乡土知识，深刻地影响着每一个人，甚至就连刚出生的婴儿，他们从小就生活在这种由经验和创造累积起来的民俗环境中，传统文化就像血一样，一代又一代地在村民的身上流淌。

当然，人们相信“七圣”的传奇，是从敬畏和崇拜的角度说的。这种心理状态自然也造成了“七圣”崇拜在夏坊扩展和延续的基础。但是从装神和敬神的不同人群而言，人们所表达的内容有时就不太一样。我们在与溪背三姓人交谈时，经常会听到他们乐于谈论这些“七圣”灵验的故事，而且每当谈到这些神迹，脸上总是露出神圣、自豪、庄重的表情，因为“七圣”就是由他们装扮的。可是当我们问到现在三姓的年轻人怎么看待装扮“七圣”时，老一辈往往显得很无奈。他们说，年纪轻的人大都不愿去装神，因为要在大庭广众面前打赤膊，认为很丢面子。老的年纪又大了，而且在正月天气很冷的时候还要光身子去游神，确实比较辛苦。但也没办法，溪背三姓人口本人就少，要等到年纪轻的愿意装了，老一辈才能放下担子，现在五六十岁的人都还得装神。这是溪背人的真实想法。

在与路背、夏逸垣等夏姓人交谈时，他们一方面也会谈论“七圣”的神奇，而且都不敢随便议论“七圣”的法器到底是怎样装上去的。可是当我们问到为什么庙会至今仍由溪背人主持时，这些大姓们就不会顾及神明的神圣了。有的会说，这是因为“七圣”原来就是姓吴的，似乎在强调这是基于历史渊源而保留下来的传统。有的则会用轻蔑的语气小声回答：装神的都不会发。并且补充道：曾经有一次溪背人不愿装神，结果益郎公的后代就拿草绳去绑他们，强迫他们装，当时拿了三十几条草绳。同样是装扮神明，可是不同人群在不同场合表达出来的心态就完全不一样。人们既崇拜神明，又偷偷地对装神者表示轻蔑。崇拜、敬畏、自豪、轻视、无奈，装神者的神圣和地位的低下，各种复杂的心境相互矛盾却同时存在着，共同呈现在一个集体参与的庙会组织和他们的社会生活中。

如今，人们对“七圣”的崇拜又有了新的认识。我们在1998年重修的庙里，可以看到有几副后来新增的对联。其中一副写于庙门两侧的对联是：“异姓联盟七兄弟，各显神通报乾坤。”另外两副在庙里的对联也都在强调“七姓联盟”这个主题，如“七圣联盟兄弟义重如山岳”（上联之一）、“圣德芜乾坤联七人无殊骨肉”（上联之二）等。人们尽管还在讲“七圣”是精怪，但也有人更加强调他们原来是人，各有不同的职业，如做生意、卖药材、木匠、泥水匠、杀猪、看风水的等，七人七个姓，后来结拜为异姓兄弟。有的进一步把“七姓联盟”与夏坊曾经有过的异姓结拜结合起来，寓意多姓合作。我们曾听到一位姓叶的报告人讲，在清末，夏坊的叶姓人本来不少，有40多户，太平军来时都被杀掉或跑走了。当时报告人的曾祖父因为有脚风跑不动，就躲在草丛里，所以后来仅剩下他一个人。这时，同村的同辈人就结成了异姓兄弟，共有9个，包括夏姓4个（其中路背1个、夏逸垣2个、何坑1个）、张姓1个、吴姓1个、周姓1个、施姓1个、叶姓1个。大家一起帮助盖起了祖堂。此后凡是有办大事请客喝酒，结拜兄弟或者他们的后代都要请来，直至1957—1958年以后才没有。[1] 这九个兄弟与“七圣”（原来也是九个）的“异姓结盟”刚好可以对应起来，而且夏坊参与游神的就是七姓，因此在新的环境下，人们对“七圣”的事迹又予以了新的诠释，突出了“七姓联盟”这个主题，使得夏坊的集体崇拜活动有了更加积极的象征意义。

夏坊“七圣”崇拜不仅反映着全村各姓人的复杂社会关系及其历史变迁过程，同时每年一度的庙会也是夏坊对外交往的重要机会，是各色人群在这里相互交流和对话的场所。

乡村的庙会就像一个大舞台。如今夏坊的“七圣”庙会仍然年年演戏，但戏台已经没有了，演戏就改在庙旁的村部礼堂里进行。我们在这个礼堂的戏台上看到有不少由戏班和村民留下的文字，都是用毛笔书写的，就如同以前戏班喜欢在他们的演出地留下一些文字一样。[2] 这些题记有的是当年演出的戏目，有的是戏班向村民的问候语，有的则是演员与村民即兴留下的打油诗。内容多种多样，大大小小，从中我们可以看出村民与演员在庙会期间交流、对话的某些场景。如1998年庙宇重修后，最早来到夏坊演戏的江西省石城县某个业余剧团，他们在墙上留下了这样的题记：

---

① 关于夏坊异姓结盟的问题，还有其他说法，请参见廖仕耀：《安乐乡的传统造纸与墟市经济》，载杨彦杰主编：《宁化县的宗族、经济与民俗》（下册），国际客家学会、海外华人资料研究中心、法国远东学院2005年版。

② 如在长汀县濯田镇一个王姓祠堂里，至今仍存有民国三十五年（1946）九月汀城“致祥园”戏班到那里演戏留下的题记。

江西石城岩岭朱家业余剧团演出节目如下：

开基图、天仙配、龙凤配、春草闯堂、寿诞记、彩楼配、满堂福、双麒麟、临江驿、钩拐、俏妹子、回龙阁、玉春堂上下本

九八年正月　　　以后再见

戏班来到一个地方演戏，最大的愿望是希望今后还会再来，因此墙上的文字往往反映他们的良好愿望。有的戏班会写上首次到“贵地演出”或“首次来此演出”，有的则写上令人愉快的新春祝语，如“祝夏坊村全体干群身体健康”（宁化翠江镇中山业余采茶剧团）等。2002年连城县文亨乡的湖峰业余汉剧团到夏坊演出，他们更是充分利用这次机会，在戏台上留下了多处文字，正月十三日留下的一首打油诗就对“七圣”庙会大加赞颂：

年年都热闹，灵应七圣庙。去求个个顺，福禄财寿到。

这样的赞颂之词夏坊人自然很乐于接受。这年的演出似乎很成功，演员的表演和村民的欣赏热情相互交融在一起。有一个自称“耕田老汉”的村民在看戏之余为演员写了一首打油诗，盛赞演员技艺，同时也是在抒发自己的情感：

打油诗　送演员

技艺之中演员高，谁人能够穿龙袍。扮王扮帝无后果，无拘无束高台跃。

一刻读书夺高魁，首级挂冠乌纱帽。半时努力立战功，职授元帅雄赳赳。

片纸写尽古今事，天涯海角几步到。生旦净丑自由扮，总论还是梨园好。

本地耕田老汉题　壬午岁春

演员们自然也很领情，一个名叫“映诚”的演员又作了一首打油诗题在墙上，尽管内容仍在赞颂庙会盛况，但一来一往的交流之情却溢于言表。

打油诗

一年一度七圣庙，游神演戏真热闹。要问信士有多少，鞭屑积得尺多高。

五里闻声如急战，十里闻声如春潮。信物摆开一里半，方圆数里香烟绕。

映诚

由于2002年演出相当成功，第二年这个汉剧团又一次来到夏坊，这在近年来夏坊约请戏班演戏中是没有过的（参见表5）。这一年刚好是中国的羊年，连城县湖峰汉剧团又留下了一首打油诗对村民表示羊年祝贺，并留下新

年祝语和演出的戏目（已经模糊）。这首打油诗如下：

春色风光好，鞭炮连天响。好戏连台唱，热闹更辉煌。

年胜一年好，人杰更地灵。羊年要大发，心想更事成。

这些打油诗都很浅白，但老百姓不需要很优雅的词句，更希望这样浅白、实用的祝贺语。演员们除在戏台上演出之外，还通过各种方式与村民交流对话，拉近与村民的感情。因此，庙会提供的机会是多元的，就如同小商小贩在这里找到许多赚钱的机会一样，演员们也尽量利用各种可能的机会在做广告，为今后的发展创造更多空间。而村民们则在享受精神与物质盛大宴会的同时，感受着与外部世界交流交往带来的各种信息，并寄托着新的希望。

表5　1998—2004年夏坊庙会演戏情况一览表

年份	剧团名称	演几场戏	演出几天
1998	江西石城岩岭朱家业余剧团	14	5
1999	长汀县汀城汉剧团	9	4
2000	宁化高堑业余采茶戏团	6	4
2001	宁化翠江镇中山业余采茶剧团	11	5
2002	连城文亨湖峰业余汉剧团	9	4
2003	连城文亨湖峰业余汉剧团	9	4
2004	闽西综艺剧团	9	4

六、结语

夏坊的“七圣”庙会年复一年地举行。集体性的庙会是我们观察地方社会一个很重要的窗口。通过以上各节讨论，我们可以看出几点：

从夏坊“七圣”崇拜的来源看，它的存在大约在明朝中叶以后。而当时夏坊最重要的神明崇拜是普济庵的定光古佛、二佛和华光大帝等，“七圣”仅是吴姓人自己供奉而已。入清以后，“七圣”崇拜才开始在溪背这个地方扩展开来。据当地人讲，装扮“七圣”是吴、夏、赖三姓留下的传统。而我们通过调查可以知道，赖姓在夏坊仅繁衍了7代，如以每代人25年计算，至今才170余年，也就是说他们来到夏坊大约在道光年间，能够参与装神至少应在咸丰或者同治以后。此后随着游神以及神明故事的传播，信徒日益增多，至光绪九年（1883）才在溪背水口建起了庙宇。自此以后，夏坊的“七圣”庙会才演变成为全村人共同参与的活动。

夏坊的“七圣”崇拜被称为“梅山七圣”，显然是受《封神演义》的影响。他们与古老的梅山神崇拜是否真有渊源关系已无从查考，但有一点是可以肯定的，这种崇拜是古代傩文化的一种遗留，在福建已不多见，在闽西地区更是少有。它之所以能够流传至今，显然与夏坊所处的偏远环境有关。因此，从这个意义上讲，夏坊的“七圣”崇拜对于研究古代傩文化是一个不可多得的“活化石”。它不仅保留了这种文化的原始韵味，而且在它身上还可以看到随着时代变迁而不断添加的新印记。

从庙会的组织过程看，夏坊“七圣”庙会反映出来的社会结构分三个层次：最核心的层次是以吴姓为代表的溪背三姓，以及与他们关系密切的施姓（女婿）和张姓（管庙人），他们负责装神、砍竹鞭、制硝、放铳、扛凉伞等，是庙会活动的操办者，同时溪背三姓还是庙宇的管理人；在这核心层次之外，是人数众多的路背、夏逸垣、何坑等地的夏姓益郎公的后代，他们既是庙会的参与者，同时又是严厉的监视人，他们较靠近核心但又不是核心，属第二层次；在最外一层则是其他一些小姓，如今这些姓氏也有个别代表参加了“七圣庙”的监事会，但在过去他们只能帮助摆放桌椅，对于庙会活动没有任何发言权。这种层次分明的组织结构显然与夏坊“七圣”崇拜的历史渊源有关，同时也是在特定社会环境下经过演变的结果。因此，我们今天观察到的庙会及其组织是一种历史的产物，是目前夏坊宗族社会结构的一个缩影。

有意思的是，人数不多的溪背三姓拥有装扮神明、组织庙会的神圣权利，同时也有不可推卸的义务。而人数众多的益郎公后代，他们一方面对“七圣”顶礼膜拜，另一方面却用挑剔的眼光在注视这些装神者。“装神的人不会发”，既是夏姓众多族人基于历史经验得出的结论，同时也是夏坊能够长期维持由小姓人主持庙会的重要心理因素。装神者的神圣权利只是在神明崇拜的场合，但在平时的社会生活中他们未必拥有足够的权威；众多拜神者尽管势力甚大，但他们只能处在庙会组织的核心之外，对小姓人装扮的“七圣”仍然要虔诚朝拜。这些看似矛盾的行为和观念在夏坊却长期和谐地交织在一起。

就传统社会而言，人们对神明的崇拜观念是不容易消失的，但庙会的组织运作却会随着社会的变迁而改变。在民国以前，夏坊的正月游神普济庵也参与，而且作为老大充分显示着它的地位。现在夏坊的庙会已经完全演变成“七圣”的崇拜活动，人们对“七圣”的解释也在继续演变和发展。最古老的“傩”的概念已经被淡忘，《封神演义》中的“梅山七圣”也只有少数人能够说得出来，大多数村民最关心的是“七圣”的神奇、演戏以及庙宇对联中强调的“七姓联盟”。“七圣”庙会越来越像是一个民俗节日，传统的崇拜活动正在被赋予新的象征意义。

附录1①

夏坊七圣祖师庙总簿

民国十玖年正月谷旦

夏芳仁，光绪廿七年立有收字一纸，又卅年并前一年共一纸，又卅一年一纸。

民国元年以前立有收字一纸，以前一体收清。又民国二年一纸，又三年一纸，又四年一纸，又五、六年共纸，又一纸。民国十五年以前一体收清，由荣收。民国十七、八年一纸，一体收清。

路背，光绪十年正月廿四日明养死溪里［喜溪里］田契存元招手。光各契一纸存元招手，田产计如下：

喜溪里旱田陆石，契存元招手，捡。迭年上纳逸垣兴俸公实租谷3.25斗，三年租饭一席。迭年上纳风净炒谷2.7石，除租米折炒谷8斗，又除庄［装］香炒谷5斗，并海螺墩共上炒谷4.5石。

① 按：此资料原为毛笔书写于毛边纸的账本上，无标点。以下将民国以前的资料原文照录，并加标点。同音字不同写法或明显属于笔误者用［］标出，有疑问或原属备注者用（）标出。原文多用传统的“码子”记账，为排版方便，“码子”统一改为阿拉伯数字，如果属于中文书写的数字则依照原文，不予改变。

溪背门口墩上早田壹石，递年上纳风净刎谷6斗，民米伍合正，光各香炉田2升，又1.5升。

葛坑冬田捌石，契存绪发手，捡。迭年上纳刎谷2石，民米3.2升。

海罗墩早田3石，契存元招手，捡。迭年上纳风净刎谷1.8石，并前喜溪里讫，民米1.5升，光合（各?）誊前。

葛畲坑冬田，即卜齐窠冬田八石，契存启进手，捡。递年上纳刎谷2.5石，民米2.6升。

新坑早田2石，契存绪发手，捡。递年上纳风净刎谷6斗，民米1.85升。

新坑排早田，光钦卖，民米3.2升，上纳刎谷2.5石。

溪背门口墩早田一石，契存启进手，捡。递年上纳风净刎谷6斗，民米1升。此田于民国三年正月廿三日当众立和赎田［回］。

溪背门口墩上早田4石，民米3.3升，除装香谷5斗后，上纳刎谷1.1石。

溪背社公前冬早田9石，契存春林手，捡。三股内买得二股，三年内收租谷贰年，收实租骨租谷2.7石，风净。破月谷三年收二年，上刎谷2.4石，民米2升。每年份收得1.8石，折刎谷1.62石。

溪背门口墩上早田3石，契存春林手，捡。递年上纳谷1.5石，内载俞宅谷租刎谷2斗，除装香谷5斗后，上刎谷1石。三年内上俞宅一年，七圣位下收二年。

暂里冬田八石，民米3.2升，迭年上纳风净刎谷2.2石。

湖坑冬田八石，民米四升，迭年上纳刎谷2.3石。

葛畲坑冬田六石，契存立和手，捡。递年上纳刎谷1.8石，民米4.8升。

光绪二十六年正月十三日，七圣祖师台前赖运夫弟子助冬田一处，地名狗尾塘，割谷3石正，递年帮点灯人耕作管业轮转，民米小边1只。自笔具。

光绪廿九年八月初八日，吴绪生借去边银7.2钱，此钱翁宅。

香炉丘冬田四石，契存立和手，捡。民米3升，共田八石，每年4石。

田背园早田3石，上纳刎谷1.2石，契存立和手，捡。

牛寨下早田12石，契存立和手，捡。迭年上纳刎谷3石，民米九升六合，递年帮小边6只。

光绪二十三年二月十八日众议：三姓有股分［份］者，每股分［份］只得秤鸡3斤，如有多者作银即付，银众用。

新屋下早田3石，契存立和手，捡。民米1升。

溪背屋一植，金进所卖，契存立和，捡。

葛畲坑冬田6石，契存立和手，捡。民米3.8升

狗尾塘冬田3石。

塘墈上早田3石。

赖朝兴干租2.5石正，价银23.76两，小礼1.664两，契存立和手，捡。此契捡回，民国十九年正月廿六日当众劝和调处消清，众眼生放，余后誊民国十九年编据内。

嘉恒立票一纸，大边4元，与前数调处清楚。

竹垣坑早田六石，民米4.3升。

桐子排早田3石，民米1.8升。

光绪卅三年正月廿四日，当众面结清以前立和父子理数目，诸数一体算明，一足出清明白，俱各不得异说，此照。

吴立和干租四石，价大边40元，伸银28.8两，小礼银2两正。契一纸存春林，捡。契捡回（民国四年正月廿一日当众赎回大边40元，小礼银2两）。

罗屋钳［前］冬田八石，民米四斗（升?）捌合正。

恩家坑冬田六石装香田，迭年上纳炒谷5斗，民米1.5升。

吴立保、立荣纳干租2石正，价大边叁拾元，小礼14只，立契二纸，存土苟手，捡。

民国三年七月初三日众议，七圣祖师位下先年买得赖嘉恒溪背下屋粪寮一所，又菜园地基三连，调换与吴立根、立和、立保众等架造祖堂，立根、立和、立保调换新坑冬田四石与七圣祖师位下，迭年上纳炒谷壹石，其祖谷准作迭年七圣祖师神案、整桌、屋税，立有调换字两纸，一纸存吴立和，一纸存赖春林手，捡。

在场中人夏腾养、腾根、仁庆

绍文笔

民国十八年正月十八日，赖水廷领得夏立保代夏金水赎回干租价并小礼共小洋柒拾伍合［角］正。民国十九年正月十九日当众还清，即生放，吴立和手领吃［讫］。

民国十九年正月十九日，吴立和领得赖水廷还小洋柒拾伍角正，于民国廿年正月廿八日还清，即交吴立华手领吃［讫］。

立和自存剩小洋叁百陆十角正。此小洋本年交出整戏台，本年无息算。倘有未交，加三行息，长年照算。此据此钱于民国贰十年。

民国十八年正月十八日为式当众面议定：无论何人值首，照出入数目经算，递年除消用后，剩银十八日即交，不得延约，此据。

一议，递年值首食米对谷除捌石正，并前一年收谷食米在内。

吴立华，民国廿年正月廿八日领得吴立和交小洋柒拾伍角正。

民国十九年正月出入消用数目：

零星用小洋陆百贰十角正

猪肉共小洋壹仟叁百捌十柒合半正

戏资小洋共小洋壹仟陆百贰十角正

以上大共消用小洋叁仟陆百叁十角正

入，十叁日箱内外共小洋贰仟贰百四十角正

入，十四日现鸡小洋伍百玖十壹角正

入，十四日鸡认余小洋捌百四十玖角正

入谷除旧年收谷食米粉干并食米1.5斗，今食米捌石，又租米除后，该谷8.1石，扣毛叁百贰十四角正

总共结除消用后，剩小洋叁百柒拾角正。十八日即交现毛贰百角，由源手领。

由源领来之小洋，民国十九、二十年本利小洋，交出修整戏台，用吃［讫］。水廷自手存剩小洋壹百柒拾角，誊后。

赖水廷手存民国十九年剩小洋壹百柒拾角正。

民国十八年立和领得周文球还装香租谷正并小礼共小洋伍拾捌角，又铜

片12介［个］，于民国十九年正月廿五日即交赖水廷手领吃［讫］。

民国十九年正月廿五日，赖水廷领得立和交小洋伍拾捌角，又铜片12介［个］，于民国贰拾年正月廿八日即交吴立和手领吃［讫］。

吴立和民国贰拾年正月廿八日领得赖水廷交小洋伍拾捌角零，铜片拾贰介［个］正。

民国拾玖年正月廿六日经众近前劝谕，赖水廷父赖加恒［嘉恒］先年出卖干租票纸于民国十九年水廷经众面算明出清除后，该出小洋贰百角正，其毛迭年载干租谷伍斗正，不敢少欠升合。如有欠少，自愿将地名溪背地基壹块，其地基前至詹路并夏宅天井，后至马槽，左至衕，右至夏宅屋，今取四至明分为界。恐口无凭，编据为照。

一批，其租契当众捡回，又照。

添角子一个，又照。

在场人　赖双万、夏由香、夏腾琴、吴立和、夏腾煁、夏腾雪、夏立保、罗开华

由源笔

民国十九年正月廿六日，当众面结清以前赖水廷父子理数大小数目，一体诸数算明，一足出清明白，俱各不得异说。此照。

七圣祖师位下立有老簿壹本，不知何年为失破烂簿据壹页，今民国十九年正月廿六日查明以上田产所少田名叁处，添补于后：

坐树下背冬田叁拾石正，契存立和手，捡。上纳灱谷陆石贰斗正。

牛寮下早冬田壹石伍斗正，上纳灱谷叁斗正，契存立和手，捡。

一老鸦枪早田叁石正。此田民国十四年正月出卖与吴立和为业，日后七圣位下照原价取赎，又照，正价、小礼共大边贰拾元正。

赖水廷民国廿七年领得吴立和代立华还正月廿八日还本小洋柒拾伍角正，又领得立寿还本小洋壹百叁拾捌角零，铜片12个，此照。此钱民国卅年正月十八日即交立和领讫。

立和民国三十年正月十八日领得水廷还本小洋贰百壹拾肆角正，此照。

民国廿八年正月十八日，众议为式，为编定七圣祖师台前递年演戏事。自民国廿九年起，每年值年人定要演戏陆部，撰［赚］钱亏本归于值首人，他人不得干涉，不得减少。如有减少，由各屋董事于十三日还愿款内向值首

人照戏价若干补出存众，不得违抗。倘有违抗，众议每日罚足喜爆乙万。倘有不能办理者，除举和、顺两班不能办理外，从来年冬收之日向各屋通知，再由各屋董事设法办理。恐口无凭，立编定演戏六部字为据。

董事：夏仁德、夏腾桂、夏腾琴、夏腾云、夏芳标、夏腾惠、夏由林、夏福财、夏光辉、夏振文、夏由源　仝编

夏芳期笔编

立收钱粮字人夏由荣，今收到七圣祖师边收得一田牛寨下钱粮帮纳毫31只正，所收实［是］实，立收钱粮字为照。收得民国十九年、廿年，两年以前一体收清。

民国廿年正月十八日　立收钱粮字人夏由荣自笔

附录2

公　告

兹将七圣庙管理机构成员经群众代表推荐产生组成人员公告如下：

理事会成员：夏仁凤、夏贵禄、周厚祥、叶达明、夏光美、赖贤金、夏由安、吴世文、吴其文、夏芳棋、夏泽荣、夏祖恭、夏祖永、夏道发、吴世仁等十五位同志组成。

经理事会人员推选如下同志为常务理事：夏光美、赖贤金、吴世文、吴世仁、吴其文等五位同志。常务理事会选举正、副会长如下：

会长：吴世文

副会长：夏光美

经理事会全体成员推选监事会成员如下：

监事：夏泽荣、夏仁凤、周厚祥、夏芳棋、夏祖恭等五位同志。

经监事成员推选下列同志为正、副会长：

会长：周厚祥

副会长：夏祖恭

特此公告。

安乐乡民间信仰宗教办公室

2003年9月27日

附录3

演出合同书

甲方：宁化县安乐乡夏坊村

乙方：闽西综艺剧团

为了弘扬民族优秀文化遗产，活跃农村文艺生活，纪念民间传统节日盛会，甲方邀请乙方来村包场演出，经双方面议订立合同如下：

一、甲方邀请乙方于二〇〇四年农历正月十三日上午至正月十六日晚包场演出计四日晚场古装汉剧，戏金全场柒佰〇拾〇元。合计金额：〇万贰仟捌佰零拾零元整。

二、日场演出于正月十三日上午（开始），计九场。

三、甲方另补乙方来回运费100元。

四、由甲方安排生活：食饭、用水，妥善安排集体住宿，被盖由乙方自行解决。

五、甲方应供给内台化妆使用的御（卸）妆油合计2斤、面巾纸7包，香烟共4条。

六、使用的电费、住房费等应由甲方负责。

七、如甲方舞台没有搭好，遇到雨天无人看戏，舞台漏雨阻止不能演出，乙方决不补演，一切由甲方自负。

八、甲方应为乙方负责社会治安、财务安全；另供应二条棉被守台使用。甲方付给乙方定金计贰佰〇拾〇元。

九、如有一方违约无故退还合同者，使其造成经济损失，违约方应按合同法罚违约金50%，以示遵守经济合同法。

本合同一式二份，双方各执壹份，自签订合同之日起受法律生效，立字为证。

甲方签章：　　　　　　　　　　　乙方签章：（盖剧团印章）

负责人：吴式文（签名）　　　　　负责人：曹仕昌（签名）

公元2003年农历10月17日订立

庙会与地方社会：长汀濯田的霸王信仰[①]

神明信仰及其庙会活动，一直是研究中国乡村社会的一个重要切入点。学界普遍认为，中国百姓对神明的崇拜是功利性的，普通民众见神就拜，儒释道信仰杂糅在一起。这种说法从一般意义而言当然没有问题，但如果我们把神明崇拜与具体的乡村社会联系起来，又会发现不同区域人们崇拜的神明其实各不相同，由此形成了中国乡村社会极其丰富的文化内涵。一个乡村的主神崇拜往往与当地的社会历史发展脉络息息相关，它不是凭空产生的，而是历史选择的结果。因此，通过对一个乡村主神崇拜的解读，可以帮助我们理解某个地方社会的族群关系及其历史演变趋势，这为历史学者研究乡村社会提供了一个重要的视角。本文基于上述认识，试图以长汀县濯田镇的“五庙六霸王”信仰为例，具体分析这个被称为“闽西客家首府”的乡村社会如何构建起他们的神明崇拜体系及其背后的历史文化意义。

一、濯田的宗族与地方历史

濯田镇位于长汀县西南部，是该县一个人口较多的重要乡镇。在明清时期，长汀县属于汀州府管辖下的八县之首，[②] 自北往南流经闽西大部分地区的汀江刚好从该县穿过，而濯田镇就处在汀江水系的网络内。濯田的得名与它所处的地理环境息息相关。据《长汀县地名录》解释：“‘濯’即由溪河改变冲积形成的河滩的意思；‘田’就是平坦的意思”。[③] 也就是说，现在成为

① 本文为“全球客家区域文化学术研讨会”参会论文，2006 年 1 月 6—8 日，厦门大学人文学院、台湾师范大学地理学系。收入本书时增补第二部分。

② 明清时期，汀州府辖有八县，即长汀、上杭、武平、连城、永定、宁化、清流、归化（今明溪），长汀城关即汀州府城的所在地。

③ 福建省长汀县地名办公室编：《长汀县地名录》，1981 年 5 月印行，第 32 页。

镇政府所在地的“濯田”原本是一片滩涂洼地，后来由于河流的改道和冲积作用才逐渐形成的。因此，本文所要探讨的濯田就是指这个交通比较方便而且平坦的社区。

濯田的开发甚早。据当地人说，在宋朝或者以前，濯田就住有姓车和姓项的居民。由于濯田旁边有一条河流自西向东流经水口汇入汀江，因此那里很早就有水路码头，并有规模不大的居民点，人们将此地称为“车项坝”，只是现在已经没有早期的居民了。濯田现在的居民主要是王、林、李、黄、陈、谢、罗、陶、丘、蓝、郭、范、曹等十几个姓氏，其中王姓人口最多，有七八千人，林姓一千人左右，其余各姓多在几百乃至数十人而已。王、林两姓人口占绝大多数，在濯田历史上特别重要。

濯田的王姓分成两大支：一支称琅琊王，居住在濯田河的上游，也叫“上王”；另一支为太原王，居住在下游，又称“下王”。这两支王姓的住地十分接近，现在已有部分房屋交错在一起，但他们的来源各不同，自成系统。

琅琊王氏据说是五代时闽国王审知的后代，但其翔实的血缘脉络却无从查考。据《琅琊王氏族谱》（乾隆版）记载：濯田琅琊王氏的始祖九法二郎，是北宋太平兴国三年（978）自宁化石壁迁往长汀的河田王坊村开基的。南宋绍兴三十一年（1161），二世祖伯三郎再从王坊村迁濯田的王家巷，随后又携幼子十七郎迁往濯田的上王开基。① 因此，当地人把三世祖十七郎视为始迁祖，是濯田琅琊王氏的共同祖先。然而，有关这段“开基史”的记载却令人颇为费解，就连乾隆六十年（1795）重修族谱的作者都感到不可思议，该《族谱》的《摘谬》一文说：

按旧谱载，始祖九法二郎公于宋太平兴国三年戊寅自宁化黄土石壁迁长汀之清泰王坊，公之季子伯三郎于南宋绍兴三十一年辛巳又自王坊迁王家巷，随携幼子十七郎再迁濯田上王。夫兴国戊寅至绍兴辛巳相去百八十余岁，祖孙相传仅三代，乃竟若此之远，岂皆彭祖寿乎！疑九法二郎之下、伯三郎之上必有迷失祖名；且长房王家巷今衍三十余世，我上王今仅二十余世，以此验之，益信其有错简也。②

---

① 《琅琊王氏族谱》卷二，乾隆六十年（1795）重修，木刻本。

② 《琅琊王氏族谱》卷首，乾隆六十年（1795）重修，木刻本。

这里说的“旧谱”指的是明正德十三年（1518）以后由十三世祖王缙首修的家谱。由此观之，王氏族人对其早期的历史也持有审慎存疑的态度。

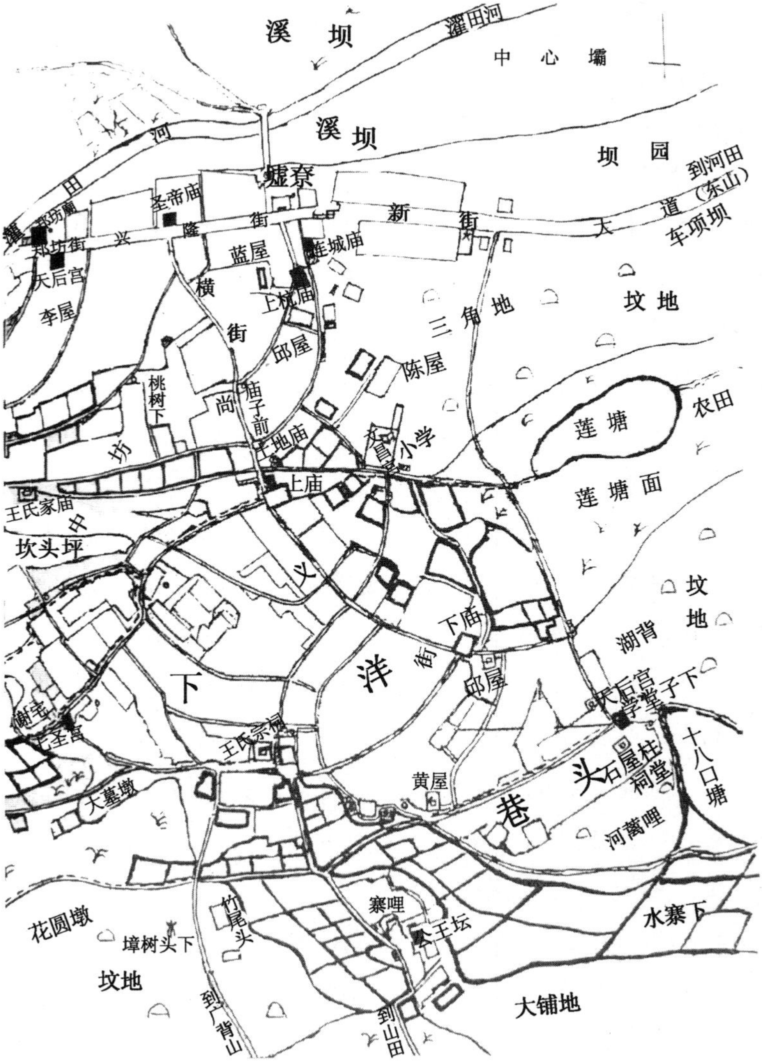

濯田社区示意图

琅琊王氏自从迁往濯田开基以后，至今已繁衍34代。其三世祖十七郎共生有四子，其中长子二十五郎没有后代，剩下的三个儿子分作三房：长房六郎的后代主要住在刘坑头，现有十多户、几十人；次房八郎的后代聚居于濯田的中坊村、街上村、上杉坑乃至江西会昌等地，约2000人；而三房二十一郎的后代居住在濯田的李湖、坝尾两村，全部琅琊王氏人口据说总共4000人左右。中坊、街上、坝尾、李湖都在濯田墟及其附近，亦即本文探讨的地域范围之内。

值得注意的是，濯田琅琊王氏虽然分成三房，但各房之间并没有特别密切的关系。我们在中坊村见到一座“王氏家庙”，里面供奉的神主牌正中写着“唐封琅琊王谥忠懿字审知号信通公、妣石建国夫人、四世祖考八郎公、妣郑二娘一脉宗亲神主位”，上面没有四世祖长房六郎公和三房二十一郎公的名字，可见这座“王氏家庙”实际上仅属于二房即八郎公派下所有。前面提到的乾隆《琅琊王氏族谱》，里面也仅收录长房、二房的资料，并没有登载三房二十一郎的后代。我们在调查中还听到这么一个传说：据老一辈人讲，坝尾村的王氏原来并不属于琅琊王。他们的祖先原是莲湖姓邓的家丁，主人在外当官，返乡时把他带回来的，并且为他娶了妻室，约定每年扫墓祭祖时都要来帮助搬桌椅。后来邓姓人口发展了，就不让坝尾王氏再来了。坝尾王氏因此没有依靠，就来找八郎公的后裔，但八郎公的后裔不肯收入。后来有一年春节拜年时，二十一郎公的神主牌不小心被火烧掉，坝尾王氏乘机提出他们可以做一个新的回去，因此坝尾王氏就归入了二十一郎公派下。由此可见，所谓濯田琅琊王氏其实并不是完全依靠血缘关系构建起来的宗族，“琅琊王氏”是一面旗帜，是具有文化象征意义的精神纽带，把各个不同房派、血缘和非血缘的族人都聚合在一起。

“太原王”的开基与上述的“琅琊王”差不多，也是在南宋。据《太原王氏族谱》（道光版）记载：其始祖名叫十九郎，原居于青泰里蔡坊（今属河田镇），“宋代由蔡坊迁于成下里濯田”开基。[①] 太原王氏在濯田的发展早期似不太顺利，从一世祖至四世祖都是单传，五世祖虽有四个兄弟，但真正有后代可考的亦仅一人，再单传至八世祖均惠，才生有四子，其中宏道、宏德为原配黄氏所生，居墈下；宏佐、宏佑为庶妣陈氏所生，居墈上。宏道外迁，宏德生下二子：彦成、彦良，形成墈下的两房。而墈上方面，宏佐无考，

① 《太原王氏族谱》卷三，道光二年（1822）年重修，木刻本。

宏佑则生有六子，其中仅满房彦信的后代住在上庙村的羊子栋，其余均住外地乡村或者无考。

勘下彦成、彦良两房是太原王氏在濯田发展的主力。彦成的后代聚居于山田村，约400人，而彦良派下传至十七世又分成毓彬、毓伟、毓俊三房，聚居在上庙、下洋两村，共2000多人，加上勘上彦信的后代，总数约3000人。如今太原王氏已发展到32代。他们称本族人为“五门梓叔”，即指上面谈到的十世祖彦成、彦信以及十七世祖毓彬、毓伟、毓俊传下的五个房派的后代。

除了这两支王姓之外，濯田在开发初期还有一支姓郑的居民，住在郑坊。当地人说，据传郑姓以前也很发达，原来濯田整条郑坊街都姓郑，琅玡王氏四世祖八郎公的妻子郑二娘就是来自郑家。后来王姓人口发展了，王、郑两姓因祖坟问题曾发生争执，双方互控长达数年，此后郑姓逐渐衰落，大都搬往四都镇的坪埔和红山乡的寨下等地，现在郑坊街已经没有姓郑的居民了。

在王姓的住地，现在四周还星星点点散布着一些杂姓的小聚落。如：北边有李屋、蓝屋，住着李姓人家20多户、蓝姓2户；又有陈屋，住陈姓5~6户。东边有丘屋，住着丘姓10多家。南边的黄屋，住黄姓人家30多户。西边还有谢宅和陶屋，分别住有谢姓3户、陶姓10多户。在这些姓氏中，陶、谢两姓据说也是较早的，可惜已经查不到族谱，而且人口稀少。现在人口较多的，当属聚居于巷头村，约有1000人的林姓。

林姓是从河田镇迁来的。河田在宋元时期已很发达。据当地的田野资料，以前林姓在河田人口甚众。元朝时，有位姓郑的县令要挖一条水渠经过林姓祖坟，引起抗争。后来由于林姓人多势众，竟然把县令打死了，族人为了躲避迫害只好迁出到外地开基。[①] 林姓在濯田建有座祠堂称“笃亲堂”，始建年代不详。我们到那里调查，看到神龛内供奉三大块神主牌，上面写着从一世祖至二十九世历代祖先的名字，其中濯田的开基祖为三世祖八郎公。换句话说，林姓在濯田至少已繁衍了26代。如果以每代人30年计算，林姓从河田迁往濯田开基大约在元朝末年，这与上述的民间传说基本吻合。

---

① 参见张鸿祥：《长汀县河田集镇的民俗》，载杨彦杰主编：《汀州府的宗族庙会与经济》，国际客家学会、海外华人研究社、法国远东学院1998年版。

濯田作为水路码头，其土地开发与各姓宗族的发展相互交错，比较复杂。从“大历史”的角度看，至少有几个时期很值得注意：

第一，南宋时期。此时濯田正处于开发初始，在靠近码头的地方已有居民点，琅玡王氏和太原王氏也从河田迁来开基，但人数不多。我们在调查中发现，当时濯田似乎已经有了“五通公王”（又称“五显”）信仰，后来在车项坝附近还形成了一条“五通街”。乾隆末年，琅玡王氏的后代还捐资重修了这座庙宇。① 早期商人崇拜的五通公王现在已经成为上下游“十乡”定期轮祀的对象，但开发初期的历史信息却留存甚少。

第二，元明之际。元朝末年林姓从河田迁来濯田避难开基，此时两支王姓人口已在发展，但地位并不显赫。琅玡王氏的崛起显然与元末明初的政局变动有某种关联。据《琅玡王氏族谱》记载，该宗族在明朝初年有不少人充当里长或地方小吏，并经常有某个祖先赴南京办事的记述。② 明中叶以后，琅玡王氏开始有人科举入仕，宗族地位进一步提升。此时琅玡王氏成为当地很有势力的一支宗族力量（参见文末附录表1）。

第三，明末清初。如果说琅玡王氏的崛起在明初，那么太原王氏的崛起则在清初。明清鼎革的社会战乱使得太原王氏族人有机会靠近后来的当权者，并成为他们由此壮大的重要机遇。据《太原王氏族谱》记载：当时濯田很乱，“盗寇蜂起，扰害村落”，十六世祖王思瑞“以义率众极力捍御，合坊储积遂仗以保全”。后来清朝政府于顺治四年（1647）授他们“尚义乡”的匾额。③ 至今，这块重修过的牌匾还悬挂在太原王的神庙前面，成为该姓族人经常引以为豪的历史文化遗产。

第四，入清以后，两支王氏均有很大的发展。不仅人口增加，而且都出现了大量科举人物。其中琅玡王氏在康熙至乾隆年间，就出现了1个举人、6个贡生、18个生员、18个国学生，共计43个有功名的人物。而太原王氏在相同的时间内即康乾时期也出现了1个贡生、14个生员、20个太学生，总计35人（参见文末附录表1、表2）。科举人物的大量出现是宗族成长的标志，

① 《琅玡王氏族谱》（乾隆版）卷五。

② 《琅玡王氏族谱》（乾隆版）卷四、卷五。

③ 《太原王氏族谱》（道光版）卷五。

同时也是地方社会经济发展的产物。而随着两支王姓的崛起以及地方经济的发展，濯田在区域经济网络中的地位日显重要，很快就成为连接闽粤赣三省的一个重要商品集散地和交易地点。

二、濯田的交通与墟市贸易的发展

濯田地处濯田河的中段。这条河流发源于靠近江西的古城镇，流经四都镇与红山河汇合后，最后在水口注入汀江。

濯田早期的墟场就建在车项坝，那里还有古老的水路码头。以后随着郑、王、林等姓居民的迁入，周边土地逐步开拓出来，商业中心也由车项坝向郑坊转移。明末清初，郑坊街已经成为当地的商业中心。《琅琊王氏族谱》载：十八世祖万景公，“于明末年间捐赀百余金，董率乡人置田拨入濯田渡，以给渡夫工食、架桥之赀”①。这里说的濯田渡是指郑坊街的渡口，那时两岸行人往来只能靠船只摆渡，枯水时还在河上架设临时木桥，因此琅琊王氏的祖先“于明末年间捐赀百余金”置田拨入濯田渡，目的就是为了解决渡船和架临时木桥的费用，方便两岸行人往来。

乾隆初年，郑坊街开始建造永久性的大桥和天后宫。上引《琅琊王氏族谱》又载：“二十一世者图，字绍羲……乾隆五年捐百余金，偕弟绍宣，兄弟二人始创濯田郑坊大桥。九年被水冲坏，公又乐捐倡首，率众募化重造大桥，始建天后宫，请神祈保大桥，勒石感德。”②《太原王氏族谱》亦载：“十九世复谅，壮岁佐父兄持家，权衡物产，积于心计……郑坊街一渡，途旅病涉，公偕诸里老，捐己募化，董建大桥，至今人颂其德。”“十九世复星，援例入太学……董建天后宫及建郑坊街大桥，勤劳劝理。”③ 这些倡捐、董率乡民建桥修庙的王姓族人都是家资雄厚的国学生或太学生，而且建造大桥的目的就是为了解决“郑坊街一渡，途旅病涉”的问题，很多人都积极参与了捐资兴造，可见郑坊大桥和天后宫的建设在濯田历史上有着重要意义。

---

① 《琅琊王氏族谱》（乾隆本）卷五。
② 《琅琊王氏族谱》（乾隆本）卷五。
③ 《太原王氏族谱》（道光本）卷五。

清末至民国年间，濯田的商业贸易已经达到相当繁荣的程度。随着商业贸易的发展，商业街的规模也突破了原有的界限，沿着郑坊街又向上拓出了兴隆街、新街，以及与兴隆街相交的横街和打铁街，由此形成了上中下三个区段，其中兴隆街是整个商业街市的中心（参见“濯田墟示意图”）。据当地老人回忆，1949 年以前，濯田街上共有 72 家店铺，涉及小百货、香烛食杂、布匹、药材乃至打铁、打锡、打银、石灰、木材等 21 个行业，其中在兴隆街及其周边的这片区域内就有 60 家，占总数的 80% 以上。

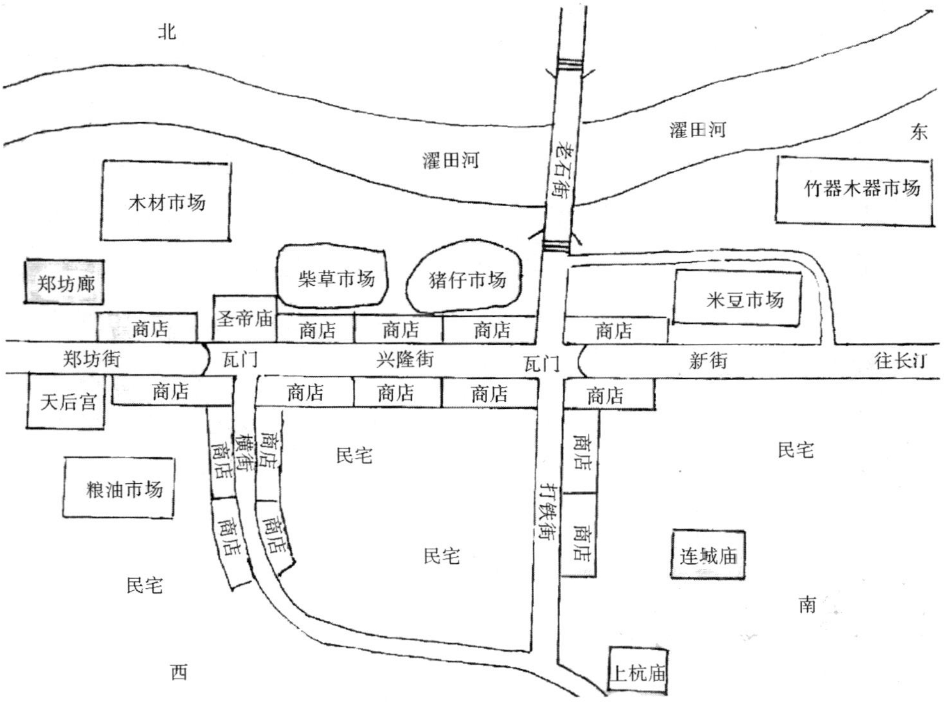

濯田墟示意图

这些在濯田开店的生意人来自四面八方，远的有广东、江西的老板，以及本省武平、上杭、连城各县商人，较近的有来自濯田附近的三洲、河田、涂坊各乡镇以及濯田的本地人。从数量上看，广东人开的商店有 5 家、江西人 4 家、武平人 7 家、上杭人 5 家、连城人 3 家、三洲人 9 家、河田人 2 家、涂坊人 1 家，而濯田本地人则占了 36 家。濯田本地人一般经营与地利有关的饮食服务业，如豆腐酒店、香烛食杂店、饮食店（又称“中伙店”，专门为客人加工午饭）、切面店和客栈等。而外地人主要是经营外地商品，尤其是与自身优势有关的业务。如江西樟树人以经营中药材出名，他们在濯田开设的4家店中就有3家是卖药的。广东人善于经营大宗洋货，濯田很出名的布店“兴记鸿”就是梅县人合股经营。而上杭人开的饼店“凌丰斋”也相当有名，三洲人以打铁为生。据老人们回忆，以前上杭人在濯田开的商店主要经营粮食和副食品、百货。他们把收购来的米、豆运往上杭，回来时运食盐、煤油、京果等货物。而连城人一般认为是刨烟丝的。武平人在经营木材方面很有优势，放木排的都是来自武北的小澜人，他们常年住在濯田，没有活干才回家。

除了商业街之外，在濯田还有一个墟市，南来北往的货物则是依靠墟市和川流不息的墟船进行运送。

濯田墟就在商业街背后紧挨着河边的场坝上，每逢农历二、六墟期，各地商贩便云集于此，与当地农民交易各种农副产品，并出售外地贩来的货物。濯田墟的商业活动与墟船关系密切。据当地人说，以前每逢墟日，濯田墟船达200多艘。这些墟船常年来往于长汀、上杭的交通线上。从濯田到长汀城关水程较短，墟船是三天一个来回；而濯田到上杭水程较远，需要五天才能一个来回。因此，濯田墟尽管也是十天两墟，但这两个墟期并不是平均分配的。每逢“二”的墟期（即农历初二、十二、二十二）当地人叫它“长墟”，即与上个墟日间隔六天；而逢到“六”的墟期（初六、十六、二十六）当地人叫它“短墟”，因为与上个墟日仅间隔四天。每逢长墟的前一天，墟船刚好从上杭回来，第二天赴墟以后即装满长汀城关所需的货物运往县城；至下次即短墟的前一天墟船又刚好从长汀返回，再装满货物运往上杭……如此循环反复。尽管如今当地的水运交通已被公路取代了，但由于墟船贸易而形成的濯田特有墟期仍然延续下来，迄今没有改变。

由于濯田墟与长汀、上杭紧密相连，许多农副产品均在这里集散，因此使得濯田墟商业十分兴隆，逐渐形成了一些专门化的农贸市场。在沿着濯田河的河坝上，依次排着木材市场、柴草市场、猪仔市场、米豆市场、竹器木器市场；而在天后宫的后面还有一片空坪，此处作为糖油市场（详见“濯田墟示意图”）。在墟场上交易的各种农产物都是来自周围以及更远的乡村，如猪仔、米豆很多都是从江西贩运过来的，木材来自濯田河的上游，尤其是四都镇每年都有大量木材放运到濯田①，再经濯田贩运到广东。而糖油、竹木器等主要都是来自周围的农村。因此，货物流通、适中的地理位置，加上本地物产尤其是糖油的生产等，是造成濯田地方经济繁荣不可忽视的因素。

如果说，进出濯田的大宗货物是靠墟船运送的，那么维系濯田与周边没能通船的货物运输则要靠肩挑来完成。挑夫在山区商品流通方面扮演着十分重要的角色，很多地方的繁荣实际上是这些挑夫用人力“挑”出来的。

濯田外出挑担的以下洋太原王氏占最大多数。在1949年前夕，下洋村共有100多户，600~700人，外出挑担的就有100多人，平均每户有一人，有的甚至不止一人出去。挑夫把从广东、上杭用墟船运来的货物，靠肩挑分别送到周围一些集散地，同时又把那里的物产挑回来。从濯田挑出的货物以食盐为最大宗，约占70%，其余主要是百货、布匹、糖、京果等；挑回的主要是来自江西经过红山、四都等地的米、豆、猪仔、鸡等。挑运路线有以下三条：②

1. 红山线。从濯田到红山乡的腊口全程60里，走小路经李湖、石下、苦竹山下、墩头到腊口（红山乡政府所在地）。由于一路都是翻山越岭，60里路要走一天才能到达。在红山住一个晚上，第二天便返回。去时挑盐，每人两箩70斤，工钱是4个银毫子（每箩2个银毫子）。如果挑其他百货，以重量计，每百斤5个银毫子。回程大多挑米、豆，每百斤4个银毫子（因回程下山，工钱较低），也有按实物抽成的，每挑一石米抽1.5斗作为工钱。挑夫在腊口过夜，住宿的客栈为大通铺，连吃带住每人约需花半个银毫子。

2. 四都线。从濯田到四都全程30里，走小路经长校、王屋墟，翻过牛脑屎山便可以抵达，当天往返。因此，挑夫如果挑货往四都都自带干粮当午饭，去、回各需4个小时左右。所挑货物与红山线相同。去时挑盐，每人两箩，工钱是2个银毫子；回程挑大米和豆子等，每百斤约2个银毫子。

3. 店下线。店下是武平县北部一个乡村聚落，距濯田30里。挑夫清晨

① 参见赖光耀：《四都镇的宗族与庙会》，载杨彦杰主编：《长汀县的宗族、经济与民俗》（下册），国际客家学会、海外华人资料研究中心、法国远东学院2002年版。

② 挑夫资料由张鸿祥提供，特此致谢！

出发，走小路经刘坑头、圆当抵达店下，当天便可以来回，所挑货物和工钱均与四都线相同。

由此可见，濯田作为长汀南部一个重要的商品集散地，它的兴起是有着深刻的历史背景和地理因素的。水路交通的便利吸引着各地的商人和商品，而大宗货物的进出依赖墟船的定期往来，当地挑夫又用肩膀扮演着“蚂蚁搬家”似的角色，把各种货物挑送到更远的山村，再把各地农产物汇集到濯田。濯田本地的物产，加上周围乡村及江西省出产经红山、四都的米、豆、糖、油、猪仔，以及从广东经上杭或长汀运来的食盐、百货、布匹等，均在此交汇集散，由此形成了一个商贩云集、货物交流的传统集镇社会。而濯田的各姓居民正是生活于这个社会环境之中，本地人与外地人，各种不同文化背景的人群在此交往谋生，共同创造着他们的历史与文化传统。

三、霸王信仰与“五庙六霸王”系统

所谓“五庙六霸王”，是指濯田的五座庙和一个神坛里供奉的六尊霸王。这是濯田最为重要民间信仰，也是当地人经常提起，至今仍然存活的民间崇拜活动。

濯田的霸王信仰当来自江西，但其源起已不可考。据当地人说，霸王就是项羽，他的来历与太原王氏三世祖四郎公的一段经历有关：

传说四郎公有一次到北方去贩牛，回来时路过乌江，牛被汹涌的江水吞没了。四郎公十分着急，于是就去问当地人附近有没有灵验的菩萨。当地人说有，就带他去霸王庙祈求。四郎公向霸王菩萨许愿，如果能让他的牛又找回来，他愿把庙旁的樟树枝带回去插，以后为他雕塑神像供奉。果然，那些沉入江底的牛都平安过河了。四郎公就带着一根从树上掉下的樟树枝回到濯田，并把它插入泥土里，很快就生根发芽。几年以后，樟树长大成材，四郎公就准备请人来雕刻菩萨。

他请来了一个雕刻师傅，可是这个师傅从来没有见过霸王菩萨，不知要如何下手。这时，霸王化作一个拾牛粪的老人来到濯田。他问师傅：你会不会雕霸王？师傅摇了摇头。老人就把粪箕倒扣在地上，人坐在上面，右手执粪叉放在腰间，说就是这个样子。说完出门就不见了。雕刻师傅根据老人的样子很快就雕成了霸王菩萨。

每年二月十五是霸王的生日。这天下午霸王一定会从乌江来。有时早上还是晴空万里，可是一到下午便会有成片的乌云飞来。年年如此。当地老人对此深信不疑，认为这是霸王来到濯田，每年二月十五的下午都会注意观察天象，看看乌云来了没有，结果是屡试不爽。

这个故事太原王氏的族人最愿意讲，因为当地人普遍信奉的神明就是他们祖先带来的，由此可以拿来作为炫耀的资本。但霸王信仰是否真的与四郎公有关已无从查考，其中一些故事情节显然与许多神明传说相同，是普通民众经过无数次重复、加工和集体创作的结果。不过，重要的是这个神明确实来自外地，在长汀其他乡镇难以见到，而且最早就供奉在太原王的“回龙寨”里，此处正好是整个濯田的总水口。

供奉霸王的回龙寨亦称“公王坛”。我们到那里调查，只见该坛占地面积不大，却香火鼎盛。坛内原有一块旧石碑，近年因重修神坛，旧碑的背面被拿来镌刻“捐资芳名”镶嵌在墙上，完全失去了它的历史价值。现在仍然保存完好的是一个古香炉（石质），正面镌刻着“回龙寨”三个字，背面刻“福主公王”，显示回龙寨所供奉的神明实际上是保佑一方的“本坊福主”，它是一个村落最主要的神明。

“回龙寨”在当地人的观念中不属于神庙，但它所供奉的霸王是最古老的。在濯田，还有五座庙宇供奉来自“回龙寨”的霸王，它们是上庙、下庙、上杭庙、连城庙、郑坊庙，由此构成了所谓的“五庙六霸王”系统。

1. 上庙。属琅琊王氏所有，位于上王和下王的交界处。它的命名显然与琅琊王氏被称作“上王”有直接关系。

上庙是琅琊王氏最主要的庙宇。这座庙分上下两进。在前厅的木柱上悬挂着1994年孟春敬献的一副对联：“强楚精神还若此，炎刘勋业竟何人。”上厅神龛两侧又有一副对联：“福临神州千秋义气著鸿门，主进咸阳八载雄风扬汝水。”神龛上方的匾额为“威扬西楚”。从这些文字看，都在颂扬西楚霸王的雄风伟业，而且神龛两侧的对联把“福主”两字直接嵌入联中，显示琅琊王氏也是把他们供奉的项羽视为“本坊福主”，当作这个宗族的保护神。在神龛左边，还有两块立于1994年正月的石碑，上面刻着“重修上庙及十七郎公地坟新建智士仁人乐捐花名”，连同旁边的一块木匾，总共约有400人捐款。值得注意的是，十七郎公是琅玡王氏三大房的共同祖先。前面说过，琅玡王氏的宗族结构较为松散，整个宗族没有总祠，各房之间也没有合修过族谱，因此这座上庙以及十七郎公的祖坟就成了他们维系宗族团结的重要精神纽带。

上庙始建于何时已不可考，然而据《琅玡王氏族谱》记载，至少在明朝初年就已经存在了。该《族谱》记云：十一世祖显，“尝作霸王庙签判二十四首。正统七年（1442）编顶成下里五图四甲罗子通里长”。又载：十六世祖西峰，“公施上霸王庙前左畔店一植二眼，会众收税，以作整庙之资”①。“上霸王庙”显然指的是上庙，因此早在明正统年间就有人为它作了签判，至明朝末年十六世祖西峰公还捐助店面两间，所收租金作为将来维修庙宇的经费，显示在明朝或者之前濯田的霸王信仰就已经存在了。至民国年间，琅玡王氏族人还在庙内捐献了一块牌匾，以霸王“刚直”的气概抒发对时政之感想，作者希望当局能得霸王之道，“犹解（民众）倒悬”，透过对霸王的崇拜表达对时事政治的关注。至1993年冬，“十七郎公众嗣裔”又捐款重修了这座庙宇，此次重修可以从“威扬西楚”的落款看出来。

2. 下庙。此为太原王氏所属的庙宇。该庙坐落于下洋与巷头村的交界处，与上庙相距不远。庙门口悬挂着一块牌匾，上书：“清初知县白宝珩访我坊之赞语，匾曰‘尚义乡’，一九九四岁次甲戌年重修。”“尚义乡”三个字特别大，正对着人群往来的街道。

前面说过，太原王氏拥有最古老的“回龙寨”。在“回龙寨”供奉的是“武霸王”，而下庙供的是“文霸王”，这一点与上庙及其他几座庙宇完全不同，显示太原王氏具有与众不同的特色和地位。这座庙与上庙十分类似。正厅神龛上方悬挂着“威灵显赫”的匾额，也是1994年冬重修庙宇时敬献的。神龛两侧的对联云：“当作人杰除暴秦威勇震天下，殉为神灵泽良民豪义颂古今。”落款为“光绪二十一岁次乙未季春月吉日”。上厅另有一副对联：“盖

① 《琅玡王氏族谱》（乾隆版）卷五。

世神威功高西楚，如春厚泽利溥南汀。”落款“沐恩连邑诰职窦坡张攀鳌敬酬”。村民们解释说，这是连城商人来还愿时献的。此外，在庙内还有一口铁钟据说是乾隆年间铸造的，但锈迹斑斑，已经难以辨认。

从总的来看，下庙保留下来的古迹比上庙多。村民们说，当地人凡是要外出经商，都会去朝拜霸王，这菩萨非常灵验。从上引连城商人敬献的对联看，此话不假。太原王氏来到濯田比琅玡王氏，经济实力和人才优势也比不上琅玡王氏，但是他们有“尚义乡”和“文武霸王”这些文化资源，同样在当地发挥着自身的影响力并确立自己的社会地位。

3. 上杭庙。此为上杭人所建的庙宇，位于墟场坝附近。清乾隆以后至道光二年（1822）以前创建，现已拆毁。这座庙宇也供奉武霸王，可以视为外来移民（主要是商人）融入本地社会的产物，同时也是上杭人在当地的一个信仰中心和集合场所。1996 年我们到那里调查，看到这座小庙刚重修不久，神厅正中供奉新塑的霸王菩萨，左边有“正一龙虎赵大元帅之神位”；右边是土地公和土地婆的神位。庙内左侧墙上的“公德碑”记载了庙宇重修的过程和捐款芳名。文云：“上杭庙是罗、李、黄、陈、丘、郭、范、曹、谢九姓客家在二百多年前来濯田开基时建造的古庙，已有倒塌的危险，为保古迹，现从（重）新维修。”从上杭九姓客家“在二百多年前来濯田开基”推算，正好在乾隆年间，而道光二年的《太原王氏族谱》已经有了这座庙宇的图像，由此可以推断它的创建时段。这座庙宇重修时也是由上杭九姓“客家”捐资完成的，其中罗姓捐献的最多共 31 人、李姓次之 26 人、丘姓 16 人、黄姓 12 人、陈姓 11 人，此外还有范、曹、郭、谢等姓，都只有 2、3 人或 1 人不等，总共 105 人捐献了 5110 元人民币。以上各姓的捐款情况基本上与他们现在濯田的人数多寡成正比。

4. 连城庙。连城庙也建在墟场坝上，始创年代据说比上杭庙稍迟，但在道光二年《太原王氏族谱》的村图中也画有此庙。由于连城人留在濯田的不多，因此该庙没有得到很好维修，1996 年前往调查时已经相当破旧，2000 年为了扩建新市区，拆除整片商业街市，连城庙与上杭庙也一起被拆除了。

5. 郑坊庙。此庙位于郑坊街，原属郑姓所有。后来郑姓人迁走了，该庙变成王姓及其他各姓供奉神明的场所。《琅玡王氏族谱·养庵公传》云：

“初，郑坊庙轮班崇神，分设公帑，公独慨然肩其任。每岁代众生息，包纳子母钱三分，毫无悭吝”①。养庵公约生活于乾隆年间，可见此时郑坊庙已经设有神明会，各班在轮流“崇神”，而参加者有可能是街上的商人，至少像王养庵这样有经济实力的人物也在里面扮演着重要角色。如今这座郑坊庙还在。庙门上方镌刻着“威扬西楚”四个大字，与上庙的匾额相同，显然也是供奉武霸王的。而且从题刻匾额与上庙相同这一点来看，它受琅玡王氏的影响特别大。

除了“五庙六霸王”之外，濯田还有三座庙宇与当地的庙会活动密切相关，因此也需要一并说明：

其一，沙篱寺。该寺据说创建于宋代，原为公共的佛教寺庙。明万历年间，琅玡王氏十六世祖嘉宪公曾“塑沙篱寺普庵神像一尊，又施大片地‘心地庵’基址一块”②。民国以后该寺倒塌，现又由琅玡王的裔孙捐资予以重建。寺内主要供奉三宝、观音、定光、伏虎、普庵、罗公祖师、五谷仙师等。每年庙会活动这些神像均被抬出来，而且作为琅玡王的所属庙宇进入当地的崇拜仪式中。

其二，西峰寺。如果说沙篱寺主要属于琅玡王氏，那么西峰寺则属于太原王氏所有。西峰寺位于下洋村的广背，始建于清初，20世纪70年代曾予以重修。关于这座寺庙的缘起，《太原王氏族谱》有段记载：十七世祖毓恩之妻罗琼娘三十岁守志，“七十一岁时命子文进等捐资砌西峰庵上栋墙砖，复施租田以为香油之资”③。王毓恩的妻子罗氏大约生活于清朝康熙年间，可见这座寺庙距今已有两三百年的历史了。西峰寺主要供奉三宝、地藏、观音、定光、韦陀、弥勒等佛教神像，寺旁还有一个小庙供奉五谷仙师。每年庙会时，太原王氏五房人就要轮流做头，到西峰寺来抬观音、定光、五谷仙师出去。周围乡村也会经常到庙里借定光古佛，并到“回龙寨”借霸王去打醮。

其三，翠梅寺。翠梅寺属巷头林氏所有。此寺建于翠梅山，供奉观音、定光、关圣帝君等。以前正月十三至十五日打醮，林氏族人就要到翠梅寺把

---

① 《琅玡王氏族谱》（乾隆版）卷九。
② 《琅玡王氏族谱》（乾隆版）卷五。
③ 《太原王氏族谱》（道光版）卷五。

关帝抬下来，打完醮再送回去。后来，村里人为了方便在巷头另建了一座天后宫，正中供奉天上圣母，右边附祀关帝，自此以后就不需要再上翠梅山了。每年濯田游神，巷头林氏也把这尊关圣帝君抬出来，作为该宗族参与活动的重要象征。

由此可见，濯田的神明崇拜系统颇为复杂。它是历史的产物，同时也是在长期的历史演进过程中不断积累的结果。濯田霸王信仰的产生与王姓迁来开基的历史相联系，而且又与濯田商业交通背景息息相关。明朝以后，琅玡王氏首先崛起，由此建起了他们自己供奉霸王的上庙。入清以后太原王氏开始兴盛，在原有“公王坛”的基础上又建造了下庙，从而形成了自己的独有特色。而乾隆以后濯田商品经济迅速发展，从上杭、连城来的移民也分别建造了各自的庙宇，并都把当地最为重要的武霸王引入他们建造的上杭庙和连城庙。“五庙六霸王”的产生可以说是濯田霸王信仰的播展历程，也是当地社会历史演进的一个缩影。

有意思的是，濯田最早的五通公王信仰（在古老的码头车项坝）后来并没有成为当地的主神，清朝引进的天后妈祖（在郑坊大桥桥头）最终也成了妇女儿童的保护神，[1] 而来自外地的项羽却成为普通百姓、外地商人竞相供奉的对象。其中原因除了霸王被视为“本坊福主”这个特殊意义之外，还有就是王姓的发展以及相伴而生的灵验传说和年复一年的庙会活动，它不仅持续不断地强化着霸王的灵验，增强人们的认同感，同时也在深刻影响着这个墟场的社会生活和各姓之间的关系。

四、“五庙六霸王”的游神及其意义

濯田每年的“五庙六霸王”游神活动共有两次，一次在正月十五，另一次在二月初二“花朝节”。届时都要把“五庙六霸王”和其他一些寺庙的菩萨抬出来巡游，热闹非凡。这是当地人最引为自豪、至今仍在进行的“两大

① 关于濯田各种神明崇拜及其功能的讨论，参见笔者撰写的《濯田的宗族、经济与庙会》一文，载《长汀县的宗族、经济与民俗》（下册），国际客家学会、海外华人资料研究中心、法国远东学院 2002 年版。

盛会”。

濯田抬霸王出巡其实应该有一个发展过程，而且正月十五和二月初二的崇拜意义也不一样。正月十五的出巡活动实与各宗族的正月打醮联系在一起。1996年10月我们到濯田调查，曾见到下庙的左侧墙上贴有当年“正月半建醮执事人员安排”名单，除此之外还有“四月半建醮执事人员安排”、账目开支以及“重塑文像满堂福主公王建醮”开支账目等。每张公告都相当具体，其中“正月半建醮执事人员安排”名单包括了整个活动的各个方面，如协助人员、司厨人员、招待、财务、扛盛、执炉、神马、铜锣、钢鞭、神旗、安全保卫、神台前、放电影、出宫先行烧香、抬定光古佛、抬福主公王、抬观音菩萨、抬五谷香亭、放喜炮等，可见整个打醮活动是与抬菩萨出巡联系在一起的。

前面说过，巷头林氏也是在正月十三至十五日打醮，每次都要到翠梅庵抬关帝。我们拜访了上杭庙的一些老人，他们也说以前上杭庙和连城庙都是在各自的庙门口打醮，正月和八月各打一次，但没有抬霸王出游。濯田正月的打醮是由各个宗族（或人群）自己举办的，有的宗族在打醮时把菩萨抬出来，有的则没有。时间一久，这种原本属于分散的游神活动就渐渐演化成集体性的节庆习俗。据下洋村的王上沐老人讲，以前元宵节菩萨上街仅限于上庙、下庙和巷头林氏。下庙是正月十五白天上街，与此同时，从正月十三至十五日连续三个晚上三个庙的“满堂菩萨”都一起上街，上庙走在最前面，接下来是巷头的菩萨，下庙的菩萨排在最后。游神时，每个庙还要出龙灯、马灯、灯笼，因此这个活动与元宵节闹花灯密切联系在一起，当地人也把它称作“出灯”。两支王姓和巷头林姓是当地的大姓，只有强宗大族才有实力和资格来举办这种大型的游神活动，而且太原王氏的霸王是大家公认最早的，因此他们在正月十五白天打醮时还可以单独抬出来巡游，正好显示他们在濯田所拥有的特殊地位。

正月十五太原王氏抬菩萨出游，据上沐老人回忆它的顺序如下①：

1. 小神旗（两面）

---

① 据《正月半、二月花朝两大盛会文艺活动常规次序》（手写本）抄录。

2. 神铳

3. 散放小爆

4. 神旗（六至八面）

5. 銮架执事：牌板（肃静、回避）、龙头、手掌、拳头、金瓜锤、八角锤、蛇枪、戟子枪、关刀、玉斧

6. 龙灯、马灯、灯笼

7. 扛盛

8. 定光（后一面铜锣）、观音

9. 吊炉、执炉、凉伞、香亭（注：里面有五谷仙师）

10. 敕封牌、签筒、笔架、铜鞭、印令（神马）、福主公王（后面铜锣一面）

这份“出巡顺序”，与我们在前面谈到的下庙“正月半建醮执事人员安排”的内容完全吻合，正月十五白天上街的除了霸王（即福主公王）之外，还有供奉于西峰寺的定光、观音和五谷仙师。也就是说，所谓“满堂菩萨”是指太原王氏所属寺庙供奉的主要神佛。

与此同时，我们在当地还听到另一种说法，正月十三至十五连续三个晚上闹花灯，上街的菩萨包括沙篱寺、西峰寺、上庙、下庙和巷头庙，以定光、伏虎、观音即“三太祖师”为主。其实，这种说法与上述并没有什么不同。上面所引上沐老人的回忆是指正月十五白天的情况，而这里说的是指正月十三至十五三个晚上游神，此时琅琊王氏、太原王氏、巷头林氏三个宗族都参加了进来，是濯田三个重要派系的集体性巡游活动。

二月初二抬霸王出巡参与的庙宇更多。据说，这个活动从正月的最后一天开始，直至二月初二共三个晚上和初二整个白天。上街的菩萨包括圣帝庙、上庙（含沙篱寺）、下庙（含“回龙寨”、西峰寺）、郑坊庙，以及后来加上的上杭庙、连城庙和巷头庙。上杭庙、连城庙以前并没有参加，这一点我们在调查中反复听说过。据王上沐老人回忆，传统的做法是按圣帝庙、上庙、下庙、郑坊庙顺序先后出宫，每个晚上都要出来。另外，下庙的文、武霸王（武霸王在前）于二月初二的白天要单独出巡，上午和下午各一次。现在据说所有庙宇的菩萨都是连游三个晚上加上初二整个白天。那么，上杭庙、连

城庙等庙宇是何时加入的？我们在上杭庙调查时曾见到庙内墙上贴有一张告示，上书“奉献上杭庙家具用品及锣鼓音响”的信士芳名，落款为“上杭庙理事会1996年二月二日”。可见在1996年的农历二月初二上杭庙确实参加了“花朝节”的游神活动，而且他们还为此做了一番准备：共有11人捐款180元用于购置锣鼓器具，另有1人捐献了6桌的“碗筷汤匙”。又据管理上杭庙的老人讲，以前在濯田的上杭人不多，没有参加二月二的游神活动，现在参加了，排在巷头庙的后面。

二月初二的游神比正月十五的规模还要大，不仅有“五庙六霸王”，而且其他寺庙的关帝、定光、伏虎、观音、普庵、五谷仙师都要抬出来巡游。村民们描述说，关帝走在最前面，定光古佛排在最后，普庵祖师要8个人抬，而且要走得很慢，千万不能摔倒，其他菩萨基本上按照各庙出宫的先后顺序插在队伍当中。其巡游路线是：从街上出发，途经坝尾—中坊—下洋—巷头—街上，然后回家。所到之处，家家户户都放鞭炮、摆祭品迎接，有的人家还会给菩萨“挂红包”。据说太原王氏的菩萨接受的红包最多，一趟下来至少有1000元左右。二月初二当地人称为“花朝节”，在长汀还有一些地方这天的迎神赛会也特别热闹①。但从迎奉的菩萨来看，当地人最重视的还是被称作“本坊福主”的“五庙六霸王”，因此从这个意义上讲，濯田二月初二的游霸王活动表面上是过“花朝节”，实际上还不如说是在庆祝他们自己的土地公生日。

濯田每年举行的“五庙六霸王”巡游是一种民间节日，是人们在表达对神明崇敬的同时，展示各姓宗族社会地位与经济实力的舞台。太原王氏并没有琅琊王氏显赫，但由于他们拥有最古老的霸王，因此在一年两次的活动中都拥有特别的权利。他们可以单独上街，比别人巡游的次数多，而且收入的红包也最为丰厚。两支王姓和巷头林姓可以说是这个活动的组织者和最早的参与者。换句话说，只有他们才有这个实力和资本来展示自己，主导着一个地方民俗活动的开展，其中正月十五各姓打醮，三姓人同时抬霸王上街，就

① 如古城二月初二花朝节的规模就很大，参见张鸿祥、李积发：《古城镇传统社会调查》，载杨彦杰主编：《长汀县的宗族、经济与民俗》（上册），国际客家学会、海外华人资料研究中心、法国远东学院2002年版。

是有关这个活动缘起的最好说明。

二月初二土地公生日抬霸王巡游更像是整个濯田的共同节日。随着霸王信仰的定期性演出，它的影响力和辐射力日益增强。如果说，乾隆年间迁来濯田的上杭、连城人开始建庙供奉霸王，是外来移民主动融入本地社会的一种努力，那么1996年以后这些早期外地人可以抬霸王参与巡游，则是当地社会进一步融合的象征。从这个角度来说，一个地方民间庙会的意义是多方面的，它不仅是一个地方传统文化的展示，同时也是当地族群互动的一个舞台。上杭、连城等外地人来到濯田以后，为了更好地融入当地社会，主动接受了霸王信仰，但他们很长时期仍然被视为外地人，并没有资格参与只有本地大姓才能举行的游神活动，这个过程至少持续了200多年，直至20世纪末他们才进入了二月初二游霸王的行列。这可以视为外地人在濯田落地、生根并逐步实现社会融合的历史进程，而这种进程是借助神明崇拜活动得以展现并被人们所认识的。

濯田的“五庙六霸王”信仰来源于历史，同时在历史中延伸。通过对一个地方主神崇拜的解读，可以让我们了解这个地域社会的建构及其历史演变的轨迹。濯田是一个乡村集贸市场，是人口流动特别频繁的社区，与普通的村落不同。这里开发的历史较长，神明崇拜和宗族来源相互交织在一起，并且在历史发展的脉络中不断更替和展开。我们从“五庙六霸王”的信仰中可以解读这个特定的区域社会，了解它的族群关系以及社会文化的演变和发展。濯田属于“闽西客家首府”，然而值得我们注意的是，这些清朝就迁来的上杭、连城人虽然已经融入本地社会，但至今仍自称为“客家”（前引1996年上杭庙重修碑记），以此来区分更早就定居在那里的“本地人”。“客家”作为一个族群或民系的称呼，学界使用的概念与普通百姓在现实生活中的感受和自我认同明显不同，这需要我们在今后的研究中予以更多的关注和思考。

附录：表1　琅琊王氏科举人物一览表

表2　太原王氏科举人物一览表

附录

表 1　琅玡王氏科举人物一览表

世　祖	名　字	时　间		科　名
十一世	祖显	永乐年间	1403—1424	府学生
十一世	祖显	正统三年	1438	贡生
十二世	昊	成化四年	1468	举人
十三世	缙	弘治四年	1491	贡生
十三世	僎	弘治八年	1495	举人
十四世	希说	嘉靖十八年	1539	贡生
十四世	希瑗	嘉靖二十七年	1548	贡生
十八世	显昭	康熙二十四年	1685	国学生
十九世	士杰	康熙五十七年	1718	国学生
二十世	方英	康熙二十七年	1688	府学生
二十世	方英	康熙五十七年	1718	贡生
二十世	方中	乾隆十年	1745	国学生
二十世	方大	乾隆二十七年	1762	国学生
二十世	方至	乾隆二十七年	1762	国学生
二十世	靖儒	康熙三十四年	1695	县学生
二十世	重儒	康熙五十二年	1713	国学生
二十世	勉儒	康熙五十四年	1715	府学生
二十世	勉儒	乾隆二十四年	1759	贡生
二十一世	者图	康熙四十八年	1709	国学生
二十一世	者畿	康熙五十二年	1713	国学生
二十一世	者仁	乾隆六年	1741	国学生
二十一世	者栋	乾隆十七年	1752	国学生
二十一世	者佐	雍正八年	1730	县学生

（续上表）

世祖	名字	时间	科名
二十一世	者宁	乾隆	国学生
二十一世	楚	康熙四十九年　1710	县学生
二十一世	宏	乾隆二十九年　1764	国学生
二十一世	举	乾隆三十二年　1767	县学生
二十二世	盘	乾隆二十一年　1756	县学生
二十二世	一本	乾隆七年　1742	国学生
二十二世	元勋	雍正十年　1732	贡生
二十二世	元烈	乾隆三十四年　1769	贡生
二十二世	程万	乾隆五十七年　1792	县学生
二十二世	元任	雍正十二年　1734	国学生
二十二世	元杰	乾隆八年　1743	县学生
二十二世	元位	乾隆二十年　1755	国学生
二十二世	梁	乾隆二十二年　1757	府学生
二十二世	梁	乾隆四十二年　1777	贡生
二十二世	梁	乾隆四十五年　1780	举人
二十二世	林	乾隆四十二年　1777	国学生
二十二世	栗	乾隆五十四年　1789	国学生
二十二世		乾隆四十一年　1776	县学生
二十三世	积臣	乾隆十五年　1750	国学生
二十三世	允攀	乾隆二十二年　1757	县学生
二十三世	允相	乾隆三十六年　1771	县学生
二十三世	允青	乾隆三十八年　1773	县学生
二十三世	允丰	乾隆五十五年　1790	县学生（武生）
二十三世	方城	嘉庆元年　1796	县学生

（续上表）

世　祖	名　字	时　间	科　名
二十三世	长城	乾隆五十七年　　1792	贡生
二十三世	铜城	乾隆五十九年　　1794	县学生（武生）
二十三世	镇	乾隆五十二年　　1787	县学

资料来源：《琅玡王氏族谱》卷四、卷五。

表2　太原王氏科举人物一览表

世　祖	名　字	时　间	科　名
十八世	如曾	康熙三十四年　　1695	县学生
十八世	如图	康熙四十三年　　1704	县学生
十八世	如凤	雍正十一年　　1733	府学生
十九世	复纲	康熙	县学生
十九世	复商	康熙四十三年　　1704	县学生
十九世	复旦	康熙	县学生
十九世	复鳌	康熙四十八年　　1709	府学生
十九世	复隽	康熙四十八年　　1709	县学生
十九世	复鳌	乾隆五年　　1740	贡生
十九世	复超		太学生
十九世	复中		太学生
十九世	复星	康熙五十七年　　1718	县学生
二十世	熙	乾隆二十年　　1755	太学生
二十世	冈	嘉庆十五年　　1810	太学生
二十世	勋	乾隆	府学生
二十世	之珩	雍正	县学生
二十世	孝昭		太学生

（续上表）

世　祖	名　字	时　间	科　名
二十世	辉昭		太学生
二十世	敏昭	雍正	太学生
二十世	懋昭	乾隆	太学生
二十世	功昭	康熙五十四年　1715	太学生
二十世	忠昭	乾隆五十四年　1789	太学生
二十世	誉远	乾隆	太学生
二十世	道远	乾隆四十一年　1776	太学生
二十世	绳远	乾隆二十二年　1757	太学生
二十世	乔远	乾隆五十四年　1789	太学生
二十世	猷远	乾隆	县学生
二十一世	仰云	嘉庆十四年　1809	太学生
二十一世	嵩云	嘉庆二十五年　1820	太学生
二十一世	凌云	嘉庆十二年　1807	太学生
二十一世	昌年	乾隆八年　1743	太学生
二十一世	攀桂	乾隆五十年　1785	太学生
二十一世	建寅	乾隆十三年　1748	县学生
二十一世	攀云	嘉庆四年　1799	太学生
二十一世	述	乾隆四十八年　1783	太学生
二十一世	蒸云	嘉庆十六年　1811	太学生
二十一世	启云	乾隆四十二年　1777	太学生
二十一世	远云	乾隆四十二年　1777	太学生
二十一世	翔云	乾隆四十二年　1777	太学生
二十一世	霞云	嘉庆十五年　1810	太学生
二十一世	端云	嘉庆八年　1803	太学生

（续上表）

世祖	名字	时间		科名
二十一世	履云	嘉庆十七年	1812	贡生
二十一世	连云	嘉庆八年	1803	太学生
二十一世	庆云	嘉庆四年	1799	府学生
二十一世	登云	乾隆三十六年	1771	县学生
二十一世	着	嘉庆七年	1802	太学生
二十一世	彩云	嘉庆七年	1802	太学生
二十一世	华云	道光五年	1825	太学生
二十二世	逢春	嘉庆九年	1804	太学生
二十二世	占春	嘉庆七年	1802	太学生
二十二世	万春	嘉庆元年	1796	县学生（武生）
二十二世	遇春	嘉庆十年	1805	太学生
二十二世	焕春	嘉庆八年	1803	县学生
二十二世	常春	道光五年	1825	太学生
二十二世	荣春	嘉庆十五年	1810	太学生
二十二世	维春	嘉庆十五年	1810	太学生
二十二世	尔春	嘉庆十年	1805	太学生
二十二世	之屏	道光三年	1823	县学生（武生）
二十二世	圻	道光三年	1823	县学生
二十二世	在中	嘉庆四年	1799	太学生
二十二世	粹夫	嘉庆六年	1801	太学生
二十三世	国上	嘉庆十年	1805	太学生
二十三世	国通	嘉庆十八年	1813	贡生
二十三世	国桢	嘉庆十七年	1812	府学生
二十三世	俊	道光三年	1823	府学生（武生）

资料来源：《太原王氏族谱》卷五、卷十。

开善上保的宗族社会与民俗宗教传统[①]

在中国传统社会里，广大乡村民众信奉神佛并不是到名山大寺或者著名宫观，而是经常与乡村小庙发生关系。这些乡间庙宇或建于村内，或建在当地较有名的山上，与某个地域的民众生活息息相关，由此形成富有地方特色的民俗宗教传统。因此，要深入了解中国乡村百姓的宗教生活，离不开对某个地方的社会历史背景进行考察，具体分析那些乡村小庙是怎么建立起来的，与当地的宗族有什么关系，发挥着怎样的作用。台湾学界在 20 世纪 70 年代实行“浊大计划”时，就已注意到了这个问题，并借用日本学者提出的“祭祀圈”概念加以探讨，[②] 此后又继续对相关问题进行讨论。[③] 然而，台湾与华南地区相比，其宗族制度是较迟发展起来的。在宗族制度较为发达的华南地区，宗族与宗教的关系为何？显然需要作更加深入的调查探索，尔后才有可资比较的基础。

1998 年 9 月和 1999 年 10 月，我和劳格文博士曾先后两次到泰宁县开善乡进行田野调查。在该乡过去称作开善上保的地方收集到颇为完整的族谱、碑刻等地方史料。特别是有的族谱详细记载了他们祖先建造庙宇、雕刻神像的历史，这对我们深入了解开善上保的宗族社会与民俗宗教传统具有重要意义。因此，本文拟以这些资料为基础，结合官修史志，对上述问题作一分析和讨论。

---

① 本文为“宗教与中国社会：研究领域的转变、启迪与中国文化”国际学术研讨会参会论文，2000 年 5 月 29 日—6 月 2 日，香港中文大学。

② 施振民：《祭祀圈与社会组织：彰化平原聚落发展模式的探讨》，《“中央”研究院民族学研究所集刊》（台北），1975 年第 36 期。

③ 参见许嘉明：《祭祀圈之于居台汉人社会的独特姓》，《中华文化复兴月刊》1978 年第 11 卷第 6 期；林美容：《由祭祀圈到信仰圈：台湾民间社会的地域构成与发展》，载张炎宪主编：《中国海洋发展史论文集》第三辑，1988 年。

一

开善乡位于福建省泰宁县东南部。在明清时期，这个地方分为上、下两个保。开善上保即如今乡政府所在地及其附近地域，属该乡的北半部。乾隆《泰宁县志》云：县之南四十里“曰开善上保，图二，村六（大富、墩上、谢坊、肖坑、余坊尾、下坑）；曰开善下保，图一，村四（青州、布头、池潭、铺溪）”。[①] 可见历史上开善上保就比下保发达，村落较多。如今开善乡共有人口约一万，大多数集中于北半部，其中与本文关系最密切的是儒坊、余上、肖坑、墩上、洋坑这五个行政村，共辖有十几个村落，人口约占总数的60%以上。

开善的得名亦与上保这个地方的开发有直接关系。这里最早前来开基的有廖、杨两姓。据当地人传说：早在唐朝贞观初年，杨善桢就与廖轮、廖董钊父子率兵前往九嶂山镇压高海、高澄二寇。寇平之后，杨、廖二将军又奉旨在那里驻扎下来。他们见到九峰山下地势平坦，有两个山间盆地相互连接，形成一个葫芦形，因此就把兵器打造成农具，开发“葫芦二洋洞”。此后，廖董钊又将名字改成廖开，杨善桢更名杨善。“开善”这个地名即由廖开、杨善各取一字而来。

这个故事尽管听起来颇为完整，但如果细查廖、杨两姓族谱，则会发现疑点不少，很难令人完全相信。

杨姓在开善上保共有两支，历史上从未合修过族谱。一支居住在蓬边、墩上、肖坑等自然村，称蓬安杨姓（蓬边旧称蓬安坊）；另一支聚居于洋坑，称隆兴杨姓（洋坑旧称隆兴坊）。其中蓬安《杨氏族谱》收有一篇写于明成化二十二年（1486）的序文，是迄今为止我们在开善所见到的最早有确切纪年的历史文献。该序文云：“吾家祖居将乐龙池，自始祖善公宦游于斯，提兵镇守葫洋二洞，始辟开善。绵绵延延，相传于兹矣。”同时还提到他们原来有一本族谱“草本”，是“原公”手录的，此次修谱即根据该“草本”核实，

① 施文熺：《泰宁县志》卷一《舆地志・里图》，乾隆三十四年（1769）修，泰宁县地方志编纂委员会1986年标点（以下简称乾隆《泰宁县志》）。

“逐一载明”。① 这篇序文提到杨姓的始祖名杨善，并有“提兵镇守葫洋二洞”的事迹，但此事发生于何时并未详载。

至清道光三年（1823），有关始祖的事迹进一步充实起来。当年十一月，由修谱董事撰写的《序》云：

杨氏乃汉太尉震公之苗裔也。厥后子孙分居江州湖口，至唐末赐进士子江公宦游闽中南剑西镛州司户，解官因家镛州龙池都。而五传至时公，字中立，号龟山，登宋熙宁丙辰进士，官任龙图阁直学士，谥文靖公。生五子：长曰迪、次曰迥、三曰遹、四曰适、五曰造，皆登进士。我祖迥公生选，官参议。选生祥，字善桢，即吾族始迁一世祖也。宋绍兴间官任副总，与廖开公同僚，复命敕封司马，解组后遂卜长尾窠而居焉。②

这篇序文把杨氏的来源大大提前，从汉太尉杨震到宋朝理学家杨时，声称自己是杨时的后代。除此之外，还有几点是新的：①提到开基祖的名字叫杨祥，字善桢，而不是明代旧序中的“善公”；②明确开基时间在南宋绍兴间；③当时杨善桢“官任副总”，后来又是“敕封司马”；④“与廖开公同僚”，一起来到开善；⑤杨姓开基的地点在长尾窠。

此后，蓬安杨姓又有几次修谱，如同治九年（1870）、光绪二十九年（1903）、民国二十七年（1938），历次谱序均以道光年间的为蓝本，没有增加新内容。因此，道光三年（1823）的这篇序文可以说是奠定了杨姓解说早期历史的基础。也因此之故，杨姓族人把此次修谱称作首修，至 1994 年最近的一次为五修，而明代所修族谱就只能算作草创阶段了。

既然杨姓把自己开基的历史与廖姓联系在一起，那么就有必要再来看看廖姓的记载。廖姓何时开始修谱无从查考。如今我们所见到的是民国二十六年（1937）接修本。该谱收有一篇作于清嘉庆七年（1802）的《重修族谱序》（可见廖姓开始修谱不会早于清初），提到他们祖先前来开基的事迹：“吾族自轮公肇始，于唐太宗时官居武职，莅任樵城归化镇，命家子董钊公镇高海营。公在九峰山麓之下栖迟多载，迨至贞观二十一年始开基于苋坑口，

① 蓬安《杨氏族谱》卷首《原序》，1994 年五修，木刻本。
② 蓬安《杨氏族谱》卷首《原序》，1994 年五修，木刻本。

统取名曰开善，廖坊塅居焉。”① 该族谱还收有一篇未著年代的《廖氏家谱原叙》，亦删引于下：

时唐太宗四年庚寅岁正月十五日，幼公廖董钊寓到葫芦二洋，旷野之地并无人烟，深林茂盛，草木之山岗鹤哭猿啼、虎豹潜藏之处，所睹此山环水聚，告明州府，取名开善，廖坊住址，始辟地基，丕显规模。至辛卯年，同司马二人合口商议本地山场均公分下之业，各人一半，左边尽是廖董钊分下管业……思得二家甘和，对告二人，当天立誓，不许混乱争占，再无异说。恐后无凭，用立文字各收一纸，遗与子孙，永远证照。②

从这两份资料来看，廖、杨二姓确实有联手开辟开善的事迹。前引蓬安《杨氏族谱》说“与廖开公同僚”，这里廖姓说“同（杨）司马二人合口商议”分配山场。但也有一些相互矛盾之处，最主要的是廖姓的开基祖《谱》载为廖轮、廖董钊父子，而不是杨姓说的“廖开”。另外一点，开基时间廖姓说在唐朝初年，而蓬安杨姓说在南宋绍兴年间。可见清代廖、杨两姓的记载颇有出入。

再来看看杨姓另一支的记载。隆兴杨姓长期居住在洋坑（亦称杨坑），与蓬安杨姓的住地尚有一段距离。历史上他们没有什么来往，但都说是汉太尉杨震的后裔，而且对早期历史的表述在基本情节方面也很类似。隆兴《杨氏族谱》首修于道光七年（1827），是年的谱序云：

吾家自震公发祥以来，多历年所，传十五世讳胥马公者，唐武德元年官授兵部大司马，夫人童氏，生子一善生公。贞观二年郑御史劾奏，诏宣胥马公父子领旨封平寇元帅，平二洋洞高冠。贞观四年冬，捉寇入朝，上嘉其功，特降赐予，然恐余贼未尽，仍敕胥马父子屯兵镇守。至贞观五年，胥马公卜居杨坑，披荆斩棘，为开善一境草创之族。③

值得注意的是，这篇序文没有提到与廖姓合作的事迹，但都谈到来开善的目的是“平寇”。他们的开基祖名叫胥马及其子善生，其中“善生”很容易让人联想到蓬安杨姓所说的“善祯”。不过，开基时间却有很大不同。

---

① 《廖氏族谱》卷首《廖氏重修族谱序》，民国丁丑年（1937）接修，木刻本。
② 《廖氏族谱》卷首《廖氏家谱原叙》。
③ 隆兴《杨氏族谱》卷首《旧序》，同治戊辰年（1868）重修，木刻本。

同治七年（1868），隆兴杨姓再次修谱，所撰序文与上一次相比没有变化。直至民国二年（1913）三修族谱时，才加上了杨、廖二姓合作的情节，该序文云：

隆兴杨氏与予族同为汉太尉震公之后，溯始迁祖胥马公官授兵部大司马，于唐武德间同将军廖轮奉旨统兵征剿闽邵草寇高海、高澄。耀武扬威，直破葫芦之洞。兵精将勇，平伏高海之营。不崇朝而渠魁授首，枪一举而小丑投降。时值中秋佳节，公于马上撚须执戟而奏凯歌曰："日出鸣笳万甲齐，渠魁歼却日才西。沿途尽踏鲸鲵血，翻怪归时滑马蹄。却好中秋正誓师，桂花香露拂旌旗。不因小丑妨佳节，马上犹吟看月诗。"遂与廖轮公入朝复旨。上奖其功，赐予甚厚。后恐余寇复萌，上复命公与轮公之子董钊公者守镇斯土。遂廖氏命开，杨氏命善，各辟其地而居焉。开善之名从兹而始，杨氏之居自是而立也。由此推之，胥马公实隆兴坊杨族之鼻祖也。①

十分明显，这篇序文已具有相当完整的故事情节，把明清以来杨、廖两姓族谱中某些不一致的地方都加以撮合，同时第一次提出了"廖氏命开，杨氏命善"的说法，因而把"开善"得名的情节也故事化了。按照一般规律，年代越远、越靠近当事人的资料可信度越高，而年代越迟、记述越完整的资料人为编造的痕迹却越加明显。上引这些资料，实际上很清楚地反映了这一点。

如果说，开善早期的"历史"至民国初年已被隆兴杨姓创造出来了，但并不等于说所有杨、廖各派都认同了这一说法，其中蓬安杨姓仍于1938年修谱时坚称"吾族自宋肇辟，迄今数百年"，即强调他们的始祖肇基于南宋绍兴年间。② 但坚持原有的说法毕竟已经"落伍"了，特别是在其他族姓都说他们早在唐初就来开基的情况下，自己却迟了数百年，显然居于不利地位。于是1994年五修族谱时，蓬安杨姓也修正了自己以往的说法，把他们开基的历史提前到唐代：

吾观杨氏族谱，乃善祯公之鼻祖也，与廖董钊公同心创立开善，始于唐代无疑矣。祖贯陕西华阴县，至汉朝太尉杨震公十三代之苗裔，宦游在朝，

① 隆兴《杨氏族谱》卷首《杨氏三修族谱序》，民国二年（1913）三修，木刻本。
② 蓬安《杨氏族谱》卷首《族谱重修新序》。

于唐朝贞观二年谨遵帝饬，派为征伐南蛮九溪十八洞和闽邵泰以南九峰山高海、高澄二寇，对叠［垒］胜捷。平息二寇之后，见开善境内地面宽广，水秀山清，预后必有兴化，恋存于斯垦土创业，遂与廖公更名廖开，祯公为杨善，合称开善，由斯得矣。稽查县、乡两志和廖氏族谱，俱载雷同，是无诬矣。①

然而，序文作者忘记了这样一个基本事实：他们最早一份谱序作于明成化二十二年（1486），为九世孙维政所撰。如果杨善祯确实是唐朝贞观二年（628）来到开善，怎么间隔将近860年才繁衍九代人，平均每代约需100年！另一方面，所谓“稽査县、乡两志和廖氏族谱，俱载雷同”，亦是值得推敲的。我们查阅了乾隆三十四年（1769）所修的《泰宁县志》，里面没有只字提到杨、廖二姓与开善的事迹。至于《开善乡志》，那是1986年才编纂出来的，显然不能作为史料来看待。《廖氏族谱》已经在前面引用过，这里不必再赘。不过要说明一点，杨姓这次修谱确实是在查阅《廖氏族谱》之后才修改过来的。各个宗族之间相互参照谱牒，共同构建所在地的早期历史，这是开善历史故事产生的一个重要背景。

再进一步说，既然廖姓和隆兴杨姓都说他们的祖先早在唐初就来开善，那么，是否可以确认开善的开发早在唐朝初年就开始？其实问题并没有那么简单。我们曾查阅《新唐书》《旧唐书》，里面根本没有记载唐太宗派遣廖轮、董钊及杨胥公父子到九峰山镇压高寇之事，甚至连点滴的线索都找不到，如果说廖、杨两将军确实是唐朝大将，并且因为平寇受到唐太宗的赏识，这样的大事两唐书是不会不记的，地方史志也不可能毫无反映。况且，福建在隋唐时期还处在开发的初期，远在深山野岭之中的“葫芦二洋洞”朝廷怎么会注意？因此，有关杨、廖两姓早期开基的故事只能算是一种传说。而这种口头传说经过世代相传至清代才被普遍载入族谱，但说法不一；民国初年已开始出现统合；最近十几年又进一步被完善起来。

其实，一个宗族的开基故事里面有多少真实成分并不重要，重要的是它是怎么形成的，对于当地的居民产生着怎样的影响。如今我们一来到开善，

① 蓬安《杨氏族谱》卷首《五修族谱新序》。

很容易就听到上述故事。人们并不怀疑有些情节是出于虚构的，而把它完全当作信史来看待，就像相信有的神明会显灵的故事一样。这个故事不断在人群中间流传、加工，甚至诉诸文字，年复一年，它的“真实性”就更加牢不可破。它成了当地人普遍认可的一种基本观念。人们通过它来解说早期历史，塑造本地文化形象，增强向心力和认同感，同时借此来确立早期宗族的历史地位。

二

如果说杨、廖两姓是最早来到开善的，可以算是土著，那么迟来的宗族如何进入这个土著社会，与早期的宗族结合，进而创造出当地的民间信仰体系，就成了需要进一步讨论的问题。

开善上保现有杨、廖、江、伍、余、张、李、林等姓，其中江姓人口最多，且聚居于儒坊尾这个中心地带（乡政府所在地），历史上出过不少文人；而伍姓人口虽然少些，但文化也很发达，明清时期开善唯一的举人伍宁（明永乐十二年入仕）即来自这个宗族。① 因此，江、伍与杨、廖这四姓氏在开善上保最为重要。

江姓祖居地江西，宋末元初因战乱才迁入开善肇基。据《济阳江氏族谱》载：“吾族始祖孟七公祖居江西南昌府南昌县铁树观，遭宋元之变，偕兄弟避锋于福建邵郡泰邑南乡开善梧桐山，竹篱茅舍而居焉。”② 孟七公生有一子名文清，文清生三子：长伯安、次伯骥、三伯诚。现在开善江姓主要为伯安和伯诚的后代。伯安一支聚居于下坑自然村，伯诚一支则居住在儒坊尾街上。上引《族谱》资料又云：“及伯诚公善堪舆，相厥原隰，后迁杨家园，子姓繁衍，于是更名儒坊。长伯安公招赘下坑廖陈玫公女，今为下坑之祖。

---

① 乾隆《泰宁县志》卷八《选举志·举人》。又参见《开善乡志·历代文人品职一览表》，1986 年油印本，第 261～264 页。据该表统计，明清时期开善共出现举人 1 名、贡生 14 名、生员 50 名，其中伍姓出举人 1 名、贡生 1 名、生员 6 名，江姓出贡生 10 名、生员 32 名，杨姓出贡生 3 名、生员 9 名，伍、江、杨三姓约占全乡获功名文人总数的 95.4%。

② 《济阳江氏族谱》卷首《序》，民国丙戌年（1946）五修，木刻本。

次伯骥公，至十一代绍贵公招赘永兴陈坑丁姓妇吴氏，后嗣繁衍，遂集而居焉。”① 如今在陈坑已无伯骥的后代，而伯安、伯诚两支的发展显然都与杨、廖两姓有关。江伯诚由于会看风水，后来迁往“杨家园”（即今之儒坊尾）居住。伯安则因招赘于“下坑廖陈政公女”，才在那里定居下来。可见江姓刚来开基时，家境并不好，主要是通过招赘等方式才逐渐融入本地社会中。

伍姓在开善的开基过程亦与江姓十分类似。伍姓原居住在将乐县阳源都，与开善紧邻。至元末明初，其九世祖仲让从阳源迁往开善，肇基于松林坊。仲让生有五子。其中长子伯驴仍居原处，后代繁衍于许屋、礤下、余地等村，二子、四子无传；三子伯犊入赘泰宁城关杨姓；五子伯湖亦入赘开善墩上村杨姓，此后他成为墩上的房头祖。我们在《安定伍氏族谱》中查到一份当年伍湖（即伍伯湖）与杨家签订的入赘契约，引录于下：

伍湖公承外父杨照公出拨文约

开善上保住人杨照今来年老无嗣侍奉，只生一女杨仁娘，招赘本保伍湖归家为养老女婿，承袭宗枝，且照情愿投托伊亲当日三面说合。将祖遗产籍、祖坟、山场等项目尽行出拨，交与女婿伍湖承管，纳粮当差。所拨其约系是照承祖公分下各令户籍物业，与房亲内外伯叔兄弟各无干涉，并无重累。如有妄行争占以尊凌卑者，赍此文约经官陈告。所拨是实。

祖遗户籍列后：

一户杨照，系开善上保三图民籍，实在人口男妇三口：男子二口（成丁一口、不成丁一口）、妇女一口。事产：民地三分，租钞五文；民瓦房屋三间。

祖遗坟山列后：

（略）

大明洪武十三年十二月□□日　　立出人杨照

证约人杨受、杨意、杨海、杨英、杨才

中见人杨广②

---

① 《济阳江氏族谱》卷首《序》。

② 《安定伍氏族谱》卷末《诸公事实录·伯湖公事实》，民国庚辰年（1940）五修，木刻本。

从这份契约可见，伍伯湖入赘墩上杨家，一方面必须承担对杨照养老送终、“承袭宗枝”的义务，另一方面也继承了杨家祖先留下的财产。

伍姓在墩上的发展很有代表性。由于入赘杨家，就使得他们有了立足本地的坚实基础，同时又在这块土地上进一步与杨姓结合，发挥自身的影响力，建造庙宇，雕造神佛，形成了从宗族之内到宗族之外、具有各个不同层次的民俗宗教传统。

伍姓还在将乐时，就已经有了建庙塑神的历史。《安定伍氏族谱》载其八世祖锦峰公的事迹说：“公与兄玉峰公同创证果寺及宝灵庵，门首山顶建宝塔峰祈禳道场，坊尾又建报答庵。各捐田产约计千余。”又云：“公塑像一尊，安奉于将邑西乡证果寺正栋左廊楼上橱内，与兄玉峰公像共一橱。”① 可见在宋末元初，伍玉峰、锦峰兄弟就已在将乐阳源祖居地建有证果寺、宝灵庵、宝塔、报答庵等寺庙佛塔，并有塑像。证果寺在阳源伍姓祖居地十分著名。我们曾到那里调查，在《阳源伍氏族谱》内亦找到一篇《证果寺记》，附录于下：

证果寺创于唐初，其来久矣。厥后代兴代废，延及宋末，仅留赤地。元至元间，有僧天然者本宋宗室，耻食元粟而逃于禅。我八世祖玉峰公悼宋室之沦亡，义天然之苦节，为重建证果以居之，复助田八百五十亩以饭其徒众，由是证果一寺遂甲闽之上游。无何，传仅数代，未满百年，元纲不振，群盗蜂起，寺宇复颓，僧众离散。我明太祖定鼎南都，四海永清，人民安堵，僧无住自邵武来，复募吾宗重建庄严佛像，金碧辉煌。②

由于伍姓原来就有奉佛建庙的传统，因此他们来到开善以后，继续崇奉佛教也就不足为奇了。

伍姓在开善最早供奉神佛的是其始祖仲让公。前引《安定伍氏族谱》记云：仲让迁往开善以后，在牛岭许建有一座祠堂，称清明堂。“祠堂内原塑观音一尊，于洪武六年因山崩压倒其堂，其观音塑像车迎至仁寿保天平峰庵安奉。于洪武十年八月内，天平峰住持萧保惠到家劝谕，装塑观音圣像一次，

① 《安定伍氏族谱》卷末《诸公事实录·锦峰公事实》。
② 《阳源伍氏族谱·庵记》，1996 年重修，木刻本。

仲让公合家年庚俱载入心，以为古记。又施有水田一处，计租乙石正”。① 仲让迁往开善大约在元朝末年。由于他对天平峰庵早有施舍，关系密切，因此，以后开善伍姓就一直把天平峰庵当成他们主要的施舍对象，由明入清，其嗣孙仍然以伯驴、伯湖二房的名义到那里施舍：

雍正二年，伯湖后裔在庵内立施主神位一座，并施有水田一处，计租二石八斗正。

道光二十一年八月五日，伯驴、伯湖两房嗣孙重新开光装塑观音圣像，仍入仲让公二代名字于心，用钱五千八百五十文。

同治六年，二房嗣孙又用钱四千文重新裱塑观音，于十九年十月二十一日卯时开光。

光绪十二年清明，仲让嗣孙重新开光观音圣像并三宝佛，安宝脏于心，以为记。②

除了天平峰庵外，伍姓族人还到本保及附近的庵庙捐塑神像，或者修建庙宇。有的以个人名义，有的则是全宗族所为。为了节省篇幅，以下将《安定伍氏族谱》卷末《诸公事实录》所载的有关资料引列成一表：

表 1　安定伍姓族人捐塑神像一览表

名字	时间	庙宇	内容
伯湖	永乐五年（1407）	（本保）九峰山	塑地藏、目连二尊，献大香炉一座
伯湖	永乐十年（1412）	（本保）神仙岩	塑马氏真仙一尊
绍宗	永乐二十年（1422）	（本保）将军庙	建庙并塑将军圣像二尊
绍宗	永乐二十年（1422）	（将乐）圣水岩	塑神济祖师一尊
绍宗	洪熙元年（1425）	（下保）中华岩	塑观音大士一尊，护法善神一尊
绍宗	宣德二年（1427）	（本境）太平庙	塑福善王二尊，天官圣像一尊

① 《安定伍氏族谱》卷末《诸公事实录·仲让公事实》。
② 《安定伍氏族谱》卷末《诸公事实录》。

（续上表）

名字	时间	庙宇	内容
绍宗	宣德五年（1430）	（下保）中华庵	重装圣水岩神济祖师，送入中华庵
绍宗	宣德五年（1430）	（将乐）圣水岩	造石弥勒一尊
绍宗后裔	咸丰九年（1859）	（本境）太平庙	重塑天官圣像一尊
思仁	明代	（本境）竹林庵	塑如来佛祖及左右文佛共三尊，后因庵毁，送入天福庵
应柏	明代	（本境）天福庵	重装开光坐莲观音一尊，护法菩萨二尊
正仁	康熙四十年（1701）	（本境）天福庵	重装上述佛神
正潜	康熙四十年（1701）	（本境）天福庵	重装如来佛祖一尊
友勋，肇湖	同治十年（1871）	（本境）天福庵	共塑伽蓝一尊
鸿寿	光绪廿六年（1900）	（城关）宝盖岩	重塑千眼观音一尊
建修	民国廿九年（1940）	（本境）太平祠	塑观音护法善才童子一尊
亦瑗后裔	乾隆廿二年（1757）	（本保）龙德寺	塑三宝诸佛一尊
亦瑗后裔	道光二十年（1840）	（本保）龙德寺	重塑金身开光三宝诸佛一尊
亦瑗后裔	光绪十一年（1885）	（本保）龙德寺	重新装塑三宝诸佛一尊
仲让嗣孙	光绪廿六年（1900）	（本保）龙兴寺	捐资重修
仲让嗣孙	民国十年（1921）	（将乐）证果寺	捐资重修

从上表资料可见，这些捐塑的神像大部分是佛教的，尤其是观音、如来、三宝诸佛最为常见。伍姓早在宋末元初，就已在阳源祖居地建有佛寺，到开善以后祠堂内还安奉观音，此后经历明清以至民国时期，这种捐塑佛像的传统一直没变，可见民间佛教在这一地区的深远影响。

从捐献地点来看，绝大部分庙宇都在本地，但也有小部分远至将乐阳源以及泰宁城关。将乐阳源的圣水岩为隆兴杨姓先祖子光公所建，《杨氏族谱》

对此有详细的记载。[①]《将乐县志》亦云该岩始建于唐贞观二年（628），南宋末年又有谢姓参与，[②] 足见它是当地有名的佛教圣地。证果寺前已说过为伍姓所建。而泰宁城关的宝盖岩也是一处名胜之区，《县志》有载。[③] 至于本保的龙德寺、龙兴寺，则都是始建于元朝庆皇年间。[④]

再从捐助的人名看，其中绝大部分都以个人名义出面，其中也有一小部分是以宗族的名义（仲让嗣孙）出现的，有的则代表伯驴派下某一房（亦瑗后嗣），但数量不多。值得注意的是，个人捐助的部分均是来自伯湖派下。伍伯湖于永乐五年（1407）、十年（1412）先后两次捐塑神像，他的儿子绍宗更是积极，捐塑了大量神佛，至其孙子思仁仍在继续。如果说捐塑神佛多少与财产实力有关，那么伍伯湖派下的表现显然与他们的特殊背景是有直接关系的。

伍伯湖来到墩上以后，一方面继承杨家遗产，广为捐塑神像；另一方面，还积极与杨姓族人合作，共同修建庙宇，招僧奉佛，其中最有代表性的是建于墩上的天福庵。

天福庵原来称作坑埂庵，最早是一座守坟祠宇。据《安定伍氏族谱》载：

祖建坑埂庵者，原为杨、伍守坟祠宇而设也。续于元末至正丙午年向谢坊廖德开以田相换即今庵基，移向迁右，改乳名天福庵。于大明洪武三年，施主伍湖公、杨仲七公、杨仲八公二姓，舍地名、租数、苗米前谱载名，二姓施田充饷，自此塑佛招僧。[⑤]

这里需要说明一点，所谓坑埂庵“原为杨、伍守坟祠宇”并不准确。据《伍氏族谱》记载：伯湖生于元至正十一年（1351），卒于明宣德四年（1429），享年79岁。明洪武十三年（1380）他29岁那年才入赘杨家（见前引入赘契约）。而在此之前的元至正丙午年（1366）伍伯湖才15岁，大明洪

---

① 隆兴《杨氏族谱》，民国二年（1913）三修本卷首《旧序》云：圣水岩为杨子光兴建，时在南宋祥兴年间（1278—1279）。又，该《谱》同治戊辰年重修本还载有《清云堂砧基簿》等资料，十分详尽。

② 黄士祯：《将乐县志》卷五《建置·寺观》，万历十二年（1584）修；李永锡：《将乐县志》卷四《寺观》，乾隆三十年（1765）修。

③ 见乾隆《泰宁县志》卷一《舆地志·名胜》。

④ 乾隆《泰宁县志》卷十《稽古志·寺观》。

⑤ 《安定伍氏族谱》卷末《诸公事实录·伯湖公事实》。

武三年（1370）19岁，此时他还没有来到杨家，怎么坑埂庵就成为“杨、伍守坟祠宇”？显然坑埂庵原来属于杨姓所建，与伍姓没有关系。只是后来伯湖继承了杨家遗产，因此他的后人在编《族谱》时就把天福庵的起源混淆了，从而掩盖了早期的真实情况。

这座天福庵在创建之初就与佛教有着密切关系。它不仅供奉佛像，而且招有僧人，充作佛教道场。前引《安定伍氏族谱》载《天福庵砧基引》一文云：

夫庵乃古迹道场，祀佛祖之香灯，传如来之教法，庵门为之天福。本僧姓谢名德友，投礼常日证果寺本寺无念性都寺（?）为僧，改名继友。从出家之后，修行学道，转此本庵，接待十方云水，专为祝圣道场，并非常住。后业檀越，一门积善，敬信三宝，大发善心，喜舍苗田、山林、地基，永充常住，万代留传。崇奉佛教，开阐莲宗，创立规模。又蒙施主喜舍山林、粮田、园地，永充常住，供佛斋僧。

谢德友到天福庵当在明朝初年。此前他曾到证果寺为僧，后来捐舍了本庵后龙山林一片，充当住持。而伍伯湖（取代杨照）与杨仲七、杨仲八亦捐献了大量田产入庵，共计收禾（面积）921秤、田租44.35石、载苗米（即田赋）约21.47斗（详见表2）。除此之外，伍姓族人还多次捐塑如来、观音等佛像入庵供奉（参见表1）。至弘治十八年（1505），天福庵不慎失火，“庵被焚毁”，钟鼓尽失。此时，住持僧谢德友便将所有田产交与城西龙山观兼管。① 万历二十年（1592），杨、伍两姓又重新铸造大钟，继续奉佛，但庵宇未复。直至清康熙二十二年（1683），道会司范通始“倡首檀越”，由杨、伍两姓族人重新“鼎建庵宇，塑佛装饰，重整山门”，天福庵又恢复了往日的气派。但后来由于道会司范铉清与城关梁姓“构讼争垣”，乾隆二十一年（1756）奉闽抚批饬将龙山观所属遗饷“急追归官，奏销公用”，天福庵亦因此遭受牵连，“仅存田租三石，乃杨、伍两姓施舍充庵，以为燃续香火灯油之资”，其余尽被官府没收。同治十年（1871），杨、伍两姓又重新装塑了三

① 据《安定伍氏族谱·伯湖公事实》记载，谢德友于洪武三年（1370）五月喜舍天福庵后龙山林一片，然而至弘治十八年（1505）又云：“时有住持僧谢德友将先饷田脱与城西龙山观兼管。”按此推算谢德友至少150岁以上，疑有误。然原文如此，姑且照录存疑。

宝、如来以及弥勒、坚牢、韦陀、判官、力士等佛像，天福庵仍作为杨、伍两姓的主要庵庙持续下去。①

表 2　杨、伍两姓施舍庵产一览表

田址	收禾数（秤）	田租谷（石）	苗米（斗）
炉陂坑头至二边山坪	60	3	1.2
炉陂坑头	20	1	
牛坑鱼塘眼田	30	1.5	
牛坑源杉林排	10	0.5	耗 2.6 升
本庵门首	20	1	耗 5 升
大坪塅	24	1.2	0.63
廖坊龙兴庵门首	20	1	0.5
廖坊墓前塅	30	1.5	0.75
本庵门首尾	6	0.3	0.15
寮坑垅头	14	0.7	0.35
寮坑垅中	60	0.8	0.4
寮坑垅下	14	1.2	0.63
寮坑坳及耳环坵	20	1	0.5
槐树壕	12	0.6	0.3
大坪塅	40	2	1.04
杨姑岭下	10	0.5	0.26
本庵门首坑埂边	12	0.6	0.3
苍坑垅路下	14	0.7	0.36
苍坑垅坟前	14	0.7	0.36
苍坑垅口上	14	0.7	0.36

① 《安定伍氏族谱》卷末《诸公事实录·伯湖公事实》。

（续上表）

田址	收禾数（秤）	田租谷（石）	苗米（斗）
苍坑垅头	10	0.5	0.26
黄坭壕	20	1	0.52
黄坭垢	20	1	0.56
上坑埂垅	70	3.5	1.75
下坑埂垅	160	8	4.5
产茶坳冢前	15	0.75	
磜上	6	0.3	0.17
牛角壕	20	1	0.52
足浆坑	10	0.5	0.51
牛岭后泗洲前	40	2	1.04
余地杉林下坑岭头	20	1	0.52
余地杉林上石	10	0.5	0.26
下石	6	0.3	0.12
杉林下南窠口磨石边	10	0.5	0.26
壕尾排	10	0.5	0.26
岭下	10	0.5	0.26
东坑	40	2	1.82
合计	921	44.35	21.47

资料来源：《安定伍氏族谱》卷末《诸公事实录·伯湖公事实》，民国庚辰年（1940）五修本。

杨、伍两姓之所以积极兴建庙宇，招僧奉佛，与他们的家族利益是紧密联系在一起的。民间佛教的一个主要功能，即在于通过僧人的活动帮助百姓超度亡灵，追荐他们的祖先。反过来，受到照顾的祖先在族人看来也会荫庇子孙，以利于宗族的发展。因此，在宗族制度较为发达的地区，民间佛教以及出家僧人往往较为活跃，这两者相互依存。我们在前面已经谈到，伍姓来到此地开基以后，他们的祠堂内就供有观音。杨姓早在元朝就建立起守坟祠宇。杨、伍两姓结合以后，捐献了大量田产进入天福庵以为“燃续香火”之资，目的也是希望住庙僧人能照顾好他们的祖先。《安定伍氏族谱》说：

康熙三十五年间，杨、伍族众出价向江尔厚赎回贴埂田租乙石，并付住持领耕，当与道会李法彰串立合约为据。约载住持原有常例，议递年冬成十一月朔日荐祀杨、伍先灵，邀请杨、伍子孙备斋一餐，照烟每家一人赴席同饮。此是报本追远之意，毋得欺藏常规。①

同样的，在伍姓宗族里，他们经常到天平峰庵施舍，也是通过契约与僧人建立起相互关系：

又施有水田一处，计租乙石正，土名坐落仁寿保肖坑观音坵，于雍正二年十一月二十日僧宏明同僧量立合同领字一纸，实扣米租五斗正。评中议定斋仪铜钱玖拾五文，共在伯湖公叁百陆拾文之内，每年清明节日付墩上伯湖公嗣孙料理买香烛之资。②

庵庙僧人领受族众施舍的田产，他们就有义务为施主服务。而这些议定的“斋仪”常规，既体现了施主的权利地位，同时也是与祭祀祖宗的目的联系在一起。这在华南民间社会中极其普遍。

另一方面，以个人或宗族的名义捐塑神像，也寄托着保佑子孙平安的强烈愿望。凡是民间捐塑的神像一般都入有“宝脏”，里面载有捐助者家人或祖先的名字。如洪武十年（1377）伍仲让到天平峰庵装塑观音圣像，“仲让公合家年庚俱载入心，以为古记”；至道光二十一年（1841），伯驴、伯湖两房嗣孙又去“重新开光装塑，仍入仲让公二代名字于心”。洪熙元年（1425），伍绍宗在中华庵捐塑观音大士、护法善神共三尊，“俱纯全金身”，“入银心记一两八钱、银牌一两，载合家男女年庚在内”。康熙四十年（1701），伍正潜重新装塑思仁公捐施在天福庵的一尊佛像，亦将“合家男女长幼年庚载入心记”。③ 这些佛像均入载有人名、年庚，它的含义是清楚的。有的神像并未

① 《安定伍氏族谱》卷末《诸公事实录·伯湖公事实》。

② 《安定伍氏族谱》卷末《诸公事实录·仲让公事实》。

③ 以上见《安定伍氏族谱》卷末《诸公事实录》。

入载捐施者家人或祖先的名字，而是入藏银心、锡心、银牌、铜铃、铜镜，甚至“明朝宝钞”等，它的用意同样也是为了得到神佛的特别保佑。有施舍就希望有回报，这是民间普遍捐塑神像最基本的内在动力。

当然，族人捐塑神像除了祈保平安外，还有一个目的是为宗族争得荣誉。某姓捐塑神像一般都与施主的姓氏联系在一起，特别是有的神像在同乡各姓之间轮流供奉，它的影响力就更大。① 有关这一点，我们在下面还会谈到。

三

宗族与神明崇拜的关系，并不是全部体现在宗族利益方面。换句话说，尽管宗族利益是最基本的，但有时宗族与宗族之间的共同利益也起着十分重要的作用。

在杨、伍两姓聚居的自然村里，除了原来就有的天福庵外，还有全村各姓一起建造的神坛和庙宇。神坛亦即社坛，一般设于村子水口。关于墩上社坛的起源和变迁，《安定伍氏族谱》有段详细的记载，引录于下：

门首上阳公墩是杨、伍、李三姓于洪武年间建立社坛，续于康熙甲寅年，杨、伍、李三姓各出钱建立石碑，结砌“通天民主”。又于乾隆甲申年三姓向许厝伍留潘本处众田对换壹植，结砌大路一条。又于乾隆三十一年丙戌岁庚子月乙未日己卯时鼎新建立庙宇，俱系杨、伍、李众姓乐助，名字题梁载明。②

杨、伍、李三姓共同设立社坛始于明朝洪武年间。当时伍伯湖公刚来到墩上，就与其他姓氏合作共立社坛，足见社坛的设立与村庄形成的历史几乎同步。刚开始时墩上社坛还比较简单，直至清康熙十三年甲寅（1674）才建立“通天民主”神碑，至乾隆三十一年（1766）又鼎新建造庙宇，至此达到了一定规模。

道光二十一年（1841），杨、伍、李三姓还在他们住地的下砂建造一座公

① 如永乐二十年（1422）六月，伍绍宗于圣水岩雕塑神济祖师神像一尊，“充入本坊众姓轮流供奉”（《安定伍氏族谱》卷末《诸公事实录·伯湖公事实》）。

② 《安定伍氏族谱》卷末《诸公事实录·伯湖公事实》。

房。该地基原为伍伯湖所有，由于年代久远，楼宇倾颓，“众念是三姓下砂，且属最便之处”，于是商议杨、伍两姓将地基让出，又有人捐出园地以使其方正，三姓“共襄盛举，照烟均派，择户捐资，卜斯竖柱重新鼎建房屋”；并于当年立下契约，规定“后日或延师课读，或设席饮酒，三姓凡有喜庆诸事”，俱可在这座公房内“为局”。① 这固然反映杨、伍、李三姓的密切关系，同时也与此处属“三姓下砂”这个风水观念直接相关联。

在一个村子里，水口（社坛）、下砂、案山、后龙往往是全体村民共同关心的焦点。这些地方营建得好坏事关全局，而不是代表某姓宗族的私利，因此共地域的风水观念往往是导致各姓宗族联合行动的基础。墩上的案山也是由全体村民共同拥有的。《安定伍氏族谱》云：

一、案山坐落江宅门首，江、杨、伍、李四姓相共，于康熙四十四年串立合同文约为照。

一、案山坐落下渠路墟坪边，计租乙石，代本坊杨正文买，去价纹银九两正。李姓出钱壹千外，出人工共堆案山。余剩田一坵，付太平祠住持装香。②

这里提到的两座案山，前一座明确属江、杨、伍、李四姓共有，后一座似乎为伍、李两姓所有，并且共同堆筑，使之更符合风水上的要求（一般堆筑成“笔架峰”，又称“文峰”，据说有利于出文人）。而与之相联系的太平祠，亦是四姓共同参与。该《族谱》还记云：

太平祠立于大坪壉鼻下，后改于今渠隔岭下建立庙宇，装佛金身。适至雍正元年，杨、伍、李、江四姓又重新建造，四（姓）名字题梁载明。③

这座改建于渠隔岭下的太平祠，其实早在明洪武以前就已存在，伍伯湖公“入赘契约”就有提到他继承的祖坟山一座“坐落渠隔岭太平祠后”，可见它原属于杨姓所有，后属杨、伍两姓，而至清雍正元年（1723）重新建造后，变成为杨、伍、李、江四姓共同拥有，招僧奉佛。

除此之外，墩上还有一座太平庙，其来历也十分类似。这座太平庙早在

① 《安定伍氏族谱》卷末《诸公事实录·伯湖公事实》。
② 同①。
③ 同①。

明宣德二年（1427），伍伯湖之子伍绍宗就捐塑了福善王二尊、天官一尊在内安奉。清咸丰九年（1859），绍宗嗣孙又重新装塑了天官神像。而至同治十年（1871），转由“杨、伍、李、江四姓装塑福善王一尊，阳公、阳母各一尊”入庙供奉，同时“各入有内脏为记”。① 这座庙宇亦是由某姓私庙转化为公庙，里面新塑的则是代表“社”的阳公、阳母（当地人把社公又称作阳公），即代表全村利益的村落保护神。因此，墩上各种神坛、庙宇以及公共场所的兴建，无不与共同的风水观念和现实利益联系在一起。

在一个村子里，水口的社坛以及全村的后龙山往往最令人关注。当地百姓认为，社公把持水口可以挡住各种邪气鬼怪入侵，甚至连老虎要入村也必须先征得社公的同意。而后龙山即象征着财源和福气，因此后龙的龙脉也是万万不可破坏的。一个代表安全，一个代表财富和兴旺，这是传统社会平民百姓最一般的需求。因而不仅墩上村民有这种意识，在周围其他村落也同样存在，具有普遍的意义。如蓬安杨姓，早在南宋绍定三年（1230），就已在“本坊衔尾建立里社阳公尊坛，永为合坊护庇”②。这座社坛后来成为本坊杨、廖两姓的保护神。明万历以后，还因故与村民发生纠纷，最后立下《社坛批据》一纸，以保证其风水地位不受侵害，兹移录于下：

彼处地名蓬安，原杨姓与纸笔坑廖姓，原两姓始祖在彼开创立屋居住，又在本坊衔尾安立社坛福主之神，相传至今。经历数朝，曾于明万历三十七年被本坊杨孔亨将父骸盗葬于社坛后，致合坊杨、廖两姓人口不宁，控告审结，押令移迁，曾立印照为据。兹今雍正十三年四月内，有本保安仁坊杨姓修整祠堂，觑见社坛前路傍原蓄留杉木三根，藉社坛后土墙基下原系伊族杨绵于明万历三十一年三月向伍宅买生坟乙圹，意欲混争强砍，后凭亲友廖九如、江用舟等踏看明白，其杉木与杨绵坟山无干，后方合族允息。诚恐日后再行混占，执此为据。

雍正十三年九月□□日批③

可见社坛的地位是超宗族的，尽管同姓族人侵害到这个风水利益，仍会

---

① 《安定伍氏族谱》卷末《诸公事实录·伯湖公事实》。

② 蓬安《杨氏族谱》卷四《世系》。

③ 《廖氏族谱》卷一《契约》，民国丁丑年（1937）接修，木刻本。

引起全体村民的一致反对。

在后龙方面，有关保护龙脉、严禁砍伐后龙山树木的合约、禁令比比皆是，我们在开善各姓《族谱》中都发现有这方面的记载，这里仅举《济阳江氏族谱》所载江、伍两姓立于民国二十二年（1933）的《严禁后龙山合约》为例：

立禁后龙合同字人江起胜、伍鹤章、江斯凤等，今因民国贰拾一年壬申岁一阳月，承蒙族中元山公之灵，亲临上坛扶笔，于沙盘题出："地方之衰颓，皆由后龙斧斤伐之太甚，良可慨已。"试思元山公神归紫府，诚有爱惜地方之心，而士农工商竟无爱惜地方之意。古语云：地方要穷，作罢后龙。诚哉是言也。于是，江族踊跃邀同伍姓合口商议，各人允诺：江姓有主之山无论松杉杂木，尽归公益。而伍姓有主之山无论松杉杂木，亦归公益。唯坟墓各管各业。所有两姓杉木，只许修整本坊水尾桥梁、神庙，方可砍伐，亦应江、伍两姓合口商议，共襄其事。两姓和平相交培养，兄子如邻子，吾翁即若翁，庶几地方后日之兴。约过数十年，房房发福，户户兴隆，而互乡（相）变为仁厚之俗殆未可量，岂非由立禁后龙合同之功乎。且立禁后龙合同之功，（非）众人之力，实元山公之力也。自后倘有违禁者，照烟分肉半斤。今将族长、房长花名开列于左，父教其子，兄戒其弟，累世轮流，上交下接，继继绝绝，勿替引之。兹两姓立禁后龙合同，改换前非，藏于水尾龙门桥文昌阁墙内，刊于石碑之上，以致万古不忘，世世积德，代代荣华，不胜欣幸之至，永远遵行。此是两姓甘允，各毋反悔，用立合同禁约一样二纸，各执一纸为据。

中华民国贰拾贰年癸酉岁二月□□日　　立合同禁约字人：

江起胜、斯凤、其屺、其舜、其惠、吉荣、征云、永茶、其昂、采南、征龙、征韶、征煌、斯琏、征行、斯伟、斯明、斯埙

伍鸿章、书文、建惠、明扬、鸿水

代笔人赣宜吴润清①

这份《合约》是江、伍两姓为保护儒坊尾的后龙山而订立的，文中反复

① 《济阳江氏族谱》卷二《严禁后龙山合约》。

强调保护后龙对地方兴盛的重要性，同时谈到《合约》签订之后，要“藏于水尾龙门桥文昌阁墙内，刊于石碑之上，以致万古不忘”，显示村民的重视程度。

《泰宁县志》说：泰邑“俗好言风水。虽文庙之重，不惮五迁。持论则曰，某门宜塞，某路宜改，某地宜培，皆为通邑生聚科名起见，此公言也”。[①] 俗好言风水也往往会导致村民之间的摩擦和竞争，但共地域的风水观念，在华南民间宗族制度较为发达的地区，又往往是宗族与宗族之间相互合作、共同营造居住环境的重要内在因素。

四

如果说在一个村子里，共地域观念产生出村一级的神坛，那么在更大范围内，这种观念就会形成区域性的庙宇及其神明崇拜活动。我们到开善乡调查就听说，过去开善分为上、下两个保。上保的“阴间衙门”是广惠庙，下保的则是距乡政府40多里的十保庙（址在岩坑村的村尾），而整个开善的“总阴间衙门”为均庆庵（址在肖坑）。

开善上保的广惠庙就建在儒坊尾街上，庙内供奉的主要神明为孚济侯王。关于这尊神明及其庙宇的来历，杨、廖、江、伍四姓《族谱》均有记载，其中以道光二十八年（1848）各坊代表所订的《广惠庙合同契约》最有代表性，现引录如下：

立合同禁约人江瑞智、杨俊兴、杨章如、江兴万、余兆元、萧九德、黄维岳、伍恩水、江启斌、江月耀等，为严禁盗卖庙基，以杜争端以全先德事。缘合保于南宋绍兴十四年所建广惠庙之地基，并挨左厨房墙边庙田共计租肆石正，系双溪、桂溪二坊先祖江虚公所助，越今七百有余岁，各无异议。近因虚公后裔不善继承，私将原舍庙基、田租肆石出卖两次，以至两造纷争，几成构讼。梁建伦、梁达宜等谊属姻戚，不忍坐视，从中劝合保与忠政坊人等，将两造所买庙基契据俱当神前焚毁，以免争端。经中严立禁约。自禁之

① 乾隆《泰宁县志》卷一《舆地志・风俗》。

后，凡虚公子孙，不得妄生利心，私行盗卖；合保人等亦不得盗买。如有倒题年月，私造伪契，盗卖盗买庙基情弊，或当时闻知，或后日查觉，除将契约追销外，仍重罚钱数百千文，充入广惠庙内为公费。如其不遵，即鸣官究治。至庙日久颓朽，或遭回禄，仍需合保照原公建。即合庙神佛，忠政坊左厅社坛、江虚公神位，俱各照旧建立安置，各坊不得复生异议。此系公众议妥，恐口无凭，用勘立合同禁约一样拾叁纸，各亲手花押，分执一纸，永为铁据。

一批明，其庙日后或重新鼎建，仍照旧分作叁厅两廊，中厅安奉孚济侯王诸神，右厅安奉如来诸佛，左厅忠政坊安奉里社与江虚公神位。批照。

一再批，各坊另助有田租，递年备办东斋常规，听助主与住持议定，与众无涉，不得异言。批照。

大清道光贰拾捌年岁次戊申六月谷旦　立合同禁约各坊芳名列后：

忠政坊	江瑞智、江士荣、江振樘、江道峒		
新兴坊	杨俊兴、杨允升		
墩上坊	杨德高、伍成标、江林宝		
蓬安坊	杨代兴	纸笔坊	廖宏彰
下坑坊	江士宝	安仁坊	杨章如、杨春茂
大埠坊	江兴万、江宏受		
余源坊	余兆元、余兆鳌、余自材		
上坑坊	伍恩水		
枫林坊	廖启云、黄维岳、廖文德、杨启梧		
崇仁坊	萧九德、张德祥		
隆兴坊	廖宗耀、杨德厚、廖启炳		
水东坊	余应高、杨德仁		

忠和坊、太平坊、余地坊、大圳头、布源坊、牛角壕、柿树坪、上峡、长尾窠、牛岭排、杉林坊、傀儡磜、上东坑

双溪坊	江启斌、江日明
桂溪场	江月耀、江月梁、江月绍
中亲	梁达宣

代笔人　　梁建伦①

这份《合同禁约》尽管主要是为禁止盗卖盗买庙产而订立的，但它所涉及的内容相当广泛，从中可以清楚看出广惠庙的起源，以及庙内设置和它在民间信仰中的重要地位。

关于该庙的起源，《合同禁约》谈到是由“合保于南宋绍兴十四年”即1144年建立的，地基由“双溪、桂溪二坊先祖江虚公所助”。然而细加究査，这里颇有问题。前已谈到，开善江姓是宋末元初从江西南昌迁来开基的，至今才繁衍26代。怎么人还没来就已捐献了建庙地基？蓬安《杨氏族谱》亦有一文谈到庙的起源：

原祖陈郎公于南宋绍兴十四年创建广惠庙，装裱孚济侯王一尊、左右二尊，其庙地基原是双溪、桂溪江虚公所助。于绍兴十九年因陈郎公女金莲适配墩上伍姓，见其事父至孝，将孚济侯王一尊赠与金莲，以为千古表记。②

这里虽然同样提到庙基由江虚公所助（可能受《合同禁约》的影响），然而强调该庙是由杨姓三世祖陈郎公创建，并且装塑了孚济侯王及左右共三尊神像。从开善的早期历史来看，这种说法较近情理。但也有一点并不准确，所谓绍兴十九年（1149）陈郎公女“适配墩上伍姓”云云显然有问题。前已谈到伍伯湖入赘墩上在洪武十三年（1380），而且有原始文书在，南宋时伍姓还在将乐，人还没来怎么就已称作“墩上伍姓”，令人费解。可见民间族谱错乱、更改史实的现象十分严重，在使用时务必多加小心。

由于杨姓较早来到开善开基，因此侯王崇拜最早从杨姓开始是可信的。只是后来由于江姓在儒坊尾发展起来，而且当时各姓宗族也有一定的发展，因而由江虚公捐助地基，合保众姓才在儒坊尾建起了庙宇，但时间已在元代之后，很可能是在元末或者明初。

江姓在广惠庙中有较特殊的地位。前引《合同禁约》说：“即合庙神佛，忠政坊左厅社坛、江虚公神位，俱各照旧建立安置，各坊不得复生异议。”又云：“其庙日后或重新鼎建，仍照旧分作叁厅两廊……左亍忠政坊安奉里社与江虚公神位。批照。”由于庙基是由江虚公捐助的，因此江姓单独占有全庙约

① 《廖氏族谱》卷一《契约》。

② 蓬安《杨氏族谱》卷首《广惠寺装塑孚济侯王引》。

1/3 的使用单位，而供奉在左厅的“里社”神坛即儒坊尾（忠政坊）的社坛。亦是说该庙不仅为合保公庙，而且也充当江姓保护神的祀奉场所。

另一方面，由于杨姓最早祀奉孚济侯王，后来又有伍伯湖入赘杨家，从杨姓手中继承了孚济侯王神像一尊，因此杨、伍两姓一直拥有雕塑侯王及其他神像的权利。他们对这点十分重视。前引蓬安《杨氏族谱》说：由于杨金莲事父至孝，“将孚济侯王一尊赠与金莲，以为千古表记。自后，我族裔孙不得异言争占，如有破坏金身，听其伍宅入脏入记，我族裔孙料理左右神像二尊”①。明洪武十九年（1386），杨诚忠装塑左右两衙神像，“屡次装裱，俱有谱券，历载详明”。至清顺治十六年（1659）、乾隆四十年（1775）、道光十五年（1835）、咸丰九年（1859）和十一年（1861），曾多次重新装裱或新塑，并入有宝脏，同时在道光十五年，还“用石砌左右二衙神殿，其费用等项，俱是端午、陈郎二公嗣孙共出”②。至于伍姓方面，其《族谱》对雕塑孚济侯王一事更有详细记载，引其中一段于下：

成化元年八月，伍思仁公请塑佛匠于十八日为始兴工，雕装福主敕封靖惠孚济侯王前尊神像一尊，充入广惠庙永镇香火。俱历年奉，虽属通保而福主神像乃我墩上伍氏一姓独力雕装。原系祖遗，我子孙世世代代永远留传。后岁久年深，欲重复装饰，必仍我族一姓独力捐赀，不许他十方众姓同心喜助。故明嘉靖三十七年戊午岁五月十九丙寅日己丑时重（新）开光，系我族子姓铛、益旋、袭举等率领一族三房人等各抽赀财重新装饰。续于康熙四十年，仍系我墩上伍氏之族正荣、正仁、添养、正琳、正迁、正潜等统领合族子姓重新开光，心记铜镜一面、铜铃一只、明朝宝钞一纸载五十两，及前后两次族姓名字具载在内。是福主神像整旧更新，皆系我伍族之人，世为吾一家之事。自后万禩千秋，遇欲重装福主，凡我伍氏子姓，即值时势艰难，亦必同心竭力，勉强从事，万万不可假手于他坊善姓，坠前人之功德，替后代之留传。后为我伍氏之子孙者，其敬而承之，谨而记之。③

至乾隆十三年（1748），伍伯湖嗣孙又捐造孚济侯王轿一乘，约费铜钱

① 蓬安《杨氏族谱》卷首《广惠寺装塑孚济侯王引》。
② 蓬安《杨氏族谱》卷首《雕塑广惠寺左右二衙神像合约》。
③ 《安定伍氏族谱》卷末《诸公事实录·伯湖公事实》。

一万文。道光十三年（1833），重新装塑孚济侯王金身一次，并造神轿一乘，共享钱一万有余。咸丰十年（1860）春，由于太平军余部对庙的破坏，伯湖嗣孙仍将神像重新装塑，重造神轿一乘，共享钱二万六千文。①

江、伍两姓都是较迟前来开基的宗族，但他们通过捐助地基或者捐塑神像等方式，在当地神明信仰中发挥着自己的影响力。我们到开善调查时听江姓族人说，以前每逢开善上保众姓迎侯王，广惠庙门首就要挂一盏灯，每十年当中有九年要挂姓江的，一年挂墩上伍姓的。当地有句俗语“十年灯笼九年江”，即指这个意思。为什么江姓十年当中要挂九年的灯？江姓人说，是因为他们有个祖先明朝年间运粮上京城，受到皇帝赏赐，于是他向皇帝请封了“孚济侯王”，有功于乡里，因此江姓有这个特权。至于墩上伍姓，当地人都承认侯王神像是他们雕塑的。墩上伍姓族人甚至说：“大家迎菩萨，都是迎我们的。”可见宗族通过传说、口碑以及实际行动（捐助），来不断巩固和加强自己在本地的荣誉与地位。

然而，开善上保的广惠庙毕竟是众姓共建的，江、伍两姓尽管地位突出，但仍然不可为所欲为，必须受到公共利益的制约。而维护这种公共利益的法律依据，就是众姓订立的《合同禁约》。广惠庙作为公共庙宇，凡有损坏必须由各坊出资共同修建。乾隆三十九年（1774）二月初五日夜，广惠庙被火烧毁，仅孚济侯王等三尊神像幸免于难。于是“合保商议照烟公派乐助，即择本年九月初八日午时鼎新建造”②。至次年（1775）合保又商议利用“建庙余资新塑侯王神像一尊”，以作为众姓共有的神像。③ 因此，如今我们到广惠庙调查，当地人仍能准确无误地辨认出哪尊侯王是墩上伍姓的，哪尊是合保众姓的，哪两尊左右附神（亦称“文班武列”）是杨姓拥有的。

广惠庙的孚济侯王当地人称为“大阳公”。所谓“大阳公”，实际上是地方保护神。在村社的范围内，它被称作阳公、社公或福主，含义是一样的。也因此之故，当地居民把广惠庙称作“阴间衙门”，就如同城关的城隍庙一样，辖有一片地域，只不过所辖的地域范围有大小、层次有高低不同而已。

---

① 《安定伍氏族谱》卷末《诸公事实录·伯湖公事实》。
② 同①。
③ 蓬安《杨氏族谱》卷首《广惠寺孚济侯王尊神记》。

开善上保的民众对孚济侯王十分崇信，以前每年正月初二日至初六日，广惠庙周围各村社的民众就要组织起来，按照固定的路线抬侯王到各村巡游，前后历时五天。与此同时，广惠庙门前开始演戏，直至正月十五或者持续到二月初才结束。演戏开支或由个人捐写，或由某个宗族按房均摊，并不固定。① 广惠庙不仅是开善上保的信仰中心，而且也是附近居民常去集中活动的一个场所。特别在庙会期间，广惠庙内外到处都是人群，成为当地最热闹的地方。如今，在庙内还保留有一块立于嘉庆十一年（1806）十一月的碑刻，内有七条禁令，具体如下：

本县正堂何示，广惠庙禁条：

一禁不许开押花会。

一禁不许唱采茶戏。

一禁不许开场赌博。

一禁不许存留乞丐。

一禁不许起架屋厂。

一禁不许堆积柴木。

一禁不许酗酒斗殴。

嘉庆十一年十一月吉旦

从禁令的内容看，主要是针对庙会而订立的。演戏、赌博、乞丐、酗酒、斗殴，是农村庙会期间普遍出现的现象，可见官府关注的重点在于社会治安方面。

该庙还存有另一块碑刻，不著年代，但估计亦是立于嘉庆年间，所涉及的内容主要是如何教化乡民问题。此类碑刻较少见到，全文抄录于下：

特授邵武府泰宁县正堂加五级纪录十次记大功八次何，为遵请圣谕事。照得礼义为风俗之原，士子为四民之首。尔等既生逢盛世，自应勉为淳良。忠主孝亲，是其本性；务农守分，何非良图。然而贤愚不等，邪正殊趋。我皇上奕世，勤民务归于德，是以圣祖仁皇帝既有圣谕以谕之，世宗宪皇帝复

---

① 参见傅光辉：《泰宁县开善上堡的宗族与侯王庙会》，载杨彦杰主编：《闽西北的民俗宗教与社会》，国际客家学会、海外华人资料研究中心、法国远东学院、岭南大学族群与海外华人经济研究部 2000 年版。

有广训以训之，及本上即位，复谆谆告诫，颁布施行，其所以为尔士民者切矣。士子初八黉宫即有恭默之旨，官吏朔望到庙特立讲解之程，诚煌煌乎盛典哉。但乡隅僻居，岂能皆至乎？城邑则独为遗已，未免有憾于沾濡。本县因亲催国课至于南乡之开善。按其风土，颇有急公之诚；察其士民，俱惟本业之事。盖甚乐其俗之朴，而恐其未尽喻乎圣化也。于是率开善之父老子弟，群集于里社之广惠庙，而命绅士庠生等以讲解之。始以官音，继以土语，弟令其明白晓喻，自然入耳悦心。维时观者如堵，不减圜桥之休声；民皆向风，无殊舞巷之雅化。虽曰民可使由不可使知，而非知之则何以由之哉？爰念乡民闲少忙多，不能朔望来此遵读，因从其请，即于春秋祭社之日，俾讲说之，仍不失读法讲社之意。将见日新月盛，迁于善而不知谁为；俗美风清，助圣化而永遵勿替。唯尔多士为之倡焉。其仪如左，不可忽诸圣谕。请出庙中所立木牌，将香案向北行三跪九叩礼讫，然后登坛讲说。始用官音，遵上谕也；继用土语，通群听也。讲时不可喧哗，如有违者，许尔士民指名禀报，照律治罪。

司讲圣谕名次：即选教谕江起俊、庠生江骐、庠增生杨春钟、庠生江起标、起倧、庠生江起鹑、起鵬、起铭、起仑、庠生江龙、登青、太学生江起任、起钟、起倬、起琼、起鏖。

忠政坊江瑞兴、振谋、振猷、起钟、斯茂

上坑坊伍廷枢　　大埠上金南

蓬安杨文光　　肖坑杨永明、廖宏岱

墩上杨世亨、伍元寿、贵芳　　谢坊廖星福

洋坑廖星良、杨星景　　水东杨章元

枫林坊杨正昌、廖振恕

从这份碑文可见，官府对乡村庙宇的重视，在于利用它来作为宣讲圣谕、教化乡民的场所。每当春秋祭社之日，乡村士绅就有义务在庙内向民众宣讲。“始以官音，继以土语”。用官音是为了“遵上谕”，继用土语则“通群听也”，即要达到让普通百姓都能听懂接受的目的。讲解时须遵守一定的礼仪规范。民众听讲时更不许喧哗，否则要“照律治罪”。官府利用庙宇来宣布政教，显示在传统社会中官方政治与底层社会之间的互动关系。乡村主要庙宇不仅是民众信奉神明的中心，同时也是某个区域的政治中心，乡村知识分子在此扮演着重要角色。

五

通过以上论述可以看出，开善上保的民俗宗教传统丰富多彩。从祀奉神明的场所看，既有以宗族为单位建起的庙宇，又有全村各姓一起建造的神坛、村庙，同时还有更高层次的跨村落、跨宗族的区域性庙宇。这种由不同层次坛、庙构建起来的民俗崇拜体系，与当地宗族社会的形成及其结构紧密相连。

就某个宗族而言，族人捐资建庙或者雕塑神像，目的是让家人或本宗族成员能得到神明的保佑，即为了本宗族的利益。而在一个村落范围内，共地域的风水观念往往是促成各姓之间合作的基础。村民们共同建造水口社坛、保护后龙、堆筑案山，共同维护和享受着他们的风水利益。这种共地域观念推而广之，就形成整个开善上保众姓共有的广惠庙及其孚济侯王崇拜。人们通过举办庙会、共同出资修建庙宇、雕塑神像，甚至订立契约，来确立和加强彼此之间的联系和地位。历史传说、神明故事等也有助于住地居民凝成共识。另一方面，强宗大族和乡村知识分子在地方公共事务中发挥着突出作用，宗族利益与整体利益是相互交织在一起的。官方与民间的互动关系也在这座区域性庙宇的功能中体现出来。

最后还需要看到，尽管开善上保的民俗宗教传统多元，但民间佛教在这一地区具有较深的影响力。早在宋元时期就有人到寺庙施舍捐塑佛像，祠堂里供奉观音，村内建有守坟祠宇及庵堂、招僧奉佛等，尤其是捐塑佛像、施舍田产的传统一直持续到民国时期。民间佛教与地方宗族势力紧密结合在一起，住持僧人与宗族之间的关系相互依存，建立在契约的基础上。这是民间佛教在这一地区长期存在和播展的重要社会基础。

宗族建构与文化传统

宁化伊氏的宗族构建与中原情结[①]

客家人与中原的关系一直是人们关注的话题。从许多客家姓氏的郡望堂号以及相关族谱的记载来看，客家先民大部分迁自中原是一个相当普遍的记忆。南迁的汉人到达闽粤赣交界区以后，如何在当地生存、发展，构建宗族制度？如何保存和延续他们对中原的记忆和情感？而这些记忆和情感作为一种文化资源，又如何在当地宗族社会的发展进程中发挥作用？诸如此类的问题都需要我们做更加细致地考察。本文拟以福建省宁化县伊氏宗族为例，利用该宗族保存相对完整的族谱资料，结合地方志记载以及田野调查所得，对上述问题做一些探讨。

一

宁化县地处福建省西北部，与江西省石城等地相邻，是历史上客家先民从江西进入福建的主要通道之一，因此宁化县在客家形成过程中居于很重要的地位。宁化伊氏据说其先祖就是从开封迁徙入闽的，随后在那里居住下来，繁衍发展。据《伊氏族谱》记载：

吾族世居河南开封府陈留县临清乡，迨唐僖宗二年，有文敏公偕弟文景避乱过江，挈家入闽之宁化武曲锡源驿，里号永丰，视其山水秀丽，足为发祥之所，安居以为家焉。文敏公生子二：长崇公、次显公。后敏公携妣同弟文景复归何（河）南，长子崇公无传，幸得次子显公为宁阳始祖。[②]

---

① 本文为第二十七届世界客属恳亲大会学术研讨会参会论文，2014 年 10 月 17—18 日，开封：河南大学。

② 雍正元年（1723）《太原郡源流记》，载《太原郡伊氏族谱》卷首光绪三十四年（1908）重修本（以下简称“光绪本”），第 7 页 b。

上引资料当形成于清朝雍正初年。[①] 而资料中提到的“唐僖宗二年”，指的是唐僖宗乾符二年（875）。伊氏最早的一份《谱序》云：“至唐僖宗二年乙未岁，时有祖文敏公者避乱过江，由闽鄞居宁。”[②] 唐僖宗在位 15 年，其中只有一个“乙未岁”，即乾符二年（875）。而此时唐王朝的封建统治已经走向终点，王仙芝、黄巢相续起兵，唐末农民战争爆发，因此原来世居于河南省陈留县临清乡的伊文敏偕弟文景一起“过江”，到福建省宁化县的永丰里武曲锡源驿居住避乱。

陈留起源甚早。春秋时“留”为郑国属邑，后为陈所并，故名陈留。秦始置陈留县，属砀郡。汉为陈留郡治。唐代陈留县属汴州。五代、宋、金属开封府。元属汴梁路。明、清又属开封府。因此，宁化伊氏修纂的族谱，经常把他们的祖先住地称为“河南开封府陈留县临清乡”，其实这是五代、宋以至明、清的常用提法，在唐朝，陈留的隶属地不称“开封府”，而称“汴州”。今天陈留是开封县的一个镇。

伊文敏兄弟迁到宁化以后，居住在永丰里的武曲锡源驿。永丰里地处宁化县城之北，其西面与江西省接壤。清朝初年李世熊修纂的《宁化县志》载：“宁化自唐来，乡里无所考。宋制则以乡统团，团统里……明改诸团悉称里。”“其在县之北五十里为永丰里。领图者三。为墟者一，曰中沙墟。每月以二、七日。为村者三十有五”。[③] 至民国，永丰里已有两个墟市，村落数也有所增加。民国《宁化县志》云：永丰里“为墟者二：曰中沙，每月以二、七日。曰河龙排，每月以五、十日。为村者四十有七”[④]。如今这两个墟市变成了两个乡的核心区，一个是中沙乡，另一个是河龙乡。而伊氏开基的“武曲锡源驿”即属于河龙乡，在现今的乡治所在地附近。

宁化建县于唐开元十三年（725）。而伊文敏兄弟于乾符二年（875）迁

---

① 按，上引资料尽管有明确落款，时间为“皇清雍正元年癸卯岁仲冬月吉旦”，但文中又有述及乾隆年间的史事，当为后人增订加入。

② 洪武十二年（1379）《伊氏旧谱序》，载《太原郡伊氏族谱》卷首，光绪本，第 2 页 a。

③ 宁化县志编纂委员会整理：康熙《宁化县志》卷 1《疆界志》，福建人民出版社 1989 年版，第 39~41 页。

④ 福建省地方志编纂委员会整理、宁化县志编纂委员会办公室点校：民国《宁化县志》卷 4《城市志》，厦门大学出版社 2009 年版，第 89 页。

入开基，已在建县150年之后。① 但由于河龙地处宁化县边陲，这里山林遍布，人口稀少，大片土地尚未开发，因此为躲避战乱的中原移民提供了休养生息的良好环境。据当地人说，现在的河龙乡全境62.5平方公里，耕地面积13800多亩，而人口8200人，主要姓氏有伊、张、李、黄、谢、刘、毛等。在这些姓氏中，伊氏是最早迁来开基的，此后才有张氏于宋末迁入，谢氏更迟，至明景泰年间才从外地移入开基。②

伊氏迁入河龙以后，便在这相对安宁但又土地荒芜的环境中繁衍生息。伊文敏生有两个儿子，其中长子伊荣无传，次子伊显生有五子。这五个儿子长大后又各自分居繁衍：长子必豪居武曲桥头，次子必富居上伊，三子必稔居下伊，四子必达居县城的水南街，五子必文居在城里陈家坊。这五个儿子是何时分迁定居的？据一篇成于明末的序文云："后文敏产二子，长曰荣无嗣，次曰显得生五子，昭宗大顺二年分居处焉。"③ 唐昭宗大顺二年为公元891年，此时距离伊文敏兄弟入闽仅16年。如果上述说法是言之有据的话，那么伊氏从河南开封迁入福建开基就不仅仅兄弟两人，而是携带妻儿老小至少十几口。这样他们一路艰辛，在宁化县的永丰里定居以后，经过16年时光，待伊显的五个儿子都长大成人以后才有可能分居别处，各自发展。

伊文敏和弟弟文景后来又返回河南，理由是他们思念故土先人，"第春露秋霜，难忘祭祀"，因此"公后同弟文景复返河南"。④ 而留在宁化的子孙就以伊显传下的五房作为继续繁衍发展的基础。

伊氏在宁化的繁衍早期相当缓慢。据钟晋兰的统计分析，从伊显作为一世祖开始，下传五房，至第十世每代男丁总数大约都在20个以下，个别超过20个；十一世至十五世大都每代男丁数30多个，个别不足30个。十六世有男丁50个，十九世首次突破100个，以后发展就进入了快车道：二十一世有

---

① 按，又有一说，伊氏入闽的时间为"唐僖宗文德元年"，即公元888年（见《下伊水南发源祖祠碑记》，载《太原郡伊氏族谱》卷首，光绪本，第19页a），但不管何种说法，其入闽时间均在唐僖宗年间。

② 参见伊启烈、谢云吐、钟晋兰：《河龙的宗族、信仰与婚丧习俗》，载杨彦杰主编：《宁化县的宗族、经济与民俗》（上册），国际客家学会、海外华人资料研究中心、法国远东学院2005年版，第271～275页。

③ 崇祯六年（1633）姚世安《序》，载《太原郡伊氏族谱》卷首，光绪本，第5页a。

④ 《太原郡伊氏族谱》卷二，民国三十三年（1944）十二修本（以下简称"民国本"），第1页a。

男丁数350个、二十二世556个、二十三世869个、二十四世超过1000个，至二十七世达到1751个（参见表1）。伊氏的十九世大致生活于明末嘉靖、万历年间，二十几世大都已在清朝，因此伊氏人口的较快发展是在明末以后出现的，尤其是清朝人口增长速度加快，进入了急剧膨胀的发展期。

表1　宁化伊氏历代男丁统计表

世代	男丁	世代	男丁	世代	男丁	世代	男丁	世代	男丁
三	11	八	14	十三	29	十八	68	廿三	869
四	15	九	18	十四	33	十九	117	廿四	1059
五	11	十	27	十五	36	二十	196	廿五	1550
六	21	十一	30	十六	50	廿一	350	廿六	1736
七	22	十二	26	十七	63	廿二	556	廿七	1751

按：本表据钟晋兰：《伊氏历代止、殇、出家、出继、出外等统计表》编制，详见伊启烈、谢云吐、钟晋兰：《河龙的宗族、信仰与婚丧习俗》，载杨彦杰主编：《宁化县的宗族、经济与民俗》（上册），香港：国际客家学会、香港中文大学海外华人资料研究中心、法国远东学院2005年版，第282～290页。

宁化伊氏早期人口增长缓慢的原因，一方面是由于当时相对恶劣的生存环境、缺医少药、天灾人祸的侵害等，致使很多新生儿早夭，甚至出现没有后代接续的情况。另一方面可能更重要，即目前我们据以统计的族谱是进入明朝以后才编修的，早期情况仅靠后人追忆，难免挂一漏万，因此统计的男丁数肯定偏低。从这个角度讲，我们对宗族人口的观察主要是了解其大体趋势，切不可作为精确的人口统计数据加以运用。

伊氏在人口繁衍的同时，也在不断分居迁徙，寻找新的发展空间，因此伊氏五房人的繁衍愈到后来其居住地愈加复杂。据一篇成于清朝雍正初年的文献介绍，参照其他资料记载，伊显五个儿子及其后代的分迁情况大致如下：

长子必豪公居武曲。三世崇本徙居上杭县。七世校二郎卜居本乡管背塘头，其孙九世念郎分迁对塘，又繁衍至十八世分居招得里安远司，至二十世显长分居招贤里坳背窠。

次子必富公居上伊。三世崇胜一脉分居高屋、石门头、围上；崇盛迁清流县；崇俊居本乡旧址长厅下。崇俊后代六世三七郎迁居招贤里沿口，十一世回郎出居长汀县店头街，十三世穆郎迁本里下窠，至乾隆年间又分迁建阳，十四世仲权分居本乡里屋，其弟仲端分居本乡文堂。

三子必稔公居下伊。十二世宏郎徙居本乡陂坑，传至十七世志显又迁鹅嘴坳。十三世仕郎迁居本乡上畲。

四子必达公居县城水南街。其裔孙宗显迁居本乡上坑，再传至文发之后分四房，徙居异地，散布江浙。

五子必文公居在城里陈家坊。五世伍益郎迁居本乡泗洲坑；伍源郎徙居本乡官畲，传至八世感郎又徙居圳背，此后至二十一世乾崇又分居江西省石城下水里、上里、烟坊。①

以上是笔者根据族谱记载的资料予以简要概述，而所引资料的时间最迟不会晚于清朝乾隆年间。由此可见，伊氏自唐末从开封迁徙入闽以后，经过数百年的繁衍发展，其子孙后代已经遍布福建省宁化、上杭、长汀、清流、建阳各县，以及邻近的江西省石城等地和江浙地区。其中在宁化县主要分布于早期开基的永丰里（今河龙、中沙两个乡），以及招得里（今安远乡）、招贤里（今水茜乡）、宁化城关。这些伊氏子孙后代散布的区域，不管是福建省内或者邻近的江西省，其地理空间绝大多数都是连在一起的。而这片区域也是后来被称作客家人聚居的核心区。因此，宁化伊氏在此地域生活，经过历史风雨的浸润和洗礼，由原来的中原移民即客家先民变成了客家人，并在此基础上形成了客家宗族社会以及伊氏的文化传统。

二

如果说人口的繁衍是一个自然的过程，那么宗族制度的形成则是一个建

① 以上分迁情况据下列资料概述：雍正元年（1723）《太原郡源流记》，载《太原郡伊氏族谱》卷首，光绪本，第7页b~8页b。乾隆四十七年（1782）《必达公房上坑先修族谱旧序》，载《太原郡伊氏族谱》卷1，1990年十三修，第27页ab。

构的过程。近年来的研究已经表明，华南宗族社会的形成与明朝廷的“大礼仪”讨论是密切相关的①，宁化伊氏自然也不例外。他们自从入闽开基以后，很长一段时间并没有普遍设立的祠堂、族谱及相关的联系族人的活动，直至明朝以后这些构成宗族制度的要件才逐步确立起来。

（一）编修族谱

族谱是记录一个血缘集团世系演变、祖先事迹、族规家法等重要信息的历史文献。宁化伊氏编修族谱最早是从明朝初年开始的。明崇祯六年（1633）伊氏二十二世裔孙思溪所撰《序》云：伊氏“为邑巨族。迨建文三年，族之哲士虑祖氏之世系惮其泯没，草序吊图，以待今世子孙之贤者”。②建文三年即公元1401年，此时刚开始考虑修谱，只有“草序吊图”，尚未形成完整的体例。因此，宁化伊氏自从迁徙入闽以来，一直没有族谱。从公元9世纪下半叶至15世纪初，间隔500多年，这期间的各种历史信息只能靠口传或极少的零散文字保留下来，其中有误传或遗失、讹漏在所难免。

迄宣德十年（1435），伊氏出现了第一本相对完整的族谱，对此，其后人特别予以记述：“夫族赖谱以传，伊氏旧谱自大明宣德十年一修，至今万历八年，一百五十余年。”③ 万历八年（1580）是继宣德以后的另一次修谱，可见伊氏早期的修谱很不正常，间隔145年（上引资料称“一百五十余年”有误）才重修一次。

明朝中叶以后，民间修谱活动日渐普及，伊氏族谱的编修也走向正常化。从明清以后历经民国至今，宁化伊氏一共修谱13次，以下为节省篇幅，将历次修谱的时间造列一表（见表2）。

在下述的13次修谱活动中，除了早期的创修阶段外，最为重要的是雍正元年（1723）和民国三十三年（1944）两次。

雍正元年（1723）的修谱是与康熙末年发生的祖坟争控事件直接联系在一起的。康熙五十九年（1720）年底，伊氏在祭扫始祖显公的坟墓时就发现

① 关于明朝“大礼仪”讨论对宗族发展的影响，请参见科大卫、刘志伟：《宗族与地方社会的国家认同——明清华南地区宗族发展的意识形态基础》，载《历史研究》2000年第3期。

② 崇祯六年（1633）《旧序》，载《太原郡伊氏族谱》卷首，光绪本，第4页a。

③ 万历八年（1580）《太原伊氏重修旧谱序》，载《太原郡伊氏族谱》卷首，光绪本，第3页a。

表2　宁化伊氏历次修谱一览表

几修	时间	几修	时间	几修	时间
一修	建文三年（1401）	六修	雍正元年（1723）	十一修	光绪三十四年（1908）
二修	宣德十年（1435）	七修	乾隆二十五年（1760）	十二修	民国三十三年（1944）
三修	万历八年（1580）	八修	乾隆四十八年（1783）	十三修	1990年
四修	崇祯六年（1633）	九修	嘉庆二十四年（1819）		
五修	康熙元年（1662）	十修	道光二十七年（1847）		

有被损坏的情况。次年，围绕祖坟问题与庵僧的矛盾日趋激化，最终导致僧众捣毁伊氏祖坟，并持械打伤三名族人的事件，由此双方互控长达三年之久。后来经宁化县知县李元琦亲自审理，要求庵僧修复伊氏祖坟，此事才告了结。① 这种围绕祖坟的争执事件在传统社会并非罕见。而此事的出现则激起了伊氏族人的强烈愤慨，宗族凝聚力显著增强。事件结束后，伊氏族人就接着建祠、修谱。以前伊氏族谱都是各房自修的，而此次则是几房人合作共修。当时撰写的《序》云：伊氏“虽前此谱牒一订于明宣德年，再修于我朝顺治年，要第各支自为修葺，而合谱之举不无缺焉”②。因此，此次重修是明宣德以来很重要的一次，它打破了原来“各支自为修葺”的局面，成为伊氏宗族在建构过程中一个很重要的转折点。

另一次重要的修谱活动在民国三十三年（1944）。雍正以后虽然已经出

① 这个事件在伊氏族谱中有多处记载，参见《太原郡伊氏族谱》卷首，光绪本，第13页a~14页a、第17页a。

② 雍正元年（1723）《太原伊氏重修家（谱）序》，载《太原郡伊氏族谱》卷首，光绪本，第7页a。按，引文中提到的顺治年间重修族谱，即为第五修，康熙元年作序。

现几房共同修谱的情况，但伊显传下的必达公房一直没有参与，直至民国三十三年（1944）春“召集原同谱四房绅耆，佥议重修要务”时，必达公房世居上坑之裔嗣才“持其分修谱牒前来，校对本源一体，支脉相符，加入合修”。① 因此，此次重修真正成为伊氏五房人共同修谱的一次盛举。从明朝初年开始草创族谱，到民国年间第十二修，最终完成了各个支派的整合任务，可见一个宗族的构建与整合需要经历相当漫长的过程。

（二）建造祖祠

如果说编修族谱是为了辨明渊源、厘清世系、保存宗族的历史记忆，而建造祖祠则是为族人尊祖敬宗营造一个神圣的空间。这两者相辅相成，最终目的都是团结族人，达到收族的效果。

宁化伊氏鼎建祖祠最早应该是从下伊开始的。据《下伊水南发源祖祠碑记》云，水南祖祠是文敏公从河南挈家入闽最早的居住地，因此它“始于唐，盛于宋，圮于元”，至明朝嘉靖九年（1530），居住下伊的子孙后代才把它恢复重建。② 可是，这座被下伊子孙视为“众祖老祠”的祠堂并没有在宗族建构中发挥太大作用。清乾隆十九年（1754），下伊子孙在断垣残壁中又一次重建了祖祠，但至乾隆三十五年（1770）因与当地谢氏发生矛盾，这座祠堂竟被拆毁，以后未再重建。③

其实，下伊祖祠的命运仅是其中的一例。这与伊氏各房自立、尚未完全整合有密切关系。所谓“奈后显公五房，星罗棋布，繁衍城乡，各立私祠”④；“在城建祠四，我上伊围上乡建祠二，俱祀始祖维德公以降”⑤，指的就是这种状况。然而，建造一座能够维系全体族人的总祠，毕竟是伊氏宗族完成整合的一项重要内容。

康熙末年的祖坟争控事件，为伊氏族人增强内部凝聚力创造了条件。此

---

① 民国三十四年（1945）《太原郡伊氏十二修族谱新序》，载《太原郡伊氏族谱》卷首，民国本，第3页a。

② 乾隆十九年（1754）《下伊水南发源祖祠碑记》，载《太原郡伊氏族谱》卷首，光绪本，第19页a。

③ 以上参见《太原郡伊氏族谱》卷1，1990年十三修，第37页ab。

④ 乾隆十九年（1754）《下伊水南发源祖祠碑记》，载《太原郡伊氏族谱》卷首，光绪本，第19页a。

⑤ 乾隆二十年（1755）《太原伊氏鼎建下伊水南祖祠记》，载《太原郡伊氏族谱》卷首，光绪本，第19页b。按，维德是伊显的字。

时他们不仅联合起来修谱，而且共同建造总祠。据《太原伊氏鼎建思本堂祠碑记》载，这座祠堂建于上伊。在康熙六十年（1721）祖坟事件未了之时，显公传下的四房精英（必达公房未参与）就已经集中起来商讨建祠，很快便达成了共识，认为："祠者祖灵陟降所也，亟宜建之！"于是，当年农历七月二十七日即卜吉动工，至雍正元年（1723）十二月完成，历时将近两年半，取名"思本堂"。[①] 随后，又设置祭田，并制定了《思本堂十条规训》，包括敦孝悌、睦宗党、隆学校、褒贞节、剪奸淫、除贼盗、惩赌博、戒荡游、严侵葬、究私卖等。[②] 这十条规训实际上就是伊氏宗族的族规。由此可见，思本堂的兴建在伊氏宗族的历史上居于何等重要的地位。

同治六年（1867）十月，上伊村因迎神演戏不慎失火，思本堂被烧毁。光绪十八年（1892）伊氏族人再次发起重建，迄光绪二十六年（1900）冬告成。此时又增加了祠堂祭产，并修订了入祠奉祀的神主数量和祭祀规则。原来思本堂内正中祀有始祖显公的神位，两边有大神主牌 4 块、各房祭祀的小神主牌 36 块，此次增订为各房祭祀 45 块，并议定规则：

合族复各建新牌，居左居右，在上在下，循序而进，各定位所。递年清明祭祀，见牌点名，联集文武绅耆衣冠，诣祠饮福（中略）。

一、议定每年值年人首士重一名，用力办食。

一、议定文武生员，届期事祀饮福。[③]

祠堂作为宗族祭祀和聚会、处理族内事物的场所，在宗族社会中具有很强的凝聚功能和象征意义。嘉庆十三年（1808），曾任扬州守署两淮都转盐运使、裔孙伊秉绶为思本堂题赠的对联云："启族自唐余中历四朝周十三甲，承家惟道乐支分五派衍百千丁。"清楚表明了作者的追本溯源思想，以及思本堂对伊氏五房子孙的重要意义。

由此可见，宁化伊氏自明朝以后，就一直持续不断地进行宗族制度的建构，通过编修族谱、建造祠堂、制定族规、设置祭田等系列举措，力求把数百年来分散各地的同根血脉都聚合在一起。宗族的建构是一个动态过程，其

---

① 雍正二年（1724）《太原伊氏鼎建思本堂祠碑记》，载《太原郡伊氏族谱》卷首，光绪本，第 15 页 ab。

② 《思本堂祠规训引》，载《太原郡伊氏族谱》卷首，光绪本，专门单页第 1 页 a~2 页 b。

③ 《新牌位引》，载《太原郡伊氏族谱》卷首，光绪本，专门单页 ab。

基本特征是由下而上的，先是各房派自建私祠，各修族谱，最后到各房派联合共建总祠，合修族谱。房派的联合是宗族内部整合的结果。因此，总祠、族谱的共建合修，不仅是一个宗族内部整合程度的标志，也是族人向心力的具体表现。宁化伊氏经过明、清两个朝代的努力，至清末、民国时期，已经基本形成了一个较为完整的宗族体系。其间，雍正初年的修坟、建祠、修谱无疑具有最重要的意义，是伊氏宗族建构过程中不可忽视的转折点。

三

宗族的建构过程也是族人在不断发掘历史题材，增强宗族集体记忆并凸显其文化印记的历史过程。宁化伊氏源自河南，开基于唐末，古老的历史记忆和中原情结，成为伊氏宗族的文化资源和情感纽带。

伊氏起源于黄河流域。商朝名相伊尹被视为伊氏的得姓始祖，而古老传说中的尧又被尊为伊氏更加久远的祖先。因此，伊氏在编修族谱时，儒家知识分子最愿意做的一件事，就是考辨其姓氏来源，把他们的历史与尧、伊尹的故事联系起来。

伊奚自乎？有自来矣。自尧生于伊祁而伊姓始，自尹居于伊水而伊姓著，是因地而取姓也。然尧以神圣而帝唐，尹以元圣而相商。圣君圣臣，尊卑千古；圣德圣功，徽隆万世。卓卓乎不可尚已……尝闻伊氏世居汴州陈留县。据《一统志》，今陈留有城之莘，即古尹耕有野之名莘者也。溯流穷源，则伊祁者伊水之源也，伊水者伊莘之渊也。伊莘之渊出而为陈留之派，陈留之派分而为宁阳之流。渊源流派，接续贯通，则伊在宁阳而来在陈留也，有据而足征矣。①

这篇作于明朝万历八年（1580）的文字，是宁化伊氏裔孙、时任桃源县知县的伊天佑所为。他以饱满的热情、考据式的笔触，十分认真地辨析宁化伊氏的历史渊源。从唐尧而至伊尹，从伊水而至陈留，最终要说明的是宁化伊氏由来有自，他们的根从河北（伊祁山）至河南（伊水、陈留），与历史

① 万历八年（1580）《太原伊氏重修旧谱序》，载《太原郡伊氏族谱》卷首，光绪本，第2页b。

上的圣人一脉相承。

这种追根溯源式的历史表达，在宁化伊氏的《族谱》中经常可以读到。崇祯六年（1633）的《序》云：

闽汀宁阳有姓曰伊者。厥初尧以伊祁著姓，厥后尹以伊水继姓。相传世居汴洲（州）之陈留，至唐季时有文敏兄弟徙居宁化而家焉。①

至清末，光绪三十四年（1908）伊氏的一位邑庠生这样写道：

吾族之来也久矣。在中天之世，以伊祁而帝唐。在商汤之日，以伊尹而相汤。在中宗之朝，以伊陟而佐殷。至于汉有伊籍，唐有伊馥，历代人文叠起者，不可胜数。吾祖文敏公者，即其苗裔。②

发掘伊氏的早期历史，目的是向世人表明他们的祖先有着辉煌的过去，从而增强族人的向心力和认同感。

除了追溯历史渊源之外，伊氏迁往宁化以后出现的历史名人更是族人津津乐道的重点。宁化伊氏繁衍至第五世出现了一个豪杰叫伊盆（讳义郎），曾自告奋勇代解贡品进京，与北宋朝廷发生了关系，因此他的事迹广为流传。清初李世熊修纂《宁化县志》时，就根据庙宇碑刻的记载将其事迹载入志中。《宁化县志》“伊公庙”云：

庙在永丰里上伊村。按旧碣，神姓伊名盒，为人豪毅，耿耿有烈士风。宋真宗景德元年，转运使李住起解梅州银绢，本州委通判胡某赍至本都武曲桥锡源驿，疾故，奉官茔葬。伊公慨然诣县自陈曰：“解官本为朝廷重务，客死吾土，某现充保长，亦草莽臣也，愿换牒代解。”县许之。至汴京，适皇太子生，上大悦，以覃恩赐敕一道，骏马一骑，剑一口，出镇柳州。时南蛮不共，公领军夺勇前驱。血战破贼，所向倒戈。事平凯奏。卒于官，以功特赠银青大夫，因庙食至今。③

由于有李世熊的记述，伊盆的事迹更加深入人心。他的精彩故事除了为人豪毅、出身草莽等情节外，更为重要的是到了汴京，受到北宋皇帝的赏赐。

---

① 崇祯六年（1633）姚世安《序》，载《太原郡伊氏族谱》卷首，光绪本，第5页a。

② 光绪三十四年（1908）《太原郡伊氏十一修族谱序》，载《太原郡伊氏族谱》卷首，光绪本，第1页ab。

③ 宁化县志编纂委员会整理：康熙《宁化县志》，卷7《坛壝庙祠志》，福建人民出版社，1989年版，第418页。按，“神姓伊名盒”的“盒”字，当为“盆”之误。

这样，就把生活于山野边陲的小民与中央朝廷联系了起来。开封、朝廷、宋真宗等词汇，对于来源于汴州陈留的伊氏族人来说，无疑是唤醒历史记忆的亲切信号，增强了他们对姓氏渊源的认知和对中原故土的思想情感。

随着崇拜的深入，有关伊盆的故事愈加丰富。《伊氏族谱》不仅按照《县志》的记载抄录了伊盆事迹，而且加上了他被朝廷赐塑金身、享庙祀、阴娶等情节。

公为人豪毅，耿耿有烈士风。（中略，与《县志》同）卒于官，以功特赐银青光禄大夫，载邑志。

公葬麻坛岭下，蛇形，寅山申向。仁宗天圣五年正月二十五日，庚郎、坚郎会集谢、赖二姓，同至麻坛岭下请回真身，奉旨塑金身，在庚郎巳地水南建庙，崇祀千秋。公生于宋太宗太平四年己卯岁十月十七日。元配张氏夫人。后于徽宗大观三年二月初三日在阳坳必豪公之孙景学家中显圣，阴娶吴氏夫人，同享庙祀至今。①

除了《宁化县志》未载的这些细节外，从清初开始，《伊氏族谱》又出现了伊公再被朝廷封为“洲湖润德尊王”的提法②，而且还有一份据说是大宋政和二年（1112）六月的《制诰》。据《制诰》云：当时由于社会动乱，“海啸鲸波，江鸣鼍鼓，舳舻蚁集，播地惊惶”，而伊公在危难关头显圣，“风云振旅，雾撼江滨，空腾戈甲，悬耀旗旌”，于是“海鲸惧而遁迹，山魈畏以潜形”，朝廷因此覃恩封为“洲湖润德尊王”，并封其妻吴氏为“赫灵显德夫人”。③

至此，有关伊公生前死后的所有细节都在《伊氏族谱》中一一呈现：他生于宋太宗太平四年（979）十月十七日；宋真宗景德元年（1004）25 岁代解贡品进京，受赏识出镇柳州，平南蛮奏捷；卒于官，被封为“银青光禄大夫”。宋仁宗天圣五年（1027）真身被请回，奉旨塑金身，立庙崇祀；宋徽宗大观三年（1109）二月初三日显圣，阴娶吴氏；政和二年（1112）六月再被朝廷封为“洲湖润德尊王”，吴氏亦被封“赫灵显德夫人”。族人崇奉其祖

---

① 《太原郡伊氏族谱》卷 2，民国本，第 3 页 b~4 页 a。

② 见康熙元年（1662）《伊氏七十有奇翁老笔重修族谱序》、雍正元年（1723）《太原伊氏重修家（谱）序》，载《太原郡伊氏族谱》卷首，光绪本，第 5 页 b、第 6 页 b。按，此前伊氏的历次谱序均没有“洲湖润德”这个封号。

③ 《太原郡伊氏族谱》卷末，1990 年十三修，第 1 页 a。

先并努力塑造祖先与朝廷皇帝的关系，对提高该宗族的社会声望和影响力十分重要，这本来并不稀奇。上述事例最令我们关注的，是这些涉及伊公与朝廷关系的时间点都发生在北宋。北宋的京城在开封。因此，伊公生前死后的诸多故事情节与其说是在塑造神明正统，从而拉近地方小民与中央朝廷的关系，还不如说伊氏族人在此寄托着他们对中原故土的情感，是一种隐性的历史情结在自然地流露与拓展。

河龙聚居着伊、谢、张、李等姓族人。伊公祖庙就建在下伊。随着其灵验故事的传播，伊公崇拜就逐渐走出了伊氏宗族的范围，成为周围53乡人共同崇祀的活动。如今，下伊的水南祖庙仍然存有多块清朝时期众姓修建庙宇的碑刻①。其中，雍正十年（1732）的《水南庙碑记》云：

宋真宗时，余乡有伊公以解粮为朝廷简任，莅镇柳州，累建勋于汗马之劳，载在邑乘彰彰可考。②

嘉庆二十四年（1819）《重建水南庙记》又载：

（伊）公于宋真宗景德元年解粮诣京，适皇太子生，敕赐银青大夫。镇柳州。时南蛮不贡，公令军奋勇，事平奏乐凯。卒于官。后于宋政和二年因海寇骚扰，公显绩平服，加封洲湖润德王。而英灵赫濯，有祷必应，于梓里诸乡素著，所以庙食至今③。

上引这两段清朝时期的碑文都在讲述伊公的故事。有意思的是，尽管这两段碑文书写的时间不同，但都提到伊公进京的任务是“解粮”，而不是我们原先知道的“起解梅州银绢”（康熙《宁化县志》）。解押的东西变了，这其实不是作者的疏忽大意，而是乡民百姓在传播故事过程中增加了新的内涵。

河龙乡是宁化县的产粮区之一。河龙大米在当地十分有名，至少在清朝，就已经成了远近闻名的贡品。因此，伊公故事的演变，与清朝时期河龙的社会经济变迁是密切相关的。如今，当地人在讲述伊公故事时，有关进贡大米的情节更加惟妙惟肖：

---

① 按，这些碑刻钟晋兰均已整理标点，见伊启烈、谢云吐、钟晋兰：《河龙的宗族、信仰与婚丧习俗》，载杨彦杰主编：《宁化县的宗族、经济与民俗》（上册），国际客家学会、海外华人资料研究中心、法国远东学院2005年版，第347～363页。

② 上引书，第347页。

③ 上引书，第360页。

（伊盆）自告奋勇，愿意换牒代解，获宁化县府批准登上迢迢解银绢的辛苦征途，并随带河龙大米进京。当伊盆解押到京城（河南开封）交割银绢时，适逢太子刚好诞生，皇上大喜。又献上带去的河龙大米，皇上吃后，甚赞其米，十分高兴，龙颜大悦，令其年年进贡……河龙大米成为贡米后，远近闻名，十分畅销，所以河龙各姓氏十分感谢伊盆打开了大米的销路。①

这个故事的讲述者和整理者是当地伊、谢两姓的文人。可见伊公故事在当地人的集体创作下，随着历史的推移而变得更加丰富多彩。伊公进京加上了河龙大米的情节，由此伊公的历史贡献就不仅仅是慷慨忠义、护国祐民，而是把河龙与京城联系起来，把河龙大米与皇帝喜欢的贡品连接在一起。伊公由此成了有功于家乡、值得乡民永远纪念的杰出人物。伊氏的历史故事和中原情结，最终演变成了河龙各姓村民共同享有的文化遗产。

四

宁化伊氏自称是来自开封的古老宗族，他们是最早迁入河龙开基的一支中原移民。在千百年的繁衍过程中，伊氏子孙遍布于闽西、赣南的许多地方，最终成了客家人。

宁化伊氏与其他客家姓氏一样，都是经历了人口繁衍、迁徙定居，以至逐渐形成宗族社会的历史过程。伊氏的宗族建构开始于明朝，至清朝雍正以后，宗族内部的整合出现了新的发展，各房派子孙联合建祠、修谱，形成了一整套宗族制度。

宗族建构的过程也是伊氏族人保存、延续历史记忆的过程。族谱以文字的形式记载了宗族的过去，而族人的口头传说则以鲜活的方式演绎着祖先的传奇和辉煌。伊氏族人虽然已经远离中原故土，但在他们的思想深处，仍然蕴藏着浓厚的中原情结和历史情感。这种思想情感不仅表现在对祖先渊源的追溯和考据方面，而且更重要的是体现在对北宋时期伊公传奇的塑造和表达上。古代圣贤和伊公故事，两者交相辉映，构成了伊氏宗族两个非常重要的

① 见伊启烈、谢云吐、钟晋兰：《河龙的宗族、信仰与婚丧习俗》，载杨彦杰主编：《宁化县的宗族、经济与民俗》（上册），国际客家学会、海外华人资料研究中心、法国远东学院2005年版，第326页。

文化印记。

这些文化印记既是宁化伊氏宗族文化的鲜明特色，也是当地客家文化的组成部分。宁化伊氏以其来自“古老历史”的文化资源，参与了当地的社会生活与文化创造，成为各姓乡民共同享有的文化遗产。今天，这些承载着祖先记忆的文化传统仍然鲜活，它以丰富的内涵在新的时空背景下继续向前延伸，且并没有因时代变迁而停滞，而是以更加多元、开放的面貌，在新的社会环境里继续发展，面向新的未来。

东坑陈氏的宗族组织与神明崇拜[①]

华南宗族社会的演变与发展，历来是人类学家、历史学家普遍关注的问题。闽西作为客家的主要聚居地之一，其宗族制度较为发达，而且与闽南地区相比亦有明显的区域特色。[②] 本文拟利用清流县余朋乡东坑村陈氏的宗族资料，就该村陈氏的宗族来源与发展，以及宗族内部的祭祀组织和神明崇拜等问题做一考察，以期从一个侧面具体探讨华南民间宗族制度的运作方式和历史演变趋势。

一、东坑陈氏的来源与发展

东坑陈氏聚居于清流县余朋乡的偏远山区。该村名为东坑，是东坑行政村的一个主村。它与乡政府所在地相距大约6公里，与清流县城距离约38公里，村部所在地和居民点海拔大约500米。由于地处高山，与外界交往不很方便，因此数百年来陈氏族人一直在一个相对封闭的环境中繁衍生息，形成较为完整的宗族群体。

东坑村（指自然村，下同）现有人口1100余人，除了两户其他姓氏外，其余都一律姓陈。在历史上，东坑陈氏拥有较多的山林和土地资源。据报道，在1942年，东坑全村共拥有耕地5000余亩，其中在外乡的2000余亩，在本

① 本文为“传统与变迁：华南的性别、认同和文化”国际学术研讨会参会论文，1999年6月3—6日，香港中文大学。

② 有关闽、客宗族制度的比较研究，参见庄英章：《闽客祖先崇拜比较研究》，载《客家》1994年第1期；邓晓华：《若干文化特征的比较研究》，载庄英章、潘英海编：《台湾与福建社会文化研究论文集》（二），1995年；郭志超：《闽客民俗宗教的比较研究》，载庄英章、潘英海编：《台湾与福建社会文化研究论文集》（三），1996年。

村及附近的3000余亩，人均占有耕地达6.3亩。① 由于土地较多，就为陈氏族人的繁衍发展提供了有利的物质基础。

东坑陈氏是南宋末年从外地迁来开基的，至今已繁衍33代。其始祖名叫文陆，字载鳌，又名二十郎。原居于归化县陈村（今明溪县湖坊镇伯亨村），后来迁往清流县余朋乡旧场村，再从旧场迁居东溪（今东坑）。当地居民传说，陈文陆迁来东坑开基之前，已在旧场生活了十几年。有一次，他为了寻找耕牛来到东坑，无意中在一块大石头上过夜，发现该石在寒冷的夜晚还会微微发热，而且有鸡鸣犬吠之声隐约传出，于是他认定此地必将人丁兴旺，回家后就把妻儿家小都搬来了。② 如今，这块预示吉祥的大石头还保留在东坑村内，周围已盖满了房子，但当地村民尚能说出它的准确位置。

其实，陈氏迁往东坑开基是否从文陆开始倒不一定。以上传说主要是在表达陈氏族人希望宗族发达的良好愿望，更像是他们在创造历史过程中逐渐附会编造出来的。根据陈氏留下的历史文书，有一种说法，迁往东坑开基的并不是陈文陆，而是他的儿子。撰于康熙五十六年（1717）的《冠裳会老簿原序》云："余东溪族姓肇迹陈村，二十公（讳文陆，字载鳌）迁于旧场；七郎公再迁东溪。"③ 七郎即是陈文陆的长子，可见陈文陆是迁往旧场的，直至其子才迁至东坑。在闽西各姓开基的历史上，有许多都是儿子前往某地开基，然后再奉他的父亲为一世祖。

陈氏迁往东坑以后，早期人口发展并不快。陈文陆生有2子，次子九郎无传，长子七郎单传四郎。往后亦几乎都是单传，直至第六世才出现4个兄弟，其中3个兄弟都分别外迁，仅留下老二在本地繁衍。老二念十生有5子，分为金、木、水、火、土五房，陈氏人口的发展明显加快。现在东坑陈氏族人大多为水房的后代，金、火两房外迁，木房至乾隆以后无人，而土房至今亦仅剩下几户人而已（参见"东坑陈氏一至十一世世系表"）。

---

① 王宜峻：《民国年间东坑的土地租佃考察》，载孔灿生、陈佳清主编：《东溪寻古》，清流县档案馆、余朋乡东坑村1995年编印，第104页。

② 陈纯生、陈元昂：《开辟东坑的传说》，载《东溪寻古》，第10~11页。

③ 陈其昌：《冠裳会老簿原序》，康熙五十六年（1717）三月，手抄本。

东坑陈氏一至十一世世系表

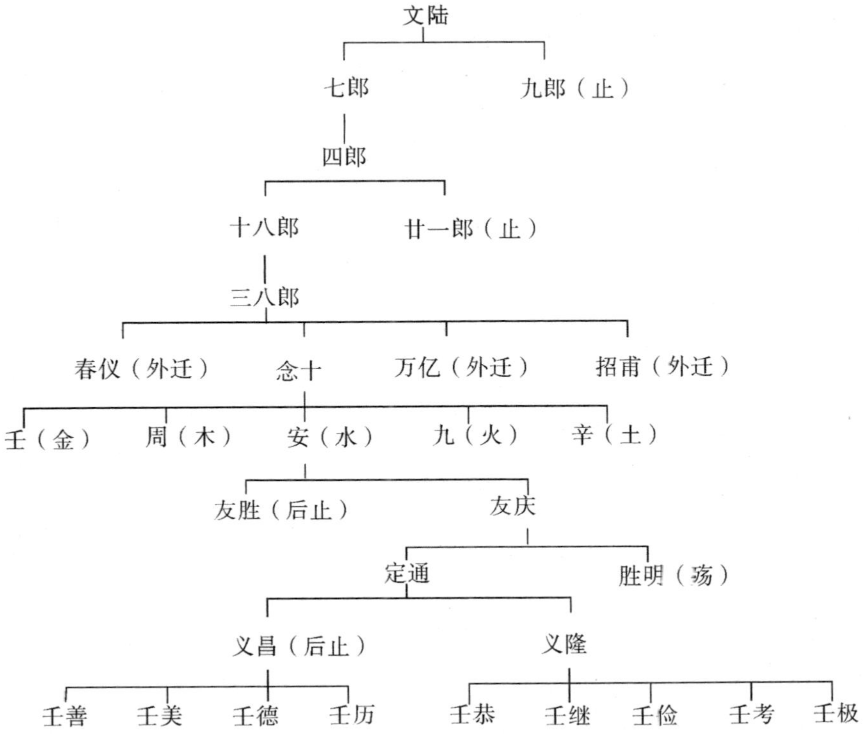

六世祖念十是陈氏历史上另一个重要人物。据《东溪陈氏族谱》记载，念十字子美，生于元大德九年乙巳（1305），卒于明洪武二年己酉（1369），享年 65 岁。念十最主要的贡献是生了 5 个儿子，分成五房，并且创建了始祖祠堂。自他以后，陈氏宗族就日渐兴盛起来。前引《冠裳会老簿原序》云："载鳌公六世孙也念十公，字子美，建祠一所于香坪，以崇祀载鳌公。子美公四世孙定通公以优生荐举知石埭县事，定应公以岁贡拣选任北埭佥宪，如伯坚公、良才公、瑄公、祖良公、定安公，俱于明洪武、永乐年间以服内兄弟叠登仕版，光前烈而耀后人，讵非祖宗积德之征欤。"① 可见陈氏宗族自从明初开始就已有人相继科举入仕，而当地人普遍认为这是念十创建宗祠所致（所谓"祖宗积德"）。由于念十在陈氏发展史上的地位，万历年间陈氏族人重修祖祠，将他的神牌奉入祠内配享。以后东坑族人每逢重修祖坟或修建庙

① 陈其昌：《冠裳会老簿原序》，康熙五十六年（1717）三月，手抄本。

字，都是以“念十公嗣孙”的名义出现。如乾隆四十五年（1780）陈氏族人重修始祖坟墓，其墓碑上刻着“宋显祖第一世祖文陆陈公、妣张六娘墓，大清乾隆四十五年三月吉日重修，念十公嗣孙”。嘉庆十一年（1806）以至1994年，东坑陈氏先后四次修建了该村最主要的庙宇临水宫，都在正殿横梁上用墨笔写上修建日期，并均有“念十公嗣孙重建大吉”或“念十公嗣孙重修大吉”等字样，直至1994年最近的一次也不例外。

随着陈氏人口的不断繁衍，至明代中叶前后，十世义昌、义隆两兄弟又生了9个儿子，其中义昌这一支后来人口渐少，而义隆这一支除了壬极迁往嵩口，壬俭在本地几乎无人外，壬恭、壬继、壬考3个房支都不同程度地发展起来。这3个房支均属七世水房（安）的后代，再加上木房和土房，由此形成东坑陈氏宗族“五屋”的基本架构。作于乾隆四十年（1775）的《吾乡社公会康字第三班序》注云：“通乡五屋者，土、木与水位也。而水位人烟盛众，又分为三屋井边、新屋、山下，合为五屋也。递年乡中地保亦照此轮焉。”① 所谓井边、新屋、山下，即指壬继、壬恭、壬考3个房支的祖屋所在地。如今这“五屋”木房已经无人，土房在本地仅剩下3户，而新屋（壬恭派下）人口最多，达140多户，山下（壬考派下）有80~90户，井边（壬继派下）亦只有3户而已。新屋、山下两房合计占全村总人口的90%以上，成为陈氏宗族在本地发展的主力。

陈氏宗族经过数百年的发展，不仅形成了各派房支的基本架构，而且相继建立起大大小小的祠堂。东坑陈氏的祠堂总共有9座，除了明代初年由念十建立的始祖祠堂（即宗祠，称仰峰堂）外，在各房派之下还都建有数量不等的分祠。其中：属于土房的有祭祀十一世祖的显公祠、祭祀十五世祖世泉的敦睦堂；新屋的有祭祀十一世祖壬恭的思成堂、祭祀十八世祖应鹄的著存堂；山下的有祭祀十一世祖壬考的诒馨堂、祭祀十四世祖默斋的致悫堂；井边的有祭祀十一世祖壬继的东山公祠。此外，在仰峰堂前面还有一座萃禧祠，据说它是代表七世五房的祖先，包括已经外迁的金、火两房，过去祠堂内供有一块神主牌，上面写着40个人的名字。②

---

① 《吾乡社公会康字第三班序》，乾隆四十年（1775）季春，手抄本。

② 陈允治等：《萃禧祠记》，载《东溪陈氏族谱》卷首，道光甲午年（1834）续修，木刻本。

以上这些分祠，绝大部分都是在祭祀十一至十八世祖。陈氏的十一世祖大约生活于明代中叶，而十八世祖至迟不会超过明末清初。如十六世祖陈大韶生于万历六年（1578），十七世祖陈玉殿生于万历三十二年（1604），十八世祖陈仕遴生于万历四十二年（1614），十九世祖陈宗瑶生于顺治十八年（1661）。可见陈氏这些祠堂的建立，绝大部分都是在明代中叶以后，直至明末或者清初这一段完成的；而且这些祠堂与陈氏"五屋"的分房系统有着密切关联，显示出陈氏的"五屋"架构亦在这个时期就已经形成了。

东坑陈氏除了分房和建立各个不同层次的祠堂外，在历史发展进程中还设立了名目繁多的神明会。这些神明会与自然形成的血缘组织相互配合，成为陈氏宗族对内团结族人、使各派系成员形成一个有机整体，并举行各种祭祀活动的最主要组织形式和联络纽带。

二、陈氏宗族的神明会

陈氏宗族在历史上设立了许多神明会，至今尚能查到有文献依据的至少有 20 个。这些神明会有的是用于祭祖，有的则用于敬神。以下先将这些神明会的名称及其基本情况列成表（见表 1）。

这些神明会，有的明显是由特定的人群组合而成的，如联琳会、冠裳会、长兴会等，显然都是文人组织，他们所祭祀的对象也是儒家知识分子崇敬的文武两帝，即文昌帝君和关帝。然而，其他神明会尽管没有如此严格的阶层限定，但也都有明确的祭祀对象。换言之，他们都是在共同的崇祀目标之下组合起来的。每个神明会都有自己的活动时间和地点，在各自限定的范围内开展活动。

陈氏的神明会所祀奉的大多是本地神明，有的则是祖先，但也有的神明会是两者都祀奉的。如冠裳会，每年五月十三日祭祀关帝，但三月和八月又都有祭祀祠堂的活动。其实，不仅冠裳会如此，很多神明会都有类似现象，特别是在每年正月陈氏宗族举行大规模的祭祀临水夫人活动时，许多神明会都会去参与祭献，有关这方面的情况我们以后还会谈到。

表 1　东坑陈氏神明会一览表

名称	祭祀时间	祭祀对象	名称	祭祀时间	祭祀对象
群英会	正月十五、五月十五	夫人、关帝	奉先会	三月十二	七至十世祖
群贤会	正月十五	临水夫人	祠堂会	三、八月	宗祠
联琳会	二月初三	文昌帝君	崇远会	三、八月（?）	宗祠
冠裳会	三、五、八月	关帝、宗祠	明会	三、八月（?）	宗祠
长兴会	五月十三	关帝	大冢地会	清明	六世前祖坟
庆丰会	六月	五谷仙	贵子会	正月十五	林氏夫人
五谷仙会	六月	五谷仙	社公会	春秋社日	社公
遐福会	孟冬吉日	二十四诸天	丰山会	不详	欧阳真仙
莲灯会	七月	辟支古佛	广善会	不详	不详
天灯会	十月	泗洲菩萨	元帅会	不详	不详

从设立的时间看，东坑陈氏最早成立的神明会当属群英会。明万历三十四年（1606）冬月，已移居泉州时任都察院右都御史兼兵部右侍郎的十五世裔孙陈用宾，曾应族人之请撰写了《群英会碑记》。该碑文云：嘉靖末年，东坑村口因“洪水变迁而形象颇有内阙之憾，有群英会一十二人仿其旧势重而增砂，以成‘插地官星’之象。置塘建亭，亭匾曰‘奎聚’，内祀关圣帝君。置田数亩，轮收以为递年祭资。递年正月十五分祭本乡祀神，五月十三专祭本亭帝君。肇工于万历乙巳年（1605），越丙午（1606）秋而落成。以余源本，故征余文以志不朽”。[①] 可见东坑陈氏设立的群英会至少在明万历三十四年（1606）就已经存在了。当时会内共有成员 12 人，主要是祭祀关圣帝君，另外每年正月十五还会“分祭”参与本乡的敬神活动。

入清以后，陈氏设立的神明会明显增多。康熙五十六年（1717）三月订立的《冠裳会老簿原序》云：万历年间，族人重修始祖祠堂，并祀子美公以

① 陈用宾：《群英会碑记》，万历三十四年（1606）冬月，手抄本。

配享。“迄今历祀数百年，子孙不啻千亿，类多克以诗礼，衍其家声……爰集在庠子孙议立一会，名曰‘冠裳’，各出分金，储积续置祀田，递年轮值头首收租，以备牲醴，俾以孝以享之诚，行乎春祀秋尝之祭。继起之在庠太学以及宾兴者，各出分金入名登簿，绵绵无已”。[①] 可见，冠裳会的设立继承了明代以来族人祭祀祖祠的传统，而参与立会的都是读书人，这些“在庠子孙”在陈氏宗族的祭祀活动中发挥着重要作用。除了冠裳会之外，在清初设立的还有祠堂会、群贤会、贵子会等。

乾嘉年间，陈氏宗族进入了鼎盛阶段。此时族内人口众多，全村“数百余家，人丁数千口”[②]，因此陈氏族人设立神明会也进入了高潮。如今我们尚能查到的各种会社，有许多都是这个时期设立的，如大冢地会、社公会、庆丰会、遐福会、五谷仙会等。有的神明会在早期设立，此时又重新订立会簿，或重作组合。成立于清朝初年的祠堂会，数十年后又重新组织，订立新规。该《祠堂会簿序》云：“斯会创自国初，吾先人与族内之志同者，邀集数人敛赀生放，爰置祀田轮收办祭，行之数十余载。今年春，因先年祭毕均分各携以退，碍全族之情，欠外观之雅，于是议立新规，限三八之月办粢盛之仪，祭奠于祖祠而燕饮于私室，上以敬祖宗，下以睦族人，皆兼之矣。”[③] 作于乾隆五十二年（1787）的《群英会序》也有类似的记载：“吾乡神会不一，我会名曰‘群英’者，创自有宗，依然其旧。但规模条例前人虽已大备，世久年湮，簿书多为剥蚀，于以将本会田塘、租米、苗粮、津贴，以及正月、五月庆诞规条，一一笔之以备参考。则百世后感夫子之节烈忠义，而合会戴帝君之德，而并永也云耳。”[④] 可见乾隆年间，一些早期设立的神明会都纷纷重新作了调整，或者设立了新的会簿。

乾嘉年间，陈氏宗族人口发展到最高峰。由于人口众多，宗族内部的祭祀组织形式也发生了相应的变化。一般而言，当宗族人口不多时，族内祭祀活动通常是以“房”为单位，全体成员共同参与。而当宗族人口逐渐增多，各种神明会组织便纷纷设立起来。这些神明会的设立，在大多数情况下，都

---

① 陈其昌：《冠裳会老簿原序》，康熙五十六年（1717）三月，手抄本。
② 《第九班大冢地会序》，乾隆五十八年（1793）二月，手抄本。
③ 《祠堂会簿序》，手抄本。
④ 陈荣标：《群英会序》，乾隆五十二年（1787），手抄本。

是以共同的祭祀目标，邀集志同道合者数人，各捐分金，购置祀田，采取轮收轮祭的形式开展活动，祭祀之后饮宴于私室。亦是说，这种神明会完全打破了“房”的界限，而是以“自愿”为原则在宗族内部组合人群。能否成为会员要视有没有捐资而定，有出钱的有份，没有出钱的无份，出钱入会等于是一种投资。以往许多人类学家所观察到的，以及本文已经列举的实例，都充分说明了这一点。

在东坑陈氏的众多神明会中，还有一些神明会并不是以自愿为原则的，而是与“房”有着密切的关系，并且在新的历史条件下作了适应性的调整。这类神明会主要用于全宗族的祭祀活动中。以下先以大冢地会为例。

大冢地会是为祭扫一至六世祖祖坟而设立的。据乾隆五十八年（1793）《第九班大冢地会序》云：

人本乎祖亦犹夫物之本乎天也，较格物而灵者。如唯人值春露秋霜之际，而竟不登坟祭祖以遂其怵惕凄怆之心，得无下等于物乎？为子若孙者何敢出此！吾乡自载鳌公始迁此土，迄今数百余家，人丁数千口，非祖德宗功默相于九泉之下，必不能如此之繁盛也。自公至念十公，其世六，正派以及旁枝为墓十穴。旧分十班，按次登坟祭扫。此班第九班内复分小班，以“天、地、人、和”为号。而此班次又居一，得“地”字号，内旧有私蓄，将银若干数年前置米几斗，递年备办祭仪登坟祭扫。亦可见推物本乎人之情以不忘人本乎祖之意，合族之父兄子弟有同心也。兹因旧簿朽坏，特换新簿，故略言之而志其田片于左。

时乾隆五十八年岁在辛亥春二月吉旦①

由此可见，东坑陈氏的大冢地会是在“旧分十班”的基础上逐渐演化而来的。我们尚不清楚原有的十班具体是怎么划分，但可以肯定的是参加者并不是按照自愿原则组织起来的，而是全体族人均有义务参加。换句话说，陈氏宗族原来为了祭扫前六世的祖坟，将宗族成员划分成十班。以后随着人口的增多，有的班次又划分为小班，每个小班内逐渐有了“私蓄”的田产，用于“递年备办祭仪”之需，这样原有的宗亲组织就变成了类似的神明会。这

① 《第九班大冢地会序》，乾隆五十八年（1793）二月，手抄本。

种神明会的出现，完全是宗族组织在历史发展过程中逐渐演变的结果。我们在东坑作调查时听当地老人说，民国时期陈氏族人祭扫始祖坟墓，仍然按照七世的分房轮流祭扫。由于木房已经无人，就由水、土两房人共同承担，每房一年。但由于水房人口众多，内部又按照十一世的分房分出许多小班，因而往往要好几年才能轮到一次。可见，陈氏原来的十班划分很可能是以宗族内部的分房为基础的，而大冢地会正是在这种“房”的架构下发展起来。

如果说陈氏的大冢地会与“房”有着某种关联，那么社公会的设立则与“五屋”有着更直接的关系。作于乾隆四十年（1775）的《吾乡社公会康字第三班序》是一份重要的文献，现将全文引录于下：

夫社者，五土之神、五谷之神也。昔自夏后建立以来，至于今祀典久矣。无论乡村市镇州县府城，莫不有焉。而吾乡数百人烟，一门共祖，原立社坛于境中，岂无深高之设议？观其风水，龙脉端严，四水聚堂，三峰鼎峙，则神之所栖，人民共仰，有不自求而多福也。所立祭田，岁时春秋祀祭，五屋轮归，当年地保或耕或典，以承祭祀。至二社之期，值祭之人务宜登坛祭扫，牵猪备肴，洁牲醴以告虔，整衣冠而祭拜，上古血食之神未有愈于我之社主也。维时祭毕，颁分祭肉，使屋屋各领其神需，人人共沾其福惠。虽百世之后，犹且相续，岂仅今日而已哉。总之，效神农虞夏之遗风，足以播民间之百谷耳。伟谨承遵命，特记其事望垂不朽之序云云。时乾隆四十年岁次乙未季春吉旦。

通乡五屋者，木、土与水位也。而水位人烟盛众，又分为三屋，井边、新屋、山下，合为五屋也。递年乡中地保亦照此轮焉。今将值祭年分开，如我山下屋坊，祖屋有二：一春和坊，一龙山坊。有春和坊有分名卅二分，龙山坊有分名卅四分。春和坊春季分领熟肉三斤十三两，秋季领肉三斤四两。龙山坊春季领熟肉三斤十八两，秋季领肉三斤九两。龙山坊原有老分者卅四名，后陆续添入名者卅名，今合成六十四名，分为四班，每班共十六名，立为“福、寿、康、宁”四班。①

以上这篇《社公会序》实际上是陈氏“五屋”当中属山下屋龙山坊之下的

① 《吾乡社公会康字第三班序》，乾隆四十年（1775）季春，手抄本。

康字号会序。陈氏祭祀社公大致从其迁往东坑以后就开始，社坛就设在宗祠的附近，正当陈氏早期聚居地的“境中”。明代中叶以后，随着陈氏“五屋”的建立，祭祀社公便改为“五屋”轮流，每屋一年，全村人均分享祭肉。迄乾隆年间，由于宗族人口逐渐增多，因此发展较快的“屋”又按照聚居地划分成“坊”，再在“坊”内分成若干班。如龙山坊在乾隆四十年（1775）已有64户，下分4班，平均每班16户。值得注意的是，这时的“班”已与宗族内部各血亲小房没有直接的关联，而是按照坊内的户数平均分配。

东坑陈氏在历史上划分成多少个坊现在已没有人能够完全说出来，不过，根据当地老人的反复回忆，尚能说出其中的绝大部分，而且大多都是属于人口众多的新屋和山下屋。如属于新屋的有新屋坊、土堡坊、下坪坊、巷高坊；属于山下屋的有春和坊、龙山坊；属于新屋、山下共居的有上坪坊、社前坊、魁星坊。另外，岸上坊属于井边屋，上园坊（现已无人）、崇仁坊究竟属于哪一屋已不清楚。从以上这12坊来看，有的显然仍与“屋”有着密切关系，有的则成了“插花地”，尽管它的起源是按“祖屋”来划分的，但在地缘与血缘相结合的过程中，地缘的因素却日益明显。在这样的背景下，坊内成员按照平均分配的原则来组合人群，参与轮祀社公，就更加淡化了宗族内部的房派关系。宗族日益成为当地居民“同宗共祖”的一个文化象征和符号而已。

陈氏宗族设立的神明会绝大部分都按照自愿的原则组合而成，但社公会和大冢地会，由于祭祀对象关系到全体族人的福祉，因此从一开始就是按房派轮流值祭，族人均有义务参加，并在此基础上逐步演变成另外一种类型的神明会。这种神明会的出现，不仅让我们看到在宗族内部并不是所有的会社都是按照自愿原则组织起来的，而且更重要的是，通过分析使我们看到宗族作为一个血缘群体，随着人口发展其内部运作方式的历史演变趋势。这种演变趋势并不以某些个人的意志为转移，而是在人们的日常实践中作出来的自然选择，它不仅体现在组织结构方面，而且体现在年复一年的经常性的神明祭祀活动中。

三、陈氏的神明崇拜

东坑陈氏祀奉的神明很多，通过上节讨论已经知道，不仅有祖先崇拜，而且有各种各样的神明，包括社公、关帝、文昌、五谷、泗洲菩萨、二十四诸天、欧阳真仙等，其中影响最大、每年都要举行集体性祭祀活动的，是正月十五（上元）临水夫人圣诞和七月十五（中元）“姑婆”千秋。

（一）正月十五祭祀临水夫人

陈氏祀奉临水夫人由来甚早，据当地居民传说，从其始祖迁来开基的时候就已经开始。当时陈文陆在水口（如今建庙的地方）开了一块荒地种植苎麻。有一天，他来到地里收苎麻，忽然发现麻丛中有一座铁铸香炉，高1尺许，直径7寸有余，上面还模糊刻着一些字迹，经仔细辨认乃古田县陈氏夫人庙中之物。于是，他就在那里建起了庙宇。① 庙宇建起以后，陈氏子孙世世代代在此供奉夫人奶娘。明朝崇祯年间，该庙曾因失火而被烧毁，旋即重建；入清以后又一次被烧毁。嘉庆年间，陈氏第二十三世祖允治曾撰有《重建东溪临水宫记》一文，对此记载颇详，摘引于下：

吾乡东溪，南宋末始祖载鳌公始迁此土，建庙村口以祀奶娘香火，名曰“临水宫”。声灵赫濯，藉庇荫者数百载。明崇祯年间被火，旋即鼎建。嘉庆癸亥（八年，1803）冬复火，时夜半火炽，近龛神像与辇俱烬，人人奔救弗及，莫不抱痛太息。神灵之失所凭依也，迄岁乙丑（嘉庆十年，1805）乡中时疫大作，捐折人口无算，讼事繁兴，灾殃频见。乡人大恐，以庙未建，通乡水口空缺，风水攸关，又乏祈禳之所。夫奶娘之为吾乡灵神，祈禳者多，庙难以旷。丙寅（嘉庆十一年，1806）正月，举董事督理建庙、雕像、装辇诸物，至辛未（嘉庆十六年，1811）而各项功成矣。数年间需用浩繁，吾乡人捐输弗吝，非奶娘之灵感而遂通，岂易踊跃襄事若此哉！洵如诗所谓申锡无疆，又曰时万时亿者。故记之。②

由于该庙地处东坑水口，“风水攸关”，因此陈氏族人对之特别重视。清光绪十四年（1888）和民国三十四年（1945）又两度重修，1994年曾再修一次。如今这座临水宫仍完好坐落在村口形胜之区——三元桥头靠山一侧。

这座供奉夫人奶娘的庙宇相当古朴大方。屋顶飞檐斗拱，庙门上方悬挂着一块长方形匾额，上书“临水宫”三个大字，苍劲有力。入门即是正殿大

① 陈允权：《临水宫的由来》，载《东溪寻古》，第90~91页。
② 陈允治：《重建东溪临水宫记》，载《东溪陈氏族谱》卷首，道光甲午年（1834）续修，木刻本。

厅，主神龛上供奉着陈、林、李三位夫人，其中陈氏夫人（即陈靖姑）在中间，塑像高大，两边还配有金童玉女；而林氏夫人和李氏夫人分祀左右，仅神牌而已。在主神龛两侧还供有附祀神，左边为地藏王菩萨，右边以前是土地，如今换上了“郑定光古佛”的神位。

陈氏族人将临水夫人视为自己的保护神。在庙内大厅的木柱上有一副对联写道：“姐妹法授梨山一片婆心扶赤子，临水宫环颍水九重诰命受皇恩。”既强调了陈、林、李三位夫人梨山（闾山）学法以及“受皇恩”“保赤子”的主要事迹，同时也把临水宫与陈氏的“颍水”郡望巧妙地联系在一起，显示出陈氏族人视陈靖姑如同祖先，在崇拜过程中深深寄托着浓厚的宗族血缘情感。

陈氏每年正月都要举行大规模的祭祀活动。这个活动是由称作“六甲”的组织分别主持的，而且与宗族的发展息息相关。乾隆五十三年（1788）《聚贤甲序》云：“我始祖由陈村卜迁兹土，顶戴奶娘、尊王香火，建庙宇而安奉之。及其枝派蕃衍，于是每岁孟春朔旦逮元宵，张乐悬灯以烝衎之。及其规制渐恢，于是分六甲递迎，集衣冠文物称觞上寿而拜祷之。”① 可见“分六甲递迎”是在族内“枝派蕃衍”以至“规制渐恢”的基础上发展起来的，从陈氏宗族的发展历程看，至迟不会晚于明末清初。“六甲”的组织很可能与明清时期官府设立的里甲制度有关。每甲都有名字，并且都有各自的田产。前引《聚贤甲序》又云：“神既声灵丕显，各甲自本业加多。曰太平、曰上元、曰新屋、曰崇春、曰娄上，取颂德迓祥以命名矣，弗［不］人财繁茂，衍庆有余。而吾甲曰聚贤，亦幸而与之匹休焉。其始也，储赀置产不逾壹石，近赖本甲秉公者积金以广业，几增十倍矣，簿书历历可考也。”② 聚贤甲在刚建立的时候“置产不逾壹石”，可是至乾隆五十三年（1788）已将近十石。而从各甲的命名方式看，有的与正月祭神的时间相关，如上元、崇春，有的纯属吉祥之意，如太平、聚贤，有的则仍脱离不了房派的痕迹，如新屋、娄上（楼上），显示出陈氏的“六甲”组织仍然与“屋”或“坊”有着某种联系，但又自成一体。

---

① 陈允治《聚贤甲序》，乾隆五十三年（1788）春，手抄本。

② 陈允治《聚贤甲序》，乾隆五十三年（1788）春，手抄本。

陈氏祭祀临水夫人从每年岁末就开始筹备。据当地老人介绍以及古文书资料，以前每年各甲都要按照轮流顺序分别捡出两名头首，其中一名称作福首，负责本年该甲的一切祭祀活动，另一名称为神首，主要由他致祭、宣读祭文。十二月二十五日，全村六名福首便要集中，选出总负责人（亦称福首）一名，并用捡勾（抓阄）的方式决定各甲值祭的先后次序。

陈氏从正月到六月一共有六场集体性的祭祀活动，其中正月的四场最为重要。各场依次由捡勾（抓阄）轮到的那一甲主持，以下根据1949年的资料列成一表以供参考。

表2　东坑陈氏六甲轮流主持祭祀神明一览表

时间	地点	祭祀神明	主持者	说明
正月初二	仰峰堂	三位夫人、民主尊王	一甲	福首先祭、神首后祭
正月十五	临水宫	三位夫人、民主尊王、三官大帝	二甲	神首先祭、福首后祭
正月十六	仰峰堂	民主尊王	三甲	神首祭
正月十七	临水宫	三位夫人	四甲	神首祭
三月初三	临水宫	三位夫人	五甲	神首祭
六月初六	临水宫	三位夫人	六甲	神首祭

正月祭祀临水夫人的活动相当隆重、热烈。从农历除夕开始，临水宫就一片繁忙。这天，要把宫内供奉的神明请出来，沐浴更衣，装扮一新；家家户户前来烧香、燃放鞭炮；宫内点起长明灯、长明烛。正月初一、初二日，人们抬着夫人以及供奉在仰峰堂内的新、老民主尊王出来游行。游行队伍要绕遍全村，然后把神明都集中到仰峰堂里。正月初二日，正式在仰峰堂举行集体祭祀。初三日，全村又一次在仰峰堂前集中，举办“走游会”活动。

所谓“走游会”，实际上有点类似今天的接力跑比赛。当地村民说，东坑是“五马落槽”形，周围有五座山峰像五匹骏马一样朝着村子奔来，因此每年春正都要举行这种象征性的比赛以激发地气，使村子更加兴旺。比赛仍由六甲福首负责，每甲各出若干名队员，以铜锣为接力棒，按照指定的路线奔跑。村内共设有若干个接力点，每个点都有人在那里等候，看谁先跑到终点谁就获胜。

“走游会”结束以后，临水夫人即转为在六甲福首的家中轮流供奉，其余神明仍安奉在仰峰堂内。从初三到十二共有十天，由前五甲的福首依次接迎，每个福首家中停留两天，十三日最后一天由第六甲福首迎祀，但只停留一夜，第二天（十四日）所有神明又都集中，继续在全村巡游。这次游行除了原有的三位夫人和新、老民主尊王外，还加上三官大帝、弥勒佛等神像。游行队伍从仰峰堂出发，所到之处家家户户都出来迎接、上供，最后停留在临水宫内，准备为夫人奶娘祝寿。

正月十五是临水夫人诞辰，整个活动达到了高潮。这天临水宫内外都是人群，到处香烟缭绕，鞭炮声此起彼伏。集体的祭祀由事先排定的二甲主持，六名福首都到场行礼致祭。首先由神首宣读祭文，接着是总福首祭献。在集体祭祀活动结束后，村内各种神明会也纷纷上场，备办供品向临水夫人称觞上寿。这天祭献的供品相当丰厚。我们在调查中发现了一些古账本，其中有一本这样记载：“光绪廿九年癸卯（1903）正月十五日，群英会轮值，保庶□□祭夫人奶娘办全猪上寿”；“乙巳（1905）正月十五日值头，宜镏办出全猪三元桥上寿……十六日办席一餐”。可见当时是以全猪作为供品上供的。除了群英会之外，其他会社如群贤会、冠裳会、贵子会等，也大都如此。乾隆五十九年（1794）《群贤会序》云：“惟奶娘、民主灵爽式凭，自上世祟［奉］以来，于今为烈。每岁孟春朔旦至上元，比户殷勤欢忭，有迎赛、上寿诸仪节。兹会十一人，递年轮头首于新正十五与群英等会虔备香炬牲醴庶馐列临水宫神座前，六甲福首行其礼，遂以次称觞上寿。明日，通会集饮福酒，犹有余敬。”① 反映了当时陈氏族人对夫人奶娘的敬重和虔诚祀奉的隆重场面。

除了祝寿祭祀之外，这一天还举行“拨火”仪式。所谓拨火，是指将三位奶娘的香火互相拨动调和。仪式也是在三元桥举行，事先必须选择一位德

① 陈荣标：《群贤会序》，乾隆五十九年（1794）春月，手抄本。

高望重的老人出来当拨火公，同时还要有三名司仪，负责传递香火。拨火台就搭在三元桥头，正中摆放着陈氏夫人的大香炉，左边摆着林九夫人、右边摆着李三夫人的香炉。仪式开始时，先由拨火公宣读一篇祭文，接着按照原定的程序拨动香火。① 拨火仪式结束后，又举行一次游行。随后，所有神明各归各位，供奉在它们原来的地方。正月十五祭祀临水夫人的活动即基本结束。

陈氏对临水夫人的祭祀显示出很强的组织性。尽管这个活动时间较长，而且内容很多，但每个环节都安排得井井有条。其实除了上述这些最主要的祭祀活动外，平时还有两尊小神像（林九夫人和李三夫人）在村民家中轮流供奉，每甲一年，正月十四交接。而这两尊小神像的轮值正好与全村大规模的活动有机结合在一起。轮到小神像的那一甲究竟应承担什么义务？递年头首如何产生？怎么运作？各甲均有详细规定。如今我们尚能看到的《聚贤甲序》，其文后就附有详细的《规条》，引录于下：

一、递年佥［捡］执事之名，要从头首名下佥［捡］起，不得拔前扯后。如遇取李三、林九奶娘之年，亦照此例。

一、取李三、林九奶娘之年，本年头首二人十四早办猪肉一斤、果盒一只、酒一瓶，同本年福首捶锣往取。早晨他甲神首留饭。下午奶娘入屋，头首办果盒二只、酒四瓶与他甲内人食。晚暖案，我甲头首二人担至神前，请他甲神首并扛神走火人仝至神前饮福。十五上寿，又出猪肉十六两、鱼六两（共一斤二两）、酒三瓶，与他甲内食。

一、取林九奶娘之年，初一、初二、十四、十五四日，扛尊王大辇。

一、取李三奶娘之年，初一、初二两日，扛夫人大辇。初一、初二、十四、十五四日，扛开山老民主辇。

一、取李三、林九奶娘之年，议贴头首暖案酒水钱四百文。

一、递年扛神或将辇损坏，众议系未来扛神之人修整，如俱来扛，通甲修整。

一、递年不来扛神者，扣去初二、十五两日糰，不得拗众。

① 参见《三元桥新正望五日拨火条规》，载陈蕃西：《遗迹杂录》二集，手抄本。

一、本甲众锣递年头首轮交，如有损坏务要赔还火耗，不涉通甲之事，下年头首不得混领。

一、递年头首二人，各装灯一对；初七日祠内装做观音灯，共出疏米［?］一升。

一、递年于奶娘过甲之日，办出粿十斤、酒四瓶、果盒二只。

一、递年发福首六人各粿六两、吹铳二人各六两，其余粿照甲内名数均发。

一、递年头首初二上办出大禾糰卅二斤，每名发一斤。

一、递年十五日上照初二出大禾糰卅二斤，照名均发一斤。[1]

由此可见，陈氏的六甲组织在祭祀临水夫人的活动中扮演着十分重要的角色。由于每甲都有田产，因此递年轮值头首之人，均有义务按照规定备办食品和供品等。而轮到供奉林九、李三奶娘的那一甲，当年游神扛神辇的任务就由该甲负担。这样，既明确了所有成员的权利和义务，同时也保证了递年的祭祀活动均能有条不紊地顺利进行。

值得注意的是，在上引资料中还提到，每年正月初二和十五，聚贤甲的头首要办出“大禾糰卅二斤，每名发一斤”，说明乾隆末年聚贤甲共有成员32名，这与乾隆四十年（1775）“春和坊有分名卅二分”[2] 一致。是否聚贤甲即是春和坊？尚难臆断，但值得考虑。特别是在六甲之中还有“新屋甲”之名，而东坑村也有“新屋坊”存在，“甲”与“坊”之间的对应关系就更加明显。虽然我们不能说所有的“甲”和“坊”都一一对应，但至少可以说有一部分应是如此。

（二）七月十五祭祀“姑婆”

陈氏从何时开始祭祀“姑婆”难以查考，但当地村民对有关“姑婆”的故事则是津津乐道的。据说“姑婆”姓陈，小时候就被卖到灵地乡流水村（今属李家乡）当童养媳，十几岁就死去。后来有神仙度这个小孩，使之变得非常灵显，四方人常去祈求。东坑人得知这个消息后，认为她原来就是陈姓的人，按辈分可以称作姑婆，于是就派人到那里朝拜，并用香火把她接了

---

① 陈允治：《聚贤甲序》，乾隆五十三年（1788）春，手抄本。

② 参见前引《吾乡社公会康字第三班序》，乾隆四十年（1775）季春。

回来。此后又用木头雕了一尊三个姑婆坐在一起的神像，把她供奉在仰峰堂里。陈氏族人的这个故事，有些内容是虚构的，但也有真实的成分。我们在灵地的调查报告中得知，当地人确实相当信奉“姑婆”,① 说明这种信仰包括神的名称的确是从灵地传过来的。

然而，“姑婆”还有一个名字称作辟支古佛，这不论在灵地还是东坑都一样。如东坑村《七月十二祭姑婆祝文》云：“谨以斋蔬京果，清酤之仪，致祭于福主天降辟支得道古佛姑婆神位前，伏而言曰。”② 辟支古佛又称扣冰辟支古佛、扣冰辟支老佛、辟支佛等，原是唐朝末年的一个得道高僧。他俗姓翁，崇安县新丰吴屯里翁屯水东人，生于唐会昌四年（844），13 岁就剃法修行，长期在闽北驻锡弘法。天成三年（928），应闽王王延钧之召前往晋见，不幸因患重病在福州圆寂，享年 85 岁。其去世后，在闽北特别是崇安等地受到广泛崇拜，被奉若神明。③ 可见辟支古佛原本是一个和尚，可是不知为何从闽北传到清流就变成了女性，而且被称作“姑婆”；而东坑陈氏族人把她从灵地迎请回村时，又进一步编造了“自己祖先”的故事，这样就更拉近了神与人的距离。

东坑陈氏不仅在仰峰堂供有“姑婆”神像（现改成神位），而且在萃禧祠作为祠堂之前，那里还建有一座“姑婆楼”。道光十四年（1834）《萃禧祠记》附注云：“萃禧祠者，通乡五房之祖而非特为祠而建者也。闻诸父老，初曰‘姑婆楼’。盖为古佛灵威远播，每岁中元胜会，四方朝谒者云集于此为止宿之地，此兴建之始事也。迨后乡中旅店日增，朝神者或散居于人家，或旅居于客铺，历年多而楼亦颓圮。乡人起而新之，继为‘琢玉书院’”④。可见在萃禧祠之前，那里先后是姑婆楼和琢玉书院。萃禧祠建于嘉庆五年（1800），按此推算，姑婆楼大约应存在于明末或者清初。而在那时，东坑祭祀“姑婆”的“中元胜会”已经是相当热闹了。

陈氏祭祀“姑婆”每年从七月初九就开始。这一天，全村人开始吃斋，

---

① 黄于万：《清流县灵地镇黄姓民俗》，载杨彦杰主编：《汀州府的宗族庙会与经济》，国际客家学会、海外华人研究社、法国远东学院 1998 年版。

② 《七月十二祭姑婆祝文》，手抄本。

③ 林国平、彭文宇：《福建民间信仰》，福建人民出版社 1993 年版，第 310~316 页。

④ 《萃禧祠记》附注，载《东溪陈氏族谱》卷首，道光甲午年（1834）续修。

并派代表动身前往流水村接“姑婆”。流水村距东坑 80~90 里，那里有一座“姑婆庵”，因此派去接的人必须日夜兼程。初十日在流水过一夜，十一日赶回东坑。以前去迎接时还要拖着两根用毛竹对剖而成的长竹鞭，头号竹鞭上写着“如有迎神衣冠不齐者打二十板”，二号竹鞭写什么当地老人已记不清了。据说在明万历年，有一回陈氏族人拖着竹鞭路过沙芜铁石司，当地官员看到竹鞭上写有“打二十板”等字样，认为这是犯上妄为，就下令把竹鞭扣下，陈氏族人只好抬着“姑婆”回来。可是没走多远，那个官员的儿子就突然患了重病，官员这才知道“姑婆”相当厉害，于是亲自赶往东坑赔礼道歉，并送还竹鞭。当他回到家里，儿子的病已经好了。后来，那官员又送了一块匾额悬挂在陈氏宗祠内，直至“文革”之前还在。据说该匾立于明万历二年（1574），上面写着“德心永萃”四个大字。

“姑婆”被接回来后，从七月十二日起就开始举办祭祀活动，全村继续斋戒直至活动结束（一说至十六日开斋）。陈氏祭祀“姑婆”最主要的特征是约请戏班前来演戏，一共五天。我们在东坑村还发现了一张以前约请戏班订立契约的底稿，内容相当详备，抄录于下：

立定戏票字人，东溪乡陈念十公嗣孙□□、□□五屋叔侄等。缘因中元庆贺古佛姑婆千秋，神戏五部，今来定到林禽和顺贵班演戏五部。当日言定：每部戏资小洋番银陆拾角正，并扛箱来往脚力杂项在内，外又帮内台油火小洋每部壹角。其戏自定之后，务要九门头齐全，不得糊涂抵色，如有糊涂抵色，每部扣戏资价银小洋贰拾角正。其戏七月十一日务要一齐到把，即晚开台唱演落却。十二日演正本，十三日演正本，十四日演正本，十五日不演戏，十六日演正本，十七日演正本。每日开台锣鼓三次，其戏资陆续支应，唱完之日一足付楚，不欠分厘。恐口无凭，立定神戏票字为照。

一批，每部帮照把油四两、茶叶四两，又照。

一批，十一日落却帮米一升、柴一担、油四两、茶叶四两、盐四两；十五不演戏，照依十一落却帮贴，又照。

从这份契约的内容看，当时使用的是“小洋番银”，可见它订立于清末民初。而陈氏族人为了“庆贺古佛姑婆千秋”，从七月十二至十七日一共上演了五天的戏，其中七月十五日不演戏，作为祭祀祝寿之用。据当地老人说，上演的戏目一般没有什么规定，看所请戏班能演什么就点什么，但开始的第一场一定要演“郭子仪拜寿”。另外，十四日下午的戏是专门演给妇女看的，男人要看也只能当旁观者。

陈氏祭祀“姑婆”的演戏活动是由“五屋”人轮流主持的，这与正月祭祀临水夫人有很大不同。我们在收集到的属于山下屋的账册中，发现了两张支付演戏费用的流水账单，其中一张开头写道：光绪十二年（1886）丙戌，“七月十三日，壬考公太众嗣孙演戏全部，戏资价六千［文］”。另一张写道：光绪二十一年（1895）乙未，“七月十七日，壬考公演戏……先，六月廿五日，管班师傅名根子支去发箱小洋银二十角。十六日，金养伙夫来支去米共一斗四，扣小洋五角六，又支照把油四两、茶叶四两。十七日，对仰君收去小洋二十角，又收去小洋并帮十五未演戏照派房分，共收去小洋九角。本日，管班手收去小洋一十二角。以上收去戏价六十一角，并帮十五共小洋六十七角。清楚”。十分明显，以上这两份账单，说明光绪十二年（1886）和二十一年（1895）这两年的演戏费用是由壬考公派下（山下屋）支出的。同样的道理，其他年份也会由相应的房派（屋）来承担。其实除了演戏费用之外，轮到哪一房当值，他们还必须负担其他方面的开支，如供饭钱、挂纸钱、酒钱、香烛鞭炮等，显示陈氏七月的祭祀活动实际上是轮值的那一房人全面负责的。

在房派内部，也是按照固定的顺序轮流充任头首。如光绪十二年（1886），壬考公派下主持当年祀典的头首共有十人，他们是天祥、保尧、宜灿、宜相、珍瑞、宜邦、宜绶、宜增、珍颖、珍镒。而到了光绪二十一年（1895）七月，仍然由壬考公嗣孙主持祭祀活动，但那时的头首就变成春元、头元、阳星、宜阳、珍发、仰溱、宜绵、宜潭、神丰、宜礼十人，没有一个重复。这些头首不仅要负责联络戏班、演戏祭祀，而且还有义务共同分摊集体开支的全部费用，除了七月十五未演戏的帮贴是由房份“照派”之外。这种轮流的基本原则，广泛存在于客家传统社会之中。它作为一种方式较好地解决了成员之间权利与义务的公平性问题，因而被普遍接受和使用。不论在宗族内部还是宗族之外，也不论在以房派为单位的组织架构里，还是在神明会或者各种类型的组织活动中，经常可以看到，这是很值得注意的。它作为一种文化传统一直延续到今天。

四、结语

以上我们探讨了东坑陈氏的来源、发展，以及它的祭祀组织和神明崇拜等问题，从中可以看出，陈氏作为一个充分发展起来的宗族群体，其内部的组织架构和运作方式随着社会的变迁而不断演变发展。

陈氏迁往东坑开基始于南宋末年，至明初已较为发达，此时不仅分出金、木、水、火、土五房，而且建立了祖祠，初步形成以血缘关系为纽带的宗族制度。明末清初，由于宗族内部各房派人口的繁衍与变化，又在原有五房的基础上重新组成“五屋”，并以之相适应地建立起各种不同层次的宗祠和分祠，由此形成了最基本的血缘组织架构。但是另一方面，随着宗族人口的增多，自明末以后又相续成立了各种类型的神明会，并且在“五屋”之外还设立了“坊”和“甲”，在“坊”内还有不断细分的“班”或者“小班”，至乾嘉年间已达到相当烦复的程度。这些祭祀组织的出现，固然与明清时期官府推行的里甲制度有关，有的也受到当地传统习俗的影响，但从根本上说，宗族内部人口的演变发展以及经济利益的驱动显然是最基本的因素。由于有的房派人口繁衍甚速，有的则日渐减少以至无人，因此要按照原有的分房来开展活动，实际上会有很多困难。在这种情形下，族人纷纷离开原有的自然血缘框架，按照自愿原则组合人群。有的神明会虽然仍与“五屋”有着某种关联，但在地缘与血缘相结合的过程中，地缘的因素日渐明显，如“甲”和“坊”的出现就是最好的证明。这些祭祀组织都有自己一小块“私蓄”的田产，成员由此结成了经济利益以共的小团体，在日常祭祀活动中扮演着重要角色。以后随着社会历史不断发展，陈氏宗族这种组织地缘化的特征就愈加突出。我们在调查中听说，民国时期由于有的“甲”人口很少，因此从1930年开始，正月祭祀临水夫人的活动就不再按“六甲”轮流，而是改成按照全村总人口平均，划分成六个组举办活动。正月初三的“走游会”也是如此。

自“近代以来，‘走游会’按街坊划片，一般分为六个小组，选出六位‘福首’，全程分六棒，寓含‘六六大顺’之意”①。可见宗族作为一个血缘群体，在长期的历史发展过程中，其自身也在不断发展变化。血缘的因素总体上说日趋减弱，而地缘和自愿（经济）原则日显重要，按照血缘关系自然形成的“分房”日渐成为人们记忆中的一个概念，在实际生活中它的意义已不像过去那么重大。从这个意义上说，宗族越来越成了人们“同宗共祖”的一个文化符号和象征而已。

另一方面，陈氏在创造历史过程中也创造出各种各样的传说故事，如始祖传说、神明来历、圣迹灵验等。这些传说故事与每年都要举行的各种祭祀活动融合在一起，年复一年地在族人当中传播、加工、再传播……陈氏每年正月都要举行集体祭祀临水夫人的活动，七月又要庆贺“姑婆”千秋。临水夫人和“姑婆”在当地族人看来都是女神，而且就如同自己的祖先一样，尽管“姑婆”的原型是个和尚（辟支古佛），但谁也不知道这一点。这些大规模的祭祀活动不仅是为了满足人们的精神需求，而且成为宗族文化的一部分。演戏、竞赛，如今正月初三的“走游会”又加上了拔河比赛等内容，越来越像是群众性的迎春体育盛会。传统的祭祀活动变成为一种民间习俗，在族人当中世代相传，并随着时代变迁而有所变化，同时日益积累起宗族文化的丰富内涵。宗族作为一种文化象征，正是在这样的基础上在新的历史条件下“复活”。

① 陈克明：《东坑的“走游会”》，载《东溪寻古》，第76~77页。

诏安县霞葛江氏宗族及其文化传统①

诏安县位于福建省南部。一般认为，闽南是福佬人的聚居区，但是在福佬文化占主导地位的区域内，仍然存在着客家人及其文化传统。本文拟以诏安县霞葛江氏为中心进行讨论，目的在于通过这个具体案例，深入理解在闽南地区的客家文化，以及它的形成和影响。

一、霞葛江氏的来源与宗族构建

霞葛原称“下割”，隶属诏安县官陂镇管辖。1987 年新设霞葛镇，江氏聚居的下割又从官陂分离出来，成为霞葛镇政府的所在地，名称也进一步“雅化”。新设立的霞葛镇共辖有十个行政村，人口三万余，其中江姓八九千人，与黄、林两姓一起构成当地最主要的姓氏。

霞葛江氏的远祖据说是南宋末年的朝臣江万里。德祐元年（1275），元兵南下，曾任宋朝左丞相的江万里因不愿降元举家在江西投水自尽，其子侄南奔避难，于是很多客家的江氏族谱都把祖先追溯到这个历史名人，但是否确有关联已无从查考。霞葛江氏在福建开基的另一种说法是始于宁化石壁，后来迁往上杭县九磜，再“凭官招募”到永定县金丰里苦竹堡大溪居住，“就佃垦耕，输纳王苗国课”，此后人口日繁，又分出七派外迁，其中移往下割的是“金丰公”第五子江百十二郎。此即江氏到霞葛开基的所谓源流。②

宗族的“历史”往往是后人编修族谱时追记和润色的结果，因此与其说

---

① 本文是“客家文化特质与客家精神”学术研讨会参会论文，2005 年 12 月 3—4 日，赣南师范学院。

② 以上参见井边《江氏族谱》，光绪三十三年（1907）江化龙手抄本。

是信史，还不如说是当时人对过去的一种记忆，霞葛江氏也不例外。据现存抄于清末的《江氏族谱》载，江氏在元朝泰定三年（1326）曾遭受一场劫难，几乎灭族。原文云：

自元世祖一统天下，至泰定帝丙寅三年，计四十四年，海阳县申、督粮通判黄委典史官亲临追比，族众受刑不惯，各怀忿怒，集众发暴，径将委官扛殴。典史愤恚，顿足捶胸，登时呕血身死。衙役回报县府，申详院司，奏请发兵乘夜剿戳，赤族无遗，所谓一败如灰者也。幸天不欲绝百十二郎之祀，以延金丰公世德之灵，有长女嫁下楼梅子潭黄家，适归宁久而回家，有胞弟江三郎，时方六岁，随姊往梅子潭黄姊夫家，是夜被剿，三郎由此免祸。又有亲长兄之侄，行五郎，别居东坑，已发觉而同躲姑家，叔侄二人得全首领。有江宽垅各处田种并屋地园塘物业，概丈量籍没，止存田种六石，坐址井边，黄姊夫多方掩蔽，扶养二孤长成，各为婚配，产业均分。叔侄同居井边，后来为通户之始祖……而黄丈公之功不在婴臼之下，是成我之恩，与生我者等矣。①

这场劫难发生于江氏在霞葛开基的初期，由于是空前浩劫，因此在族人的记忆中留下极深的印象，当属事实。时至今日，当地江氏仍清楚记得，以前下楼建有一座祠堂祀“黄丈公”，每年六七月间都要组织去祭。而在江氏住地的其他祠堂里，也都有一个香炉是专拜“黄丈公”的。不过，对于这个事件的具体细节，由于是族人的记忆倒不见得准确。如上引资料说，元泰定三年（1326）江三郎“时方六岁”，因此他生于至治元年（1321）。而据《江氏族谱》，江三郎的独生子宗贵，生于明洪武十八年（1385），父子相差64岁。同样的问题在江三郎的侄子江五郎这一派也存在。谱载江五郎“早夭”，可是他的独生子淑孙比他小至少70岁，显然不合情理。② 造成这个结果的原因，或者是对事件发生的时间记忆有误，或许江氏早期的世系远比族谱记载的复杂得多。可见族谱是后人构建的结果。既然是对历史的追述和构建，编撰者的动机及其资料来源和取舍等因素就会产生重要影响。

江氏在霞葛的开基地叫林婆畲，后来称江寨，早年应该是畲族居住的地

---

① 井边《江氏族谱》，“遭难不绝如线”。

② 关于江五郎派下的事迹，参见井边《江氏族谱》“叔侄共难分基”和“瓜瓞初生”两节。

方。元朝灾难以后仅剩江三郎和江五郎两人在井边生活。据族谱载：江三郎谱名启昌，江五郎谱名永隆，这是江氏以井边为祖居地繁衍出来的两派之始祖。其中永隆公的人口不多，而启昌派下却是江氏的主力。启昌公生有一子宗贵，宗贵生五子，分别取名为天生、天福、天禄、天爵、天寿，后来分成五房。长房的后代现在主要居住在霞葛镇的天堂、小元中两村，约3000人；次房迁往广东饶平；三房迁广东普宁；四房的后代居隔壁的太平镇大元中行政村，约6000人；五房仍居祖居地井边村，将近5000人。因此如果把四房的族裔以及永隆公的后代都算进去，江氏在霞葛、太平这一带人口至少1.4万以上。

江氏至明代中叶以后人口又兴盛起来，丁多粮多，嘉靖元年（1522），“顶应六甲里班差役，丁粮颇优”①。与此同时，在井边祖居地还造起了祖祠三间，规模宏敞，据清初撰成的《井边祖祠记》云：

按启昌公生于江寨，育于梅子潭，长娶田八娘，居于井边上屋，生一子宗贵。此地系江寨祖公田寮，大树荫翳，泉流不竭。明之中年，架造宗祠三座，其匾楹皆一株大樣木而成者，官府经过，皆宿于此。漳南道尊宿此，阻水不得渡，三宿而后行。隆庆间，按察院出巡，委理刑馆到县查盘，由此而往平和，唤典史督工刻诗于石云：“由南诏过平和，宿林婆畲堡中。南诏南来岭，群山鸟道盘，宣风过林堡，万姓万年安。隆庆戊辰夏日，丹阳少窪丁一中书。”今刻石依然无恙。②

隆庆戊辰即1568年，可见至16世纪中叶，江氏已有长足的发展，并与官府建立了较好的互动关系。霞葛江氏居住于群山之中，交通不便，因此族内的知识分子更刻意营造他们与官府交往的背景，以增强“国家”的象征意义并凸显自身的身份地位。不过，这里需要说明的是，明代中叶建起来的这座祖祠，仅是留居井边的五房所为，其他房派都没有参与。清康熙十四年（1675）该祖祠重修，当时有人提议把它整合成代表各个房派的宗祠，“各房科银贴五房公费，每岁轮办祭仪，于冬至日会众合食一次，以致亲睦”，但议而未行。直至清末，仍是每个房派自己建祠，“各立启昌公始祖并二世祖宗贵

① 井边《江氏族谱》，崇祯六年（1633）江霖宇《序》。
② 同上，《井边祖祠记》。

公神主于私龛，而祀之矣”①。

明末以后，霞葛江氏就开始编修族谱。由于经过变乱，因此早期的修谱都是根据父祖口传并结合其他一些资料拼凑而成的。如最早修族谱的江我济说：“余少侍祖父侧，询及世系，欲得而详阅之，云：自元朝江寨残破后，厄于回禄而无存。至有明隆、万年间，得景坑士华手抄小谱，纪唐宗（宋）前朝事迹，与元明实录无涉。既承祖父口授，复得映台私谱，内纪一二事实可信而可传者，修为私家谱，非敢夸诞以示后人也。”② 又据几乎同时修谱的江霖宇云“先朝被难，谱失其传……早岁询祖父志其遗言，得其大略”，于是于“崇祯六年六月朔日焚香秉笔，辑成此谱”。③ 可见江氏的修谱是经过多方积累逐渐形成的。至康熙二十五年（1686），邑庠生江鸿渐将我济、霖宇两人修的族谱集合起来，“汇辑增删”，形成一本比较完整的族谱。但此后由于人口增长，族内无人统合，江氏各派又根据江鸿渐的族谱自己续修私谱，以致笔者前往调查时，所见的都是各种不同的传抄本或手写本，一直没有一本涵盖各个房派的宗谱出现。2004 年，迁往广东省阳江市的江氏裔孙还根据旧抄本接续完成一部新谱，内容包括广东及诏安的各派族裔，可以说比较完整，但已经不在霞葛江氏聚居地的范围之内。

二、霞葛江氏的宗族文化

霞葛江氏自开基以后迄今已繁衍 24 代，历经 600 多年，族人仍聚居在一起，显示血缘与地缘紧密结合的传统特征。笔者到当地调查，见到那里仍保留有明清时期建造起来的土楼或土堡，每座土楼都是一个房派的住地，或者说是由某个祖先建造、其子孙予以继承的遗产。如洋心楼就是由九世祖柱伯公建造的，《族谱》还附有一篇《四角楼祠记》云：“柱伯公筑洋心楼，图为防寇盗计，实为子孙谋久远也……公惟神悴虑，百计图维，□中求□而事告厥成焉。后因集众公议，爰请明师筑成四角楼，规模尽善，分金得宜，共计

① 井边《江氏族谱》，崇祯六年（1633）江霖宇《序》。按，《井边祖祠记》由江鸿渐撰于康熙年间，光绪末年第十六世孙江化龙重抄，因此可以反映从清初到清末的情况。

② 《阳江市江氏族谱》，2004 年重修本，第 12 页。

③ 井边《江氏族谱》，崇祯六年（1633）江霖宇《序》。

三十余间。”又十一世祖序贞自己建造圆楼一座，谱云：“郁文公三子讳冬，字序贞，与二兄移居梅子坝溪背共筑室一座以居焉，厥后独创一圆楼，外筑辅屋，俾子孙得蒙业而安，亦族内一人杰也。”序贞公生于康熙丙子(1696)，卒于乾隆戊戌（1778），享年83岁，可见这座楼当建于18世纪中叶。而四角楼肯定在此之前[①]。由于每座楼都是一个房派的住地，因此它既是宗族的血缘单位，又是作为一种地标性建筑的名称而被人们经常使用，最后变成了地名，如在那里经常可以听到的井北楼、绍兴楼、下楼、衍陂楼、下割楼、司下楼、老楼、新楼等，即是指此。这种地缘与血缘相结合的特点，与我们在永定县古竹乡所见的土楼群完全一样。[②]

土堡的兴筑更是与社会动乱有直接关联。这种建筑往往不是某个个人能够完成，而是集众人之力，保一姓或一房之平安。如井边在明朝中叶就筑过土堡，其《族谱》载：“启昌公江三郎之墓，原在井边屋背，四周皆菜园也。明初，因上饶张琏作反，继以小篆吴湘倡乱，井边筑堡以御寇，将墓围入堡内，而人与畜践而平之。”[③] 张琏事件发生于嘉靖年间，显然不是“明初”，但江氏族人为“御寇”而筑堡则是事实。后来井边堡被拆除，族人又在原址上建楼一圈，似堡非堡，仍然可以感觉出原始的模样。同样，在离井边村不远的林姓住地，嘉靖年间也建有一座城堡，该城堡至今还基本完好。城内有水井18口、祠堂18间，现住居民100多户。城开东、西、南三门，北边不开门，据说是因为北边就是黄姓的城堡，他们也不开南边门，以免“相对”。可见，明代中叶在霞葛乃至周围的客家地区建城筑堡相当普遍。清末，左宗棠在围剿太平军余部时曾奏报说，福建“漳州一带，负山滨海，民间土楼、石寨林立”[④]，这当然也包括我们今天探讨的这个区域。不过，诏安县是福佬人与客家人共存的地区，除了客家人之外，福佬人的居住区以前也建有城堡，

---

① 以上见井边《江氏族谱》，清末手抄本。

② 参见杨彦杰：《古竹苏氏宗族社会与土楼建筑》，载杨彦杰：《闽西客家宗族社会研究》，国际客家学会、海外华人研究社、法国远东学院1996年版，第19~45页。

③ 井边《江氏族谱》，“墓坟兴废特记”。

④ 左宗棠：《左文襄公全集》奏稿十四，沈云龙主编：《近代中国史料丛刊》三编第二辑，台北文海出版有限公司1983年版，第542页。。

但他们之间有何联系与区别？这是今后需要进一步关注的问题。[①]

霞葛江氏以前建有“枫林庵”一座，供奉佛教神明，明末曾经重修，但现在已经废弃不用，也没有听说过有什么庙会活动。江氏族人常去朝拜并有庙会活动的是供奉在龙山岩的观音佛祖。龙山岩距井边村约两公里，属林姓地盘，明末里人林迈佳在此创办书社，并曾邀请黄道周到此讲学。该庙第三进大殿内供有当地人称为“五圣人”的牌位，即文王、伏羲、神农、周公、孔子，第二进供奉观音，第一进为前厅，有不少清朝时期重修庙宇的碑刻。整座庙宇依山而建，风景宜人。每年从正月初二开始，周围一些村社的民众就会来抬观音出去巡游，历时一个月，所经过的村庄以江氏住地占多数，参见下表：

龙山岩观音正月出巡路线一览表

时间	出巡村落	居民姓氏	行政隶属关系	时间	出巡村落	居民姓氏	行政隶属关系
正月初二	石桥村	田	霞葛镇天桥行政村	初八	南乾	江	霞葛镇司下行政村
初三	天堂村	江	同上	初九	眼下	江	同上
初四	井边	江	同上	初十	大坪巷	江	同上
初五	井北楼	江	同上	十一 十二	司下楼	江	同上
初六	下楼	江	同上	十三	溪边	黄	霞葛镇庄溪行政村
初七	绍兴楼	江	同上	十四	庄头	黄	同上

① 清道光年间，诏安县四都（福佬人居住区）也有城堡存在，参见陈盛韶：《问俗录》，书目文献出版社1983年标点本，第85页。

（续上表）

时间	出巡村落	居民姓氏	行政隶属关系	时间	出巡村落	居民姓氏	行政隶属关系
十五	庄尾	黄	同上	二十五	吉坑	江	同上
十六	下涂	涂 黄	霞葛镇五通行政村	二十六	四角楼	江	同上
十七	桃林	林	霞葛林场	二十七	下楼	江	同上
正月十八	黄泥坑	黄	秀篆镇磜岭行政村	二十八	小元中	江	霞葛镇坑河行政村
十九	庵下	林	霞葛镇庵下行政村	二十九	黄茶	杂姓	霞葛镇华河行政村
二十	南陂	林	霞葛镇南陂行政村	三十	店下坪	卢	同上
二十一	坑头	江	霞葛镇坑河行政村	二月初一	下河	赖	同上
二十二 二十三	彩下	张	官陂镇彩下行政村	初二	下河	杨	同上
二十四	磜头 上磜头	江	太平镇元中行政村	初三	入庵		

这个巡游的范围比较广泛，遍及霞葛几个行政村以及周边乡镇的一些村落。据村民们说，以前广东饶平县建饶镇的江氏族人也会来抬观音，他们是从井边分出去的，与黄泥坑同天。每到一村，村民们除了携带供品前来祭祀之外，晚上还会在神明面前跌筊许愿。跌筊时用的供品各村不同，有的姓氏说他们要杀猪敬献三牲，有的江氏族人说他们是以橘子来许愿的。每次跌筊许愿要先摆上橘子，如果许愿未成，再追加橘子，直至胜筊。明年就以胜筊

的橘子数加倍还愿。出巡的队伍除了管庙人员外，还有各村的村民。他们从龙山岩抬观音、金童、玉女以及一把凉伞出发，按照固定的路线逐村而行，基本上每村一天，村与村之间在边界交接，显示很强的组织性和地域特征。这种以地缘和血缘组织连接而成的神明祭祀网络，在闽西各地经常可以见到，在诏安县南部的福佬人居住区也存在。但各地崇拜的内容及其组织形式均有所区别，这是不同区域内经过长期历史演变的一种结果。

霞葛江氏除了对神明的崇拜外，其宗族文化还有一个很显著的特点，就是特别注重风水，甚至把宗族的兴衰与风水直接联系起来。在《江氏族谱》里我们经常可以读到这方面的文字，如清朝初年有一支迁往南坑的房派人丁稀少，修谱者认为这是因为他们没有土地，“卒而神主无处安置，祖骸埋葬埔上”；加上明朝末年有位后代因贪图钱财，竟然把自己祖先的坟地盗卖，“掘棺火化，改埋塔行背，山飞水走，安能发福?”与此相对应的，如果有些房派人丁兴旺，修谱者就特别加以点评，“此派丁财较兴，善寻风水也”；“记上一派丁财大发，而房份不均，乃风水使然也”。在记述八世祖次林公的世系以后，族谱编撰者又不无感慨地说：“按次林公子孙仅传五代，几无一线之系，何衰微至于斯极其？盖由树德堂宗祠面前砂走窜而西水来朝，有干于二房。加之池口坑祖坟案外一水直流，靡所底止。况自己既无私地，又无住场，故衰微至此耳。由此观之，风水之所系甚大，为子孙者不可不三致意焉。”此类感叹真实地道出了族谱编撰者的思想、情感和价值观，这也是普通百姓一直在接受熏陶的一种传统观念。

由于祖坟、宗祠的风水关系重大，因此江氏族人经常请人代为寻找好风水，而且还不时有人去学习堪舆，充当“地师”，其中最为有名的当属江氏四房第五世祖糜仙公。据族谱载：他身材魁梧，赋性颖悟，对古书的理解力极强。中年“善习堪舆、星士家言”，于是拜当时诏安的名师许宾为师。平时不爱喝酒，也不喜欢吃干饭，一吃干饭就“喉哽”，只能喝粥。由于他“为人择吉卜葬，吉凶断验如神”，因此乡人称他为“糜仙”。明嘉靖初年，糜仙的兄嫂去世。此时他有一块“名地”是许宾选中送给他的，他拿出来埋葬嫂子。后来，长兄的两个房派都很发达。族谱说：“今长次两房丁财兴发，实此地之庇荫也，宜念德而毋忘所自哉。”这个记载是从表彰“糜仙”的角度说的，但却反映了普通百姓追求并崇拜风水的事实。由于一个有“灵气”又能得到适当使用的风水宝地据说可以“庇荫”子孙，因此寻找这样的地点就成为人们孜孜以求的目标。

不过需要指出的是，重风水的观念在传统社会里相当普遍，并非客家人所独有，有区别的只是流派和民众崇信程度的不同而已。霞葛江氏的聚居地，以及邻近的官陂、秀篆两个乡镇及太平镇的一部分，历史上被统称为“二都”。这里与平和县大溪、广东饶平北部等地连成一片，是客家人的传统居住区，至今仍是如此。道光年间，曾到诏安任知县的陈盛韶就发现“二都”的民众特别崇拜风水。他在《问俗录》中写道：“二都界连粤省，山深气寒，民愚而蛮，乔而野。父母死，治丧重陈酒，衣衾棺椁不以介意……其民惑于风水，一棺落穴，前后左右俱防冲煞。数里之地，忌戕山脉，社庙香火所照，以为大不祥……且葬至数年，家有灾祲，复开棺检枯骨而洗之，拾诸瓦坛。其坛高尺许，名曰金罐。瘗诸山麓向阳处，半露于外，俾受日月光华，如是者有年，乃迁葬。余出示严禁不止。”① 很显然，所谓客家人的“二次葬”习俗，实与风水观念有关。而诏安“二都”的这些客家丧葬习俗，又是在长期的山区生活中，由畲、汉等族群的底层文化互动交融的结果。一个区域性族群文化的形成，离不开他们赖以生存的自然环境和人文历史背景，霞葛江氏的宗族文化也是如此。

三、霞葛江氏宗族文化的影响

霞葛江氏地处闽南与广东省交界处，又是诏安县通往平和的必经之地。明末清初，这里与广东的潮州、潮阳、饶平等地曾是郑氏与清朝势力反复拉锯的战场，因此很多人死亡、外迁或者参加了郑氏与清朝之间的战争，在这种环境下，江氏也很早就与台湾发生了关系。如《江氏族谱》载：十世祖江佐因与人争斗被刺死，族人告官不成。其弟江石“因兄遇害，告诘复仇，兼大兵削乱，派办困苦，力不能堪，妻死而鳏，携一子逃入海岛台湾之地而屯

① 陈盛韶：《问俗录》，卷四诏安县“风水”，书目文献出版社 1983 年版，第 84 页。

耕”。[①] 又，十二世祖江敦五，“移黄冈薛厝寮开荒，被海寇杀死……生一子名阿等，寇掳去台湾，不知其存殁”[②]。清朝统一台湾以后，随着大陆移民迁往台湾的浪潮，江氏有更多族人迁往台湾岛。随着相续不断的移民浪潮，江氏族人也把他们在原乡的生活经验和文化传统带入台湾，并且在当地的历史发展过程中继续得到演变和延续。

笔者曾考察霞葛江氏后来迁往台南鹿陶洋的一个支派。该支派的开基祖称“如南公”，属于江氏下层第十二世，原居霞葛井边村，康熙六十年（1721）携长子渡往台湾。据鹿陶洋的《江氏祖谱》载：江如南原来是个道士，会作法，爱赌博，因积欠赌债无力偿还只好离家出走。到台湾以后正好赶上朱一贵起义，又充当朱一贵的军师，后来躲过清军的追剿才在鹿陶洋山区发展起来。其《祖谱》载：

如南公早前亦有得无字天书，故能得借土地法，亦能作法活掠雀鸟而来与小孩子游戏，本是天师神转世，故能为师之职位……幼年时代好赌博致破家资，积欠赌债止存三石种田以奉母亲之瓮餐，计所屈无奈，离其长子日服避居台湾，时值康熙六十年扶鸭母王，因作乱，幸天之祐，不几日大兵清平，保全其身后矣。[③]

江如南到台南开基与清朝初年许多客家人迁台之形形色色的背景基本类似，但他具有民间道士的身份倒是比较特别。除了会作法外，江如南显然也会看风水。如今鹿陶洋江氏族人还会讲述许多早期的风水故事，都与如南公有关，其中一则讲到江家的居住环境就是江如南确定的：

为了让后代子孙一直保持兴盛，江如南依据风水地理观念兴建江宅，屋后有山为依靠，左右也有两个具有“钟”“鼓”意义的小山丘可以屏障，屋子面向溪流，并在屋前留下一个种植莲花的大水池“月眉埤”，作为“风水池”。江如南知道风水地理随着时间、空间转变也会有微小的变化，为了让祖祠风水能够永远维持在最兴盛的状态，江如南事先推算了风水变迁，并留下锦囊，吩咐子孙每隔数年便取出锦囊，依据锦囊的指示，改变“月眉埤”的

---

① 江鸿渐：《江氏族谱》，康熙二十五年（1686）修，手写本。

② 井边《江氏族谱》残本，清末增订，手写本。

③ 鹿陶洋：《江氏祖谱》，2002年修订本，第9页。按，原文标点笔者稍作修改。

出水口，好让江家祖业能够维持永远兴盛……据说，五十多年前，因为当时的主事不慎遗失锦囊，使月眉埤无法适时改变出水口，江家产业也随之中落。①

这个旨在解释江家兴衰的传说故事，却凸显了江氏开基祖的风水堪舆才能，以及他的后代之风水观念。而这种普遍存在的风水观念以及江如南的所谓谋略与才干，显然与霞葛江氏的宗族文化背景息息相关。

鹿陶洋江氏除了重视阳宅之外，与原乡的族人一样，也很重视阴宅即祖先坟墓的庇护作用。如《江氏祖谱》记载台湾的十七世祖必通公，他的坟墓就经过了三次改葬。第一次于清末，埋葬地点不详；第二次"改葬在园仔内自己田边坑墘，坐东北向西南，地点遂（虽）然好，近坑墘不得力"；于是等到台湾光复后，又于1946年农历八月十五日"第三次改葬在埔头仔董子山顶"，据说此次改葬是江氏崇拜的神明——田府元帅指点的结果，因此特别慎重。

元帅有分明指教，此风水欲造者须当立誓与元帅听之，然后可兴工，且而此地点不似乎平常地是其奇异之地点，改葬后绝不可迁徙为要，今以灵符一座镇在分金中可以保万年，进金之日二十世孙江万金为主事，有对元帅面前立誓如下："今蒙恩主田府元帅垂青爱顾，方指教弟子改葬之重要问题，弟子甘愿尊承受元帅之旨意，日后绝对所为行为遵守天良道德，以四正为平准，绝不敢欺压民众，不骄傲，不变态，以执中和行之。"总而言曰，为善舍恶之至，诚心为善良，就是希望以后之子孙要一定遵守，若不遵守天良道德者，即与元帅责罚及撤退其地理，即不得异言。②

这份可以视为与神明立约的誓词及其改葬仪式，既反映鹿陶洋江氏在战后希冀得到宗族振兴的努力，也是江氏族人透过神明崇拜谋求宗族内部进一步整合和规范集体行为的一部分。有意思的是，这次改葬的主事者就是1947年首次编修族谱的主持人，而他在族谱中详细记载的祖先风水及其意义，与明末清初以来大陆霞葛江氏的族谱编撰思想却是一致的。

霞葛江氏迁到鹿陶洋以后，原先并不怎么发达，至嘉庆、道光以后才逐

---

① 江进富：《宋江阵的故乡——鹿陶洋江家古厝》，台北文建会1999年版，第17~20页。

② 以上见鹿陶洋《江氏祖谱》（修订本），第10~11页。

渐兴盛起来。如今，江氏保留有庞大的古厝建筑群，其中间主体部位是“四进三落”建筑，含拜亭、公厅、神明厅和祖祠，左右两侧分别排列着七条和六条的护龙，建筑物背后有“化胎”，前有风水池，整体格局与客家人的围龙屋十分类似，但并没有我们在原乡见到的土楼和城堡。在主体建筑的神明厅内，供奉着江氏族人崇拜的田府元帅、李府千岁、东峰大帝以及江氏祖先的牌位。东峰大帝据说是江氏开基祖从原乡带来的，但在诏安县霞葛江氏的住地却没有发现这种崇拜的痕迹。田府元帅和李府千岁也是在台湾“引进”和供奉的，显示江氏的宗族文化在建筑和神明崇拜等方面也有某些新的适应性改变，但其内在的文化传统和价值观念却与原乡一脉相承。[①]

我们在鹿陶洋江氏住地，还能听到许多有关开基祖与风水宝地的故事，其中一则谈道：据说江如南来开基以后，先是辅佐“鸭母王”造反不成，后来就在鹿陶洋附近放养鸭子。江如南养的群鸭每天每只都会生两个蛋，而且地点就在别人的一丘田里。由于鸭子生蛋比别人多一倍，地点固定，如南公就知道这是一块风水宝地，因此每天去捡鸭蛋，自己只吃一部分，把多余的另一部分蛋送给田主吃。时间久了，那田主过意不去，就把鸭子经常生蛋的田卖给了如南公，姑南公以后就在那里建起了祖厝祠堂，家业也从此发达起来。[②] 这类有关鸭子（或母猪、母鸡等家禽、家畜）寻找风水宝地的故事，我们在闽西调查时经常可以听到。在诏安霞葛江氏住地，笔者在他们的祠堂里也听到了同样的说法，也是在讲江氏开基祖放养一群鸭子，每天每只鸭子都会生两个蛋，后来就在鸭子生蛋的地方建起祠堂。所不同的，只是鹿陶洋江氏的故事多了辅佐“鸭母王”以及买地建屋等情节。这表明鹿陶洋江氏的传说故事其实很完整地保留了原乡的故事母题，而这类故事必须把它们放在更广阔的时空背景下去解读，才能显示它的意义。它们的出现实际上是在一个共同的文化土壤中不断被复制、加工的结果，是成千上万个相同的乡土文化产品中的一个。而这类故事之所以具有如此强大的生命力，关键就在于它们紧密连接着传统社会普通百姓的日常生活，对于人们理解本宗族的“历

① 有关江氏在鹿陶洋的发展及其宗族文化的形塑，参见杨彦杰：《移垦历史与宗族文化的构建——以鹿陶洋江氏宗族为例》，台南“第一届南瀛学国际学术研讨会：南瀛地区的历史、社会与文化”参会论文，2005 年 10 月。

② 这个故事在江进富《宋江阵的故乡——鹿陶洋江家古厝》一书中也有记述，参见该书第 14 页。

史”具有很强的解释性。它们产生于过去，却延续到现在，并影响着未来。从闽西到闽南再到台湾，几百年来一直未变。

诏安县霞葛江氏是客家人，却生活在闽南地区。从霞葛分迁到鹿陶洋的江氏族人也是生活在福佬人与客家人相互交错的区域内。现在，鹿陶洋江氏族人已经全部讲福佬话了，但他们重视宗族、聚族而居的传统，以及特别重视祖先风水的基本观念，仍然很强烈地保持着。诏安与平和、南靖等县都是福佬人与客家人的交界区，不同民系的文化在这个区域内显然很容易交互影响并有所区别，因此研究闽南文化，尤其在漳州地区，更应该注重对客家文化的探讨；不仅可以加强福佬与客家不同文化的比较，而且可以跨海峡作两岸文化的比较。在此过程中，除了比较的方法之外，注重田野调查，广泛收集乡村资料包括普通百姓的传说故事，并把它们放在更广阔的时空背景下加以解析，对于深化我们的理解和认识极为重要。

闽西客家与南洋的关系——以永定湖坑李氏为例①

永定是著名的侨乡，也是闽西客家地区在海外华侨最多的一个县级行政区，对永定侨区进行考察，显然对于研究闽西客家的华侨问题具有重要意义。1993年10月，笔者曾同劳格文、周立方先生到该县湖坑乡作田野调查，其中着重考察了湖坑李氏，收集到一批族谱、碑刻、口头传说等资料，同时参加了李氏一年一度规模盛大的“做大福”活动。关于此次调查的成果，劳格文先生已有专文发表，对湖坑李氏的宗族社会及其神明信仰等问题都作了详细深入的研究，可资参考。② 本文拟专门利用此次田野调查收集到的移民资料，结合历史文献记载，着重就湖坑李氏迁居海外的规模、时间、地点、路线、出洋原因以及相关的文化交流等问题作一探讨，以期通过这个讨论，从一个侧面具体了解历史上闽西客家与东南亚各地的关系。

一、湖坑李氏的来源与族谱

湖坑镇位于永定区东南部，东与南靖县接壤，东南与平和县相毗邻，西接本区的大溪乡，北靠古竹、岐岭两个乡镇。全镇区域面积96.7平方公里，人口2.3万多，分成16个行政村。湖坑镇的居民主要有李、苏、江、林、黄、吴、余等几个姓氏，其中李姓7000余人，苏、江、林三姓各3000余人，黄、吴、余等姓仅各一二千或数百人而已。李姓是当地的大姓，而且他们的居住地就在镇政府附近，往四周延伸，分布在湖坑、西片、新街、五黄、六联、楼下这6个行政村内，相互之间都距离不远，正处在该镇的北半部和中心地带。

---

① 本文为“第三届国际客家学研讨会”参会论文，1996年11月9—12日，新加坡。

② 参见 John Lagerwey, *The Li Lineage of Hukeng*，香港“第二届国际客家学研讨会”论文，1994年12月。

湖坑镇在明清时期隶属于金丰里。此地东接闽南，往南去又靠近广东，因此历史上外出谋生的人很多，是永定区最主要的侨区和台胞祖居地之一。

湖坑李氏来源于何地？早期并没有留下太多的记载。据最早编修族谱的李北川说："我祖里居上杭杨梅洞，厥后移居金丰大溪坎下，不知代住几何？至大元间复移居湖坑岭下，历三五郎公、五三郎公，千五郎始生大六郎，乃有五子。"① 所谓"金丰大溪坎下"即现在的大溪乡联和村，因此李北川把三五郎的父亲庆三郎作为他们宗族的始祖。此后，接续修谱的李正渊（号最尼）亦在他的文章中写道：

> 我湖坑代传公即派始祖庆三郎移于未县之永定金丰里大溪乡莒溪何岭头守炉场。公死于斯，坟骸俱亡，惜哉！皆无谱之所致也。②

可见湖坑李氏的宗族来源是靠口头相传留下来的，并认为庆三郎是移居永定的"派始祖"。

但李正渊并不满足于这些口头传闻，他想追溯出更早的历史，于是亲自到上杭县去寻找，果然在杨梅洞李祖家得到一本"大家之作"。据该谱记载，上杭开基祖李火德公生有三个儿子，其中长子三一郎又生一子四二郎，四二郎再传五子："长曰百一郎、次曰百十郎、三曰百十一郎、四曰千三郎、五曰千四郎。"而在这五个人当中，有四个人名下都载有子孙，唯独千三郎名下空缺，仅书一个"移"字。因此李正渊断定这个千三郎即是湖坑的庆三郎，他是"因逃移改为庆三郎"的，"则我湖坑之祖庆三郎公太是火德公之长子三一郎公之所派无疑矣"。于是"三薰搦管"，十分恭敬地将上杭族谱抄录了一份带回来，并把它写入湖坑李氏的谱系之中。李正渊在做完此事后不无得意地说：

> 叔祖北川公作谱一牒。盖北川公博览经史，广采嘉言，寿之九十有三，可谓先觉者也。然其谱以庆三郎公为始祖，衍派于湖坑，未得先代大家之作也。今渊以为火德公为始祖，凡属其真派者，俱谱成一家。谨效欧阳氏之谱法，递传五代，系传百世……则上同其所出之祖而下别其亲疏等级，若觉理

---

① 李北川：《古庐记》，载《陇西郡湖坑李氏家谱》，手抄本。

② 李正渊：《若稽》，载上引家谱。

明而派著也。[1]

李正渊上述文字写于康熙四年乙巳岁（1665）。自此以后，湖坑李氏便与上杭李氏接上了关系，成为李火德的后代子孙。

至乾隆四十九年（1784）以后，湖坑李氏宗族内又有人对李火德的子孙进行探讨。他假托李北川的名义写了一篇文字附于《古庐记》之后，[2] 文云：李火德生有三子，其中长子即“我祖三一郎名朝文，罐书；三一郎原名四二郎，碑书”。并说三一郎生有五子：“长百一郎、次百二郎、三百三郎、四千三郎、五千五郎。”[3] 这样一来，湖坑始祖庆三郎（即千三郎）与火德公的距离又拉近了一步，由原来的曾孙辈变成了孙辈，因为原来的四二郎是三一郎的儿子，现在则成了三一郎本人。我们不知道这种说法根据何在？猜测可能是从重修祖坟中得出来的。另外一点，上述说法也把千三郎四个兄弟的名字大都更改了，理由依然不明，但它对后来却有较大影响。

现在湖坑李氏仍以李火德为计算代数的起点，最小32代。但如果从开基湖坑的始祖三五郎算起，则为29代。三五郎在《族谱》中被记为“元太祖时人也”[4]，李北川也说“至大元间复移湖坑岭下”，因此从上引资料及繁衍代数看，李氏到当地开基大致是在元朝年间，这一点可以肯定。他们现在通常使用的世系详见下文“湖坑李氏一至八世祖世系表”所示。

湖坑李氏的历史至八世祖以后就逐渐明朗起来。八世祖共有五个兄弟，即积玉、德玉、实、梅轩、孝子，他们的后代都分迁各地开基，自成派系，因此现在湖坑李氏以八世祖为标志分成五大派别，其人口和住地的基本情况是：长积玉，仍留居湖坑，后代在当地发展，主要居住在湖坑、西片、新街、五黄这4个行政村内，共5000余人，据说又约有8000人居住于湖山乡。次德玉，后代迁往古竹乡杨梅窠，又分迁南靖县宝坑，亦有人住在本镇楼下村，现在楼下的居民700余人。三实，迁往南靖县坂寮，在湖坑本地区无后代。

---

① 以上引自李正渊《若稽》。

② 按，李北川生于明嘉靖二十八年（1549），卒于崇祯十四年（1641），其撰写《古庐记》当在明末。而这篇文字却述及“大清乾隆四十九年甲辰岁修祠换牌”之事，显非李北川所作。

③ 引自《陇西郡湖坑李氏家谱》。

④ 《历代相传支派次第》，载上引家谱。

四梅轩，有后代居住在六联行政村，当地居民1700多人。五孝子，外迁，散居于平和县小溪、晋江市湖头以及诏安、安溪等县，据说前往台湾、东南亚的人也不少。由此可见，湖坑李氏现在那里居住的主要是积玉这一派，另外也有少数德玉、梅轩派下的居民。

由于现在湖坑李氏以积玉这一派为主，他们人口众多，因此在积玉以下又分成了几个房派。首先是积玉的孙辈，即十世祖分成四大房，当地人称为“上四房”：长房永康，共有后代200～300人，聚居于新街下坝；次房永佑，有后代4000多人，居住在湖坑、新街、西片和五黄的上下黄、五子洞等地；三房永稠，共有后代400多人，聚居于宫背桐树、大围下；四房永宁，有200多人，居住在田河。永佑后代最多，发展到第十四世再分出四房，此即“下四房”，其中又以第四房李北川的后代为最多，达到3000多人，其余为400～500人或100多人而已。

湖坑李氏一至八世祖世系表

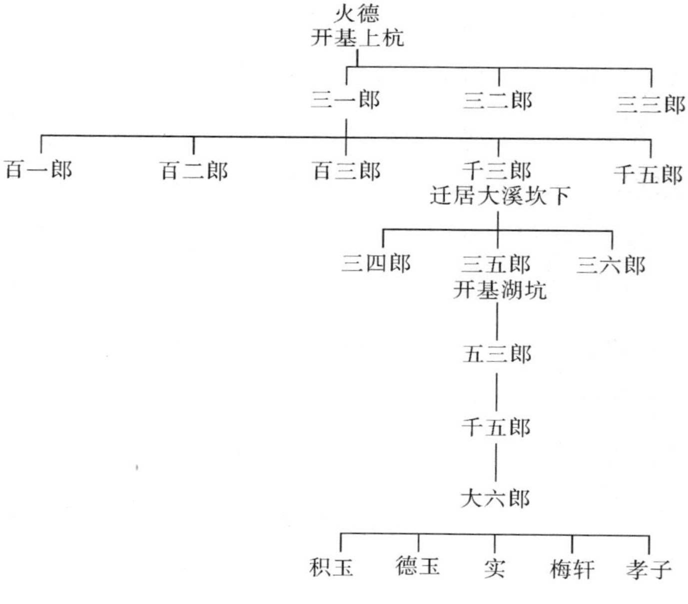

李北川即是我们前面谈到的最早编修族谱的那一位。他生于明嘉靖二十八年（1549），万历年间“因业举学不利”，遂立志修谱，直至天启四年

(1624) 他76岁时才完成了第一部族谱。[①] 在李北川之后，又有十六世正渊于康熙四年（1665）继续修谱。与此同时，大致在康熙年间，十七世祖庚佑亦重修了族谱。而在乾隆年间及其以后，仍然有人继续重修，如十九世祖李国英就曾于乾隆二十三年（1758）写了一篇《湖山李家谱论》，收在他们的族谱之内。[②]

湖坑李氏经过20多代的繁衍，人口越来越多，散居各地，有的派系之间关系不是十分密切，因此尽管历史上常有人接续修谱，但时至今日仍然没有一部完整的族谱问世。我们在当地调查，发现李氏的族谱相当分散，往往每个房派各有自己的手抄本，内容多有重复，而且所记世系又都是本房派的，其中与本文较有关系的主要有以下几种：

1.《陇西郡湖坑李氏家谱》。该谱是20世纪30年代由一个老秀才手抄的，里面保存了李北川所撰《古庐记》、李正渊撰的《若稽》以及不知名的《溯源记》[③]、《历代相传支派次第》（四至十二世祖）等早期资料，颇有价值。

2. 宫背《李氏族谱》。该谱亦系手抄本，无谱名，内容与前谱大多相同，但载有《北川叔祖太开谱序》《永佑下代焕湖公续序》等资料，则是上述族谱所没有的。

3.《湖坑李氏族谱》资料。这是一位离休干部近年来收集而成的，抄录于他的私人笔记之内，其中大部分资料在上述两谱已经见过，但里面有李国英所撰《湖山李家谱论》一文及《岭下祠秋祭祝文》等资料，则为他谱所未见。

4. 长滩《李氏族谱》。该谱亦抄有《历代相传支派次第》等，同时有长滩一脉（属永佑派下，十八世开基）的房族资料。

5. 宫背《湖坑李氏族谱》。该谱是清代遗留下来的手写原始族谱，前后

① 见《北川叔祖太开谱序》，载宫背《李氏族谱》。

② 以上参见李国英《湖山李家谱论》。按，李国英在《谱论》中自称为“二十世孙”，因为他认为三一郎以下有四二郎，但如果按照现行世系，则为十九世。

③ 按，《溯源记》原注明为北川所作。但此文的主要内容是记述李火德的事迹，李北川“未得先代大家之作”，并没有把火德公当作他们的始祖，显然不可能将族源溯及李火德，故属伪作。

无序、跋，并已相当破损，但它保存着除了孝子这一派之外的所有派系资料，其中以积玉这一派最为翔实，其次是梅轩派下，最少的是德玉这一派。因此它是一本相对完整的清代族谱，也是以下我们要据以分析李氏族人出洋的主要资料来源。

二、李氏族人迁居南洋及其社会历史背景

湖坑李氏自从三五郎到当地开基以来，至明朝宗族势力已有初步的发展，入清以后发展更快，[①] 其中以（八世祖）积玉—（十世祖）永佑—（十四世祖）北川这一脉人口增长最为迅速。永佑的长子生有九个儿子，同样的北川又生了九个儿子，这样一来，经过几代人的繁衍，其人口的膨胀速度可想而知，因此从十几世以后，李氏向外移民的人数也逐渐增多起来。

湖坑李氏族人前往海外，从代数看，最早的实例是从十七世开始的。据宫背《湖坑李氏族谱》（以下简称宫背《族谱》）记载："十七世怀璋，吧故。"这个在吧城（即 Batavia，今印尼雅加达）去世的李怀璋是梅轩的裔孙。再往后，十八、十九世前往海外的人数就明显增多，特别是二十世以后更加大量，以下试举几例：

十八世萃社，往安南。

十八世萃吉，生二子往暹罗。

十九世耀湖公，妣陈氏，生二子：长俊明，娶苏氏；次彩明，俱往番。止。

十九世廷秀，生子往番。

二十世舍旺，在吧，生二子。

二十世珍林，往麻六甲番。

上举这六个实例，代表的情况各有不同：第一个例子是十八世祖萃社本人前往安南。第二、三、四个例子则不是谱主本人，而是他的下一代外出。

---

① 详见 John Lagerwey，*The Li Lineage of Hukeng*。

如十八世萃吉生有二子往暹罗，说明外出的是他的儿子十九世；同样的十九世耀湖、廷秀的情况也是如此。与之相反，第五例则是本人外出，但在海外生子的实例，因为它把“生二子”写在“在吧”之后，表达的顺序已明显不同。此外，在上引例子中大部分都载有前往海外的地点，但有的却只书“往番”，具体地点不详，这些只能笼统当作前往南洋处理。

根据以上认识，我们在宫背《族谱》中共检出 126 个移居海外的个人资料，现分别将情况统计成一表（表 1）：

表 1　清代湖坑李氏迁往南洋人数统计

地点 / 人数 / 世祖	吧城	暹罗	安南	北大年	旧港	马六甲	不详	合计
十七世	1							1
十八世	7	7	1					15
十九世	8	13		2			1	24
二十世	16	26	1	1	1	1	7	53
二十一世	4	14			1		12	31
二十二世	1	1						2
合计	37	61	2	3	2	1	20	126

资料来源：宫背《湖坑李氏族谱》。

从上表资料可见，湖坑李氏从十七世至二十二世共有 126 人前往东南亚各地，其中前往暹罗的人数最多，达 61 个；其次是前往吧城的，37 个；接下来分别是北大年、安南、旧港、马六甲等，仅各一两个或两三个而已。此外还有注明“往番”但地点不详的 20 个。也就是说，历史上湖坑李氏前往东南亚，其移居的地点相对固定，大部分都集中在暹罗和吧城这两个地方。

其实，如果进一步分析就能发现，这种移民的方向性又往往与宗族内部的派别有关。我们曾分别就积玉和梅轩两派进行统计，结果发现，在梅轩派下的22个移民中，全部都是前往吧城的，没有一个移居暹罗；反过来说，在积玉派下的那些侨民中，绝大部分都是前往暹罗的，移居吧城的才有15人，比梅轩的还少。这就充分说明，历史上客家人移居海外往往是同宗族或同派系的人相互牵引出去的，因此他们也相对集中地住在一起。这一方面显示出客家人具有较强的团结性和群体精神，另一方面也与当时侨民出国的方式有密切关系。

另外一点，从世代分布的情况看，湖坑李氏移居海外也有一个发展过程。在十七世以前，《族谱》内尚未出现族人出洋的记载。十七世才出现1个，接着十八世就有15个，十九世24个，二十世达到53个，为最高峰；再往后二十一世仍有31个，二十二世仅剩2个。二十二世的出洋人数锐减，并不等于族人出洋就此结束，而是因为该《族谱》只修到二十余世就没有接续下去了。但在我们统计的十七至二十二世这个时段中，很明显可以看出李氏移居海外主要集中在十八至二十一世这一段，仅仅4代人就有123个出洋，占总数的97.6%。

为什么在十七世以后会突然出现族人出洋的高潮？这些人主要生活在什么时候？

在宫背《族谱》中，所有移居海外的资料都没有记载他们的出生年月和外出时间，但我们可以从其他方面加以考证。

首先，从一些人的生卒年份看，该《族谱》对一些较有名望或地位的人都载有清楚的生卒年份，我们从中找出一些相关的例子，略引于下：

十七世参化，公讳际熙，字集赞。生于万历四十八年（1620），卒于康熙二十七年（1688）。

十七世参赐，公讳际雍，字集荣。生于崇祯三年（1630），卒年不详。

十七世际茂，字集明，号参宜。生于崇祯十二年（1639），卒于康熙四十五年丙戌岁（1706）。

十八世仰文，公乡宾，字定发。生于顺治十二年（1655），卒于乾隆三年戊午岁（1738），享寿八十有四。

十八世秉真，讳占芳，字萃行。生于康熙十三年（1674），卒年不详。

十九世厚存，生于康熙十三年甲寅岁（1674），卒于乾隆六年辛酉岁（1741）。

十九世恢绪，生于康熙四十三年（1704），卒于乾隆四十七年（1782），享寿七十有九。

二十世文修，讳南英，字德裔。生于雍正元年癸卯岁（1723），卒于乾隆十八年辛［癸］酉岁（1753）。

二十世万春，字林涵。生于雍正九年辛亥岁（1731），卒年不详。

二十一世辅朝，生于乾隆六年辛酉岁（1741）；公庆，生于乾隆十二年丁卯岁（1747）；华兆，生于乾隆四十五年庚子岁（1780）；发曾，生于乾隆五十年乙巳岁（1785）。卒年均不详。

二十二世敬亭，生于乾隆三十四年己丑岁（1769），卒于道光十六年丙申岁（1836），享年六十八岁。

二十三世亮庆，生于嘉庆十二年（1807），卒年不详。

也就是说，上引这些例子，绝大部分都是出生于清朝的前半期，只有个别十七世祖出生于明末。但如果考虑到刚出生的婴儿，在通常情况下是不可能出洋的，因此把生年再加上 20 年计算，那我们就可以大抵知道，湖坑李氏的出洋（即十七世至二十二世）应该是从清初开始的，一直持续到乾隆年间或者以后。

此外，我们也可以用科举中式的时间来进行比较。湖坑李氏历史上科举中式的人很多，据我们在宫背《族谱》搜集到的资料，其中考取举人的就有 3 人、贡生 6 人、生员 47 人，此外还有 70 名捐纳的国学生或者太学生。生员（即秀才）一般是在年轻时代考中的，与出洋人的年龄差不多；而且他们都是李氏的十七至二十三世祖，与我们要考察的这个时段也基本一致，因此可以用作比较。

从表 2 资料可见，李氏这些被取入府、县读书的生员，他们中式的时间除了个别人外，大部分都在 18 世纪，亦即清朝的康熙末年至乾隆年间。尽管有的人入取时间还会更早一些，有的则会更迟，而且同一代人科举中式的时间相差颇远（几十年），代与代之间因此会交叉在一起，但如果把这几代人作为一个整体来观察，则他们的时间段限相对集中。亦是说，湖坑李氏的出洋时间，对照上述资料，基本可以断定主要也是在18世纪。或者更确切一点说，有的人从17世纪末叶就开始，有的人迟至19世纪上半期，但18世纪这一百年间肯定是最主要的。

表2　李氏生员中式时间表

世祖	名字	入取年份	世祖	名字	入取年份
十七世	参予	康熙三年 1664	二十世	春涵	?
	庚佑	康熙十八年 1679	二十一世	孚轩	乾隆十五年 1750
十八世	萃英	康熙十九年 1680		昂建	乾隆三十年 1765
	萃连	康熙二十七年 1688		永清	乾隆四十年 1775
	萃南	康熙五十五年 1716		起丰	乾隆四十七年 1782
十九世	立甫	雍正七年 1729		起光	乾隆四十九年 1784
	立烂	乾隆八年 1743		宗祁	嘉庆四年 1799
	立屏	乾隆十九年 1754		起云	嘉庆六年 1801
	光川	乾隆二十八年 1763		日贵	嘉庆六年 1801
二十世	荣溪	雍正元年 1723		叶选	嘉庆十年 1805
	逢春	雍正六年 1728		曾亮	嘉庆十七年 1812
	瀛溪	乾隆二年 1737	二十二世	国华	乾隆二十一年 1756
	荣魁	乾隆十年 1745		威翰	乾隆四十年 1775
	堂辉	乾隆十六年 1751		都翰	乾隆四十一年 1776
	元俊	乾隆二十五年 1760		亨福	乾隆四十三年 1778
	敬堂	乾隆二十六年 1761		师翰	乾隆四十九年 1784
	林涵	乾隆二十七年 1762		仁佐	乾隆五十一年 1786
	希升	乾隆二十八年 1763		能初	道光十三年 1833
	猷俊	乾隆二十八年 1763		鼎成	?
	霭亭	乾隆三十三年 1768	二十三世	连玉	乾隆四十年 1775
	诗山	乾隆四十年 1775		开国	嘉庆六年 1801
	峰涵	乾隆四十一年 1776		挺轩	?
	宪卿	乾隆四十七年 1782		祥开	?
	湘涵	乾隆五十二年 1787			

资料来源：宫背《湖坑李氏族谱》。

17世纪末至18世纪，正值中国的康、乾盛世，也是华人出洋较多的一个阶段。华侨出国原因是多方面的，既有政治上的因素，也有社会问题等背景，但更直接的原因当与经济有关。就湖坑李氏而言，其原因主要有以下几点：

第一，宗族发展造成人口对土地压力的增大。湖坑李氏自元朝迁往当地开基以后，在早期人口并不很多，人口与土地的关系也不显得紧张。当时李氏居住地附近还有其他姓氏的居民，而李氏聚居的岭下、坎下、宫背各处，土地颇宽，尚有足够的活动空间。但至明朝末年，由于人口的增长，土地问题已日益显露出来。十四世祖李北川说："夫湖坑小壤也，其开创亦已久矣，前人屡居亦云众矣。"以前"居广而人稀，今则人稠而地窄，若不别图则容身无地，何以克昌厥后也"①。他已深深感到人口对土地的压力。到了乾隆年间，这方面问题显然已经达到十分严重的地步。李氏不仅已扩展到祖居地以外的其他地方，而且还是人满为患。乾隆二十三年（1758）十九世祖李国英说：湖坑一个小地方，积玉公派下分成四大房（即上四房）皆聚居于此，"人物蔚济，永宗一家，传世二十有剩，群萃同乡，生人五千有奇"②。也就是说当时在湖坑居住的积玉派下就达到了5000多人，比现在积玉在当地的人数还多出1000余人，由此可以想见乾隆年间湖坑李氏人口膨胀的程度。

人口的迅速增长，除了族人继续向周围地区扩展之外，还有另一个办法就是向外迁徙流动，以谋求新的生活出路。事实上，早在明朝末年李北川已很清楚地意识到了这一点。他撰写《古庐记》一文，目的就是要告诫族人应该向外寻找更多的生存空间。他在文章中写道，以前李氏周围住有钟、刘、罗、林、邱、雷、何、赖等姓的居民，后来都相续灭迹了，原因何在？"盖前人苟目前之安，不思卜居而处也。"因此要保持一个宗族的繁荣昌盛，就不可固守一地，不思进取："地可卜宅，虽竭财力而无惮，毋曰衡门尚可栖迟，弗劳重伤而改作也；里可改迁，虽至远离而弗惜，毋曰安土自可敦仁，何事恭新而弃旧也。"③ 这种思想虽然是在总结前人经验的基础上提出来的，同时也是宗族人口增长这个客观现实的自然反映。以后随着族内人口繁衍越来越多，

① 李北川：《古庐记》。
② 李国英：《湖山李家谱论》。
③ 李北川：《古庐记》。

向外“卜居而处”的思想也就越加浓厚。湖坑李氏自从明代开始就相继有人外迁（详后），至清初以后逐渐形成出洋及向其他地方移民的高潮，不能不说与该宗族的这种思想传统亦有着密切联系。

第二，湖坑所处的社会环境以及商品经济的发展。湖坑地处永定区东南部，东与闽南交界，往南去又与广东相距不远，有利的地理位置使得当地人较容易受到闽南、广东的影响，因而自然形成较浓的经商风气。道光《永定县志》对该县商人外出经商等情况有如下记载：

商之远贩吴、楚、滇、蜀，不乏寄旅，金丰、丰田、太平之民，渡海入诸番如游门庭。惟邑无他产，远商固无有来永行货者。前志云，永民挟千金贸易者百不得一，则不然矣。乾隆四十年以后，生齿日繁，产烟亦渐多，少壮贸易他省或间一岁或三五岁一回里，或旅寄成室如家。永民之财，多积于贸易。捐监贡及职衔者人以千数，外地置产者所在多有，千金之赀固不乏人。抑亦产薄不友，故不惮糊口四方所致欤?①

这段记载有几点很值得注意：其一，提到以前永定“邑无他产”，外省商人很少前来贸易，但乾隆四十年（1775）以后，由于“生齿日繁”，加上烟叶种植日渐增多，很多人挟赀外出贸易，商人足迹遍及吴、楚、滇、蜀，甚至有“渡海”到南洋贸易的。其二，特别提到这些“渡海入诸番”进行海外贸易的商人，他们都是“金丰、丰田、太平之民”，这些人时常乘船往来，到海外如同“游门庭”一样。而我们知道清代湖坑乡就是隶属于金丰里。其三，这段记载还谈到那些外出经商的商人，往往是少壮出门，一两年或两三年才回来一次，有的人甚至长期没有回来，在外成家立业。

从湖坑李氏来看，他们的情况也确实如此。在长滩《李氏族谱》里，就记载了十八世祖李萃阳生于顺治十六年（1659），以贸易起家，置产业年收税谷达2石又1600余斗，并创建土楼一座，至今仍为他的后代所继承。② 十九世祖李国英亦在他的《湖山李家谱论》中说：乾隆年间李氏聚居于湖坑一地，人才荟萃，十分兴盛。“离乡外官至内阁，即寓本乡财通四海，人物蔚济，永宗一家”。所谓“寓本乡（者）财通四海”，足见外出经商的人实属不

① 道光《永定县志》卷十六《风俗志》。

② 参见John Lagerwey，ibid. p. 25。

少。又据道光《永定县志》云："李超林，字萃潭。例贡。湖坑人。家素封，慷慨而兼有风鉴……台州倡建全闽会馆，捐巨赀。族中倡建义塾，置税一百余桶，悉出一手出息，后生赖之。"① 李超林即李氏十八世祖，他的生年不详，但乾隆元年（1736）被授予贡元，生六子。② 从他"倡建全闽会馆，捐巨资"的事迹来看，显然他也是一名商人，前引《永定县志》还记载他曾"行贾台州"，因以前救过一名小偷而受到报答之事。

第三，湖坑李氏在乾隆年间大量出洋，也与当时的海外贸易政策有一定关联。清朝在康熙二十二年（1683）统一台湾后，海禁政策就逐渐解除，商民船只被准许出洋贸易。此后由于出现台民私聚吕宋、噶喇吧地方盗米出洋等弊，清政府复于康熙五十六年（1717）下令禁止南洋贸易。但至雍正五年（1727）经闽浙总督高其倬奏请，又重新予以开放。此后洋船出海贸易日渐增多，自乾隆初年开始就进入了兴盛的阶段。③

洋船出海贸易必须经由官方正口。在乾隆年间，福建商船前往南洋贸易比广东还要多。④ 这一方面是由于福建很早就有经商的传统，宋元时期泉州港十分兴盛，明代月港兴起，清初厦门港又相续崛起，⑤ 闽南商人一直在海外贸易中扮演着重要角色⑥。另一方面，这时期福建官员对商人出洋贸易也采取较为鼓励的政策。

福建是一个缺粮的省份，每年春夏之际，就要到台湾买运粮米回来接济民食。从乾隆十六年（1751）起，福建官员就开始采取措施，鼓励商人从海外携带洋米回来补充市场之不足。⑦ 有时出现粮荒，地方官员还会采取特别优惠的办法，以激励商人及早出洋，帮助政府渡过难关。如乾隆十九年

---

① 道光《永定县志》卷二十六《惇行传》。

② 见宫背《湖坑李氏族谱》，手写本。

③ 道光《厦门志》卷五《船政略·洋船》。

④ 陈国栋：《清代中叶厦门的海上贸易（1727—1833）》，载《中国海洋发展史论文集》第四辑，1991 年。

⑤ 请参阅 NG Chin – Keong（吴振强），*Trade and Society*，*The Amoy Network on the China Coast*，*1683—1735*，Singapore University Press，*1983*。

⑥ 至明末清初，与荷兰人、西班牙人做生意的主要仍都是闽南人。参见杨彦杰《荷据时代台湾史》，江西人民出版社 1992 年版。

⑦ 乾隆十九年（1754）七月二十三日，闽浙总督喀尔吉善奏折，载台北故宫博物院编印《宫中档乾隆朝奏折》（以下简称《宫中档》）第九辑，第 227 页。

(1754）冬季，厦门一带粮食紧缺，米价高涨，闽浙总督喀尔吉善奏报说："现在开贩南洋商船多有呈明愿运米石回厦者。但南洋回棹皆在夏初到闽，经与泉永道白瀛、厦门同知四明晓谕船商，能于春末早运到厦者，商船另加优奖。伊等现皆踊跃开行而去。"① 由于地方政府的鼓励，因此乾隆年间福建的洋船贸易发展颇为顺利。在乾隆十六年（1751）前后，闽省每年出洋的船只大约五六十只，而至乾隆十九年（1754）已达到"七十只"②，第二年又增加到"七十余只"③。此后虽然有所波动，但至乾隆末年仍然大致维持在七十只的规模。④

由此可见，乾隆年间由于海禁解除，加上福建缺粮，地方官员为了取得粮食而鼓励商人出洋贸易，整个海外贸易的大环境相对有利。而在这样的背景下，李氏聚居的湖坑乡又是整个永定区（甚至是整个闽西地区）商品经济活跃的区域之一，李氏代有经商传统；再加上乾隆年间正是李氏宗族人口迅速膨胀的时期，人口对土地的压力造成族人必须离乡背井，向外寻找更多的生活出路。多种因素聚合在一起，湖坑李氏在乾隆年间相续有许多人移居海外就一点也不奇怪了。

三、李氏族人迁居南洋的路线及其艰辛历程

湖坑李氏出洋的地点主要是暹罗和吧城，而这两个地方又是闽南和广东商人经常前往贸易的处所。湖坑李氏居住于山区，离沿海尚远，他们要前往海外势必经过闽南或广东，因此李氏出洋又与他们在国内各地的迁徙活动有密切关系。

湖坑李氏在国内的迁徙主要有五个方向，即广东、江西、四川、福建（主要是沿海地区）、台湾。移往广东的最早，大致在十一世即明代中叶前后就有人前往，接下来是移往江西。入清以后大量的移往四川、福建、台湾，

---

① 乾隆十九年（1754）十二月初十日，闽浙总督喀尔吉善奏折，载《宫中档》第十辑，第272～273页。

② 乾隆十九年（1754）七月十七日，福州将军新柱奏折，载《宫中档》第九辑，第192页。

③ 乾隆二十年（1755）二月二十一日，福州将军新柱奏折，载《宫中档》第十辑，第765页。

④ 请参阅陈国栋《清代中叶厦门的海上贸易（1727—1833）》。

并有 100 多人移居海外。也就是说，李氏的出洋与他们在国内的迁徙实际上是一个事情的两个方面，所不同的是，前往南洋算是出国，而向其他地方迁徙流动算是国内移民，这两者在性质上有着根本的区别。此外，从表 3 的统计我们还可以看出，尽管李氏的移民活动开始较早，但真正进入高潮是在十七世以后，从那时起至二十二世，共有 852 个移民，占总数 961 人的 88.6%。而李氏前往南洋也是在这个时段。换句话说，他们的出洋是在国内移民进入高潮以后才出现的。

表 3　明清时期湖坑李氏移民一览表

地点 / 人数 / 世祖	广东	江西	四川	福建	台湾	南洋	其他	不详	合计
十一世	4								4
十二世	5								5
十三世	8	1		1				3	13
十四世	17	1						6	24
十五世	22	8		2			1	6	39
十六世	11	8	1				4		24
十七世	7	33		23	4	1	4	8	80
十八世	11	33	24	32	29	15	7	10	161
十九世	6	5	72	39	58	24	9	9	222
二十世	1		61	24	73	53	3	13	226
二十一世	1		21	31	54	31	1	3	142
二十二世			2	1	14	2			19
合计	93	89	181	153	232	126	29	58	961

注：1. “其他”一项包括：浙江 24 个、苏州 1 个、广西 1 个、湖广 3 个。

2. “福建”一项主要移往沿海地区，其中厦、漳、泉（即闽南）共有 90 个，福州、兴化 43 个，共计 133 个，约占总数的 87%。

3. 资料来源：宫背《湖坑李氏族谱》。

李氏早期迁往广东可能与谋生有很大关系。我们在宫背《族谱》中发现有多处到广东“打铁”的记载。如“十四世立山，在海丰打铁”；“十五世子长，广东打铁”；“十五世时顺，生五子，第三子不记，第四子广东打铁未回”。另外，他们移居的地点大部分集中在合浦、大埔以及惠州的海丰这几个县份。合浦县属于廉州府，此地靠近越南，现在已划归广西壮族自治区管辖；惠州府的海丰县也是地处海滨，因此上述这两个地方的移民似乎都与海上贸易有关。而大埔县最靠近永定，此地清代隶属于潮州府。在历史上，前往暹罗的华侨中潮州人占相当多数。① 从这些现象分析，湖坑李氏前往海外广东显然是通道之一，或者说应该有一部分人是从那里出洋的。

除了广东之外，闽南也是一条通道，而且相比较而言，它的地位比广东还要重要。闽南面临台湾海峡，东通台湾，往南去又可航往东南亚各地，历史上与台湾和东南亚的关系都十分密切。而李氏的居住地又与闽南相接壤，翻过山岭便是漳州地界了。因此，从常理分析，走这条路最方便。

湖坑李氏从十五世开始就有人移往闽南，而真正进入高潮是在十七世以后。如宫背《族谱》记云“十四世成根，妣余氏，生二子移漳州”；“十七世衡熙，妣王氏，移漳州府（漳）浦县乌须塘堡钟厝居住”；“十八世亮群，生三子，俱在石码”；“十八世福林，生一子，住石码”；“十八世兆金，移漳州海澄”；“十八世清发，妣张氏，生四子，在海澄界外南太武山背二处居住圣子坪……次子祚庆，妣林氏，生四子：长子廷林，娶蔡氏；次子妹林，娶陈氏；三子生林，娶苏氏，俱移台湾”。李氏移居的地点主要集中漳州府的石码、海澄、漳浦、诏安以及原属泉州府的厦门，另外也有一小部分人居住在平和、南靖、长泰和南安等县。

值得注意的是，湖坑李氏移往闽南正好是在广东移民的高潮之后，而且迁居闽南与族人大量东渡台湾或前往东南亚刚好处在同一时段上。我们不知道究竟有多少人是先在闽南居住然后出洋的，但至少可以肯定，有大批族人迁居闽南，可以为祖居地的亲人出洋提供各种方便，或者说能起到媒介的作用。

---

① 陈碧笙主编：《南洋华侨史》，江西人民出版社 1989 年版，第 59 页。

湖坑李氏出洋必须乘坐船只。清代前往南洋贸易的商船大都载有乘客，去时人多货少，回时货多人少，因而有许多人就在南洋留住了下来。雍正五年（1727）闽浙总督高其倬等奏报说：

查从前商船出洋之时，每船所报人数，连舵水客商总计多者不过七八十人，少者六七十人，其实每船皆私载二三百人，到彼之后，照外多出之人俱存留不归。更有一种嗜利船户，略载些须货物，竟将游手之人偷载至四五百之多，每人索银八两或十两，载往彼地，俱行留住。①

可见当时商船出洋搭载的人数是不少的。又据荷属时期吧城的资料显示，在1736年11月至1738年2月间，中国船只前往吧城每船载人在500~700人之间。②

华人出洋必须私下向船主交纳一笔费用（大约八至十两银），但是船只在海上航行，风涛险阻，艰苦异常，有时遇到风暴等海难事故，往往就葬身海底。在李氏宫背《族谱》中就有多处记载亲人在海上身亡的事故，如："二十世来彩，往暹船亡"，"二十世官松，在外船亡"，"二十一世六宏，在吧船亡"，"二十一世绍柱，娶余氏，（往）暹船亡"，等等。当然，这些人不一定全都是出洋时遇难身亡的，但他们确是因乘船或驾船而遭遇不幸这一点无疑。

湖坑李氏出洋的目的是谋生，他们绝大部分都是未婚的男子。有的人已经成家，也是把妻儿老小留在唐山，只身渡洋。如前引《族谱》记载，"十九世廷对，娶黄氏，往大哖番"，"二十世必曜，娶游氏，往吧"，"二十世拔朗，娶余氏，往暹亡"，"二十一世象春，娶廖氏，往番亡"，"二十二世婆清，娶周氏，往暹亡"。这些例子中的男子都是结婚以后就出去的，因而还没有生养后代。有的出洋是单身一人，但也有一些人是兄弟几人甚至是父亲和儿子一同前往的，以下再举几例试作比较：

十七世隆伯公，生四子：顺生、青生、瑞生、光生，俱往暹。

十八世苹登，生六子在暹，止。

十八世兆河，娶苏氏，生焕文，父子往吧故。

---

① 《硃批谕旨》，第46册。

② Hoetink：《1740年吧城华人甲必丹连富光》，引自黄文鹰、陈曾唯、陈安尼著：《荷属东印度公司统治时期吧城华侨人口分析》，厦门大学南洋研究所1981年。

十九世光仁，妣魏氏，业儒，与次子同在暹亡。

二十一世进林、丙林，三父子在暹亡。

上面所举例子，最有意思的是十九世光仁，他已结婚，娶妻魏氏，而且他的职业是“业儒”，即教书先生，像他这样一个文弱书生居然同次子一起到暹罗去，足见18世纪李氏族人相续出洋谋生的社会风气和潮流了。

湖坑李氏族人如何在外谋生，从事何种职业？我们都无法在此做详细的叙述。因为李氏《族谱》的记载都极为简略，仅记那些前往海外的人外出的地点，在什么地方亡故，有的甚至干脆写上“无嗣”或“止”字，如此而已。但就一般情形而言，清朝前期前往海外的华人大部分都是从事一些小生意活动，有的受人雇佣、打工度日等。特别是18世纪的吧城，由于那时荷印公司极力发展蔗糖业，因此有许多华人都受雇于糖厂。[①] 当然，也有一些人后来经过一番奋斗发展起来，他们在当地娶妻生子，有的人还从海外回来。我们在李氏《族谱》中就见到几个在外生子的实例，其中有一例最为明显：“十八世元珀，在吧娶，生三子，由吧回。其子焕志，娶杨氏，生二子。”这是我们所见的对移居海外记载最为翔实的例子，也可能是较为成功的一个例子吧。

四、湖坑李氏与南洋的文化关系：本头公王崇拜

湖坑李氏历史上有不少人移居海外，有的人后来发财致富，并与家乡保持着一定的联系，因此在李氏宗族内出现了一些与海外有关的文化交流现象。

我们在当地调查时，曾发现那里人信奉一种叫“本头公王”的神明。该公王仅有一个牌位，全称“暹罗国汉民主本头公王之神位”，就供奉在湖坑最主要的庙宇——马额宫的右侧偏殿内。关于这尊公王的来历，当地人还有这样一个传说：

据传他是李氏的一个祖先，可能是李火德公的九世孙，小名叫“本头”。他前往暹罗做生意，后来在那里被招为驸马。有一年他从暹罗回来，途中遇到风暴，同行的十七条船都被打沉了，只有他乘坐的那条船平安无事。回到

① 参阅《荷属东印度公司统治时期吧城华侨人口分析》，第十三、十四节。

湖坑以后，本头公又为当地人做了许多好事，所以后来人们纪念他，把他称作“本头公王”。

其实这个故事有一点是相当不可信的，即提到本头公是李氏九世祖。我们曾查遍所有李氏《族谱》，根本就没有找到有人小名叫“本头”的。而且前面我们已经讲过，湖坑李氏出洋开始于十七世，而在九世那时人口还很少，根本还谈不上有人出洋的事。但这个故事却给我们留下许多有趣的问题。

在历史上，湖坑李氏前往暹罗占最大多数，因而有人在那里发迹是完全有可能的。事实上当时有许多移居暹罗的华人，他们后来就在那里娶妻成家，融入当地人的社会之中，有的人还被选择授予官职。如《外国史略》云：“每年有潮州、福建人赴暹罗居住，多娶其土女，现所居二万余，弃汉俗，衣食一如暹罗，国王亦择其聪明者官之。”① 由此可见，上述故事多少反映了清代李氏族人前往暹罗的历史背景。尽管这个故事的主人公据传被招为驸马则未必可信（无从查考），但如果把它看作李氏族人曾在暹罗拥有一定的社会地位，或者他们与当地人有相当良好的关系则可以理解。

暹罗是福建、潮州人相对集中的地方，而“本头公”则是当地华人对“大伯公”的另一种称呼。香港中文大学人类学系陈志明教授在他的文章中写道：

在Kelantan，大伯公也被称作本头公。本头在福建和潮州意为“本地”或“本血统”（相对于外血统而言），所以本头公的确切含义是“本地区的神明”。本头公的用法在泰国（即暹罗——引者）相当普遍．那里的华人大多数是潮州人，因而这种称呼也明显地被运用于印度支那地区，并伴随着印支向美国移民，将本头公引进到旧金山（San Francisco），把他供奉在福建会馆里（Lai，Him Mark，1992：25）。②

“本头公”是从“大伯公”演变而来的。而在中国大陆，大伯公最流行的地区就是在潮州。离开潮州到了闽西以后，据我们在当地调查，虽然那里也有“伯公”“田头伯公”“土地伯公”“杨太伯公”等称呼，但已经不那么

① 引自魏源《海国图志》。

② Tan Chee - Beng（陈志明），*Deities of the earth and local sites of the Chinese in Southeast Asia，with special reference to the Dabogong of Malaysia*，“遗迹崇拜与圣者崇拜：中国圣迹记与地域史材料研究”国际汉学会议论文，法国巴黎，1995年5月。

重要了，当地人只把它当作田间地头、住宅坟墓的保护神而已。闽西人最崇拜的本地神明被称作“公王”，每个村子都设有公王坛，有的地方还建起庙宇，用于保佑全村的平安。有的公王坛还立有禁碑，如湖坑李氏在西坑口的福主公王坛侧就立有一块禁碑如下：

西坑口福坛肇自宋元，于大明□□年复建，迨清康熙丙子冬合坊□□□营鼎新。神灵显祐，福有□归。□不许毁坛碑字及污秽等项，违者□□□酒。须至禁者。

康熙三十五年十一月十一日合坊同立

由此可见，所谓“本头公王”，实际上是潮州人普遍信奉的大伯公被传往海外，在暹罗（为主）及其他地方被改称为“本头公”；而后又由李氏族人从暹罗把本头公倒传回来，并把它与闽西常见的“公王”结合在一起，从而变成了现在的名字。而且李氏族人还把本头与他们的“祖先”附会起来，创造出优美动听的传说故事，使得本头公王的来历更加混淆不清。这种神明信仰由中国传向海外，再由海外倒传回来，几易其名的实例，实在是非常有趣的现象，它不仅生动地展示出神明信仰的传播与流变，而且也是湖坑李氏与海外文化交流的一个缩影。

时至今日，湖坑李氏仍把这尊来自暹罗的“本头公王”供奉在他们的庙宇里。每逢农历九月十五，李氏族人就要在他们住地的中心区域举办规模盛大的“做大福”活动，届时这尊公王与其他各村的公王一道，都要被请到大福场接受人们的朝拜。我们参加了1993年的李氏大福，在游行活动时发现这尊“本头公王”也被排在长长的公王队伍当中，到处都是鞭炮和神铳，一起受到热烈的奉迎和祭祀。它的神辇上有一副对联写着：“本源出暹罗神恩浩荡，头等祐黎民法大无边。”或许这副嵌字联更能准确地表达出公王的来历以及它在黎民心目中的地位。

五、结语

综上所述，湖坑李氏移居海外从十七世祖开始，而移居人数最多的集中在十八至二十一世，亦即清朝的康熙末年至乾隆年间。湖坑李氏出洋主要因为经济上的影响。一方面是乾隆年间李氏人口的迅速膨胀；另一方面是当时的海外贸易环境以及永定商品经济的发展。也就是说，清代客家人前往海外，尽管原因是多方面的，但经济的原因仍然是最重要而且是最根本的因素。

闽西是客家的祖居地之一。历史上闽西客家人移居海外以永定区为最多，而湖坑又是永定的一个主要侨区，因此对湖坑李氏进行考察有利于具体了解闽西客家前往海外的一些基本问题。就华侨出国而言，客家与其他民系相比是较迟的①，但客家人具有相当顽强的毅力和奋斗进取精神。他们往南迁徙进入闽粤赣边区，在条件极为艰苦的山区扎根定居。此后由于人口不断增长以及山区自然条件的限制，又从祖居地迁出往其他地方发展。从湖坑李氏的移民情况看，他们往外迁移大致始于明代中叶，但真正进入高潮是在入清以后。此时李氏一方面往更远的内地移动（如江西、四川）；另一方面则是向海洋发展（如东渡台湾、移居海外）。也就是说，客家人的出洋和迁居内地实际上是一个过程的两个方面，所不同的是由于每个地方的地理位置不同，有的更多的是迁往内地，有的更多的是面向海洋。因此，研究客家人的出洋问题必须把它与整个人口流动的大背景联系起来考虑，这样才能从更深的层次去发现客家人出洋的真正动因及其根源所在。

客家人自明清以后不断向外发展是一个社会历史过程。而移民带来的影响是多方面的。客家人出洋不仅和所在国的人民一起为当地的经济发展、社会进步做出了积极的贡献，而且也和祖居地的亲人保持着相互联系，由此产生了各种经济、文化交往。湖坑李氏的“本头公王”就是其中一例。有关这方面的课题今后仍需作进一步发掘和探讨，因为它对于客家研究的深入相当重要并且很有意义。

---

① 关于福建其他地方华侨出国的情况，参见林金枝：《从福建侨乡族谱看南洋华侨史的若干问题》，载《历史研究》1984 年第 4 期。

祖神崇拜与畲族文化

华南民间的祖神崇拜[①]

中国的民间信仰最主要有两部分：一是祖先崇拜，另一是神明崇拜。人们一谈起祖先崇拜，很容易就会想起祠堂以及供奉在里面的神主牌。如果谈到神明崇拜，则会想到庙宇以及那些各种各样的菩萨。因此，祖先崇拜与神明崇拜，不管从祭祀对象还是外在形式来看，都有明显的不同。然而，我们在闽西各地作田野调查的过程中，则发现了另一种类型的民间崇拜。人们崇拜的神明偶像不是别的，恰恰是自己的祖先，也就是说那里的庙宇也是祠堂，他们的祖先即是菩萨。我们把这种崇拜模式称作“祖神崇拜”。

这种祖神崇拜究竟是怎么产生的？什么样的祖先才有可能被奉若神明？在漫漫的历史长河中，这种祖神崇拜又有怎样的发展趋势？这些问题都是我们大家共同关心和感兴趣的，以下就准备作些讨论。这里需要说明的是，这个讲演所使用的材料是我和劳格文博士共同搜集的。从 1992 年开始，我就和劳格文先生在闽西地区从事客家传统文化的田野研究。除了闽西之外，我们还到过粤北、赣南等客家地区以及其他非客家地区，所到之处都不时发现有祖神崇拜的实例。因此，这种崇拜模式不是客家地区所独有，而是涵盖了其他非客家地区，但以下的讲演将以闽西客家的材料为主。

一、什么是祖神

前面已经讲过，祖神是由祖先演变而来的神明，因此要了解什么是祖神，首先就必须了解什么是祖先。祖先这个概念人们并不陌生，但如果细究它的

① 本文是笔者 1997 年 10 月至 1998 年 8 月在香港中文大学宗教系做访问研究期间的一次演讲，刊于《法国汉学》第五辑，中华书局 2000 年版。

内涵，则未必都很清楚。祖先是与中国传统的宗法制度紧密相连的，同时又具体生动地体现在民间的族谱、神主牌、墓碑、祭祀活动以及人们的思想观念里。综合材料加以分析，所谓的祖先实际上可分为三大类：

1. 狭义的祖先

狭义的祖先即严格意义上的祖先，它必须同时具备以下两个条件：

（1）本宗族的男性及其配偶

由于中国的宗法制度以男性为主轴，因此本宗族的男性在过世以后受到族人崇拜这一点没有疑问。除此之外，同时受到崇拜的还有这个男性娶入的配偶，亦即外宗族或外姓的女性。她们的名字（或姓氏）经常被载入族谱，刻在墓碑上，有的地方还刻写在神主牌上。在闽西客家地区，我们经常可以听到“祖婆”的称呼，有的“祖婆”地位还很高，指的就是这种女性祖先。在人们的口语中，经常有“嫁鸡随鸡，嫁狗随狗”“生为某家人，死为某家鬼”等说法，也是这种观念的反映。

（2）必须有后代

除了上述这个条件之外，要作为严格意义上的祖先，还必须有后代。所谓“不孝有三，无后为大”，中国人把是否有后代看得很重。这不仅是为了传宗接代的需要，同时也是为了使人死后能够得到后代的祭祀。所谓“持续香火”，从某种意义说就是这种含义。因此，有的人如果没有儿子，在他生前就要千方百计去找一个继子，以免死后断了香火。我们在调查中经常可以看到，在一个宗族的历史上，有很多人由于各种原因死后没有后代，时间一久，族人就把他淡忘了，甚至连坟墓在哪里、名字叫什么都说不出来。有的宗族把这类祖先的遗骨规葬在一起，由一些自由组合的团体（如义冢会、清玥会等）去祭祀他们，以免变成孤魂野鬼。这类祖先与有后代的祖先是明显不同的。

2. 广义的祖先

广义的祖先在内涵上较为宽泛。一般而言，同宗族、过去曾经生活在一起的那些人都是自己的祖先。因此，为了与狭义的祖先相区别，这里主要强调以下两种人：

（1）本宗族的女性

本宗族的女性不管有没有出嫁，由于她们与同姓族人有着密切的血缘关系，因此她们也常常被当成祖先来看待。外嫁的女性经常回娘家，死后男方要通知她的娘家人，请他们来检视入殓。至于没出嫁的女性由于常年生活在本宗族里，与族人的关系就更非同一般，更是被当成自家人来看待。因此，在闽西客家地区，我们经常听到“姑婆”这个称呼，地位很高。有的地方甚至把一些神明也称作“姑婆”，受到人们的殷切崇拜。

（2）无后代的男性

没有后代的男性尽管地位不如有后代的男性，但一般而言，他们都是本宗族的祖先这毫无疑问。所以在族谱里，族人都把本宗族的男性记录在内。常见的神主牌也大多写有某姓“历代祖先神位”等字样，就是这个意思。不过，这里需要再一次强调，无后代的男性也都被视为祖先，这主要是从理论上说的，而在现实生活中，真正受到族人重视和崇拜的是那些有后代的男性。因此，区分出广义祖先和狭义祖先十分重要。

3．特殊的祖先

还有一类祖先并不是某个宗族历史上的真实人物，而是族人为了本宗族的利益人为创造出来的。这类祖先往往被说成某个宗族的开基祖，与现在的子孙有着虚拟的血缘纽带关系，因此从思想观念来说，他们与狭义的祖先无异。然而他们毕竟是虚拟的，我们把它称作特殊的祖先。有关这方面的例子下面还会谈到。

二、祖神崇拜的几个实例

为了进一步了解什么是祖神崇拜，以下准备举出五个实例来加以说明。

1．涂赖二公

涂赖二公是我们于1992年在长汀县涂坊镇调查时首次发现的例子。所谓涂赖二公，实际上是三尊并排雕刻在一根木头上的小神像，分别称作涂大郎、赖八郎和龚六郎，其中涂大郎和赖八郎是当地涂、赖两姓的开基祖。当地人有这样一个传说：据传在南宋时，涂大郎迁到涂坊镇来开基。他刚来的时候，那里有一个社公，每年都要居民用一对童男童女去祭他。有一年，刚好轮到涂、赖两姓。涂大郎生有一个儿子，赖八郎生有一个女儿，要把这对金童玉女绑去祭社公。涂大郎很不甘心，于是他就与赖八郎一起到闾山去学法。学成以后，涂、赖两人赶回来找社公斗法。经过一番苦斗，终于把社公打败了，赶出了村外，两个孩子得救了。从那以后，涂坊镇没有吃人的社公。当地族人为了纪念这两位开基祖，于是就把他们连同一起学法的龚六郎雕刻在同一根木头上，在涂、赖两个宗族内部轮流供奉，每姓半年。直到后来，涂姓又自己雕刻一座神像（也是三尊相连），才结束了涂、赖两姓轮流供奉的历史。如今，当地人对涂、赖二公仍非常崇信。

2. 李五郎

李五郎是清流县长校镇李姓的开基祖，也是南宋时人，同样是一名道士。他的故事与前面谈到的涂赖二公的故事十分相似。据当地人传说：南宋时期，李五郎迁到长校开基。当时长校有一个社公，也是每年都要一对童男童女。李五郎由于不甘心自己的孩子让社公吃掉，就在一个老者的引导下去茅山学法，学成以后回来找社公算账。他们在长校一座桥头斗法，最后李五郎一脚把社公踢到河里去了。现在长校桥头的一块大石上还留有李五郎的一个“脚印”。长校李姓为了纪念这位开基祖，就在村子水口建了一座家庙，里面供有李五郎的塑像。每年正月十三日，李姓族人就要集中在这座庙里（也称李氏大宗祠）祭祀李五郎。供品除了全猪、全羊外，还要有九个大碗，上面都盖有一撮沙茅草。每年正月十五日和六月十九日，全村人还要把李五郎的神像抬出来游村。

3. 何仙姑

何仙姑是武平县岩前镇人。她生于南宋，为当地何姓开基祖何大郎的女儿。据《何氏族谱》记载，何仙姑生来就有仙质，她从小吃素，立志不嫁，在岩前的南安岩修身学道。有一年，一个同安和尚叫郑自严（即定光古佛）来到岩前，劝说何大郎把那里的基业舍出来让他当道场。何大郎慷慨应允，率领他的儿子到其他地方开基去了。可是，何仙姑仍然坚持在岩前修道。郑自严和尚为了把南安岩开辟成佛教道场，就想方设法把何仙姑从岩洞里引出来，自己却赶快到洞里打坐，占了何仙姑原来的那块风水宝座。此后，南安岩成了佛教圣地，至今仍是闽西客家人极其崇拜的一个地方。而就在郑定光成佛的那个岩洞附近，也还保留有何仙姑的塑像和神位，前面亦插满香火。

同样，在《何氏族谱》里，记载着许多有关何仙姑的生平、灵验故事，以及何姓与岩前关系的历史文献。

4. 欧阳真仙

欧阳真仙原名欧阳大一，字世清，为清流县东华乡下窠村人（一说阳坊人）。据传他是当地欧阳家族的三世祖，生于唐末（县志载元末人）。从小就很聪明，16岁那年跟随几个道人到大丰山学道。经过二十几年的潜心修炼，最终在大丰山顺真道院得道成仙，享年42岁。此后，大丰山就与欧阳真仙崇拜紧密联系在一起，成为一个远近闻名的道教圣地。每年七月十五日都有来自各地的香客上山朝拜。在山下以及欧阳真仙生活过的下窠村、阳坊等地，有许多关于他的传说故事和祠堂庙宇。《欧阳氏族谱》亦有他的相关记载。每年二月二十二日，阳坊村的阳仙公庙还要举行庙会，由当地欧阳姓族人去祭拜，直至土改才废除。至于清流县城关对欧阳真仙的祭祀就更加隆重热烈，这一点以下我们还会谈到。

5. 萧瑀

萧瑀是唐初著名的政治人物，《新唐书》《旧唐书》都有他的列传。他原是隋朝的皇亲国戚，入唐以后仍毫不避讳，以耿直敢言著称，在政治上几经沉浮，唐太宗的著名诗句“疾风知劲草，板荡识诚臣”，就是对他而言的。可是就是这样一位有名的历史人物，却被清流县东坑萧氏说成是自己的开基祖。当地不仅有关于萧瑀的传说故事，而且有他的庙宇以及所谓的五座坟墓。萧瑀庙就建在村口附近，里面供奉萧瑀及其夫人的塑像，过去庙门口还有一只石狗。据当地人传说，那只狗是萧瑀的爱犬。有一次，萧瑀在征番时被大火包围，狗不顾一切冲入火中救他，不料却被萧瑀误杀了。后来萧姓族人为纪念这只“黄狗将军”，就把它供奉在萧瑀庙前。每年正月初五至十六日，萧姓族人要举行隆重的祭祀活动，其中从初五至初十日，全村人要吃“狗粥”。这种“狗粥”像八宝粥一样，据说只能给人和狗吃，不能拿去喂猪牛鸡鸭。初九日是萧瑀的生日，初十日祭祀黄狗，要敬献“狗丸”。从初十开始，要把萧瑀的神像迎入祠堂内供奉，直至庙会活动结束才送回。从这些习俗以及传说来看，与其说萧瑀是他们的祖先，还不如说是被他们创造出来的。东坑萧姓的习俗更带有畲族文化的色彩。

以上所举这五个例子，仅是我们遇到的祖神崇拜的一部分。从这些实例可以看出几点：（1）这些人物大都是道士或者道姑，与民间道教有着密切的关系；（2）他们都有民间传说的背景；（3）他们都是唐宋时期的人物。事实上至明代中叶以后，这种祖先变成神明的例子就十分罕见了。

三、祖神崇拜产生的原因及其演变趋势

那么，祖神崇拜究竟是怎么产生的？这是我们在本节要进一步探讨的问题。从总的来说，祖神崇拜的产生与当时当地的社会历史背景是息息相关的。具体而言，主要有以下这几个因素：

1. 南宋时期的民间道教背景

宋元时期以至明代中叶以前，华南地区的民间道教影响十分普遍。那时候人们命名的方式与现在有明显不同，人们取的名字往往不是现代人熟悉的名或号，而是由数字再加一个“郎”字组合而成的，如前面已经提到的大郎、五郎、六郎、八郎，以及大一郎、百三郎、千四郎、万五郎、小六郎等。永定区湖坑镇《李氏家谱》说：宋元时期，“其时俗重师巫，尽皆以郎为名，混同莫辨”。可见那时候，巫道在民间具有很大的影响力。有的宗族甚至在其族谱里，把这种有“郎”的名字通通记成“法名”或“奏名”。这种命名方式直至明代中叶以后才逐渐消失，有的甚至持续到明末清初。而在畲族、瑶族地区，有的直到现在还可以看到它的某些遗留。由于宋元时期民间普遍存在着“俗重师巫”的社会风气，因此以道士为主体的祖神在这时期大量出现也就不足为奇了。

2. 畲族、瑶族文化的影响

华南在唐宋以前主要是南方土著民族聚居的地方，尤其是我们调查过的有祖神崇拜的这个区域，历史上曾经是畲族、瑶族的聚居地。汉族移民进来以后，势必与当地的土著居民发生关系，彼此产生交互影响，由此形成富有地方特色的民俗文化传统。汉族移民祭祀祖先，普遍的传统是在祠堂里安放神主牌，很少有人把祖先雕成神像加以祭拜。而在文化同源的畲、瑶民族那里，情况正好相反。清代姚柬之著《连山绥瑶厅志》记载粤北瑶民风俗说：

“（瑶）庙立于野……无木主，刻木为像，约高二尺或一尺许，或四五像、一二像，不必肖其人，亦不能辨为谁氏之租祢也。”可见在畲族、瑶族那里，刻像祭祖是他们的传统。而这些神像都不太高，往往几个连在一起，这与我们在长汀看到的涂赖二公神像十分类似。其实除了涂赖二公之外，在闽西客家地区，许多轮流祭祀的神像都是雕刻在一起的，有的神像确实是“不必肖其人”，只有一个粗朴的模样而已，如梁野山的“五爷古佛”就是典型的例子。这充分说明，土著民族的文化传统对地方民俗也产生着重大影响。

3. 普通百姓的神明崇拜观念

普通百姓之所以把自己的祖先当作神明来崇拜，这与他们的神明崇拜观念也是密切相关的。事实上，祖先与祖神不同。祖先在生前是凡人，而祖神则是超人。人们对祖先的祭祀，目的是要他荫庇子孙，使宗族兴旺，事业发达。而对祖神的崇拜，除了希望他荫庇子孙外，更重要的是祈盼他能保一方平安，捍患御灾，保境安民。能够从祖先演化成神明的人，在生前大都是道士，而且是具有法力、法术高强的民间道士。这些人常年生活在民众中间，为人消灾解厄，驱邪赶鬼。特别是那些法术高强的道士，能够长期与凶神恶煞打交道，“制服”它们，这在一般百姓看来简直成了神的化身。他们死后被奉若神明，是再自然不过的事情。如前面我们谈到的涂大郎、赖八郎、李五郎，生前都与社公斗过法，死后当地族人把他们供奉起来，取代社公的地位，保护子孙居住地的安全，正是这种神明崇拜观念的反映。而这种神明崇拜观念与当时的民间道教传统以及当地的土著文化相互影响，便构成了祖神崇拜产生的重要社会背景和历史因素。

祖神崇拜自从它产生以后，经过数百年的发展，呈现出怎样的演变趋势呢？为什么会有这样的趋势？

从总的来看，祖神崇拜在漫漫的历史长河中，基本上是沿着两个方向发展的。一是继续作为某个宗族的保护神发生作用，如涂赖二公、李五郎、萧瑀即是其例。他们的神像或是在本宗族内部轮流供奉，或是固定安奉在水口庙里。数百年来，其祭祀范围一直没有超出族人聚居地之外。另一个演变方向是祖神跨出原有的宗族范围，成为某个地域民众普遍信奉的对象，如何仙姑、欧阳真仙即是这种例子。何仙姑不仅受到族人的崇敬，在武平县岩前等地也很有名气。人们到南安岩上香时，一般也会到何仙姑的神座前朝拜。她的事迹在武平百姓中广为流传，成为一般民众耳熟能详的人物。至于欧阳真仙，他在清流等地受到崇拜的程度就更加热烈。过去每年四月初三日，清流城关民众就要到大丰山去迎请欧阳真仙入城，直至五月初三日才把他送回山上，年年如此，从未间断。在这一个月的时间里，城内居民按“坊”轮流祭祀供奉，有的家庭也会临时把欧阳真仙请去，在自己家中打醮。除了清流城关之外，在清流县各地以及清流以外的地方，也都有欧阳真仙的庙宇和神位，有的甚至远达永定、三明，他的崇拜范围较为广泛。

为什么有的祖神崇拜仅局限在某个宗族内部，而有的祖神却能成为跨宗族的地域性神明？究其原因，我认为与第一节谈到的狭义祖先和广义祖先的概念密切相关。涂赖二公、李五郎是狭义的祖先，他们都有后代。萧瑀虽然是虚拟的，但东山萧姓族人都认为他就是开基祖，与这些族人同样有密切的“血缘”关系。因此，这些开基祖在本宗族内地位极高，他只能接受本族人的崇拜，外姓人自然不便也不愿意去祭祀这样的祖神。另外一类祖神则是由广义的祖先演变而来的。像何仙姑、欧阳真仙，他们都没有结婚，也没有后代。这类祖先尽管仍与本宗族人有着自然的血缘关系，但它的牵扯关联作用要远比狭义的祖先小得多，因而他们在被神化之后，就更容易走出宗族的局限，成为普通百姓共同崇拜的神明。

当然，何仙姑、欧阳真仙之所以影响范围那么大，还有一点是值得注意的，即他们的祖庙都是建在当地有名的山上。“山不在高，有仙则灵。”反过来，神仙的显灵，也需要名山依托。这两者相辅相成。由于何仙姑和欧阳真仙所依托的都是当地的风景名胜，因此他们的灵验故事就更加容易得到传播和扩展。其实，不仅是他们两位，凡是建在名山上的庙宇，其影响范围一般来说都比较宽。祖神崇拜是否能摆脱宗族的局限向外发展，取决的因素显然不止一个，有关这个方面今后仍需进一步努力，分清各种不同类型继续加以探讨。

四、研究祖神崇拜的意义

祖神崇拜是中国民间信仰的一种类型，它介于祖先崇拜与神明崇拜之间。对某个宗族而言，他既是祖先，又是神明，两者的功能兼而有之。然而换一个角度，从普通民众的角度而言，人们对他的崇拜是由于他是神明，而非祖先，尽管这个神明产生的历史文化背景离他们并不遥远。因此，研究祖神崇拜具有以下的意义：

首先，有助于我们进一步了解神明产生的途径。以往，我们知道神明的来源或是出于神话传说、精灵鬼怪，或是来自著名的历史人物，很少考虑到有的神明是可以从祖先演变而来的。特别是在华南民间社会里，普通百姓信奉的神明多种多样，史籍未载，民间有一种内在的造神机制，这就需要引起我们的重视并加以研究。

其次，有助于我们进一步考虑中国民间信仰的分类。一提起中国的民间信仰，人们首先想到的是两大类：一是祖先崇拜，另一是神明崇拜。而现在我们提出了另外一种类型，即介于两者之间的祖神崇拜。尽管这方面的研究刚刚开始，但它的价值显而易见。同时还须附带说明一点："祖神"这个概念以往已经有人提及，意思把它等同于祖先，在这里我们把它们分开了，赋予"祖神"新的含义。

再次，通过祖神崇拜研究也可以使我们再次看到上层文化与底层民间文化的互动关系。民间信仰与普通百姓的生活息息相关，属于地方性的民间文化。底层民间文化与上层文化之间的互动关系，历来是学术界关心的问题。老百姓如何选择崇拜对象，什么样的祖先才有可能被视为神明，表面上看似杂乱无章，完全是地方性的无组织行为，实际上它的背后仍有儒家上层文化的深刻影响。《礼记·祭法》说："圣王之制祭祀也，法施于民则祀之，以死勤事则祀之，以劳定国则祀之，能御大灾则祀之，能捍大患则祀之。"也就是说，凡是有功于民族国家、能够捍患御灾的著名人物，均属于应该祭祀的对象。而我们在前面谈到的那些祖神崇拜的例子，萧瑀显然属于有功于国家的大人物，至于那些民间道士，在老百姓的心目中也是能够捍患御灾的，尽管地位不高，但与《礼记》的规定有某种程度的一致性。因此，民间底层文化虽然具有地方性的特征，但它的背后仍然深受儒家上层文化的影响。当然，民间传统文化的传承与积累，反过来也会对上层文化产生作用，很多民间崇拜的神明后来被载入官修史志之中，即是其例。民间底层文化与上层文化之间的互动关系，正是形成中国传统文化既有统一性又有多样性的基本因素。

东山萧氏的宗族文化及其特质[①]

在台海两岸，有关客家与其他族群的互动关系存在着明显不同。在台湾，客家人主要是与闽南族群发生互动，因此历史上“闽客”关系（乾隆以后习称“闽粤”）非常突出。而在大陆原乡，由于客家人聚居的闽粤赣交接区是“蛮僚”的住地，因此客家先民与当地土著（主要是“畲”）的关系显得相当重要，这也是学术界普遍关注的问题。

从清末开始，客家问题就引起人们的注意。早期的研究有一种观点认为客家人来自中原，他们是“纯粹的汉人”，客家文化是汉族文化中最优秀的；另一种观点刚好与此相反，认为客家人的主体是土著居民，“非汉种”，有的甚至把他们污称为“犵家”。此论一出，即引起客家人的极度反感。[②] 近年来的研究尽管这两种看法仍然存在，但越来越多的研究者已经注意到客家及其文化的形成与汉、畲两类人群的互动有密切关系。1982 年，作为客家人出身的王增能先生发表文章，强调客家与畲族的关系“非常密切”。[③] 进入 20 世纪 90 年代以后，这类文章明显增多。研究者大都从语言、服饰、饮食、地名、生产技能、生活习惯、民间信仰等方面，来论述客家文化的特质，强调客家文化里面含有畲族文化的成分。最新的研究如蒋炳钊先生的论文，亦从早期闽粤赣交界区的居民等方面来论述客家及其文化的形成是汉、畲两族长

---

① 本文为台湾“‘中央’研究院第三届国际汉学会议”参会论文，2000 年 6 月 29 日—7 月 1 日。收入会议论文集之前的修改，得益于论文评论人孔迈隆（Myron L. Cohen）的指教，以及两名匿名评审人及何翠萍、蒋斌教授的宝贵意见，谨此致以诚挚的谢意！

② 参见罗香林：《客家研究导论》，希山书藏 1933 年版；《客家源流考》，香港崇正总会三十周年纪念刊，1950 年。

③ 王增能：《客家与畲族的关系》，《武平文史资料》1982 年总第 10 辑。

期互动的结果。[①] 从学术的角度而言，这样的研究无疑是一种进步。事实上，我们都知道不管是血统还是文化根本就不存在所谓“纯粹的汉族”，还是“纯粹的畲族”。问题是，我们在田野调查中常常会发现，有些地方的文化与其他地方普遍存在的文化有着明显的不同。这些较为“特殊”的文化现象究竟是怎么产生的？代表着怎样的涵义？如果说客家文化是汉、畲长期互动的结果，那么这种互动应该是双向的。既有汉吸收某些畲文化的成分，又有畲文化在被同化过程中接纳和吸收汉文化的问题。因此，我们的研究就不能只从汉的角度加以观察，还必须注意那些可能来自土著居民的个案，具体探讨其文化仍带有什么特征，怎样体现逐步汉化的过程，这样对于更深入研究客家文化乃至整个华南地区的民间文化都有益。本文所要探讨的东山萧氏正是基于这点认识，从这个角度出发的。

一、萧氏的口头传说与文字“历史”

东山萧氏聚居于福建省清流县长校镇的一个小村里。长校镇地处清流、宁化、长汀、连城四县交界处，此地山岭起伏，交通不便，历史上这个四县交界地被统称为“四堡”。东山村人口不多，且处在深山之中，因此它长期以来一直不被外界所认识。明清时期修的《清流县志》都没有东山的相关记载，至民国三十六年（1947）始出现东山村名，它属于堡里乡的沙荷保。而当时沙荷保总共才 260 户、1126 人，辖有八个自然村，可见东山人口之少。[②] 如今东山村隶属长校镇荷坑行政村管辖。1996 年我们到那里调查，全村人口 300 多人，全部姓萧。

东山萧氏据说开基甚早。当地村民声称他们的祖先是萧瑀，唐朝重臣。关于他的事迹有这样一个传说：

萧瑀是和他的父亲萧岿一起迁来开基的。他们原来居住在北方，后来因战乱萧岿从建康（今南京）迁往湖北石陵。隋末再由江西省泰和县白沙站黄

---

① 谢重光：《客家文化与畲族文化》，新加坡《客总会讯》1996 年第 31 期；吴永章：《客家文化是汉文化为主体的多元文化》，台北“第四届国际客家学研讨会”参会论文，1998 年；蒋炳钊：《客家文化是畲、汉两族文化互动的产物》，台北“第四届国际客家学研讨会”参会论文，1998 年。

② 民国《清流县志》卷二《地理志》、卷五《户口志》。

龙坑迁徙入闽，居长汀县营背塔下街霹雳岩，后来再迁往连城县四堡的马屋村居住。至萧瑀八岁时，随同父亲一起迁到距东山四里的山背社下开基。

当时，萧瑀和父亲以放养鸭子为生。东山有一个“独立王”姓郑，在那里天天筑造山寨，萧瑀经常挑鸭蛋到东山去卖，久而久之，就与“独立王”混熟了。有一天，萧瑀告诉父亲他想去投靠“独立王”，父亲坚决反对，说朝廷正出榜要捉拿“独立王”，你去投靠就等于去送死。过几天，萧瑀入城，果然看到城门口贴有一张黄榜，上面画着“独立王”的像。萧瑀停下来观看时，守榜的人问他敢不敢揭？萧瑀说：敢！于是就把黄榜揭下来了。上面命令萧瑀要带兵去征讨“独立王”，萧瑀说不要派兵，只要他一个人就够了，于是只身来到东山。由于萧瑀与“独立王”熟悉，而且力气很大，因此不出三天就把“独立王”杀掉了，提头到官府领赏。自此以后，萧瑀走上了从军的道路。

隋末唐初，天下大乱。萧瑀领兵打仗十分英勇，屡立战功，24 岁就受到知府赏识，随后升任隋朝河池郡守。唐高祖李渊定京以后，萧瑀归附唐朝。由于他能文善武，执政有方，深得高祖、太宗的信任，被封为宋国公，累拜左仆射、御史大夫等职。68 岁那年告老还乡。贞观二十二年（648）去世，享年 74 岁，朝廷封他为“精忠护国威烈圣王”，葬在距东山 80 里的连城县北团乡。为了怕人挖掘盗墓，萧瑀的坟墓共有五座，座向、造型、墓碑都一样，令人真假难辨，就连族谱也没有确切的记载。每年清明节东山萧氏族人都要去祭扫这五座坟墓。至今坟墓还在。

萧瑀是唐朝初年的重要人物，《旧唐书》《新唐书》都有他的列传。唐太宗的著名诗句“疾风知劲草，板荡识诚臣”就是赐予他的。上面谈到的萧瑀故事，有的取自正史，有的与正史的内容完全不同。比如《旧唐书》列传第十三记载着萧瑀的身世：他的高祖是梁武帝萧衍，曾祖是昭明太子，祖父萧詧为后梁宣帝，父亲萧岿是后梁明帝。“瑀年九岁，封新安郡王，幼以孝行闻。姊为隋晋王妃，从入长安。”亦即，萧瑀从小就在宫廷里长大，由于他的姐姐嫁给晋王（即后来的隋炀帝）当王妃，所以他们家在隋朝地位显赫。而上述东山的故事则说萧氏的先祖来自江西，萧瑀八岁时就与父亲萧岿一起在山背社下放养鸭子。这样的传说与正史的记载相差甚远。

前引的《旧唐书》又说，唐高祖李渊定京以后，遣书招萧瑀，“瑀以郡归国，授光禄大夫，封宋国公，拜民部尚书”，从此成为唐朝大臣，受到高祖以及太宗的赏识。由于萧瑀耿直敢言，性偏急，在政治上几经沉浮。唐贞观二十一年（647）以后因病死于玉华宫，享年74岁。唐太宗闻其故时中止了进膳，“高宗为之举哀，遣使吊祭”，谥贞褊公，“陪葬昭陵”。可见从正史的角度来看，萧瑀并没有来到东山，死后也是葬在昭陵。可是，东山萧氏却说萧瑀是68岁告老还乡的，在连城县北团有他的五座坟墓等。如果说，东山萧氏的祖先确实就是萧瑀，那么为什么与正史的记载会相差那么远？从史料的观点而言，一方面，历史研究要以史料为基础。萧瑀作为唐朝的重臣，《新唐书》《旧唐书》的记载是最重要的参考依据之一，到现在至少我们没有任何足够的理由不去依据这样的历史记录而去依靠民间传说。而另一方面，在中国的传统社会里，攀附历史名人作自己祖先的例子比比皆是，东山萧氏可能也不例外。

东山萧氏以前修有族谱。据说抗日战争期间，由于与北团人打官司，把《族谱》拿到永安去了（当时福建省政府迁到永安），结果没有找回来。现在东山萧氏自己没有族谱，而我们到那里调查时，曾看到有两本是从长汀县萧屋岭借来的。其中一本为手抄本，似为近年手录。另一本是修于民国三十六年丁亥（1947）的《萧氏联修族谱》，仅见第一册。而在这一册《萧氏联修族谱》里载有一篇《萧瑀传》，其内容已没有口头传说的那些情节，完全是节自正史拼凑起来的，尤其是《新唐书》的文字最为常见，详见以下对照表：

《萧氏联修族谱》（全文）	《新唐书》（摘录）
瑀，岿七子，字时文	萧瑀字时文，后梁明帝子也
好经术，善属文 性鲠急，鄙远浮华	瑀爱经术，善属文。性鲠急，鄙远浮华
仕隋，历河池郡守	遂出瑀为河池郡守
高祖入京师，挈郡自归，亲宠无比，封宋国公，累拜左仆射	高祖入京师，招之，挈郡自归，授光禄大夫，封宋国公，拜民部尚书……进尚书右仆射……久之，迁左仆射

（续上表）

《萧氏联修族谱》（全文）	《新唐书》（摘录）
贞观初，房玄龄、杜如晦新得君，任稍分。瑀乘罅切诋，辞旨疏躁	贞观初，房玄龄、杜如晦新得君，事任稍分。瑀不能无少望，乘罅切诋，辞旨疏躁
数废复起，历御史大夫，参与朝政。议论明辨，然不能容人短	岁余，起为晋州都督。入拜太常卿，迁御史大夫，参预朝政。瑀论议明辨，然不能容人短
后拜同中书门下三品，加特进	晋王为皇太子，拜太子太保、同中书门下三品……未几，复其封，加特进
陈宣帝太进七年乙未生，贞观二十二年六月殁，年七十四，谥曰贞，陪葬昭陵	卒，年七十四……陪葬昭陵。太常谥曰肃，帝以其性忌，改谥贞褊
配杨夫人。子三：锐、锴、钺。锐，驸马都尉太常卿，封宋公，尚襄城公王。子三：守业、守道、守规。锴，虞部郎中。钺，给事中。子一，恕	子锐，尚襄城公王，为太常少卿

从表上的资料可见，至少从民国年间开始，东山萧氏在他们联修的《族谱》里已经全面采用正史的资料来打扮“祖先”历史。尽管这样的记载读起来与正史基本相同，但如果细加推敲矛盾却更加突出。如上引《萧氏联修族谱》所说萧瑀一直在朝廷当官，死后“陪葬昭陵”，可是他怎么来到东山开基的《族谱》却只字未提。事实上，《族谱》的作者根本无法也不可能回答这个问题，他只是希望通过为萧瑀树碑立传来提高本宗族的社会地位。

萧氏真正有文字可查的历史大致是从十世祖嘉棋公开始的。现在东山村仍有一座祠堂，称“嘉棋公祠”，里面供奉一块神主牌，上面书写着“兰陵堂：十世嘉棋公，十一世镒宗公、铭宗公、镐宗公，十二世尚坚公、尚埛公、尚垣公神位”。据从萧屋岭借来的《族谱》可知，大致在南宋绍熙二年

(1191),“嘉棋公同男镒宗、镐宗在东山开基,建造房屋居住”。后来由于镒宗、镐宗兄弟与人争吵,“各不相让,两相对打,弄出大祸。镐宗改名铭宗,潜逃萧屋岭杨家躲避”,直至十二年后才回到东山。镒宗生有五子,其中长子、五子均“犯故”,仅剩下尚坚、尚堈、尚垣三人,如今东山村民主要为尚坚、尚堈的后代。而铭宗(原名镐宗)则又迁往萧屋岭开基,现在萧屋岭的族人即属铭宗这一支。萧氏迄今繁衍了几代有两种说法。我们到东山调查时,当地族人给我们第一个答案是最小 35 代。当问及 35 代怎么可能开基于隋末唐初?又换了另一种说法为 47 代。村民们解释说,35 代是从嘉棋公开始算起的,而他们的始祖是萧岿,传至嘉棋公是十二世,因此总数应为 47 代。嘉棋公在神主牌上分明写的是“十世”,可是往前追溯却成了“十二世”,可见萧氏对其早期祖先的认定也相当混乱。但无论如何,嘉棋公在其宗族的历史上显得实在得多,而萧岿、萧瑀则纯属神话般的虚构人物。

如果说嘉棋是萧氏的实在祖先,有祀奉他的祠堂,那么萧瑀作为神话般的人物,则有祭祀他的庙宇。东山萧氏的萧瑀庙(亦称萧公庙)就建在村子水口,距村大约一里。这座庙宇规模不大,但相当古朴典雅,依山傍水,飞檐斗拱,十分引人注目。庙里供奉着萧瑀夫妇神像,上面悬挂着一条横幅,“唐贞观十一年,敕封萧公精忠护国威烈圣王暨官、希夫人,公元一九八四年三月重立”。里面还有一块旅台宗亲敬献的牌匾“宗谊永固”,敬献者为台北市宗亲会理事长萧俊雄、漳靖宗亲会总干事萧连城、广东大埔宗亲会名誉会长萧鸿伟。庙内左右两侧全是形形色色的壁画,左边书有唐太宗赞颂萧瑀的诗,右边有萧瑀“自作诗”,左右两旁还陈列着唐代十大兵器:龙、戟、斧、刀、锤等。

这座萧瑀庙建于何时已无从查考。当地人说,始建于唐宋,明永乐六年(1408)嘉棋公曾重修过。从族谱上看来,萧嘉棋为南宋时期的人物,怎么可能至明代还会重修庙宇?不过,1986 年童金根先生受委派去复制壁画,经他证实庙内“一幅幅陈旧模糊”的壁画确实是明朝留下来的①,依此我们应该可以说,无论萧嘉棋是否在明朝重修过此庙,萧氏先人崇拜萧瑀至少在明中

① 童金根:《清流县东山萧氏的宗族传说及其庙会》,载杨彦杰编:《闽西的城乡庙会与村落文化》,国际客家学会、海外华人研究社、法国远东学院 1997 年版。

叶就已经开始。至清朝末年，该庙还有一次重修。前引萧屋岭《族谱》手抄本记云："祖庙古老，虽在咸丰八年（1858）曾经维修过，可是至一九六七年丙午岁，又因'文化大革命''破四旧'被拆毁。一九八二年壬戌岁才由基科、炎科、承亮主持，重新修建，癸兼丑，走甲寅口。一九九二年癸亥岁重塑瑀公夫妇身像，安放祖庙，永作裔孙瞻仰，焚香礼拜。"这座庙宇及其神像虽然是最近十几年来才重建、塑造起来，但它经历明清以迄于今，已有好几百年的历史了。

由此可见，东山萧氏的早期历史扑朔迷离。萧氏族人说他们开基于唐朝，但却找不到真实可靠的记录；族人说他们的祖先是萧瑀，但与正史记载的萧瑀事迹却难以吻合。事实上，东山萧氏流传的所谓萧瑀的故事，如果剥掉一些显然来自正史的外衣，剩下的则可能与东山萧氏真实的传说历史有关，尤其是征讨"独立王"、五座坟墓等，笔者以为这些正是上述传说故事很有价值的地方。而萧氏族人正是基于这些民间传说，包括以下还要谈到的故事，确立起萧瑀在他们宗族历史上的地位，并在村子水口建起了崇拜他的庙宇。

二、祭狗习俗与萧瑀庙会

东山萧氏对萧瑀的崇拜很值得注意。它不仅创造出一个虚构的祖先，而且把这个祖先当成神明来祀奉，同时这种崇拜又与狗的崇拜联系在一起。

东山萧瑀庙以前有只狗的石雕像。这只石狗安放在庙门口走廊右侧，全长 90 厘米、高 80 厘米，包括底座重约 400 公斤。据当地人描述：狗头朝前方，两眼向前注视，四脚稍微前倾，尾巴翘起，为欲向前奔跑之势。至 1994 年，这只石狗雕像不知不觉被人偷走了。以前，凡到庙里烧香的人，都要向这只石狗烧香膜拜。

萧瑀庙前供奉石狗，是与当地的一则传说紧密联系在一起的。据当地人说：

萧瑀很爱养狗。他在朝廷当大臣，身边总带着一条黄狗，不管是赴宴还是出征，这条狗总是不离左右。

有一次，萧瑀奉命去征讨番兵。在战斗中，他的营地着火了。火势很大。

萧瑀率领士兵奋力作战，从早到晚整整一天，很多士兵都战死了，萧瑀也被大火团团围困，昏倒在地上。这时，他心爱的黄狗见主人倒地，便冲进来救他。狗先到附近水潭里打滚，再跑回来在萧瑀身上滚来滚去，一趟又一趟，把萧瑀身上的火扑灭。随后又见主人不醒，它就用嘴咬住萧瑀的脚绑，想把他叫起来。不料这时萧瑀醒了，朦胧中以为是番兵正要抓他，便伸脚猛地一踢，把黄狗踢出了一丈多远。狗被自己的主人踢死了。萧瑀站起来看见自己心爱的黄狗倒在血泊中，浑身上下湿漉漉的，才明白是怎么一回事。此时他痛悔莫及，抱起因救他而被误杀的黄狗，在山坡上挖了个大坑把它给安葬了，并且作了一副挽联："千秋与狗同分功劳，万代与狗同享甘苦。"以志永远不忘。

回朝以后，萧瑀把此事奏报给朝廷。皇上也深受感动，于是敕封它为"黄狗大将军"。萧瑀告老还乡后，在东山后龙的山腰上建了一座"黄狗大将军"墓，并且告诫子孙后代要养狗爱狗，永远祭祀"黄狗大将军"。因此，萧氏族人在建萧瑀庙时，也塑了一只石狗安奉在庙宇前面。

东山萧氏对狗的崇拜是多方面的。他们至今仍然喜欢养狗，从不吃狗肉。据东山村里的老人讲：以前老一辈人对狗十分重视，视狗如神物。每当有重大事情（如要出门）都要先跟狗说一声，如果看到狗摇摇尾巴就表示同意，这样他就可以放心去做。每当逢年过节有好吃的东西也要给狗一份，狗和人享受同样的待遇。东山村民至今仍保持不杀狗的习俗。有时外出，别人安排他们吃狗肉，在不知情的情况下吃了下去，回来以后就会觉得心里很难受。在祭祀萧瑀时，村民们还专门安排了祭狗的仪式，并有吃"狗粥"、献"狗丸"等情节，表明东山萧氏族人自古以来就有崇拜狗的习俗。

东山萧氏的萧瑀庙会固定在每年的正月初五至十六日举行。据族人说，原来萧瑀的生日是农历四月初一，后来由于这段日子正值农忙，没有时间，因此改在正月。萧瑀庙会的组织是有条不紊的。以前东山萧氏共有尝田 28 担（约 10 亩），其中 26 担为福首田，所收租谷即用于每年的庙会开支。另有 1 担称烧香田，用于日常萧瑀庙的烧香点烛。还有 1 担称兵器田，其租谷积蓄用来维修庙里的器具（包括兵器）。这些尝田都是租给村民耕种的，按四六开分成交租。福首田则是采取轮管轮收的方式。村民们按户轮流充当福首，以抓阄的方式事先排定值年顺序，轮到的福首负责收取租谷，同时担负是年庙会的组织筹备工作。

每年正月初五以前，东山村民就要分成尚坚、尚垌两大房开会，各自选出五个人充任庙会理事。随后，这些理事成员再开会推举一个能力最强、为人公正的出来担任理事长，另外还有一个值年的福首担任副理事长。理事班子组成以后，便开始分头筹办庙会事宜，包括布置庙宇、撰写对联、购备香烛、制作供品、联络组织仪仗队、锣鼓队等。

初五日庙会正式开始。这天辰时，福首在萧璃神像前点燃两盏“岁火”，作为起会的标志。其他村民也陆续送来“岁火”，放置在萧璃神像的两侧。庙内开始安设祭坛，分三进摆上供品。上进供品以腊制的猪牛羊鸡鱼为主，中进是用猪内脏、猪蹄、鸭肉等制成的各种有造型的供馔，而下进则是摆族人、亲友送来的各式糕点、线面等，其中以红糖年糕最为大量。村民们认为，谁家送的年糕越大越多，谁家就越体面。有时值年福首因亲戚朋友都来祝贺，送的年糕多达二三十个，足以摆满几张桌子。

萧璃庙会一个显著特点就是吃“狗粥”。从初五开始直至初十日，全村人都会吃。“狗粥”由福首负责制作。其原料除了大米之外，一般要下油盐姜，以及各种香料。上乘的“狗粥”还会掺有少许糯米、枣子、花生、红菇、瘦肉等，像“八宝粥”一样。每天早、晚各煮一次。早上吃“狗粥”一般在九点半左右，晚上在九点半至十点之间。村民们说，因为萧璃庙会没有像其他庙会那样大办酒席，吃“狗粥”也是一种集体用餐，而且可以节省一点。“狗粥”煮完后，用大木桶装起来（每桶两百多斤），主要是送往村里的嘉棋公祠，全村几十户人家就都到那里取用，或盛回家或在庙里吃；另有一部分送到水口萧璃庙内，给外来的客人和办庙会的村里人吃。吃“狗粥”以前，理事们一定要先盛出三大碗供奉在萧璃夫妇神像前，并且上香叩拜，才可以开始。在嘉棋公祠也都是如此。东山村民认为，吃“狗粥”能够使人平安，延年益寿，因此不仅萧氏族人爱吃，连外姓来参加庙会的也都喜欢吃。据说，这种“狗粥”只可供人和狗食用，但不能拿去喂猪、牛、鸡、鸭等，否则就会受到不尽如人意的惩罚。

正月初九日祭萧璃。这天，全体族人都要到萧璃庙前集合，祭典从午时开始直至酉时，整整一个下午。正式祭祀前要宰杀一牛一猪一羊一鸡，将牲血洒在庙宇和涂于神坛、木柱上，称作“洒花”。同时，各家各户携带供品、香烛前往祭祀。祭祀萧瑀是十分隆重的。村民们认为，如果祭萧瑀迟到，会很不吉利，因此参与祭祀的人早早就等在那里。祭典开始及结束时均鸣放三响神铳。由主祭者执高香，率领大家行礼叩拜，礼生协助敬献“十牲十素”，并且由主祭者宣读祭文。1995 年的祭文如下：

维公元一九九五年丙午岁次月建正月初九吉日，主祭裔孙萧□□等谨以香帛茶果牲礼庶品之仪，恭维我祖，敢昭告于唐朝敕封始祖萧瑀公精忠护国威烈圣王妣官氏、希氏（二配）二位夫人之神前，以告文曰：

神德克配乾坤，道昭日月。建功于唐，灵扶社稷。生为一时之潘玉，没作千秋之保障。正所谓如刚同毅，天长地久。不求名而名合，是振河岳而长洵哉。被一时之杰士，历千载之灵神。嗣孙富贵之其（期），敬荐尊王。惟愿神功恩膏，（倍）予以往，赐福（无）疆；而露施于将来，永（御）灾患，长发其祥。人人瞻仰，兰桂腾芳。神灵如在，来格来常。

初十日上午，祭“黄狗大将军”。祭典在庙前的石狗雕像处举行。仪式开始时要先杀一只雄鸡，将鸡血洒于“黄狗大将军”周身，然后往庙门前方高高一扔，预卜一年之凶吉。如果掉在地上鸡头朝村，则预示村人当年不利；鸡头朝庙，则庙宇不吉；如果鸡头朝向右侧小溪，则最为理想，表示灾祸会随流水而去，福运自然来临。祭祀“黄狗大将军”的供品除了一部分与祭祀萧瑀的相同之外，还需要特别制作一种“狗丸”。所谓“狗丸”即是用大米制成的米粿，初十这天家家户户都会制作。有的用黏米搓成长条形，有的用糯米滚成小球再沾芝麻、红糖，有的是用黏米、糯米各半，做成小寿桃状。做“狗丸”主要是由妇女负责，男人也会帮忙，没有特别的仪式。“狗丸”供奉之后，各家各户将自家的携带回去，让人吃或给狗吃，但绝不能拿去喂猪。

祭祀“黄狗大将军”之后，就开始萧瑀出巡，将萧瑀夫妇的神像迎至村中祠堂内供奉，直至十六日才送回。萧瑀出巡时，要先到山背社下祖祠祭拜萧岿，然后返回，一路上凡有祖祠、祖厅、门楼均要祭祀。家家户户在门口设香案恭迎，杀鸡把鸡血洒向萧瑀神像，并敬献红包以表心意。整支游神队伍浩浩荡荡，有大锣、帅旗、仪仗、彩旗、古事队、锣鼓队，还有调牌、香案、凉伞、神轿、万岁牌等，万岁牌写着“当日皇帝万万岁”七个大字。主祭者以及村中有声望的头人、士绅排在队伍之中，尾随的是部分参与出巡的族人以及亲戚朋友和前来观看的客人。

萧瑀出巡入村以后，被安奉在嘉棋公祠内。此后天天都有人携带香烛供品前去祭祀。正月十二日开始闹花灯，每天晚上龙灯出游时都必须到萧瑀神像前行礼祭拜，以示给他上寿。十五日晚上还要在祠堂前面的大坪里“绕圆灯”（把整条龙灯盘成圆形，然后迅速拉开，如此反复），直至夜半方散。次日，将萧瑀夫妇的神像送回庙里，庙会至此结束。

从萧氏族人每年一度的萧瑀庙会来看，其组织形式与一般客家人的庙会没有什么两样，所不同的是庙会的内容：萧氏族人在祭祀萧瑀的同时还包含了祭狗的情节，而且他们一方面把萧瑀当成自己的祖先，另一方面又把他当成神明来祀奉。东山萧氏这种特有的民俗传统究竟是怎么形成的，是否不同文化长期接触的结果？这涉及闽西的历史文化背景问题，以下将继续讨论。

三、闽西土著与萧氏历史文化的渊源

在历史上，汉族移民未大量迁进来之前，闽西地区曾是畲人的住地。杨澜《临汀汇考》云：“唐时初置汀州，徙内地民居之，而本土之苗仍杂处其间，今汀人呼曰畲客……《明史·地理志》中，畲字仅见于漳平县中有百家畲洞，距龙岩、安溪、南靖、龙溪、漳平五县之交，是闽地之蛮皆称曰畲也。”① 可见在唐朝初置汀州的时候，闽西的土著主要是畲人。

有关闽西的土著历史文献记载非常多，以下再引几例即可见一斑。唐昭宗乾宁元年（894），宁化县爆发了“黄连洞蛮二万围汀州”事件，福建观察使王潮遣将率兵击之，“蛮解去”。② 北宋天禧年间（1017—1021），武平县“洞僚久侵扰”，知县陈阐“立斥堠，训练士卒，僚不为害”③。南宋绍定三年

① 杨澜：《临汀汇考》卷三《风俗考·畲民附》，光绪四年（1878）刊，木刻本。
② 《资治通鉴》卷二五九。
③ 乾隆《汀州府志》卷二〇。

（1230）二月戊戌诏曰："汀、赣、宁、建昌蛮僚窃发，经扰郡县，复赋税一年。"①

唐宋以前，福建南部包括闽西地区的土著居民均被称作"蛮僚"，至南宋时始出现"畲"的称呼，然而史学界普遍认为，这时期的"蛮僚"即畲人。② 南宋刘克庄《漳州谕畲》云："凡溪洞种类不一：曰蛮、曰瑶、曰黎、曰蜑，在漳者曰畲。西畲隶龙溪，犹是龙溪人也。南畲隶漳涓，其地西通潮、梅，北通汀、赣，奸人亡命之所窟穴。畲长拔止于机毒矣，汀、赣贼人畲者教以短兵接战，故南畲之祸尤烈。"③ 闽西、粤东、赣南等地土著均被称作"南畲"，然而这一大片地区即是后来客家人的聚居地。《大元大一统志·汀州路》亦记载："汀之为郡，山重复而险阻……舟车不通，商旅罕至……惟以麻枲为业。西邻赣，南接海眉。山深林密，岩谷阻窍四境椎埋顽狠之徒，党与相聚，声势相倚，负固保险，动以千百计，号为畲民。"④ 可见直至元朝时期，汀州所辖的大片地区经济社会还很落后，畲民的人数仍是不少的。而这种长期作为土著居民聚居地的背景，对于理解东山萧氏的历史文化渊源很重要。

畲与瑶一样，均以槃瓠为崇拜对象。如今畲民保留下来的祖图、祖杖、《高皇歌》、"狗王墓"等，都是他们原始图腾崇拜的遗留或者表现。东山萧氏则保存有对狗特别崇拜的习俗。他们那里有狗墓、狗石雕像。萧氏族人特别喜欢狗，从不吃狗肉，而且狗的地位很高。如上文所说，以前村民凡是要办大事或者外出，都要先向狗说一声，得到狗的"同意"（摇尾巴）以后才敢去做。逢年过节狗和人一样共同享用美食佳肴，正月萧瑀庙会上使用的"狗粥""狗丸"也是只能给人和狗吃，不能拿去喂猪、牛、鸡、鸭等，并专门有祭狗的仪式。在东山人的心目中，狗显然是不同于一般的动物，它与人具有同等地位，甚至被当成神物来看待。我们目前所知的畲、瑶族图腾崇拜，也是把狗当成崇奉的对象，并在过年时有特别的崇拜仪式⑤。东山萧氏究竟

① 《宋史》卷四一。

② 蒋炳钊：《畲族史稿》，厦门大学出版社 1988 年版，第 66~67 页。

③ 刘克庄：《后村先生大全集》卷九三。

④ 《大元大一统志》卷八。

⑤ 蒋炳钊：《畲族史稿》，第 277 页。

是否源自畲族？虽然很难做出肯定的判断，但笔者以为其族群构成中有可能有畲或瑶的先民，至少在他们的宗族文化里存在着明显的土著文化的味道。

狗是与人类相当亲近的动物。汉人也很喜欢养狗，认为狗对主人十分忠诚，因此对自己家养的狗有特殊的感情。从东山萧氏保留下来的有关“黄狗大将军”的故事来看，萧瑀对狗的特殊感情与一般汉人没有什么大的区别。但如果透过村民平时的生活细节，透过他们特有的祭狗仪式，则很容易发现在人与狗之间，萧氏族人显然不止对狗有感情，而是达到了崇拜的程度。这种崇拜狗的习俗，在汉人社会是没有的，而在畲、瑶族，包括台湾泰雅（Tayal）族在内的十五个土著居民中却都有存在。[①] 有趣的是，萧氏族人是通过类似汉人的“黄狗大将军”的故事来解释他们的特有习俗。“黄狗大将军”因忠于主人而受到祭祀，这就使萧氏族人的拜狗习俗得到符合一般人思维逻辑的解释。土著居民崇拜狗的遗俗与一般汉人养狗、爱狗的思想情感，在此相互纠缠在一起。

其实除了对狗的崇拜之外，在东山萧氏的传说故事里，也有一些故事母题与畲、瑶人的十分类似。在此我们就有必要回到第一节萧瑀故事中征“独立王”的故事母题。比如萧瑀征“独立王”的故事：他在城门口揭下黄榜，只身一人深入东山，最后提着“独立王”的人头去领赏。而畲人最主要的历史叙事诗《高皇歌》有关龙期征番王的故事也有类似情节，“番边大乱出番王，高辛皇帝心惊慌”，“京城门下挂榜去……龙期听见便向前，撕下文榜在路边”，“龙期自愿过番边，去到番边番王殿，服侍番王二三年……咬断王头过海洋……众官取头金盘装”。[②] 基本上除了具体的人名、情节有所改变外，萧瑀的故事与畲族的《高皇歌》有着非常相同的故事母题。征讨“独立王”或者“番兵”的故事反映某个族群与国家力量之间的相互关系，在田野调查中，我们还可以听到一些与此相类似的故事。如在清流县紧邻的泰宁县（属非纯客家县），该县开善上保廖、杨两姓的开基祖传说是唐朝初年领兵到那里剿寇得胜而定居下来的，此后，一个取名为廖开，另一个更名杨善，因此那

① 凌纯声：《畲民图腾文化的研究》，《国立中央研究院历史语言研究所集刊》第16本，1947年。
② 凌纯声：《畲民图腾文化的研究》，《国立中央研究院历史语言研究所集刊》第16本，1947年。

里的地名称作“开善”。[①] 我们不管这个故事的“历史真实”如何，更重要的是它反映了当地人对其历史的一种观点，而这种观点也是与国家力量联系在一起的。所不同的是，上述开善的故事强调廖开、杨善率兵前往剿寇，而东山萧氏与《高皇歌》的故事母题都在强调主人翁的个人英雄主义：萧瑀只身前往东山取了“独立王”的头，龙期也是孤身一人过番取了番王的头。强调个人英雄主义的故事在闽西地区很少听到，而且这两个故事流传的人群都有拜狗的习俗（开善没有），这是否纯属巧合？

其实，东山萧氏还有一则故事也很能说明问题。据当地人说，他们以前是不用交税的。原因是萧氏的祖先很会看风水。有一次他们要求在城关建祠堂，清流知县不肯，怕好风水被萧氏夺走。于是萧氏族人愤愤不平，将此事告到知府那里。知府为了消弭矛盾，就给了东山萧氏两个特权：（1）可以免交地方税；（2）直属清流县城关管辖，与县城共城里。因此，他们说以前东山称“清流本城里鲁陵乡”。但在历史上清流从来没有过“本城里鲁陵乡”的建置。而萧氏族人居然可以不用交税，这在汉人社会中作为国家的“编民”是难以想象的。相反，畲瑶人留下的许许多多历史文献如《敕赐开山公据》《抚傜券牒》《过山榜》等，都谈到了皇帝赐予他们“永免杂税，抚乐自安。代代不纳粮税”的特权。[②] 南宋刘克庄也曾说：“二畲皆刀耕火耘，崖栖谷汲，如猱升鼠伏，有国者以不治治之。畲民不悦（役），畲田不税，其来久矣。”[③] 可见国家对于畲民是“以不治治之”，因此畲民享有不必纳税的特权。[④] 而这种特权作为汉人是没有的。东山萧氏既然早就与官府打交道，而且当地人普遍认为萧氏是清流县“最老的”（即当地最早的居民）[⑤]，但居然有如畲、瑶先民般不用交税，这显然凸显了萧氏先民在当时清流县人群组成上的特殊性，最可能的是他们就是当地土著的畲、瑶先民。

东山萧氏在他们的传说故事里，曾经谈到北团有五座萧瑀的坟墓，其墓

---

① 杨彦杰：《开善上保的宗族社会与民俗宗教传统》，见本书。

② 《中国少数民族社会历史调查资料丛刊》福建省编辑组：《畲族社会历史调查》，福建人民出版1986年版，第254~255页。

③ 刘克庄：《后村先生大全集》卷九三。

④ 畲民汉化以后，才有了纳税的规定，参见蓝炯熹：《福安畲族志》，福建教育出版1995年版，第6页。

⑤ 此为童金根先生告诉笔者，他是清流县人。童金根先生说，当地人都认为东山萧氏是最老的。

碑、座向、造型都一样，令人真假难辨。一个人造几座坟墓，在闽西客家地区也时有发现。我们曾到上杭县官庄乡调查，那里的蓝姓居民已经被认定为畲族，而蓝姓的开基祖念四郎公在官庄就有好几座坟墓，其中多是用埋银牌的方式做成的。[①] 坟墓与祖先崇拜紧密联系在一起。上杭官庄蓝姓的宗族制度较为松散，各派子孙分别去祭祀自己设置的念四郎公“祖坟”，这与汉人社会的祖先崇拜习俗明显不同。东山萧氏的“始祖”也有几座坟墓。族人于每年清明节必定去共同祭扫。虽然，这里表现出来的祭祀组织方式或有不同，但都存在着一个“多坟”或者“假坟”的问题，它所隐含的文化意义就显得非常重要。[②]

如果说东山萧氏的族源有可能是当地土著，那么他们遗留下来的土著文化具有怎样的意义？历史上，闽西客家地区的土著往往是畲、瑶混称的。如清初范绍质《猺民纪略》云：“汀东南百余里，有猺民焉……乡人呼其曰畲客。”[③] 说明了历史上汀州府的土著既被称为“猺民”，同时也可以称作“畲客”。不过，有一点很值得注意，东山萧氏对狗的崇拜，造有狗的石雕像，这在福建当今的畲族社会中并不多见。近几十年来人类学家在闽、粤、赣、浙等省做畲族社会历史调查，至今还没有发现有狗的石雕像。[④] 相反，在湖南瑶族的田野调查中，有报告指出“早期的盘王是石雕狗相”[⑤]。而在闽西客家地区，如武平县东留乡以及长汀县萧屋岭，当地居民或者姓雷，或者姓谢、王、萧等，却还有发现。[⑥] 尽管闽西现在已成为客家地区，但它早期却是畲、瑶人的聚居地，因此可以认为东山萧氏的石雕狗像有可能是早期槃瓠（习称“盘王”）崇拜的一种遗留，而东山萧氏可能就是由土著居民融入客家群体的。

---

① 杨彦杰：《闽西客家地区的畲族——以上杭官庄蓝姓为例》，载杨彦杰：《闽西客家宗族社会研究》，国际客家学会、海外华人研究社、法国远东学院1996年版。

② 有关“多坟”或“假坟”与土著居民的关系及其文化意义，笔者将在今后做进一步研究，并另文予以讨论。

③ 民国《长汀县志》卷三十五。

④ 参见《畲族社会历史调查》，福建人民出版1986年版；蒋炳钊：《畲族史稿》，厦门大学出版社1988年版。

⑤ 张劲松：《湖南蓝山县桐村瑶民的还盘王愿》，台北《民俗曲艺》1995年第94、95期。

⑥ 杨彦杰：《闽西客家宗族社会研究》，国际客家学会、海外华人研究社、法国远东学院1996年版，第204~208页。

总而言之，在东山萧氏的崇拜习俗和传说故事中有不少是属于土著文化的遗留，这些遗留在客家地区的田野调查中较少见到。从萧氏保留下来的传说故事来看，有几个故事都在强调他们与官府的关系，征讨“番兵”、征讨“独立王”、免于纳税等。这些故事除了在表彰他们祖先的光荣历史之外，从历史发展的角度说，也在表达他们与国家力量之间的相互关系，隐约透露出他们的祖先因此而经历了由“番”到“民”的转变。尤其是免于纳税的故事，说明萧氏有很长一段时间并不等同于汉族的“编民”，而是与畲瑶族一样享有“代代不纳粮税”的特权，属于土著之“民”。那么，东山萧氏是什么时候、通过什么途径才逐步汉化，成为国家制度下的汉族“编民”呢？

四、萧氏的汉化与“祖神”崇拜之意义

如果说东山萧氏原来有可能是当地的土著，那么他们的汉化必然要经过与汉人相当密切的接触之后才有可能实现。我们认为这个汉化的过程至少有“宗族化/儒家化”和“道教化”的两个层面。以下试讨论之。

前面第一节已经说过，萧氏有关萧瑀的传说故事里面夹杂有正史的内容，这说明这个传说故事的产生是出自儒家知识分子之口。按照一般规律，往往传说故事在前，而后才有可能建起庙宇。东山萧氏的萧瑀庙建于明朝，如今还有一幅幅斑驳的壁画可以为证，从这些点滴的信息我们可以看出，至少从明朝或者更早的时候开始，东山萧氏就已经逐渐汉化了。换句话说，在明代建造萧瑀庙以前，萧氏内部就已经有人懂得唐朝有个重要人物叫萧瑀，并利用他的事迹来重新架构本宗族的历史传说，从而提高他们的社会地位。

当然，宗族化或者儒家化并不等于就是汉化。但从另一个角度看，宗族化或者儒家化的过程有助于土著居民汉化的深入，或者说也是他们接受汉族文化的一个途径。从目前的研究情况看，华南民间社会宗族化的普遍出现一般在明朝中叶前后①，而萧氏建造萧瑀庙亦在明朝，如果联系到他们所处的地理历史环境，萧氏开始以萧瑀作为他们宗族的祀奉对象应该在明朝中叶以后。至清朝咸丰八年（1858），萧瑀庙又一次重修（见第一节所引资料）。民

① 郑振满：《明清福建家族组织与社会变迁》，湖南教育出版社1992年版，第165页。

国时期，萧氏编修《族谱》时，所载的《萧瑀传》就已经完全取自正史，而删去了那些与正史不符的民间故事情节，这说明萧氏宗族内部的知识分子已经完全用儒家的“正史”来打扮他们的历史面貌。但在一般村民中，他们的口头传说仍然保留着某些较原始的说法，虽然这些说法与“正史”相矛盾，但从民间历史记忆的角度来说，则显得更为真实。[①] 如《族谱》说萧瑀“配杨夫人”（取自正史），而萧瑀庙的横幅和祭文都说配“官、希夫人”。《族谱》载萧瑀死后“谥曰贞（褊）”（取自正史），而民间传说他受封“精忠护国威烈圣王”等。

东山萧氏族人祀奉萧瑀，其涵义是多方面的。除了把历史名人拿来当自己的祖先，更重要的是，他们又把这位祖先当成神明来崇拜。萧瑀不是被供在祠堂里，而是供奉在庙里，安置在保护村子安全的水口要地。同时在祭祀萧瑀的仪式中，不仅有一般祭祀祖先的情节（正月初九，念昭告祖先的祭文），而且又有牺牲[②]和游神的内容（正月初十至十六日）。这种既祖又神的双重崇拜模式，我们在闽西许多地方都有见到，有些甚至超出客家人聚居的地域范围之外。[③]

把自己的祖先当成神明来崇拜，这是土著文化有别于汉文化一个很显著的特征。畲、瑶族对槃瓠的崇拜，就是把槃瓠既视为始祖又当作神明的例子。清代姚柬之《连山绥瑶厅志・风俗》说：粤北瑶民“庙立于野……无木主，刻木为像，约高二尺或一尺许，或四五像、一二像，不必肖其人，亦不能辨为谁氏之祖祢也”。这里很清楚地说明汉人对祖先的崇拜是把“木主”供奉在祠堂里，而瑶民则是把祖先刻成神像供奉在庙里，由于雕刻相当的粗糙，因此“亦不能辨为谁氏之祖祢也”。虽然这仅是作者的一种观感，但他对瑶族“异质文化”的印象相当强烈。以此对照东山萧氏，笔者以为萧氏族人把

① 正史的记载对于研究诸如唐朝的萧瑀这样的历史人物或事件有其不可忽视的价值，然而东山萧氏的知识分子把正史的记载搬入《族谱》，以使萧瑀作为自己“祖先”的说法更具权威性，却失去了正史萧瑀资料在研究东山萧氏历史的正面价值和意义。相反，民间传说有关萧瑀的外衣被剥除以后，留下的民间历史记忆的内容却相当有价值。因此，对于正史和民间传说的材料应该根据研究主题做适当的鉴别和利用，不可一概而论。

② 以牺牲祭“荤神”（即需要用荤品供奉的神明，或称“吃荤”才神明）在闽西是普遍的现象。献给这种“荤神”的血食牺牲有“大花”和“小花”两种：杀鸡称“打小花”，杀猪称“打大花”。

③ 杨彦杰：《华南民间的祖神崇拜》，《法国汉学》第五辑，中华书局2000年版。

萧瑀当成自己的祖先目的在于塑造其宗族形象，而这个儒家化（接受汉人文化）的结果又是用土著的崇拜形式表达出来，汉与土著文化在这里很自然地交融在一起。

另一个显著例子是“萧必达与社公斗法”的故事。这个故事主要在于表达道教化的情节，同样是汉族与土著交往的结果，同时与上述萧瑀崇拜一样都是把祖先当成神明来祀奉。萧氏族人说，他们有一个祖先叫萧必达，是尚坚的孙子（十四世），村子里的社公就是被他斗倒的：

有一天萧必达外出做生意，半途被人引到茅山去学法。他在茅山只学了三个月，可是回到人间已过三年，妻子正在为他守孝，以为他死了。萧必达回家以后，准备为村里人做点好事。一年端午节，必达挑着秧苗正要去插秧，半路上遇到一条大蛇，是社公变的。萧必达绕道而走，可是这条大蛇又拦住了去路。萧必达算定是社公要找他斗法，于是就通知正在田里劳动的村民，赶快把田水排干，很快就会发大水。萧必达使出了茅山大法，经过几个来回的较量，他请来五雷把大蛇打死了。蛇头上打出了一个大洞，浑身发黑。顿时山洪暴发，浊流滚滚，那条大蛇被冲入洪水中流到山下去了。此后，东山没有社公，原来安奉社公的地方后来成了萧必达的坟墓。

有关祖先与社公斗法故事在闽西其他地方也很流行，有的说他们的祖先是到茅山学法，有的说是到闾山（或梨山）学法。而被斗倒的社公都是会吃人的。如长汀县涂坊镇的涂赖二公，他们到闾山学法，回来以后与社公斗法，这个社公每年都要一对童男童女去祭它，结果被涂赖二公赶走了。[①] 同样类似的故事在清流县长校村、武平县永平帽村都反复出现过。[②] 在道光《永定县志》里，笔者还查到一则至少在清代就已经流传的故事。由于永定区与清流县同属闽西客家地区，在明清时期汀州府所辖八县中就包括永定、上杭、武平、连城、长汀、宁化、清流、归化（今明溪），地缘相近，因此这个故事也很有参考价值，引录于下：

---

① 参见 John Lagerwey. *Notes on the Symbolic Life of a Hakka Village*，载《民间信仰与中国文化国际研讨会论文集》，台北汉学研究中心，1994 年。

② 杨彦杰：《永平帽村的方氏宗族》，载杨彦杰：《闽西客家宗族社会研究》；李升宝：《清流县长校村的宗族传统调查》，载杨彦杰编：《汀州府的宗族庙会与经济》，国际客家学会、海外华人研究社、法国远东学院 1998 年版。

永定县西二十里金沙村，不下千余烟，旧有社坛甚灵赫，秋社必杀人以祀，不则祸丛至。适丘某直年，止一子，计无复之，尽鬻家产，矢求九鲤仙法。九鲤仙者，昔有兄弟九人避新莽乱至兴化境，俱得仙，其地有湖，至今号九鲤湖，立庙祀仙，有求辄应。丘不知其处，遂往潮州而南，将至广州，途次小憩，有人向前叩曰："恓恓者有何事？将何之？"觉其言异，具以情告，则曰："距此不远，能随我行乎？"丘即不疑。导之入深山，指山塘宽广可二三丈，水清而波，曰："就此是矣。"跃而入之，顿开异境，茅屋数间。导者止丘于门，先入启师。倾招入，拜于堂前，乞为弟子，许之。方欲启陈，递曰："无烦言，已知汝心中事，勿忧也。"令日采樵供厨，无他异。居久，窃计秋祀将近，心神恍惚。忽闻呼上堂，佩以一剑、一印、一鞭，曰："归矣。汝乡社神乃五狗妖耳，身带印剑，手执鞭鞭之，当现本形。鞭令服便止，不必决杀。"丘曰："此食人多矣，不杀何为？"曰："杀之固不辜。第人间此等不一，若杀此妖，则鞭不堪再用矣。"仍令原导者送出。才下山里许，送者曰："但瞑目。"向背一推，倏至潮州界。疾忙走回，适见其子已就缚至坛，抽鞭直前，大骂，众骇愕以为发狂也。须臾，见大小五狗咆哮相敌，鞭之辄中。丘愤极，忘师言，遂连毙四狗，其一俯伏哀求，乞食猪羊，不许；乞三牲，不许；良久与约曰："此后但能保护，以功赎罪，则仍有以处汝狗。"曰："唯。"令乃赦之，夷其社，迁坛于村之水口，为镇界小神。社日，但供酒一壶、鸡子一对、鱼虾一碟、香楮一分。村中帖然，亦不见灵矣。①

这些故事反映的都是闽西民间道教的"斗法"情节，而它的产生显然与早期汉、畲互动的背景息息相关。有趣的是，上引故事中永定丘某斗的社公是五只狗，而东山萧必达斗的是一条大蛇。丘某的师傅还解释说："杀之固不辜。第人间此等不一，若杀此妖，则鞭不堪再用矣。"说明福建早期土著民族的图腾崇拜相当复杂。李亦园新近的研究已指出，福建土著民族的图腾崇拜相当复杂，至少可分为五大类，而且作为分类的图腾与作为始祖崇拜的图腾是相互并存，一体两面的。② 狗和蛇应该说是福建历史上两个很主要的图腾。东山萧氏原来是崇拜"狗"的，但他们的祖先去茅山学法以后，回来却与

---

① 道光《永定县志》卷三十一。

② 李亦园：《章回小说〈平闽十八洞〉的民族学研究》，载庄英章、潘英海编：《台湾与福建社会文化研究论文集》，台北："中央"研究院民族学研究所1994年版。

"蛇"斗，这种民族志的资料能引起我们更多的思考。我们不知道东山萧氏这个传说是如何产生的，经过怎样的演变，但有一点可以肯定，闽西民间道教与土著民族有着密切的关系。[①] 那些有法术、能够斗法的早期道士后来大都变成了神明，成为当地"祖先—神明崇拜"一个重要的来源。[②] 而萧必达与社公斗法，最后他的坟墓就葬在社公原来的位置上。从萧必达生存年代看，东山萧氏大约在宋末元初[③]就已经有这种民间道士出现了。

总而言之，东山萧氏的汉化是一个长期的历史过程。由于资料的限制，我们无法追述这个历史过程的全部面貌，因此只透过他们的宗族化与道教化来做一些侧面探讨。换一个角度说，萧氏的宗族化和道教化都包含着与汉人不断交往的过程。宗族化是与接收儒家文化联系在一起的，大约从明朝中叶以后这个过程就不断深入；而道教化是属于民间文化的范畴，它的出现比宗族化还要早，大约在宋末元初就已经有他们相传的道教人物了。然而，这两个属于不同层次的文化接触过程，都产生出"祖神"崇拜的对象：宗族化的结果出现萧瑀，道教化的结果出现萧必达，可见这两种不同文化的演变也是互相影响的。"祖神"崇拜可以说是土著居民汉化为客家、最能体现两种不同文化互动与交融的典型案例。

五、结语

通过以上各节讨论，本文旨在说明从萧氏遗留的文化看，萧氏很有可能原来属于畲瑶族，后来融入客家群体的。他们的汉化至少从宋元时期就已经开始，明代中叶以后逐步深入，至民国时期已经完全使用正史材料来塑造他们祖先的历史了。在汉化之前，东山萧氏大致经历了一个由"番"到"民"的转变，而在此之后，又有由"民"到"汉"的渐进式变化，从中体现土著与国家力量之间，以及当地各族群之间的互动与交融。道教化和儒家化（或

---

① 畲族《高皇歌》亦有其始祖龙期到闾山和茅山学法的情节，如"龙期田土自不管，一心闾山学法来，学得真法来传祖，头上头角花冠带。当初天下精怪多，茅山学法转来做，救得王民个个好，行兵动法斩邪魔"。可见畲族和客家地区的民间道教传统关系十分密切。

② 杨彦杰：《华南民间的祖神崇拜》，《法国汉学》第五辑，中华书局2000年版。

③ 萧必达为萧氏十四世祖，而他们的十一世祖据《族谱》记载生活于南宋绍熙二年（1191），由此推断萧必达大约是宋末元初的人物。

宗族化），既是萧氏逐渐汉化的产物，同时也可以作为我们观察文化互动与变迁的两个具体途径。从萧氏保留下来的传说和遗迹看，他们的道教化过程大致始于宋元时期，而宗族化或逐渐接受儒家文化则可能是在明代以后，这与华南地区于明代中叶前后普遍出现宗族化的历史背景相互关联。

如今我们到那里调查，已经很难感受到萧氏有多少土著文化的痕迹。文化是动态和发展的。我们虽然反复通过比较的方法，力图辨析出萧氏宗族文化里面含有土著文化的因素，但这也是相对而言的。从“族群主观认同”的角度说，现在的萧氏族人并没有说他们是畲族，有的甚至根本就不知道什么叫畲族，他们都认为自己是客家人，并与一般客家人一样强调自己的祖先来自中原。我们到村里调查，村民们很自然地向我们讲述本村的历史、风俗以及各种传说故事。事实上，东山村民日常的生活习俗与其他地方的客家人并没有什么两样。他们也建有祠堂、祭祖、游神、讲客家话或普通话等。所不同的是，他们还存在拜狗的习俗，对萧瑀的崇拜及其相关的传说故事。

客家文化是汉族与土著居民长期互动交融的结果。从东山萧氏的这个具体的个案，我们可以更清楚地理解什么是客家，什么是客家文化。客家族群实际上并非都是由汉族而来，其中也有一部分应该是由土著居民融合进来的，这里面既包含了当地最主要的土著畲族，同时也不排除还有瑶族或其他民族。

除此之外，通过萧氏的实例我们还可以看到，“祖神”崇拜对于深入理解客家文化及华南其他民系文化是很重要的。这种双重崇拜模式其实不仅客家地区有，在整个华南民间社会也是不乏其例。如果说这些习俗都与土著文化有某种关联，那么具体的情况究竟如何很值得探讨。如今我们已经知道，华南地区的民间道教存在着闾山、茅山、梅山等各种派别，他们分别与哪些土著发生关系？[①] 这些都是需要今后继续努力加以解决的问题。而要寻求这些问题的突破和进展，只能通过大量的田野调查，在获得大量口头传说和田野资料的基础上，进行分析和比较才有可能逐步实现。

① 新近的田野研究已可清楚看出闾山派受畲族文化的影响。参见叶明生：《魂归闾山——建阳闾山教功德道场仪式中灵魂信仰之探讨》，载台北《民俗曲艺》第118期。

闽西畲族的女性崇拜及其意义[①]

闽西是客家人的祖居地之一，也是历史上畲族的住地，因此至今在客家人聚集的地方仍存有一部分畲族居民。尽管他们人数不多，居住地也比较分散，但对于研究畲族的古老文化以及畲、客之间的互动关系极其重要。

畲族作为中国南方一个土著民族，他们的原始文化应该说与南迁的汉人有明显不同。以后随着历史推移，畲、汉两族互动日益增多，畲族的文化也随之不断发生变化，但一些较为古老的习俗仍会以某种方式保留下来，其中"女性崇拜"就是一个重要方面。本文将以上杭县官庄乡蓝姓畲族为例进行讨论，内容包括上杭县蓝姓畲族的来源、女性崇拜的遗俗及其历史文化意义。

一、上杭县蓝姓畲族的来源

上杭县是闽西客家地区一个较靠近南部的县份。蓝姓畲族聚居于该县的官庄乡和庐丰乡。官庄乡位于上杭县北部，与长汀、武平两县接壤，是一个交通较为不便的山区乡镇；而庐丰乡位于上杭县的南部，交通条件相对较好。这两个乡镇虽然间隔颇远，但都属于汀江水系，而且据当地的畲民说，他们的开基祖原本就是两个兄弟，后来才分开各自去寻找开基的地点。

蓝姓畲族的早期历史并不可考。据一本晚近编修的《蓝氏家谱》云，蓝姓始祖名叫蓝昌奇，春秋战国时受封于汝南郡。昌奇的后代经河南、安徽、江苏等省一路南迁，与汉族的客家先民一样，入闽后曾居住于宁化县石壁，后来才迁入长汀县，散居各地，迄今已繁衍100多代。畲族早期并没有文字，单靠口头相传怎么可能准确无误地保留时间长达几千年的"历史"？这种所

---

① 本文为"首届女性人类学国际学术研讨会"参会论文，2003年3月8—9日，云南丽江。

谓的“文字记载”（族谱）实际上是汉化以后的产物，其真实性如何很值得存疑。1993 年笔者到官庄乡调查①，当地的畲民除了个别有文化的之外，大部分都无法详细描述蓝姓的早期历史，然而对于距离较近的祖先却是众口一词，都说他们可追述的祖先原来住在长汀县的水口，迄今那里还有两座祖坟，相当有名，称“牛栏祖地”。

长汀县的水口隶属濯田镇管辖，也是紧邻汀江。如今那里还有部分居民姓蓝，而蓝姓的“牛栏祖地”也仍然完好地保留着。据蓝姓畲民说，他们在水口的祖先是熙三郎、和二郎、大一郎，称“熙、和、大”三代。后来大一郎生有七个儿子，分别取名念一郎、念二郎、念三郎至念七郎，除了长子念一郎留居水口外，其余六个“郎”分别从水口迁出，其中念四郎迁往上杭县官庄乡、念七郎迁至庐丰乡，另外还有四个兄弟则迁往武平县的大禾、上堡、林坊等地，主要聚居于大禾。后来，大一郎还从水口出发去巡视几个兄弟开基的地点，最后在武平县大禾乡定居下来，如今他的坟墓仍在大禾，乾隆己未（1739）由“七大房嗣孙”重修过。②

蓝姓畲族原来居住在水口是可信的。不仅有众多的口头传说，而且还有坟墓等遗迹存在。从他们后来流布的情况看，大都属于汀江水域，可以想见蓝姓祖先是从水口出发，沿着汀江顺流而下的，其迁徙移动的轨迹清晰可辨。另外，在离水口不远的涂坊镇，当地汉族居民也流传着一则故事，谈到汉人祖先与土著“社公”斗法的事迹。据说在宋元时期，涂、赖两姓刚迁到涂坊镇开基，那里有一个社公每年都要用童男童女去祭他，否则就有灾祸。有一年，轮到涂大郎和赖八郎，他们都不肯献出自己心爱的儿女，于是就去闾山学法。经过千辛万苦，回来以后找社公斗法，最终把吃人的社公赶跑了。③这个来自汉族的传说故事尽管说的是早期民间道士的斗法情节，但是作为“历史记忆”，反映的则是客家先民迁入闽西地区以后与当地土著发生矛盾的

---

① 有关官庄调查的情况，参见杨彦杰：《闽西客家地区的畲族——以上杭官庄蓝姓为例》，载杨彦杰：《闽西客家宗族社会研究》，国际客家学会、海外华人研究社、法国远东学院 1996 年版。

② 参见杨彦杰：《闽西客家地区的畲族——以上杭官庄蓝姓为例》，载杨彦杰：《闽西客家宗族社会研究》，国际客家学会、海外华人研究社、法国远东学院 1996 年版；刘大可：《武北蓝姓的宗族与文化》，载刘大可：《闽西武北的村落文化》，国际客家学会、海外华人资料研究中心、法国远东学院 2002 年版。

③ John Lagerwey, *Notes on the Symbolic Life of a Hakka Village*,《民间信仰与中国文化国际研讨会论文集》，台北汉学研究中心，1994 年。

缩影，与上述蓝姓畲民的口头传说和历史遗迹相联系，从另一个侧面更加印证了长汀县南部，尤其是水口、涂坊一带，曾经是土著居民的住地这样一个历史事实。

蓝姓畲族迁出水口以后，分别在各地发展，而迁往上杭县官庄乡的念四郎公后代，大致从明朝初年开始就逐步汉化了。如今官庄乡蓝姓已繁衍到11000余人，其语言、风俗习惯与当地的汉人无大差异。所不同的是，他们仍留有一些较为古老的习俗，其中对女性祖先的崇拜就是一个重要方面。

二、蓝姓畲族的女性崇拜

官庄蓝姓对女性祖先的崇拜主要是表现在他们的思想观念和口头传说之中。我们到当地调查，一到村里，很快就感觉到他们对女性祖先是十分崇敬的。他们这种崇敬之情与汉民族传统的重男轻女思想观念截然不同。

蓝姓畲民把女性祖先统一称作“婆太”。村民们说：“我们是很崇敬婆太的。”比如，念四郎公的董婆太原来坟墓就在金山，后来由于建水库，遗骸也不知被谁偷走了，所以后来又用埋银牌的方法重新做了一座，每年都要去祭她。当地村民每当讲到这样的故事，总会压低声调，脸上挂着惋惜和虔诚的神情。

村民们很喜欢讲述有关他们婆太的故事，其中除了董婆太之外，谈得最多的还有念四郎的母亲刘婆太（即大一郎的配偶）和念四郎的儿媳徐婆太（即四九郎的配偶）。刘婆太是由于婚后要回武平娘家在途中遇到暴风雨而被“天葬”的，调查中我们经常听到这个故事，后来在《蓝氏家谱》里也查到了相关的记载，与一般村民的口头传说差不多，引录于下：

（大一郎）公随父迁居水口，初娶武平桃李乡刘二郎公之女名曰三娘，年方十六岁，未及生育，因归宁母家，途经大坪冈（即今迎龙岗）忽遭风雨交加，雷电暴至，轿夫放下轿，从人均逃避暴雨，三娘惊昏，顷刻雨息，从人回至原处，则垒然成坟墓矣。三娘生时，肌骨珊然玉立，有翩翩登仙之状，今果乘风雨而葬他乡，人莫不以为登仙云。①

《家谱》的另一则记载更加明确地写道：刘婆太“轿至途中土名大坪冈，

① 《蓝氏家谱》（手抄本），迁徙纪年。

忽疾风暴雨，雷电交加”，“婆太即感天葬其岗”。①

有关徐婆太的故事，村民们讲述得相对较少，但其故事母题也与上述基本相同，都是在表达偶然间遭遇暴风雨而被“天葬”的情节。前引《蓝氏家谱》记载的徐婆太故事颇为具体，亦引录于下：

四九郎公，娶妻林氏，恭俭慈惠，又娶徐氏，幸天降祥，连生三子……因（与）太婆六不和，公与徐氏大婆寄庄往于曾四坑。洪武十五年壬戌岁（1382）五月内，大婆至屋右田坎沃苎，忽遭徒雨恶风，蹶死其处，及风停雨息，公看尸以草掩之，夜已昏暗。候次日早棺敛具殡，神（已）将尸骸埋讫，只见一堆坟墓。②

上引这三个有关婆太的故事，有一个共同点，他们都在传颂蓝姓畲民的女性祖先，而且这三个婆太都是蓝姓迁往官庄开基前后的人物，其中徐婆太更加明确，《家谱》记载她去世于明洪武十五年（1382）。此时蓝姓畲族刚迁出水口不久，尽管已经与汉人通婚，但其汉化程度不可能太深。因此，有关三个婆太的故事以及从中透露出早期畲民崇拜女性、推崇风水“天葬”的种种思想观念，是很值得我们注意并加以分析的。

三、蓝姓畲族女性崇拜的历史文化意义

畲族作为闽西客家地区的土著居民，他们的思想观念更具有南方土著文化的古老特征，对于客家文化的形成也产生着重要影响。上述有关官庄蓝姓的传说故事，从历史文化的角度分析，至少有三方面的意义是值得注意的。

首先，有关“天葬”的风水观念，是相当古老的一种文化习俗。钟敬文曾经指出，在世界各地的神话传说中，有关风水宝地的传说似乎是中国人所特有的。③ 人们相信风水传说，是与天人感应的自然崇拜观念联系在一起，以后就逐渐发展出了各种不同流派的堪舆学说。而蓝姓畲民世代流传下来的“天葬地”的故事，更直截了当地把他们祖先的风水与天、神联系起来，是由天（或神）授予的，而不是堪舆家找出来的。这种风水观念显得更为原始

① 《蓝氏家谱》（手抄本）引“历代宗源族谱”。

② 《蓝氏家谱》（手抄本），嗣孙。

③ 钟敬文：《民俗文化学——梗概与兴起》，中华书局1996年版，第169页。

和古老，它的产生与当时畲族所处的生产力水平相一致。值得注意的是，这种天赐风水的思想观念在蓝姓畲民尚未迁出水口之前就已经存在了。不仅女性祖先有“天葬”的问题，男性祖先如“牛栏祖地”也是这样形成的。另一本《蓝氏族谱》对于熙三郎的坟墓就有这样的记载：熙三郎“终于元英宗元年（1321）……享年七十有七，葬水口卧牛岗。后和二郎迁长汀坪岭水口，拾其骸骨放牛栏上，待吉时安葬。是夜雄牛相斗，其骸骨落地，天即葬之。次日观之牛栏飞散，地涌高墩，今曰‘牛栏祖’是也”①。所谓“天即葬之”或者“神将尸骸埋讫”等，在蓝姓早期的风水传说中屡屡出现。它是畲民早期原始崇拜观念的反映。而“天葬”就如同神授一样，更进一步强化了畲族祖先的神圣性和受人崇拜的超自然力量。

其次，有关婆太的故事，从另一个侧面反映出畲族早期社会女性地位受到尊重的历史事实。从20世纪50年代以来，许多民族学者参与了中国少数民族的社会调查，然而在已经发表的论著和研究报告中，却很少有人关注到畲族的女性社会地位问题。近年的研究已有学者指出，畲族实行的是“以父系为中心的一夫一妻”制度，但“男女地位较为平等的传统仍部分地保留下来”。② 换句话说，畲族在历史上女性的地位比较高。这种较高的社会地位与畲族妇女所承担的社会角色紧密联系在一起。唐代刘禹锡在《连州竹枝词》这样写道：“银钏金钗来负水，长刀短笠去烧畲。”表明畲族妇女在唐代担负着家务、农活的主要劳动。北宋《太平寰宇记》在记述循州的风俗时也说：“织竹为布，人多僚蛮，妇市，男子坐家。”③ 循州的僚蛮指的即是畲族。整个社会活动几乎都以妇女为主，男子反而坐在家里，扮演着次要的角色。有一种观点认为，在母系氏族社会向父系氏族社会过渡的阶段，曾存在“产翁制”的习俗，即妇女生下孩子之后就外出劳动，反而是当父亲的留在家里带孩子。④ 上述有关唐宋时期畲族社会的记载，其男女分工状况很像是“产翁制”的习俗。畲族历史上是否有经历母系社会，什么时候才过渡到父系氏族

① 刘大可：《闽西武北的村落文化》，国际客家学会、海外华人资料研究中心、法国远东学院2002年版，第107页。

② 李泳集：《性别与文化：客家妇女研究的新视野》，广东人民出版社1995年版，第142页。

③ 谢重光：《畲族与客家福佬关系史略》，福建人民出版社2002年版，第306页。

④ 吴坚、阎丽杰：《论中国古代文学中的“女性崇拜”与“女人祸水”观》，载《沈阳教育学院学报》2001年第3卷第4期。

社会？这些问题仍值得今后继续探讨。但无论如何，如今畲族保留下来的女性崇拜的思想观念，是早期女性地位崇高的一种反映。这对于研究畲族早期的社会结构及其传统文化特质十分重要。

最后还需指出，畲族这种遗留下来的女性崇拜思想观念，在长期的畲、汉互动中，也被汉族移民所吸收，成为当地客家文化的一个组成部分。我们在闽西各地调查，所到之处经常可以碰到客家人尊敬甚至崇拜女性祖先的实例。客家妇女历来以吃苦耐劳著称。客家人也把女性祖先称作“婆太”或者“祖婆”，有的婆太（或祖婆）地位很高。如清流县灵地镇黄姓在清朝康熙年间有位祖婆叫蔡桂兰，由于她“多子多孙、多福多寿”，在族人的心目中地位很高，她死后骸骨就埋在祠堂的祖先神龛下面。每当村里有人结婚，新郎、新娘必定要到祠堂去祭拜，即“是祈求祖宗庇佑，早生贵子，快长快大，也能像祖婆那样多子多孙、多福多寿。相传祖婆在世时，谁家生了孩子，只要抱给祖婆摸上一摸，说句吉祥话，这样孩子就少生疾病，长得壮，长得快，所以大家对祖婆奉若神明，祖婆死后，子孙同样虔诚敬奉，传至于今”。同样在清流县的余朋乡东坑村，当地陈姓村民也特别崇拜祖婆（当地人称“姑婆”）。相传这个“姑婆”是陈姓女子，嫁到外地，因丈夫早丧，立志守寡。有一次她上山去砍柴到天黑了还没回来，亲人到处寻找最终连尸首也没找到。后来陈姓族人每年农历七月十五都要举办姑婆庙会，派人到数百里外去“接”姑婆回来，并建有“姑婆楼”，民国时期还有祭姑婆的祭文。① 这些汉人崇拜女性祖先的实例，尽管里面已夹杂有多子多福、贞节孝道等内容，但究其根底，仍然是受当地土著女性崇拜观念的影响。因此，我们在研究某个地域的民俗文化时，千万不可就事论事，还必须特别关注历史上各个不同族群的文化互动与交融。研究土著民族文化，探究其历史根源，对于研究汉族文化同样十分重要。客家是汉族的一个民系，但客家文化是汉、畲两族（当然还包括其他少数民族）文化交流互动的结果。

---

① 江椿福、陈立忠：《清流县余朋乡东坑村民俗调查》，载杨彦杰主编：《闽西的城乡庙会与村落文化》，国际客家学会、海外华人研究社、法国远东学院1997年版。

妈祖信仰及其变迁

山区的妈祖：一个宗族与村落的保护神①

妈祖作为著名的海上女神，其信仰范围主要在沿海一带，妈祖信仰与海洋文化有着密切的关系。但另一方面，妈祖信仰也有向山区播展。传入山区的妈祖究竟发生了怎样的变化？与沿海一带的妈祖信仰又有什么不同？这是一个很值得思考的问题。本文拟从一个个案的分析入手，对上述问题作些初步的探讨。

本文将重点叙述的个案是福建省西南部永定县古竹乡、高头乡的江氏宗族及其妈祖庙。江氏与苏氏同为古竹乡的大姓。1992 年，我们曾到该地调查，其中主要考察了古竹苏氏，但对与之毗邻的江氏也作了初步了解。② 由于此次调查的时间不长，所见有限，因此本文的讨论只是初步的，不足之处仍有待于今后作进一步补充。

一

古竹乡位于永定县东部，与南靖县仅一山之隔，是一个地接闽南又与广东省相距不远的客家人聚居区域。古竹乡四面环山，全乡区域面积 96 平方公里，耕地 17505 亩，总人口约 2.4 万，由苏、江、李、吕、魏、卢、周等十几个姓氏组成。其中苏姓 11000 多人、江姓 9000 多人、李姓 1000 多人、吕姓 1000多人，此外魏、卢、周等姓都只有数百人或几十人而已。苏、江两姓合起来 2 万余人，占全乡总人口的 83% 以上，为该乡大姓，其中苏姓又比江姓略多一些，居第一位。

---

① 本文为“妈祖信仰国际学术研讨会”参会论文，1996 年 8 月 12—14 日，云林：北港朝天宫。

② 关于古竹苏氏的情况，笔者已有专文发表，参见《古竹苏氏的宗族社会与土楼建筑》，载杨彦杰：《闽西客家宗族社会研究》，国际客家学会、海外华人研究社、法国远东学院 1996 年版。

苏姓集中居住在乡政府所在地附近，而江姓则聚居于该乡南部称作高头的地方。苏、江两姓的居住地相距不远（5~6 里），但又有明显的界限。在历史上，这两个地方都设有墟市，苏姓设立的墟市称古竹墟，二、七为期；江姓设立的叫作高头墟，三、八墟日，至今仍是如此。因此，苏、江两姓是古竹乡两个人口最多，又自成体系的宗族群体。

江氏先祖来自江西。据《济阳江氏高头族谱（北山房）》记载：江氏最有名的近世祖先是江万里。他原籍江西省南康府都昌县。南宋咸淳年间进士，曾“累官尚书，任右丞相”。后因贾似道专权，乃“气（乞）休于林下”，在鄱阳湖畔的北芝山后建屋隐居，“创一亭凿一池，曰止水”。南宋末年元兵攻陷饶州，江万里不肯降元，遂举家“三百口尽赴止水而尽”，仅留下三个儿子连同侄兄弟七人奔闽避难，先隐居于宁化县石壁镇，后迁往上杭县，再由上杭县分迁高头，此后就在高头定居下来。[①]

江氏在上杭的开基祖名叫八郎。他生有一子十二郎，十二郎再传三子（一说五子），至四世祖百八郎才从上杭迁出，前往古竹高头开基。现在高头江氏仍以上杭县的八郎公作为计算代数的起点，最小 32 代，如果从高头的开基祖算起，则为 29 代。可见江氏这一支到高头开基已在元朝，至今繁衍了 600 余年。

高头江氏主要世系表

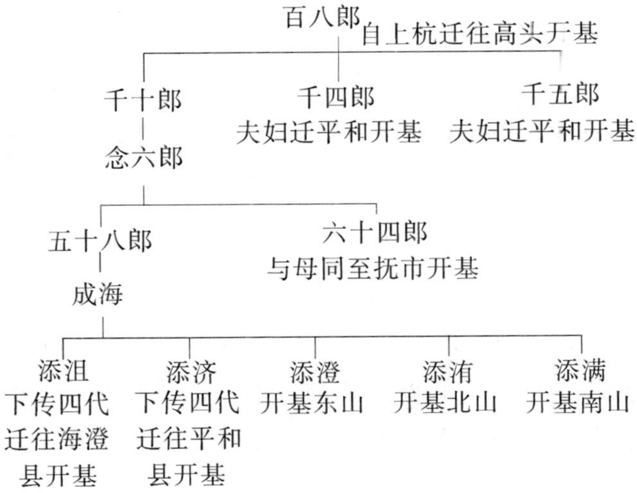

① 以上见《济阳江氏高头族谱（北山房）》，1989 年重修，铅印本，第 1~3 页。

百八郎到高头开基后，最早居住在高头东部一个称作“上社”的地方。他生有三子，其中次子千四郎、季子千五郎都外迁，仅留下长子千十郎居住原地，生一子念六郎。而念六郎又生有二子，其中次子六十四郎仍然外迁，留下长子五十八郎，生一子成海。自成海以后江氏的人口发展明显加快。他生育五个儿子，除了长、次子后代外迁外，剩下三、四、五子都分别在高头开基立业。其中三子添澄开基东山，四子添洧开基北山，五子添满开基南山，此后这三房子孙都分别在各自住地繁衍起来。现在江氏在高头共有9000多人，东山房人口最多，约4000人；北山房次之，约3000人；而南山房人口最少，亦有1500人左右。东、北、南三大房成为江氏在高头发展的主力。

江氏在高头的发展是从明初开始。在明朝初年以前，高头包括整个永定县区域都隶属于上杭县管辖，当时永定尚未设县。直至明成化十四年（1478），官府在镇压了溪南里等地民众的反抗之后，才决定析出溪南、金丰、太平、丰田、胜运五里十九图另置一县，并取名为永定。① 而江氏所处的古竹高头亦划归该县管辖。在永定设县过程中，正值高头江氏五、六世祖的生活年代。《济阳江氏高头族谱（北山房）》云：“成海公，妣林八娘，高头五世。公生于明太祖二十九年丙子岁（1396）……大明宪宗成化元年（1465）乙酉岁，至十六年（1480）庚子岁初开永定，高头列为金丰里二图二甲，江成万户为里长。后吴大爹改江添万户为里长。”② 所谓“江成万户”，从五世祖成海公的名字及其出生年份看，当是以他（“成”字辈）来作为户名的。此后又改为“江添万户”，则显然是以成海的五个儿子（“添”字辈）来代表这个宗族。他们在永定设县前后就一直担任里长，办理替政府征收赋税、值年应差等事务。

高头江氏自江成海及其五个儿子之后，宗族的发展明显加快。至明中叶以后，江氏在高头的东山（现高东行政村）、北山（现高北行政村）、南山（现高南行政村）已分别开拓出许多自然村，并各自建立房头祖祠堂。江氏在南山的祠堂建于何时？《族谱》未载，而东山祠则是由高头九世祖尚大、尚富两兄弟建造的，北山祠亦是由高头九世祖受銮主持建造。江受銮生于明

---

① 道光《永定县志》卷四《纪事沿革表》。

② 《济阳江氏高头族谱（北山房）》，第16页。

成化二年（1466）。他生有五子，其中三子鲤出生于明正德九年（1514），五子鲔生于正德十五年（1520）。由此可见，高头江氏的东山、北山两祠当建造于15世纪末或16世纪初年。

除了建造祠堂外，从明朝末年开始江氏亦着手编修族谱。据新修《江氏族谱》续后记云：明万历四十六年（1618）戊午秋江心泉始修族谱，至崇祯十六年（1643）癸未岁又有江元钦、江元标两人续修。入清以后，还有康熙十年（1671）和乾隆三十年（1765）两次重修族谱，至民国年间再修一次，迄今已是第六次修谱了。建造祠堂和编修族谱，是宗族制度发展的产物，同时也是江氏宗族成长壮大的重要标志。

江氏宗族在经过明代中后期的持续发展之后，至清朝初年已逐渐显赫起来，科举人物日益增多。我们在高北著名的圆土楼——承启楼参观时，就听楼主介绍这座远近闻名的大土楼是康熙四十八年（1709）建造的，肇建者十五世祖江集成及其几个儿子都有功名。后来又到承启楼旁的五云楼探访。该楼始建于明万历年间，为江氏宗族较早的居住地之一。我们在楼内发现有三块清朝保留下来的大牌匾，其中一块题为“邦家之光”，为康熙四十八年（1709）仲冬月永定县知县曾九寿、儒学教谕李世茂和儒学训导吴霖为“冠带乡饮大宾江集成”颁立的。另外两块，其一题为“兄弟选魁”，是乾隆九年（1744）福建学政吴华孙为当年考中岁贡生的江暹如、江天任两人颁立；再一块题着“世德书香”的大匾，亦是同年福建学政吴华孙赠与江集成的，上面除了江集成的名字外，还有江藩、江暹如、江天任、江蔚□、江云等祖孙三代共32人的名字，据说这些都是江集成的子孙，他们都有功名，足见历史上江氏这一支的繁盛。

其实除了这一支外，江氏在清朝科举中式的人物甚多。我们从高头《江氏族谱》及《永定县志》共捡出考取举人、贡生的实例29个，其中考中举人的共有8个、武举的7个，而各类贡生则有14个之多。此外还有为数不少的生员、监生等，但因资料不全，已无法详述。现将举人、贡生的情况列一表于下（表1）。

从表1可见，江氏历史上出现的这些举人、贡生，绝大部分都是在18世纪，亦即清朝的康熙至乾隆年间。其中最早的一个贡生是江奋龙，他于清初顺治二年（1645）中恩贡。《永定县志》甚至把他记为“明季”贡生。① 可见高头江氏至少从明朝末年开始就有人读书参加科举考试了，而真正进入高潮是在清朝的康熙以后。

表 1　江氏主要科举人物一览表

姓名	时间		科第	姓名	时间		科第
江　淇	康熙四十四年	1705	举人	江奋龙	顺治二年	1645	恩贡
江联辉	康熙五十二年	1713	举人	江风清	雍正元年	1723	拔贡
江犹龙	康熙五十二年	1713	武举	江世春	乾隆六年	1741	拔贡
江映奎	康熙五十九年	1720	武举	江念猷	乾隆十六年	1751	恩贡
江震川	雍正二年	1724	武举	江　河	乾隆三十三年	1768	岁贡
江龙池	乾隆元年	1736	举人	江流光	乾隆四十五年	1780	恩贡
江风清	乾隆元年	1736	举人	江奠川	乾隆五十年	1785	恩贡
江　焕	乾隆二十七年	1762	举人	江以成	乾隆五十一年	1786	副榜
江桂兰	嘉庆五年	1800	举人	江赞飏	乾隆五十九年	1794	岁贡
江盈科	嘉庆十八年	1813	举人	江桂兰	乾隆六十年	1795	优贡
江腾鲲	壬午科		武举	江彩锦	同治二年	1863	恩贡
江承勋	乙酉科		武举	江景明	癸亥科		恩贡
江　沱	乙酉科		举人	江世贞	丁酉科		拔贡
江国能	壬午科		武举	江尚宾	丙午科		拔贡
江大川	戊子科		武举				

资料来源：《济阳江氏高头族谱（北山房）》；乾隆《永定县志》卷六《选举志》；道光《永定县志》卷六《选举表》。

按，未有具体年份的当在道光以后。

江氏科举人物的大量出现与这个宗族的经济实力有密切关系。换句话说，在一个食不饱肚的环境中要大量培养后代读书几乎就不可能。我们在道光

① 乾隆《永定县志》卷六《选举志·明恩贡》。

《永定县志》中发现有不少江氏宗族的资料，其中有些资料颇能说明问题。如该《志》载：

江宏海，字孟周，高头乡东峰之曾孙也。性孝友，举饮宾，于汀郡城内塘湾建祠，邑赴试者多借寓焉。余裔繁衍，列庠序登科第籍版者，彬彬日起。①

江东峰是江氏东山房的十世祖，而江宏海是他的曾孙，即为江氏十三世祖②，他们都生活于明末。而此时江宏海已有财力在汀州郡城建造祠堂，足见江氏在当时已相当富裕。

又如康熙五十二年（1713）中武举的江犹龙及同年举人江联辉，他们为同胞兄弟，其父亲江兆凤是个资财雄厚又乐善好施之人。《县志》载他“性孝友”，“事亲尤能先意承志。尝出己资修远祖坟，立祀田……复好施予，邑城南新寨渡、粤大埔虎头、安乐二渡并捐置田数百亩，凡修庙宇、建桥梁，无不捐资以助”。雍正五年（1727）入祀于忠义孝悌祠。③ 再如“江月魁，字景柱，庠生，孝笃祖考，倡同姓于汀城塘湾建宗祠，抽拨田税为春秋祀费。劝谕乡里，人皆急公好义”。其子震川于雍正二年（1724）中武举。④ “江为光，字友崇，增生。高头乡人。其父尝遗百金资为光读书，为光与弟分之，不忍私也。曾集同里联社泰溪西霖寺课文角艺，文风一振，后乃专立文馨课于高头本族。”⑤。由上述可见，江氏自明末清初以来文风就日益兴盛，而这种状况的出现绝不是偶然的。

值得指出的是，在永定这样一个四面环山的地方，单靠种田是很难富裕起来的。《永定县志》云：“永民之财，多积于贸易。”“商人远贩吴楚滇蜀，不乏寄旅。金丰、丰田、太平之民，渡海入诸番如游门庭。”⑥ 由此可见，永定之民要富裕，多半靠的是外出贸易。而江氏居住的高头地处金丰里，东与闽南交界，南与广东又相距不远，自然更容易得风气之先。在这样的背景下，江氏宗族很快就发展起来，并在他们的住地出现了妈祖信仰。

---

① 道光《永定县志》卷二十六《惇行传》。
② 以上世代皆从高头开基祖算起，下同。
③ 道光《永定县志》卷二十六《惇行传》。
④ 道光《永定县志》卷二十六《惇行传》。
⑤ 道光《永定县志》卷二十六《惇行传》。
⑥ 道光《永定县志》卷十六《风俗志》。

二

高头江氏的妈祖庙就坐落在高东一条小溪的旁边。这条小溪宽仅一二米，溪谷深邃，是金丰大溪上的一条小支流。

这座建于小溪边上的妈祖庙被称作“石泉宫”。关于它的来历，已找不到任何记载。不过，此地是高头的形胜之区，乾隆二十九年（1764），江氏十七世祖江世春曾有一首诗吟诵它，现引录于下：

天降石泉

猗猗绿叶石泉宫，恍接蓬莱近宅中。岩石数磊邀月夜，源泉一带度清风。

槛当曲涧摇金镜，户傍双桥挂彩虹。自是神明宜永洽，频修寺庙配元工。①

这首诗把石泉宫所处的环境描写得十分真切详细：岩石、清泉、回栏、双桥、绿树、清风，环境十分幽雅清静，至今仍是如此。另一方面，通过这首诗我们可以知道，至少在乾隆初年江氏这座妈祖庙就已经存在了。

在清代修纂的《永定县志》中，也有关于这座妈祖庙的记载。如乾隆二十二年（1757）《永定县志》云：

天后庙，祀五代闽王时莆田都巡检林愿之第六女也，在东关外，春秋择日致祭如祭城隍仪。（中略）各乡祀者不一，专祀者：一在高头乡；一在鸭妈潭，乾隆十六年众乡合建。②

道光《永定县志》对此有更加具体的记载，其《祠庙志》云：

各乡专祀天后者：

一、在高头乡东山墟场前，江姓建。

一、在鸭妈潭，乾隆十六年众乡合建。

一、在高陂，乾隆二十一年众姓建。

一、在西坡乡，乾隆二十五年林登岱邀合族建。高阁七层，巨丽壮观，一乡胜境。庙后为登云书院。

（下略）③

---

① 引自《济阳江氏高头族谱（北山房）》，第6页。

② 乾隆《永定县志》卷二《营建志·坛庙》。

③ 道光《永定县志》卷十四《祠庙志》。

从以上这两则记载可以看出，高头妈祖庙是“各乡专祀”庙宇中最早的一座。在乾隆《永定县志》中，列为“各乡专祀”的只有两座，高头一座排在鸭妈潭之前。而后来续修的道光《县志》又增加了“各乡专祀”庙宇11座使总数达到13座，而高头妈祖庙仍排在第一位，其余庙宇大都是乾隆二十几年以后才兴建起来的。由此可见，高头这座妈祖庙应是永定县各乡村妈祖庙中最古老的一座。此外，从道光《县志》的记载还可以看出，高头这座妈祖庙建于“东山墟场前”，是江氏族人共同建造的。

由于高头妈祖庙属于江氏宗族单独所有，因此这座庙宇的祭祀活动也就在江氏宗族内部进行。每年三月二十三日妈祖圣诞，高东、高北、高南三大房人就要集中起来，在石泉宫举行集体的“祈神集福”活动，时间从三月二十二日开始，至二十四日结束，为期三天。我们到该地调查时，当年的集福活动已经做过，但我们仍在庙内右侧墙壁上看见有1991年和1992年共两张“集福演戏”收支账目明细表，其中1991年的明细表如下：

收　入

塘角头	35.50元	东乾楼	47.10元
万安片	50.10元	溪背角	24.00元
五房角	39.50元	大　兴	45.60元
曲寮下	14.50元	大　科	12.00元
松林坑	14.60元	洋古南	10.60元
隘　背	16.00元	庵仔坑	10.50元
田禾塘	25.15元	里石坑	18.40元
市　场	78.00元	吴端娘	10.00元

计　451.55元

丰　下	11.50元	谢屋坑	28.90元
天助楼	52.00元	庵　角	6.80元
桥下角	17.70元	笃　塘	11.80元
石砌楼	24.90元	石圳下	60.90元
竹　洋	25.00元	下山城	8.50元

计　248.00元

洋尾科	26.50 元	南山片	51.50 元
梅花石	25.30 元	大　东	2.00 元

计　105.30 元

上名进表收计 160 元　总收入 964.85 元

付　出

戏金四本	600 元	电影	70.00 元
道士	24.00 元	搭戏台	70.00 元
担戏	10.00 元	戏师父租被	40.00 元
石泉宫全年电灯费	62.70 元		
铳硝	9.00 元	杂费	11.50 元
结余	67.65 元		

总付出 964.85 元

总理江文光　副总理江朝岳

另，江文光放电影一本　　总收付结清

从这张明细表我们可以看出高头江氏祭祀妈祖的组织、活动等内容：

首先，以捐款情况看，它是以江氏三大房为单位分别组织募捐的。如表上从塘角头至里石坑共 15 个村落或土楼名字，都属于东山房，共捐款 451.55 元。而丰下至下山城 10 个地名则属于北山房，共捐 248.00 元。洋尾科至大东共 4 个地名属于南山房，捐款 105.30 元。也就是说，江氏三大房人都参加了三月二十三日的妈祖圣诞集福活动。每个地方的捐款多寡不一，但基本上与各房人口的多少相一致。如东山房人口最多，捐出的钱数也最多，而南山房人口最少，捐出的钱数也自然最少。除了捐钱外，在 1992 年的账目表中，有的地方还捐了大米。另外在 1991 年的账目表中还有“上名进表收计 160 元”的记载，这是作为整个活动经费的一部分。

其次，从组织情况看，整个活动是由总理、副总理统一组织安排的。也就是说，各个地方的捐款都集中起来，统一交由这个理事班子去安排使用，最后再将收支情况张榜公布。每一年的总理、副总理都由各房代表推选产生。如 1991 年的总理是江文光、副总理是江朝岳，而第二年则改为江卸开负责。在 1992 年的收支账目表中，又注上 1993 年的总理为江河清、副总理为江永潮。也就是说，在本年度的活动结束前，就要把下年度的总理、副总理推选出来，以利于他们及早考虑下一年的活动安排。除了总理、副总理之外，每一房还设有头家，由他们分别向同房的族人收集捐款。1992 年的账目表中就有“北山头家丰庆（捐款）50.00 元”的记载，可以为证。总理、副总理除了筹划、安排当年的祭祀活动之外，在资金不足的情况下，还有义务支付补足。如 1991 年共收捐款 964.85 元，通过计算可知实际支出 897.20 元，结余 67.65 元移交下一年度。而 1992 年收入达到 1935.80 元，支出却高达 2064.70 元，尚不敷的 128.90 元由总理一人负责。因此，在选择总理、副总理时，一般都由具有办事能力、为人公正，且财力雄厚的人来担任这个职务。

再次，从活动安排看，在圣诞集福的三天中，主要活动是放映电影及请戏班来演戏，祭神与娱神、娱人联系在一起。同时还要请道士一人来打醮，并购买铳硝、香烛等。但在支出账目中，我们却看不到备办祭品的费用，这是因为祭神的供品由各家各户自己准备。这种习俗在周围其他地方同样存在。如湖坑镇，当地李氏居民每年九月十五都要迎请大道公出来“做大福”，祭神的供品也是由各家各户自己备办，再拿到醮场上统一祭祀，排满供品的八仙桌一张接着一张，足有数十米长。① 除了上述之外，我们在 1991 年的支出账目中还看到有“石泉宫全年电灯费 62.70 元”的记载，可见该庙的日常电费支出也是由此次捐款统一核销。

高头妈祖庙每年三月二十三日祭祀活动由江氏宗族自己举办，其他宗族并没有参加。除了统一出钱酬神演戏外，在三月二十三日这天，还有由各个“季会”自行举办的祭祀活动。所谓“季会”，即是由自愿出资的个人集合而成的神明会，有出钱的人才有份，没有出钱的无份，出钱多少决定着股份的多少。我们在高头东调查时听说，从前东、北、南三大房都有设立这种祭祀组织，其中高东的季会约有 40 股，高北的大约 30 股，高南人数较少，但具体不详。每个季会都分别组织活动。以前参加季会的人出资购买田产，再用田租来支付每年的祭祀和宴会费用。现在田产没有了，所需经费由有份的人按股捐出，1991—1992 年是每股出钱 2 元，统一交由头家去操办，不足部分

① 关于湖坑李氏做大福的情况，以及做大福与打醮的联系与区别，参见 John Lagerwey，*The Li Lingeage of Hukeng*，香港第二届国际客家学研讨会论文，1994 年 12 月。

再由头家补齐。头家的决定每个季会都不一样，高东是采用掷筊（抓阄）的方式，而高北是采取轮流当值的办法，高南在20世纪80年代还有活动，后来因人少就停止了。每年三月二十三各个季会在祭神之后就集中宴饮并决定下年度的头家。每股派出一个代表参加，高东共有5桌，高北4桌，每桌8人，显示出很强的组织性和制度化。

其实，这种季会组织在高头江氏宗族内相当普遍，它不仅用于祭神，也用于祭祖。我们在高北承启楼调查时，从土楼主人那里看到一本清代遗留下来的手写家谱，里面就记载了这一房派全年的所有季会，其中有关妈祖的季会就有四次，现将全文抄录于下：

计开季会列后

一、正月初一午刻受銮公太坟前季一股。

一、正月初九午刻民主公王坛前衙季一股。

一、正月十四日午刻养正堂关帝季一股。

一、正月十五午刻李婆太坟前灯花季一股。

一、正月十七新祖祠龙灯季一股。

一、正月十八申刻老祖祠灯花、八月十八午刻成海公太坟前季一股。

一、正月十八申刻新祖祠灯花、八月十八申刻新祖祠中秋季一股。

一、正月十八申刻本楼增寿季三股（内与仰珍承典一股，仰松赎回）。

一、正月十九午刻民主公王坟前□季一股。

一、正月廿五日祭李婆太年季分肉三股。又启始公一股，又鼎茂公三股。

一、二月初四分方墓苏州季一股。

一、二月十九承启楼老观音季一股（己未出卖）。二月十承新观音又一股。

一、二月廿二本楼圣王公太诞季一股。

一、二月间庵下文昌季通乡共阴年饮酒、阳年饮酒二股。

一、三月水口清明季一股。

一、清明后十日百八郎公太坟前馨香季一股。

一、三月十八日天后宫圣母诞季一股（卖出）。

一、三月廿三老祖祠凌冲公诞季一股。

一、四月初八永丰堂斋季阴二、阳二四股（已未出卖二股）。

一、四月廿八日滋兰轩关帝、魁星季二股（出卖）。

一、五月十三日养正堂关帝季一股。

一、七月廿日泮昭公太生日季二股。

一、八月初九草蕨坑伯公太季一股。

一、八月十四李婆太坟前秋祭季一股。

一、八月廿日集成公太坟前秋祭季一股。

一、八月十八天后宫烟帮季一股。

一、八月十九吴婆太坟前秋祭季一股（已未出卖）。

一、九月初四凌冲公太坟前秋祭季一股。

一、十一月十四成海公太坟前敦睦季一股（已未卖与生应）。

一、十月初九泮昭婆太生日季二股。

一、十一月十五民主公王坛前季一股（已未出卖）。又凌冲婆太坟前季一股，又本楼天神季一股，又作大福圣母落马季一股，又水口伯公落马季一股。

一、十二月十四民主公王坛前尾衙季一股（出卖）。

一、新扣拱南婆太坟前春祭季一股。

一、五月十九民主公王坛前乂昌社一股（大皇卖）。

一、十一月廿四日集成公太生日季一股（已未出卖）。

一、三月初三石泉宫新又会季一股（已未出卖）。

一、十二月初四永丰堂文昌季一股（出卖）。

上引这份资料相当重要，它很完整地反映了清代高头江氏（北山房）的所有季会名称及其祭祀内容。从这份资料可以看出，江氏的季会是由祭祀祖先和祭祀神明两部分组成的，其中祭祖的季会共有23个，如“正月初一午刻受銮公太坟前季”“正月十五午刻李婆太坟前灯花季”“正月十七新祖祠龙灯季”等都是；而祭神的季会则有21个，所祭神明包括民主公王、妈祖、关帝、观音、文昌、魁星、伯公、天神等。而民主公王、妈祖、关帝的季会分别为5个、4个、3个，其余都只是1个或2个，妈祖仅次于民主公王，显然在当地神明信仰中居于重要地位。

高头江氏的四个妈祖季会，有两个是在三月（即“三月初三石泉宫新又会季”和“三月十八日天后宫圣母诞季”）；一个在八月（即“八月十八天后宫烟帮季”）；另一个可能在年底（即“作大福圣母落马季”）。值得注意的是，在历史上江氏为妈祖举行圣诞并不是放在三月二十三日，而是在三月十八日，这可能是因为三月二十三那天刚好是高北十三世祖凌冲公的诞辰，所以只好提前了，但现在又恢复到正日举行，究竟是何时改正过来的却不得而知。除此之外，高头江氏一年之中还有三次祭祀活动，时间都与沿海地区不一样。如三月初三日石泉宫季、八月十八日烟帮季、年底做大福等。而且八月十八日的季会是由“烟帮”组织的，这更确切表明妈祖信仰与商人组织之间的关系，它也是闽西妈祖信仰一个很显著的特征。

三

妈祖信仰作为沿海地区主要神明信仰，其传入闽西客家山区之后，一方面仍保留了这种信仰的一些基本特征，另一方面又与当地的文化结合起来，形成了明显的区域特色。这些特色从高头江氏的妈祖信仰中可以较清楚地显示出来。

首先，妈祖信仰与宗族势力相结合，显示了闽西妈祖信仰的宗族性和聚落性。这种现象尤其在乡村特别明显。如高头江氏的妈祖庙是江氏宗族自己建造的，每年的祭祀活动也在这个宗族内部举行，其他外姓并没有参与。其实这种状况不仅江氏如此，在闽西其他客家人的村落中也到处可见。如永定县，在该县道光十年（1830）修的《县志》中，记载了“各乡专祀”妈祖庙13座，其中除了两座是“众姓”合建的之外，其余11座都是由某个宗族自己建造的。[①] 在武平，我们调查了武北帽村方氏、岗背刘氏（以上属永平乡）和湘村刘氏（属大禾乡），当地的妈祖庙也是由方、刘等姓自己建造，与其他姓氏没有关系。有的乡村妈祖庙虽然并非一姓独有，但她的祭祀范围仍然

① 道光《永定县志》卷十四《祠庙志》。

相当有限，只是由几个相邻的姓氏去祀奉，聚落以外的居民就很少参与。

这种现象刚好与闽南、台湾有很大不同。不论在闽南或者台湾，妈祖信仰具有相当的广泛性，人们按照不同地域结成各种祭祀组织（神明会），而且庙宇与庙宇之间也有明显的“分香”关系。每当神明圣诞或者其他重大节日，各地妈祖信徒就要前往主庙进香，形成地域范围广泛、具有明显层次性的“祭祀圈”或“信仰圈”。① 而闽西的妈祖信仰则不是这样，当地除了一些地处县城或者建在名山之上的妈祖庙（如武平太平山妈祖）较有影响外，其余绝大部分都是宗族或者聚落自己的庙宇，庙与庙之间也没有“分香”关系。许多地方的妈祖庙虽然也设有神明会，但这些神明会大都只在宗族内部运作（如高头江氏的季会），或者在几个相邻的宗族之间聚合人群，宗族性与聚落性的特征十分明显。

其次，由于闽西的妈祖信仰往往与宗族联系在一起，因此它的主要功能是保佑地方平安，成为宗族和村落的保护神。在闽西客家人村落中，迎神打醮是常有的事，一年之中即使在正常年景也要打好几次醮。而妈祖作为村落的保护神，就常常与这些打醮联系在一起。如高头江氏，一年之内除了妈祖圣诞集福之外，年底做大福也要请妈祖出来，并设有“作大福圣母落马季”的季会组织。在武平县东留镇南坊村，当地土壁天后宫是整个行政村的主要庙宇，每年七月十五打醮，成为该村所有居民最重要的节日。② 在武北永平镇岗背村，那里的天后宫不仅为刘氏宗族所有，每年三月二十三、四月十八都固定要在庙里打醮；而且周围几个姓氏的居民每隔三年一次还要在那里集体打醮，时间定在九月二十八日。③ 由于妈祖信仰与村落打醮紧密相连，因此闽西各地对妈祖的祭祀日期极不统一，或在三月，或在五月，或是七八月间，或是在年底，甚至有的地方连妈祖的圣诞也显得不那么重要，重要的是各个村落自己制定的打醮日期。

妈祖作为山区村落的保护神，其神职功能也发生了变化，人们祈求的不

---

① 林美容：《由祭祀圈到信仰圈——台湾民间社会的地域构成与发展》，载《中国海洋发展史论文集》第三辑，1988 年。

② 杨彦杰：《南坊自然村落与水口坛庙》，载杨彦杰：《闽西客家宗族社会研究》，国际客家学会、海外华人研究社、法国远东学院 1996 年版。

③ 杨彦杰：《“三背”多姓宗族聚居区的形成与发展》，载上引书。

再是保佑航海安全，而是希望妈祖能救难解厄，保赤送子。这与当地普遍存在的陈靖姑信仰密切相关，或者说，妈祖信仰“混入”或吸收了陈靖姑信仰的保赤功能。比如在武平县东部的太平山妈祖庙，平时就常有妇女前去烧香求子，如果有的人果然求子成功，她们便会到庙里还愿，还会送上一幅“新丁告”，为儿子取上一个带“太”的契名，以祈求妈祖保佑其健康成长。① 在闽西各地，对妈祖常有各种亲近的称呼。如永定县高头江氏将妈祖称作“圣母娘”，武平县袁畲林氏则称为“妈婆太”或“姑婆”，而武北一带，当地人称妈祖为“妈祖嫽太”。所谓“嫽太”即“姑婆”或“婶婆”之意。武北人认为，如果突然遇到什么危急情况需要妈祖救护，就不可呼“天上圣母”，而应急呼“妈祖嫽太保佑”。因为“天上圣母”这样的称呼地位太高，妈祖要出来必须先化装打扮，很费时间。而直呼“妈祖嫽太”就像叫亲人一样，妈祖一听到便可立即出来，因此很快就会逢凶化吉。其实，把神明当作亲人看待不止妈祖一例，其他男性神明也是如此。比如长汀、连城两县交界的河源十三坊，当地民众崇拜琀瑚侯王，并把这尊神明称为“琀瑚公太”（“公太”即男性祖先之意）。把神明称作祖先，反过来又把祖先当作神明，这是闽西客家文化一个十分显著的特征。而且在当地人的心目中，又特别重视对女性祖先（“婆太”）的崇拜②。妈祖信仰正是在这样的文化土壤中生根并发展起来的。

再次，妈祖信仰与商业贸易的密切关系。妈祖信仰从沿海传入山区，除了移民的因素外，商业贸易显然是更为重要的因素。高头江氏的妈祖庙就建在“东山墟场前”，这本身就很能说明问题。而在其他地方，妈祖庙也往往与墟市建在一起。如上杭县白砂镇的螭头天后宫，就建在傅姓的螭头墟上，武平帽村的天后宫、上杭官庄、回龙两地的天后宫以及连城宣和乡天后宫等，都与墟场同处一地。墟场是商人活动的重要场所，而墟场建有天后宫，就把妈祖信仰与商业贸易联系在一起。商人不仅促进了妈祖信仰的传播，而且促进了妈祖信仰的发展。在高头江氏那里，每年八月十八日“烟帮季”要祭祀

① 谢重光：《闽西客家地区的妈祖信仰》，载《客家》1994 年第 1 期，第 82 页。

② 对“婆太”的崇拜与畲族文化有密切关系，参见杨彦杰：《闽西客家地区的畲族——以上杭官庄兰姓为例》，载杨彦杰：《闽西客家宗族社会研究》，国际客家学会、海外华人研究社、法国远东学院 1996 年版。

妈祖。烟叶贸易在永定历史上是相当重要的。道光《永定县志》云，“唯邑无他产，远商固无有来永行货者……乾隆四十年以后，生齿日繁，产烟亦渐多”，“商之远贩吴楚滇蜀，不乏寄旅，金丰、丰田、太平之民，渡海入诸番如游门庭”。[①] 永定地方经济由此日益繁荣起来，而商人与妈祖信仰的关系也愈加密切。

高头江氏妈祖庙是永定县最早的妈祖庙之一。江氏族人对妈祖的崇拜，反映了闽西客家地区妈祖信仰的一些基本特征。人们祭祀妈祖，往往把妈祖视为宗族和村落的保护神。与此同时，妈祖信仰又与商业贸易有着特别密切的关系。商人信奉妈祖与宗族对妈祖的祭祀这两者并不矛盾，而是有机地结合在一起。

① 道光《永定县志》卷十六《风俗志》。

从长汀、宁化城关庙会看闽西的妈祖信仰[①]

闽西地处福建省西南部，为客家人聚居的内陆山区之一。由于地理环境和当地文化传统的影响，闽西的妈祖信仰与沿海地区相比有着自己的特色。笔者曾撰文探讨了闽西乡村的妈祖崇拜，指出它与当地的宗族社会紧密相连。妈祖不是被视为海神，而是作为宗族或村落的保护神发挥着作用。[②] 那么，城关的妈祖信仰又是如何呢？这也是一个值得探讨的问题。

本文拟以长汀、宁化两个城关的妈祖庙会为例进行对比分析。长汀自唐宋以来一直作为汀州首府，而宁化石壁则被视为客家人的祖居地或中转站，因此这两个县在客家发展史上都居于重要地位。另一方面，上述两县的妈祖庙会在闽西地区也是首屈一指的，不仅时间长，而且规模都很大。以下我们先就这两个庙会的基本情况作一叙述，然后进行讨论。

一、长汀城关的妈祖庙会

长汀县位于汀江边上。汀江是一条流贯闽西大部分地区的重要河流。它发源于宁化，水系流经长汀、武平、连城、上杭、永定等县，最后进入广东与韩江汇合，从潮汕出海，因此当地的妈祖信仰实与这条河流有着相当密切的关系。

长汀城关的妈祖庙就建在城东朝天门外的攀桂坊，紧挨着汀江。关于这座妈祖庙的来历和兴建，史无记载。民国三十一年（1942）修的《长汀县志》云：嘉靖五年冬，太守邵有道履任，令修浚城濠，“自丽春门至朝天门以抵卧龙山北，其濠长二十六丈，阔一十二丈五尺，濠中有夹洲……洲之上

① 本文刊于《客家》1997 年第 4 期。

② 参见杨彦杰：《山区的妈祖——一个宗族与村落的保护神》，见本书。

有天妃宫。”这座在洲之上的天妃宫即是我们现在还能见到的长汀天后宫，可见它早在明嘉靖五年（1526）就已存在了。而妈祖被封为天妃始于明永乐七年（1409），以此观之，这座天妃宫的兴建当在永乐七年（1409）以后至嘉靖五年（1526）这一段，亦即公元15世纪至16世纪初年。

入清以后，随着妈祖封号的增加，长汀天妃宫又被改称为天后宫。前引民国《长汀县志》云：

天后宫，在朝天门外。神为莆田人，五代时闽都巡检林孚季女。宋雍熙四年九月十九日升化，屡封至天后云。道光五年募金重建，殿宇巍焕，所费以万计。

其实除了道光五年（1825）这次重建外，在清光绪三十年（1904）还有一次重修，这两次修庙的遗迹和碑刻至今仍保留在天后宫内。“文革”期间，长汀天后宫曾遭到破坏，部分殿宇因年久失修行将倒塌。近些年来，由于地方人士的热心捐助与筹划，这座庙宇又重新得以修复，目前已正式对外开放。

由于长汀在历史上一直作为府城的所在地，因此这座天后宫亦建得十分恢宏气派。整座庙宇占地约9000平方米，由山门、戟门、戏台、前殿、正殿、后殿等建筑物组成。正殿供奉的妈祖神像据说是雍正年间由潮州师傅雕塑的，“文革”期间被人保留下来，距今已有270余年的历史。正殿旁边还有一间妈祖的“闺房”，房内设有床、帐、被、褥以及其他日常生活用品，每天必须有专人负责妈祖的饮食起居。1996年10月我们前往参观时，由于当时正在筹备对外开放，桌上还摆着四碗刚刚煮好的大米饭，冒着热气。天后宫的后殿是“积庆堂”，为供奉妈祖父母的地方。殿右侧墙上仍镶有一块道光五年（1825）重建天后宫的题捐碑记，上面镌刻着当年出资建庙的商家店号以及他们的捐款数额。

长汀天后宫以前每年都要由攀桂坊出面组织举行一次规模盛大的庙会。

在历史上，长汀城内外共设有十几个坊。明清时期以至民国共有十三个，它们是：青紫坊、词学坊、崇善坊、郎星坊、鄞河坊、登俊坊、永康坊、攀桂坊、金花坊、仁寿坊、崇雅坊、清泉坊、兴福坊。每个坊又按照角落划分为十蓬，蓬内居民姓氏各不相同，相互插居在一起，为一种地缘性的民间团体。当地有民谚云：“长汀十三坊，坊坊十蓬人。”指的就是这种情况。攀桂坊就是这十三坊当中的一个，也划为十个蓬。但由于该坊地处长汀城东以外，坊内有三个蓬（即：草坪、黄田背、老睦段）散布在离城较远的农村，因此每年的妈祖庙会便由其余的七蓬人出面主持，每蓬轮值一年，七年一个轮回，周而复始。

长汀的妈祖庙会每年都是从农历二月开始，一直持续到三月二十三日妈祖圣诞以后才结束。整个过程分为妈祖“出巡”和“圣诞”两个阶段。

妈祖出巡即是将妈祖神像抬出来游行。每年春节前后，轮到当值的那蓬人就要开始筹办出巡事宜，如成立理事班子、家家户户准备一盏花灯、筹募款项、购办物品等。妈祖出巡的日子要由择日先生选定。日子择定后，又要派人敲锣、扛着“起马牌”走遍全城，并在庙门口张贴告示，以便让全城人都知道妈祖出巡的时间和路线。

妈祖出巡的路线有一定规律。第一天必须先在攀桂坊内行走，第二天以后才入城，等到全城游完再游城郊。其游神路线据张鸿祥先生介绍，几乎包括了长汀城内外的所有重要街道和桥梁，具体情况如下：

城内巡游路线：天后宫—经东门入城—横岗岭—白马庙前—十字街—从大西门出城至罗汉岭—由小西门入城—真君庙前—三元阁城门—灵应庙—珠宝门石桥头—火曹巷—远前坪—观音庙前—古郡南门—三官堂前—古郡南门—水吉门—冷铺前—大丈夫庙前—萧屋塘边—五通庙前—水东桥头—乌石巷—乌石山—东门牌楼下—出东门回宫

城郊巡游路线：天后宫—太平桥—水东街—五通庙—半片街—司背街—旱桥—桥下坝—南寨—桥下坝—营背街—四大巷—关帝庙—小桥头—“蓝正兴隆”染房—黄竹兜下—铸锅寮下—古坛前—关店背—小谷庙前—打油巷—豆豉坝—社公巷—大井头巷—龙岩巷—仙人观前—经跳石桥回宫

妈祖出巡的队伍浩浩荡荡，十分隆重。最前面是一对矮脚灯笼开道，上书“天上圣母”四个大字，随后又有一对高脚灯笼和两块回避、肃静牌。“十番”锣鼓乐队在后面吹吹打打，当值的那蓬人共有几十盏花灯紧随其后。接下来是二三十架台阁、一匹顶马，许多人扛着大旗走在队伍当中。妈祖銮驾前面是一整套仪仗（俗称“八宝”）和两把掌扇，后面又有万民伞拥簇着。出巡队伍每走过一条街道，该街道两边的商家住户便纷纷排出供品祭祀，鞭炮声此起彼伏，连绵不断。当地有一种习俗，妈祖出巡经过的地方，只要有一户人家燃放鞭炮不断，妈祖圣轿就必须停下来，等到鞭炮放完才能通过。有的人为了将妈祖多留一会儿，就不断地放鞭炮，并且在路当中摆起拦路祭。有的人甚至在妈祖未来之前就开始燃放鞭炮，从白天一直持续到第二天黎明，通宵达旦，这样做他就有资格把妈祖迎入家中，自己祭祀一番。由于很多人都想把妈祖留下来，因此出巡的队伍走走停停，行进得非常缓慢，有时一天才能走几十米或者上百米。

妈祖出巡还有一项重要活动是“清河祭祀”。这是由纸行和竹木行的商人出面组织的，目的在于祈求妈祖保佑汀江航运平安顺畅，生意兴隆。“清河祭祀”的仪仗队共由四只木船组成。前面三只分别载着灯笼、禁牌、大旗、凉伞、香案以及锣鼓乐队等，最后一只船载着妈祖銮驾和四名执事（商人代表）。船队从太平桥出发，航向麻岚岭背的游神渡，再从那里返航，经麻岚岭、曾溪背、车子关、水吉门、五通桥、半片街、水东桥，最后在跳石桥上岸。“清河祭祀”那天全城出动，男女老少都竞相观看，沿河岸边排列着香案供品迎接祭祀，整个场面热烈壮观。

三月二十三日是妈祖生日，在此之前两天即二十一日，不管妈祖出巡队伍游到哪里，这天清晨一定要回宫，以便安排祝寿活动。从三月二十一日开始，全城各地的信众又纷纷携带供品前往天后宫致祭。所带供品有寿桃、寿面、三牲、香烛等，有的人还送来一大饭甑的大米饭，有的人送的蜡烛重达100多斤，足足可以点燃一个月。庙会的组织者还按照民间习俗为妈祖安排了两次祝寿活动。第一次在三月二十二日，称作“暖寿”，意即像民间百姓家庭一样，由亲戚挚友先向寿星祝贺诞辰。第二次在三月二十三日，此为正日，届时前往朝拜的人更多，庙会达到高潮。妈祖圣诞期间天后宫内连续三天（二十一至二十三日）都备办“流水席”，凡是前往祝贺祭祀的人都可以在那里用餐。与此同时，庙内戏台上连续三天上演大戏，说书班亦在庙里说唱故事，鼓手班则不断地演奏着各种曲目。整个天后宫人来人往，热闹非凡。

三月二十四日以后，如果妈祖出巡的路线尚未走完，这天就可以继续出宫，直至把全部路线巡游完，妈祖庙会才告结束。

二、宁化城关的妈祖庙会

宁化城关的妈祖庙会与长汀一样，都是相当隆重的。宁化县城位于翠江边上，这条河流属于闽江水系，流经三明、南平，最后汇入闽江在福州出海。宁化县城的妈祖庙亦建在这条河流旁边，址在宁化城外下进贤坊的塔下街，与宋代建造的慈恩古塔、宝塔寺相毗邻。关于这座妈祖庙的来历，康熙年间成书的《宁化县志》有段记载，删引于下：

天妃庙，即夫人庙。庙在邑南塔下街。天妃林姓，世居莆田之湄洲屿。五代闽王时，都巡检林愿之第六女也。生于宋元祐间，一云太平兴国四年。幼悟秘法，长能布席渡海，乘云游岛。雍熙四年升化。是后常衣朱衣，飞翻海上……明永乐间，内官甘泉郑和有暹罗西洋之役，各上灵迹，封“弘仁普济天妃”，立庙致祭。或遣官出使琉球等国，率以祭告祈祷为常。乃宁化不知海舶为何物，无故而祀天妃，得无谄乎？

这段记载除了重点介绍妈祖的生平事迹外，还提出宁化的妈祖庙原是“夫人庙”，并指出宁化地处内山，“不知海舶为何物，无故而祀天妃”，感到不可理解。

宁化城关的妈祖庙在康熙以前称作“天妃庙”，民国时期已改称为“天后宫”。这座庙于 1975 年被拆毁，但当地老人对它仍记忆犹新。据叶兴林、张国玉诸位先生介绍，该庙门上以前有一块大匾额，上书“天后宫”三大金字，正楷，粗壮有力。入门后依次为下廊、正殿、后殿，两殿前面各配有一个天井。后殿两侧还设有横屋和厨房，以供庙祝使用。天后宫下廊右祀土地伯公，左祀花公花母，正殿正中供奉陈、林、李三位夫人全身塑像。每尊神像高 2.5 米，头戴凤冠，身着不同颜色的蟒袍，其中陈氏穿黄袍，林氏穿红袍，李氏穿绿袍，林氏居中，陈、李分居左右。当地人认为，这三位夫人中的林氏即是妈祖，而陈氏是名巫女，李氏是贞女，但她们究竟叫什么名字却不清楚。

天后宫以前设有庙产。由于当地民众对夫人娘娘十分崇信，因此捐产入庙的人很多。宁化城内曾流传有一首民谣云：“城隍老爷真大户，夫人娘娘新发富，五通尊王老乔木，城西尊王背包袱，天灯尊王磨豆腐，草苍尊王猎脚步。”从中可以看出天后宫在宁化城内诸神庙中的地位。据当地老人回忆，以前天后宫的田产多达100余亩，庙内设有三个义仓共可装谷2000多担，此外还有数间店面出租，所有收入都作为每年庙会及日常维修庙宇、添置设备等开支。

天后宫设有一个理事会专门管理庙产和庙会事宜，这个理事会下设总理一人（俗称案首或承案），理事五人，其人选全由该庙所在地的下进贤坊人士担任。在明清时期，下进贤坊共分为塔街、双虹、寿宁、横街、小街五棚（即长汀的“蓬”），每棚出一名理事，另外再选择一名总理。

宁化天后宫的庙会一年共举行两次。第一次在农历六月十一日，主要是白天抬菩萨出来游行，但规模不大。那天还有为父母者到庙内烧香，将自己的新生婴儿契与陈氏娘娘当孩子，以祈求保佑长命百岁。第二次是在农历八月十八日，这是整个城关最隆重的一次庙会，影响遍及赣浙粤三省交界的一些邻近地区。

八月十八日的庙会实际上从十四日就开始。在此之前，庙会组织者就加紧准备工作，下进贤坊所属各棚纷纷扎制高棚、彩灯，训练舞狮队伍，洽请鼓手、乐班等。从十四日晚上开始，各棚准备的高棚、彩灯便依次抬出来游行。十四日晚上为塔街组上街，十五日晚上为双虹组，十六日晚上寿宁组，十七日晚上是横街、小街两组一同出游。每个棚组都竞相展示他们制作的高棚、彩灯，营造庙会热闹气氛。但这四个晚上菩萨都没有抬出来。

八月十八日是正日，这一天庙会达到高潮。从清晨开始，道士、师公便在庙里打醮、表演法术。各地香客纷至沓来，还愿许愿的、求神问卦的，男女老幼熙熙攘攘，把整个天后宫挤得水泄不通。到处都是香烛烟火，到处都是震耳欲聋的鞭炮声。供桌上摆满供品，香炉里连插香的地方都没有。庙里庙外到处都是来来往往的人群。庙会期间，每天都有四个戏班在演出各种戏剧，特别是十八日那天，演戏通宵达旦，整个宁化城关彻夜狂欢。

八月十八日的游行是从午夜开始的，一直持续到十九日凌晨。游神队伍十分浩大，除了前四天分别上街的各组高棚、彩灯外，天后宫还特别制作了三座特大高棚，每座高棚抬起来据说高达13米、宽4~5米，高棚内灯火辉煌，与悬挂在外面的无数小彩灯交相辉映。庙会组织者还准备了三匹顶马、十台铁杆故事，并配有彩旗、锣鼓乐队、长号等。值年案首的子侄怀抱妈祖神牌和印信乘坐在轿子里，三位夫人的神辇分别由八个大汉扛抬着，在巫师、鼓手、乐队、长幡、凉伞、香炉的簇拥下缓缓而行……游行队伍从天后宫出发，沿塔下街北上，过双虹桥至寿宁桥头，再转横街、薛家坊，拐到小溪边，然后由小溪边回到双虹桥、塔下街回宫。游行队伍至道士观弄口石板桥头时，如果需要交接班，就在那里完成交接任务。此时，三位娘娘必须迅速回宫。抬着神辇的24位大汉开始加快步伐，在离庙50米左右时，便齐力冲出人群，疾速奔跑，很快将娘娘抬入庙内安奉在原来的位置上。据说这样做才能不误娘娘的归期，以确保地方安宁。三位娘娘回宫标志着游神庙会的结束，而此时天尚未放亮，大约是十九日凌晨的5点。

宁化城关每年一度的庙会吸引着无数外地来的香客、商贩。时至今日，尽管八月十八日的庙会早已废除，但这一天仍是闽赣浙粤四省边民的商品交易会。

不过，这里需要指出的是，虽然八月十八日的庙会相当热闹，但这一天菩萨并没有入城，而只是在下进贤坊一带巡游。为什么天后宫的庙会没有进入城内？当地有两种说法：一是当时下进贤坊仍属城外，要进城必须经过一座风雨桥，桥上有屋顶，而且城门也太小，高大的高棚过不去。另一种说法是菩萨各有管辖的范围，城里菩萨管城里，城外菩萨管城外，各司其职，因此城外的菩萨不可到城里去。但不管是哪种说法，下进贤坊天后宫庙会确实是牵动着全城人，城里人也纷纷去参加致祭，成为整个城关的共同节日。

三、两个庙会的比较分析

长汀、宁化的庙会是闽西地区两个最有代表性的妈祖庙会。通过以上叙述可以看出，这两个庙会有其相似之处，但也有明显的不同点。其相似之处主要表现在以下几个方面：

第一，两个县的妈祖庙都建在城外，地处河流边上。长汀县的妈祖庙建在城东的攀桂坊，而宁化县的妈祖庙建于城南的下进贤坊，前者紧邻汀江，后者靠近翠江。按照一般规律，历史上商业繁华区往往就设在城外的水路码头附近。如长汀县的水东街就地处城外，而这条街自宋代以来一直是当地大商人最集中的地区。因此，从这点看，闽西妈祖信仰实与商人和商业贸易有着十分密切的关系。笔者在以前探讨闽西乡村的妈祖信仰的文章中已经谈到，闽西乡村的妈祖庙有很大一部分都是建在墟市上。墟市是商人经常出入的场所。商人的活动既把妈祖信仰从沿海地区带入山区，同时又顺着他们的贸易网络把这种信仰扩展到该地区的各个角落。这不仅在广大农村，在城关也是如此。因此，从这个意义上说，闽西妈祖信仰的传播，商业贸易是一条相当重要的渠道。

第二，长汀、宁化两个城关的妈祖庙会，商人都是主要的参与者。他们出钱出力，并且在庙会期间扮演着重要角色。长汀的妈祖庙会纸行、竹木行的商人都积极参加，每年都要举办“清河祭祀”活动，以祈求保佑船只航行安全。庙会期间，长汀最主要商业街道——水东街，亦极为热闹。在妈祖即将来临的前一天，水东街两侧的商家店号就扯起布蓬，把整条长达一里多的街市上空都遮盖起来，成为当地的一大盛景。宁化县城的商人们更是将妈祖庙会变成了商品交易会，商家店号日夜营业，并且积极捐资进入庙产，1949年以前这座被人称作“新发富”的天后宫，它的总理就是由一名商人担任的。商人们积极参与庙会活动，使得他们生意兴隆，发财致富，也使得上述两个庙会都办得有声有色，热闹非凡，而且亦在当地起着示范和影响作用，使得越来越多的人加入这个信仰行列，从而不断扩大庙会规模。

第三，这两个庙会都以天后宫所在的“坊”为基本单位举办。长汀庙会是攀桂坊的七蓬人轮流主持，每蓬一年；而宁化县的庙会则是下进贤坊五棚人各出一名代表参加理事会，共同主办。虽然这两个庙会的影响都遍及全城，但从组织者和活动的基本内容来看，都能隐约透露出这两个地方的妈祖祭祀仍以“坊”为主。长汀妈祖出巡的第一天必须先在攀桂坊内行走；而宁化的游神根本就没有进城，一直在下进贤坊内巡游。神明出巡的含义是表明这个神明所管辖的地域范围，目的在于保佑这个地方百姓的安宁。因此，从这一点看，长汀、宁化城关的妈祖信仰在早期是有明确的地域性，亦即被视为它所在的那个“坊”的保护神。这与闽西广大农村把妈祖视为某个宗族或村落的保护神在性质上完全一样。只是由于后来城关的妈祖庙会影响范围日益扩大，参与人群越来越多，万众朝拜的火爆场面把原来的地域特征掩盖了起来。

尽管长汀、宁化的妈祖庙会有许多共同点，但如果从另一个角度去观察，它们之间的差别也十分明显。最大的不同，是这两个庙会的日期根本不一样。长汀庙会以三月二十三日妈祖圣诞为正日，而宁化的庙会则以八月十八日为游神的最高潮。八月十八日在闽南、台湾各地的妈祖信仰中根本就不是什么节日，但在闽西却与妈祖的祭祀活动联系在一起。为什么会有如此不同？原因可能是多方面的，但就长汀、宁化这两个庙会而论，则与神明的来历密切相关。

长汀的天后宫供奉的是妈祖，这可以从该庙的神明设置和圣诞日期看出来。但宁化的天后宫供奉的是否真是妈祖，这里面就颇有疑问。据康熙年间成书的《宁化县志》云：宁化天妃庙原来叫作“夫人庙”。又据当地老人回忆：以前老百姓仍习惯上把这座庙宇称作“夫人庙”，庙内供奉的是陈、林、李三位夫人。其实，陈、林、李三位夫人属于陈靖姑信仰。我们在清流县余朋乡东坑村调查时，就看到那里建有一座临水宫，里面供奉的就是陈、林、李三位夫人，其中陈氏为陈靖姑，而林氏和李氏分别为林九娘和李三娘（亦叫李千金），老百姓习惯将这三位女神称作“夫人”。在永定区古竹乡的苏氏聚居区，那里也有一座赤岭宫，以前叫作“夫人宫”，里面供奉的亦是临水夫人即陈靖姑。

在闽西客家地区，陈靖姑信仰相当普遍。当地的民间道教属于闾山派，就是以崇拜陈靖姑为其基本特征。乡村打醮演出的傀儡戏，其主要戏文亦是《夫人传》。陈靖姑被视为妇女、儿童的保护神，在当地发挥着重要作用。无独有偶，宁化城关的天后宫也有这方面的功能。据叶兴林、张国玉两位先生介绍，以前天后宫内供奉的陈氏夫人就是保护儿童健康成长的。“旧时父母视子女如珍宝，苦医学不发达，婴儿多患病夭折，故多数为父母者到神前进香许愿，将婴儿契予陈氏娘娘为子，并起一契名，祈保长命百岁。同时，将在神前供献过的五色丝线，搓成一条粗线，俗称作‘绢线’，穿坠一枚有皇帝年号的方孔铜钱，带回后系于婴孩的颈上，直戴到10岁才解掉，以示神灵护照在身，驱邪防病保吉祥。”由此可见，宁化城关的这座妈祖庙原来确实是供奉陈靖姑的夫人庙。只是由于妈祖信仰后来影响越来越大，而当地人可能也渐渐不清楚这三位夫人究竟是谁，因此就把其中的林氏夫人（林九娘）误以为就是妈祖（林默娘），从而夫人庙就被改称为“天妃庙”，进而又被称作“天后宫”。但是不管名称怎么改变，当地老百姓的信仰传统仍有一部分被保留了下来，而且每年庙会的日期也与长汀天后宫的“圣诞”不一样。

笔者曾在探讨闽西妈祖信仰的文章中说，闽西妈祖信仰“混入”或者吸收了陈靖姑信仰的某些功能。其实从以上探讨的实例看，除了说吸收了某些陈靖姑信仰的因素外，还应强调有一部分则可能是直接从陈靖姑信仰转化而来的。也就是说，闽西妈祖崇拜其来源有两个方面：一方面是从沿海地区传入的；另一方面则是当地人把陈靖姑信仰直接改造成妈祖信仰的。长汀的例子属于前者，而宁化的例子刚好属于后者。

从更深的角度来分析，长汀、宁化两个妈祖庙会的不同，似乎也代表着两个不同水系的文化差异。长汀县地处汀江上游，这条江流经龙岩地区的五个客家县最后在潮汕出海。而宁化处于闽江上游，这条河流流经三明市的宁化、清流等县然后汇入闽江，在福州注入东海。汀江和闽江，作为福建省的两条重要水系，它们的区域文化不尽相同。1993 年我们曾到上杭县调查，从该县的官庄乡乘船顺着汀江返回城关，发现每过一个险滩，在江岸的岩石或山丘上都有一座妈祖庙朝着流水，艄公告诉我们，撑船人经常要到那里朝拜。其实不仅上杭如此，在汀江流域的几个客家县中，崇拜妈祖的现象也十分普遍，而且当地人仍把妈祖视为水神，并有相关的祭祀活动存在。但在闽江流域，我们到宁化、清流等县调查时，发现那里的妈祖庙就要少得多，有的县（如清流）尽管也曾建过妈祖庙，可是后来由于影响不大而销声匿迹了。闽江流域也有自己的水神，称作“拏公”（又作“拿公”），尤其在闽江下游至福州这一段，拏公庙随处可见。清代出使琉球的笔记中，就曾记载从福州起航的官方使船上供有拏公神像。因此，从更大范围看，闽西客家地区的妈祖信仰实际上是有区域差别的，而这种差别与河流走向密切相关，也就是说，不同河流的文化背景对闽西客家文化产生着不同的影响。

最后还必须说明的是，闽西地处福建山区，“不知海舶为何物”，妈祖信仰从沿海传入闽西以后，一方面仍保持了这种信仰的某些特征（如与商人、船运的关系）；另一方面则与当地的文化传统结合起来，形成了自己的区域特色。妈祖不再被视为海神，而是作为某个宗族或地域的保护神发挥着作用。人们祈求的不是航海安全，而是希望她能捍患御灾，保境安民，消灾解厄，保佑妇女、儿童平安健康等。妈祖信仰不管在城镇或者农村，都有很强的地域性。各个地方的妈祖庙互不关联，没有普遍的“分香”关系，因此每个地方的祭祀活动极不统一。有的地方以妈祖圣诞为会期，有的地方是根据自己的习惯制订出日子；有的地方一年的庙会只有一次，有的地方则有多次，在形式上呈现出多种多样的面貌。这也是闽西妈祖信仰与沿海地区的重大区别之一。

长汀城关妈祖信仰的变迁[1]

宗教与社会的关系极为密切，随着社会的演变发展，宗教信仰也在自我调整，以适应新的时代变化和社会需求。长汀城关的妈祖信仰正是其中一个显著例子。

妈祖作为著名的海上女神，其信仰范围十分广泛，不仅沿海地区有广大信众，甚至内陆山区也有许多的妈祖庙及其信徒。闽西作为客家人重要的祖居地之一，其妈祖信仰也相当普遍。笔者曾撰文探讨了闽西山区的妈祖信仰及其特色。[2] 本文拟利用近年来在长汀调查所得的田野资料，结合历史文献记载，再就长汀城关的妈祖信仰及其历史演变，作进一步的描述和讨论。

一、历史上长汀城关的妈祖信仰

长汀县位于福建省西部。在历史上，闽西客家地区曾设有八县，统属汀州府管辖，长汀是汀州首县，其城关一直作为汀州府城的所在地而发挥作用。[3] 另一方面，长汀又地处汀江上游。汀江是闽西地区一条最主要的河流。它发源于宁化，自北往南流经长汀、武平、上杭、永定等县，最后进入广东与韩江汇合，从潮汕出海。因此，长汀城关的妈祖信仰实与这条河流有密切的关系。

长汀城关的妈祖信仰起源于何时史未确载。有学者经考证认为：南宋时

---

① 本文为台湾“妈祖信仰与现代社会国际学术研讨会”参会论文，2001 年 5 月 26—28 日，云林：北港朝天宫。论文的修改得益于论文评论人温振华教授的指教，以及两位匿名评审人的宝贵意见，特此致谢！

② 参见本书：《山区的妈祖：一个宗族与村落的保护神》《从长汀、宁化城关庙会看闽西的妈祖信仰》。

③ 南宋时汀州府辖有六县，明清时期增至八县，它们是：长汀、宁化、清流、归化（今明溪）、连城、武平、上杭、永定。现分属龙岩、三明两地市管辖。

期，长汀城南建有“三圣妃宫”，其中一位女神即是妈祖。她的来源与汀州官盐改由水运密切相关，是直接从潮州引进的。① 然而，这座“三圣妃宫”究竟与后来的妈祖信仰有什么联系，却未见记载。如今我们能够见到且在历史上起主要作用的是建于城东的妈祖庙。民国《长汀县志》云：明嘉靖五年（1526）冬，太守邵有道履任，令修浚城濠，“自丽春门至朝天门以抵卧龙山北，其濠长二十六丈，阔一十二丈五尺，濠中有夹洲……洲之上有天妃宫”②。这座建于夹洲之上的“天妃宫”，即是如今仍在朝天门外的妈祖庙，可见它早在明朝嘉靖初年就已经存在了。妈祖被赐封为天妃始于明永乐七年（1409），清初又加封天后，因此后来这座妈祖庙又被改称为“天后宫”。乾隆《长汀县志》云：“天后宫，在朝天门外攀桂坊，旧名天妃宫。”③ 即是指此。直至清末光绪五年（1879）编撰的《长汀县志》，其卷首城池图上仍标有这座“天后宫”的确切位置。

长汀天后宫建起来以后，历经明清两代，多有修缮，其中以道光年间的一次最为重要。前引民国《长汀县志》又载：“天后宫，在朝天门外。神为莆田人，五代时闽都巡检林孚季女。宋雍熙四年九月十九日升化，屡封至天后云。道光五年募金重建，殿宇巍焕，所费以万计。”④ 其实，道光五年（1825）的这次修建并非在一年内完成。我们在调查中发现，天后宫正殿神龛两旁的大柱上，至今仍悬有一副道光六年（1826）敬献的对联。在正殿后面的“积庆殿”右墙上，还有一块由总理程曲江立的石碑，文云：“道光七年春月吉旦重修圣母宫殿，祀积庆王于宫左，规制湫隘，似欠观瞻。集珍、集兴店等集同侪十有五人，抽厘金千余，邀原董事辈，于圣母座后来龙处创建积庆宫殿。庶入庙思敬无规制湫隘之嫌，非敢邀誉也。”可见，此次重修至少至道光七年（1827）春季才完成，前后历时三年。除了重修主体建筑外，还在正殿后面新建了一座积庆殿，使得整座庙宇更加宏敞。至光绪二十七年（1901）冬，长汀天后宫又经历一次重修。此次重修是由里人游鼎臣，邀集同

---

① 谢重光：《闽西客家地区的妈祖信仰》，《客家》1994 年第 1 期，第 75~76 页。

② 民国《长汀县志》卷五《城市志》。

③ 乾隆《长汀县志》卷二十三《古迹》。

④ 民国《长汀县志》卷二十一《祠庙志》。按，这段记载上半部抄自乾隆《长汀县志》卷十二《祀典》，将妈祖的父亲记为“林孚”，与其他文献的记载不同，恐有误。

人吴赞虞、康步崖、卢子固、谢云壑、张叶吉等“唱首”兴修的，直至光绪三十年（1904）夏月才告竣。如今天后宫内仍存有当年刻立的《重修天后宫碑记》，尽管已字迹模糊，但其碑额及部分文字仍可以为证。

长汀由于在历史上的重要地位，因此这座天后宫被修得富丽堂皇，相当气派。整座庙宇占地约9100平方米，建筑面积1400余平方米，由山门、戟门、戏台、前殿、正殿、后殿、护屋和左右两边各一块长方形池塘组成。正殿供奉的妈祖神像据说是雍正年间由潮州师傅雕塑的，距今已有270余年的历史。正殿旁边还有一间妈祖闺房（称“圣母间”），里面设有床、帐、被、褥及其他生活用品。1949年以前，有一位妇女在专门伺候妈祖娘娘的“饮食起居”。每天早上要为她打洗脸水、叠好被子，晚上铺床、放下蚊帐、打水、关门，天天如此。一日三餐都要准备五碗饭菜，供奉在妈祖房内。天后宫的后殿是祭祀妈祖父母的地方。妈祖的父亲亦即前面碑文中提到的“积庆王”。1996年，长汀天后宫还派人到莆田湄洲迎奉了另一尊妈祖神像回来，也供奉在这积庆殿内。

长汀百姓对妈祖十分崇信。上述天后宫就坐落在城东朝天门外攀桂坊，紧挨着汀江。不管是船民、商人，还是一般民众，经常会到天后宫烧香朝拜。乾隆《长汀县志》说：妈祖“生而知人间祸福，宋雍熙四年九月十九日升化。主江海，兼摄嗣息、痘疮，祷无不应”①。可见传入闽西的妈祖信仰，不仅有“主江海”的水神功能，而且“兼摄嗣息、痘疮”，即可以保佑添丁生子、小孩平安。以前长汀人信奉妈祖有一种习俗：凡是小孩体弱多病较难带养的，都会过契给妈祖请她庇佑，② 此时就要带小孩到庙里烧香，许愿、烧契文，并给孩子取一个带“妈”或“马”的新名，如妈生、妈养、马成、马顺、马寿等。如今凡是上了年纪的人，很多都有这样的名字。

除了平时个人的崇拜外，以前每年都有三次大规模的集体性祭祀活动，即正月初八东门外攀桂坊的民众迎妈祖，二月妈祖出巡，再一次是三月二十三妈祖圣诞，举行祝寿活动。除此之外，纸行和竹木行的商人还不定期地举

---

① 乾隆《长汀县志》卷十二《祀典》。

② 也有把孩子过契给陈、林、李三位夫人中的林夫人，当地人认为林夫人即是妈祖。这是年已七旬的现任会长梁先生告诉笔者的。他说：老辈人都这么讲。可见把妈祖混同于林夫人由来已久，这是闽西妈祖信仰混入原有陈靖姑信仰的一个例证，也是当地妈祖信仰经过改造变异后的显著特色。

行“清河祭祀”。

以前，长汀城内外共设有十几个坊。① 明清时期以至民国共有十三个，它们是：青紫坊、词学坊、崇善坊、郎星坊、鄞河坊、登俊坊、永康坊、攀桂坊、金花坊、仁寿坊、崇雅坊、清泉坊、兴福坊。每个坊又按照当地居民的住地划分成十个蓬，为一种地缘性的民间祭祀团体。当地有民谣云：“长汀十三坊，坊坊十蓬人。”指的就是这种情况。而天后宫所在的攀桂坊就是这十三坊当中的一个，也划分为十个蓬。但由于该坊地处长汀城外，坊内有三蓬（即草坪、黄田背、老睦段）散布在离城较远的农村，因此每年的妈祖祭祀活动便由其余的七蓬人出面主持，每蓬一年，七年一个轮回，周而复始。

每年二月的妈祖出巡是一年当中规模最大的一项祭祀活动，包括妈祖圣诞，往往历时一两个月，涉及全城，因此它在闽西客家地区也很具有代表性。

妈祖出巡的筹备工作一般从春节前后就开始。轮到当值的那蓬人就要组织理事班子，考虑如何筹募款项、购办物品，家家户户都要按照规定准备一盏花灯。正月初八日，攀桂坊民众先抬妈祖在坊内巡游。二月间，妈祖开始入城出巡。妈祖出巡的日子须请择日先生事先选定。日子确定以后，便派人扛着“起马牌”、敲打铜锣走遍全城，同时在庙门口张贴告示，以便让全城人都知道妈祖出巡的准确时间和路线。

妈祖出巡的路线是固定不变的。第一天必须先在攀桂坊内行走，第二天以后才入城，等到全城游完后再游城郊。其巡游路线据当地学者介绍，几乎包括了长汀城内外的所有重要街道和桥梁②，具体情况如下：

城内巡游路线：天后宫—经东门入城—横岗岭—白马庙前—十字街—从大西门出城至罗汉岭—由小西门入城—真君庙前—三元阁城门—灵应庙—宝珠门石桥头—火曹巷—远前坪—观音庙前—古郡南门—三官堂前—古郡南门—水吉门—冷铺前—大丈夫庙前—萧屋塘边—五通庙前—水东桥头—乌石巷—乌石山—东门牌楼下—出东门回宫。

城郊巡游路线：天后宫—太平桥—水东街—五通庙—半片街—司背街—旱桥—桥下坝—南寨—桥下坝—营背街—四大巷—关帝庙—小桥头—“蓝正

① 关于南宋时期设坊的情况，参见胡太初《临汀志·坊里墟市》。

② 张鸿祥：《汀州城区的庙会大观》，载杨彦杰主编：《闽西的城乡庙会与村落文化》，国际客家学会、海外华人研究社、法国远东学院1997年版。

兴隆”染房—黄竹兜下—铸锅寮下—古坛前—关店背—小谷庙前—打油巷—豆豉坝—社公巷—大井头巷—龙岩巷—仙人观前—经跳石桥回宫。

妈祖出巡的队伍浩浩荡荡。最前面是一对矮脚灯笼开道，上书“天上圣母”四个大字。随后又有一对高脚灯笼和两块回避、肃静牌。“十番”锣鼓乐队在后面吹吹打打，当值的那蓬人共有几十盏花灯紧随其后。接下来是二三十架台阁、一匹顶马，许多人扛着大旗和凉伞走在队伍当中。妈祖銮驾前面是一整套仪仗（俗称“八宝”）和两把掌扇，后面又有万民伞拥簇着。出巡队伍每走过一条街道，该街道两边的商家住户便纷纷排出供品祭祀，鞭炮声此起彼伏，连绵不断。当地有一种习俗：妈祖出巡经过的地方，只要有一户人家燃放鞭炮不断，妈祖圣轿就必须停下来，等到鞭炮放完才能通过。有的人为了将妈祖多留一会儿，就不断地放鞭炮，并且在路当中摆起拦路祭。有的人甚至在妈祖未来之前就开始燃放鞭炮，从白天一直持续到第二天黎明，通宵达旦，这样做他就有资格把妈祖迎入家中，自己祭祀一番。由于很多人都想把妈祖留下来，因此出巡的队伍走走停停，非常缓慢，有时甚至一天只能走几十米或者上百米。

三月二十三日是妈祖生日。在此之前两天即二十一日，不管出巡队伍游到那里，这天清晨一定要回宫，以便安排祝寿活动。从三月二十一日开始，全城各地的信众又纷纷携带供品前往天后宫致祭。所带供品有寿桃、寿面、三牲、香烛等，还有人敬送一大饭甑的大米饭，有的人送的蜡烛重达 100 多斤，足足可以点燃一个月。庙会的组织者还按照民间习俗为妈祖安排了两次祝寿活动。第一次在三月二十二日，称作“暖寿”，意即像民间百姓家庭一样，先由亲戚挚友向寿星祝贺诞辰。第二次在三月二十三日，此为正日，届时前往朝拜的人更多，庙会达到了高潮。妈祖圣诞期间天后宫内连续三天（二十一日至二十三日）都备办有“流水席”，凡是前往祝寿祭祀的人都可以在那里用餐。与此同时，庙内戏台上连续三天上演大戏，说书班亦在庙里说唱故事，鼓手班则不断地演奏着各种曲目。整个天后宫人潮拥挤，异常热闹。

三月二十四日以后，如果妈祖出巡的路线还没有走完，这天就可以继续出宫，直至把全部路线都游完才宣告结束。

除了出巡和祝寿之外，长汀城关的妈祖信仰还有一项重要活动即“清河祭祀”。这个活动不是每年都有，据当地的老人说：他们小时候曾见过“清河祭祀”，但往往是隔好几年才有一次，而且时间也不固定。“清河祭祀”是由纸行和竹木行的商人出面组织的，目的在于祈求妈祖保佑汀江航运平安顺畅，生意兴隆，因此每当有灾难发生，商人们就觉得船只航行不太安全，这时会有人提出来做一次“清河祭祀”，请择日先生事先选好日子（一般在农历四月，此时正值枯水期，在江上活动较方便），然后开始筹集资金，备办各种物品。

“清河祭祀”的祭祀场所在天后宫附近的朝天门码头。由于过去汀州最主要的商人势力是从事土纸和竹木生意的，因此祭祀活动也由这两种商行的大老板主持，其他商家店铺捐钱参与。祭祀的当天早上，主祭者和理事成员先到天后宫烧香，敬请妈祖神像到朝天门码头。一切准备就绪后，主祭者开始上供、烧香叩首，请一个礼生念祭文，然后杀猪“打大花”。“打大花”的猪一般是租来的，祭祀结束后就由屠户拉到市场上去出售。紧接着，妈祖仪仗队移到租来的木船上，开始沿江巡游。

“清河祭祀”的出巡队伍共由四条木船组成。前面三条分别载着灯笼、禁牌、大旗、凉伞、香案以及锣鼓乐队等，最后一条船载着妈祖銮驾和四名执事（商人代表）。船队从太平桥出发，航向麻岚岭背的游神渡，再从那里返航，经麻岚岭、曾溪背、车子关、水吉门、五通桥、半片街、水东桥，最后在跳石桥上岸。整个巡游过程没有什么祭祀活动。“清河祭祀”那天全城出动，男女老幼都竞相观看，沿江岸边排列着许多香案和供品，整个场面极为热烈壮观。

二、长汀城关妈祖庙的废弃与重修

1949年以后，由于当时实行极“左”的宗教政策，一切拜神活动均被视为“封建迷信”，长汀城关的妈祖信仰很快就消失了。20世纪50年代初期，整座天后宫被划拨给长汀电厂使用。电厂把天后宫正殿改造成为车间，前殿也变成了职工宿舍，另外在钟鼓楼前面还建起了一座三层高的办公楼。天后宫内原来供奉的妈祖神像也被群众藏匿起来。先是寄放在东关村的一座小庙里，后来转移到信徒家中，20世纪60年代初期被发现后，改为封存在东门居委会的楼上。大规模的群众性游神活动早已荡然无存，只有一些信徒仍在暗中私下祭拜，但信奉妈祖的思想观念仍在百姓当中有相当广泛的影响。

改革开放以后，随着经济的发展以及宗教政策的落实，人们的思想逐步解放，妈祖信仰又逐渐被提了出来。最早要求修复天后宫的是东门街的几位老人。他们从20世纪80年代末期开始就多次到政府部门反映，要求收回天后宫以利于保护文物古迹。长汀县博物馆、文物管理委员会、文化局曾派人到实地考察，查看遗存文物，丈量土地，并一一作了记录，把天后宫认定为县级文物保护单位。但由于当时长汀电厂还在天后宫内，要迁移这个电力部门并非易事，此事只好搁置下来。

20世纪90年代以后，随着两岸关系的发展，许多台湾信众都回到湄洲祖庙朝拜进香，妈祖信仰也不再被视为“封建迷信”而有了自己的地位。更重要的是，1994年1月长汀城关被定为“国家历史文化名城”，保护文物、发展旅游业与振兴地方经济被紧密联系在一起，一时间掀起了一股修复古迹的热潮，长汀天后宫亦在此背景下受到政府部门的重视。同年夏天，“汀州天后宫文物古迹修复协会”正式召开成立大会，政府有关部门到会祝贺。11月，长汀县人民政府以文件形式发表《县长办公会议纪要》，批准名城规划与天后宫修复问题，强调要“做到先规划，再筹资修复”。同年，长汀县文物管理委员会亦发文“同意利用民间集资方式”进行天后宫维修，从而明确了集资的方式。第二年，县政府又一次召开专题会议，肯定“民间集资修复天后宫是弘扬我县历史文化、保护建设历史文化名城的一项非常有意义的工程”。1996年，再次召开县长办公会议，通过了长汀天后宫文物古迹全面修复和发展规划，指出“修复所需资金主要来源于社会、海内外侨胞赞助”，“投资兴业，观光旅游”。① 政府和民间均在“保护文物古迹，发展旅游业”的口号下携起手来，找到了可以接受的共同点。

由于有政府部门的肯定，“汀州天后宫文物古迹修复协会”成立以后便干得有声有色。这个协会主要由民间一些热心人士组成。第一届理事会共有

---

① 汀州天后宫文物古迹修复协会编：《捐资芳名录（一）》，汀州天后宫文物古迹修复协会，2000年，第10~11页。

理事37人、常务理事25人，从中选出会长1人、副会长3人、秘书长和副秘书长各1人。会长由张慕庚老人担任。他是“文革”以前保护妈祖神像、“文革”以后又积极要求修复天后宫的一个重要人物。1998年，张慕庚老人去世，当年又选出新一届的理事班子。新组成的“协会”理事会规模更大，共有54名理事，从中选出常务理事28名，再选出会长1人、副会长3人、秘书长1人（由1名副会长兼任）、副秘书长2人。此外还设立了特邀顾问、永远名誉会长、名誉会长、名誉顾问、顾问等荣誉席位。南源永芳集团公司前董事长、已故知名人士姚美良先生被聘为永远名誉会长，上届主要领导成员及一些社会名流被聘为名誉会长、名誉顾问或顾问，从第一届开始就设立的特邀顾问则聘请了三位客籍著名领导人来膺此殊荣。

天后宫“修复协会”实际上担负着维修古迹和恢复妈祖信仰等多重功能。“协会”内设有秘书组、财务组、保卫组、后勤组、接待组、联络组、捐资组、基建组、监事组、念经组等十个组，每组少则一二人，多则十几甚至二三十人。组的负责人主要由副会长、正副秘书长和常务理事兼任，每个组分工明确，各负其责，日常工作则由会长和秘书长统一组织协调。

1994年长汀天后宫“修复协会”成立以后，当年农历十二月十四日即将妈祖神像迎回天后宫，暂时寄放在前殿内。当时长汀电厂尚未迁移，正殿仍然作为车间使用，但普通百姓已经常到庙里烧香祭拜。1995年，经过多方面的讨论协商，长汀电厂终于找到新址，并着手搬迁，天后宫的原有建筑物全部归还给庙方。

天后宫的重新修复确实得到了社会各界的支持与帮助。据“汀州天后宫文物古迹修复协会”新近编印的《捐资芳名录·前言》介绍，整个集资和修复过程是十分辛苦的：

在县委、县政府的正确领导下，为努力修复好这一文物古建筑，自1995年8月14日动工以来，协会全体理事、会员，全力以赴地开展了捐资、捐物活动。进行大宣传、大发动。深入各乡镇、各单位，走村串户，踏踏实实、尽职尽责为完成任务，付出了许多辛勤的汗水，花了许多精力，得到了各单位、社会各界人士、海内外同胞、侨胞的捐资赞助，功德无量。①

---

① 汀州天后宫文物古迹修复协会编：《捐资芳名录（一）》，第11页。

另据《捐资芳名录》所载的资料统计，从1994年至1999年，长汀城内外各单位、个人以及香港、台湾同胞、海外侨胞，共捐出人民币1263346.1元，此外还有美金220元、新台币132300元、马来西亚币660元。①在这些捐款中，长汀各单位捐款60397元、个人捐款896619元、台胞138007.3元（不含美金、新台币）、香港同胞85300元、海外侨胞83022.8元（不含马币）。单位和个人共捐出95万多元，约占总数126万元的75.8%，香港、台湾同胞和海外侨胞共捐出30余万元，约占总数24.2%。也就是说，大约有三分之二的捐款来自长汀本地，另有三分之一来自港台和海外。当时的筹募资金确实是做到了“大宣传、大发动”。长汀天后宫印制了许多宣传材料，介绍该庙历史以及重修的重大意义，号召广大信徒和热心人士踊跃捐助，并公布了银行账号、联络地址、电话号码等。水东街、营背街、水东桥等路口要道，到处都摆起了募捐摊点。另外有许多“协会”会员怀揣宣传品，利用他们的亲友网络关系，深入街道乡村或者企事业单位去募集捐款。当时参与捐助的人很多，涉及范围相当广泛。

台湾同胞参与捐助则更有意思。据天后宫“修复协会”现任会长范先生介绍，最早前来捐助的是台中县龙井区龙天宫的四位先生，他们以前从未到过长汀，也不是客家人②。其缘起是1996年某天，有一位龙天宫信徒忽然梦见长汀天后宫有“三件宝”，即雍正时期的妈祖神像、道光年间的香炉以及一枚铜印，因此就派出四位先生前来看个究竟。来到长汀以后，发现此事果然不假，于是大为感叹，当场就认捐了人民币5万元（先交1万），并提出要为龙天宫雕塑一尊妈祖分身，准备第二年迎回台湾。次年3月18日，龙天宫组成了一个共有32人参加的进香团来到长汀，由上次来过的林苍发先生带队。此次不仅补足了5万元捐款，很多人还当场慷慨解囊，又捐助了很多款项。3月20日，进香团迎奉天后宫新塑的妈祖分身，起程返回台中。此后，长汀天后宫为了纪念这一盛事，便将台胞第一次捐助的5万元人民币用于建

---

① 按，以上数字是笔者根据《捐资芳名录》的记载自行统计。另外，该书《前言》记云：“1994年至1999年共收入1757576元，其中：捐资收入1290235元。”（汀州天后宫文物古迹修复协会2000：11）与上述统计并不一致，可能《前言》作者已把外币折合成人民币加以表述，亦未可知。

② 龙井林家是闽南人，已有学者做过很多的研究，参见许雪姬：《龙井林家的历史》，台北：“中央”研究院近代史研究所，1990年。

造了一座鼓楼，并在墙上刻石立碑，其文云：

台湾省台中县龙井乡龙天宫管理委员会副主任委员林元水、台湾省台中县龙井乡龙天宫老四妈圣母会理事长林苍发、秘书长林坤昌、秘书童宝全①四位先生捐建鼓楼壹座，人民币伍万元整。并题词："天后普照龙天宫，神威永镇天后宫。擂鼓三声通四海，鼓音威震五大洲。"勒碑纪念，千古流芳。

公元一九九七年七月一日　　汀州天后宫立

至于其他港台同胞和海外侨胞的捐款，则与长汀县每年一次的公祭"母亲河"活动有密切关系。这个活动是从1995年开始的，由长汀县政府举办。每年都有许多旅居世界各地的客属乡亲回乡参加，因而，修复天后宫的捐款有一部分是由这些外来乡亲宾客赞助的，其分布范围除了中国香港、台湾外，还包括美国、法国、泰国、缅甸、马来西亚、新加坡等，其中尤以马来西亚的侨胞捐助人数为最多，共有121人捐助了7万余元人民币、660元马币，仅姚美良亲属就捐出人民币5万余元。②

1996年10月，长汀天后宫第一期修复工程已顺利完成。修复一新的天后宫金碧辉煌，正门上方镌刻着"天后宫"和"后德配天"七个大字，入门便是戏台，紧接着是钟鼓楼、大天井、前殿、正殿、后殿以及左右护屋，与原貌完全一样。此时正值长汀县举办第二届公祭"母亲河"的活动，海内外宾客云集，这一新修古迹正式对外开放。以此为标志，长汀天后宫及其妈祖信仰翻开了新的一页。

三、复苏以后的长汀城关妈祖信仰

长汀天后宫的修复是在政府支持下进行的。新修复的天后宫不仅成为长汀县城关的一处旅游景点，而且对于普通百姓来说，它又是祀奉妈祖的一个重要场所。

从民众的角度说，如今重新恢复的妈祖信仰与过去相比，已有很大不同。其中一个最显著的不同点，是过去那种大规模的、历时一两个月的游神活动

---

① 按，"童宝全"在《捐资芳名录》中记为"童宝泉"（汀州天后宫文物古迹修复协会2000：17）。

② 汀州天后宫文物古迹修复协会编：《捐资芳名录（一）》，第17~22页。

已经没有了。据说在1997年台湾同胞来迎接妈祖分身时曾途经水东街，放了不少鞭炮。此后连续三年春节期间，当地民众又把妈祖神像抬出来到城东一带巡游，但很快就得到了制止。原因是现在长汀的城市交通已相当拥挤，大规模的游行活动会妨碍城市交通和干扰正常的社会生活。

天后宫的正殿内增设了两座大型光明灯，这是在修复过程中从台湾引进的。目的在于为信徒提供点灯服务，保佑信徒及其家人平平安安，事业顺利，庙方从中收取费用。据统计，1994—1999年，仅光明灯一项的收入就达到11万多元，而功德箱收入才1万余元，① 可见这个“新引进的项目”确实为天后宫创造了不少经济效益，同时也使妈祖信仰的社会功能由原来的保佑航行、“兼摄嗣息、痘疮”，改为主要是保佑普通百姓的平安顺利。

普通百姓每天都有人到庙里烧香。一年当中也有几次大规模的集体祭祀活动。这些活动均在庙里举行。据报告人介绍，长汀天后宫现由“文物古迹修复协会”进行管理。该协会设有一个念经组，另外还有一个“福慧联社”，完全是信徒团体。一年当中共安排有六项集体活动，它们是：

1. 正月十五举行光明灯上灯仪式，活动一天。

2. 三月二十三妈祖圣诞，活动三天（三月二十二至二十四日）。

3. 七月初八“汀州天后宫文物古迹修复协会”成立纪念日，活动一天。

4. 九月初九妈祖升天日，活动三天（九月初八至初十日）。

5. 十二月十四万民迎接妈祖回宫纪念日，活动三天（十二月十三至十五日）。

6. 每月初九日“福慧联社”日，活动一天。

以上这些集体性活动，除了妈祖圣诞是继承传统之外，其余绝大部分可以说都是新加上去的。特别是“汀州天后宫文物古迹修复协会”成立纪念日和万民迎接妈祖回宫纪念日，完全与天后宫的修复联系在一起，具有浓厚的时代特征。另一方面，这些活动凡是与祭祀妈祖有关的，安排时间都比较长（三天）；相反，凡是属于念经或者纯属纪念性的，安排时间都较短（一天），显示妈祖信仰的传统性以及在民间的广泛社会基础。

---

① 汀州天后宫文物古迹修复协会编：《捐资芳名录（一）》，第11页。

三月二十三妈祖圣诞仍是一年当中最主要的活动。这个活动从三月二十二就开始，至少历时三天。每天前往朝拜的香客难以计数。天后宫从三月二十二下午起连续上演大戏，白天晚上各一场，凡是前来上香的人都可以欣赏到他们喜欢的戏剧。三月二十三日那天是正日，前往致祭的人更多。每个想要上表的必须喜捐 10 元香烛钱，以作为庙会开支，据说捐钱者一般都在千人以上。当天上午 11 点左右开始祭祀，由念经组主持。念祭文时一二千人屏息静气，注意聆听自己的名字有没有出现，以证实自己的权益有无受损。祭毕，在庙里集体享用素餐。2000 年妈祖圣诞那天，仅素餐就备办了 90 多桌，其他年份多在 100 桌以上。

九月初九妈祖升天和十二月十四迎接妈祖回宫纪念日的活动与上述大同小异，也是三天庆典，庙里连续上演大戏。戏资由庙会收入开支。据介绍，如今请一个戏班每天至少须支付 1000 元（白天一场 300 元、晚上一场 700 元），另外还要供给他们食宿、晚上补贴一餐点心，并提供一趟的车费。有时，发了财的生意人也会主动捐钱请戏班演戏。上演的大都是汉剧或者越剧，宁化、建阳、连城、武平以及本县的南山、中复等地都有汉剧团。

除此之外，每月的初一、十五，念经组 10 余人固定在庙里念《圣母经》，每人出 4 元，中午集体会餐。每月初九是“福慧联社”活动日，100 余人在庙里上香、念经，称“做联社”，也是每人出 4 元，中午集体吃素餐，活动一天便结束。可见，如今的天后宫祭祀活动显得井然有序，已经没有过去民间庙会那种紧张、热烈和万众狂欢的气氛。

如今天后宫的地位与过去相比，则显得更加突出而且重要。天后宫的管理者为了扩大该庙影响，十分重视利用各种可能的机会和手段来宣传自己，如印制宣传品，介绍天后宫的历史、捐资情况以及第一期工程竣工、第二期工程的展望等，并制作纪念品、为重要捐资者刻碑留名、聘请有名望的人题词或主持活动。1996 年，天后宫还成立了“汀州妈祖文化国际交流协会”，并与“汀州天后宫文物古迹修复协会”一起联合召开了“妈祖文化东南亚学术研讨会”，同时选择一些海内外已经发表的成果，编成《妈祖研究与民间信仰》一书，于同年 10 月出版。目前，这两个“协会”正在准备编印另一本新书《汀州妈祖史稿》，据说已经有部分文章编写完成。利用召开研讨会和出版书籍来扩大影响，提升文化品位，这对于增强天后宫的感召力和知名度都是重要的。

另一方面，长汀天后宫还加强了与湄洲祖庙的联系。1996年秋，派出由九个老人组成的一支进香团前往湄洲祖庙，特地迎回一尊妈祖分身供奉在积庆殿内。这尊妈祖神像后来成为各地打醮时前来迎请的对象，除了城关附近的乡村外，远在二三十公里外的铁长、馆前、新桥等乡镇也有村社前往迎奉。长汀天后宫越来越成为全县的妈祖信仰中心。笔者在馆前调查时就听说，这个紧邻宁化县的小镇清代就建有一座天后宫，与长汀天后宫的关系特别密切。如今每年九月初九都要前往赤峰嶂朝拜“三太祖师”（即定光、伏虎和观音），初十在山上，十一必定要到长汀城关祭祀妈祖，十二日才返回馆前打醮。当地村民还说，相传长汀天后宫是“蛤蟆浮塘形”，该庙的池塘常常崩岸，怎么也修不好，后来由于有馆前人去修才把它做成了。因此，以后馆前人有抬妈祖回来祭祀的优先权，其他地方都不敢争，每年三月初一固定要去抬，初六才送回。除了馆前外，在重修天后宫的捐资名单中，我们还发现羊牯、古城的天后宫也参加了捐献，这两个乡镇都处在长汀县的边缘，分别与武平县和江西省接壤，可见长汀天后宫的影响范围已相当广泛。

四、长汀城关妈祖信仰的变迁与社会变迁

长汀作为闽西客家地区的政治、经济、文化中心，其妈祖信仰是很有代表性的。闽西远离海洋，地处内山，因此那里的妈祖信仰与沿海地区相比具有明显的区域特征。从早期的情况看，至少有两点值得注意：

1. 妈祖最早是作为某个小区的保护神而存在的。这可以从以前每年妈祖的庙会都必须由攀桂坊人轮流主持看出来。正月初八攀桂坊固定要迎妈祖；二月妈祖出巡的第一天又必须先在攀桂坊内行走，第二天才可以入城；三月二十三妈祖圣诞亦是由攀桂坊主持。尽管妈祖庙会极为隆重，全城沸腾，但究其渊源，仍然透露出攀桂坊与妈祖信仰的早期特殊关系。

2. 长汀妈祖信仰的传入是依靠汀江和商人势力发展起来的。长汀天后宫就建在汀江边上，每次由纸行和竹木行老板组织的“清河祭祀”必定要请天

后宫的妈祖出来，而且活动结束以后所有多余的经费也都献给天后宫。清代天后宫的修建也是由商人们捐资完成的。如前面谈到，道光七年（1827）新建积庆殿，集珍、集兴等店“集同侪十有五人，抽厘金千余”，鸠工兴建。道光六年（1826）天后宫正殿的重修工程竣工，张启辉、李基、唐学常敬献了一副对联悬挂在神龛两侧，文云：“万顷波恬赓普渡，一帆风顺报平安。”显示清代长汀妈祖信仰与汀江航运、商人势力的密切关系。由于有商人势力的介入，因此每年的妈祖庙会办得有声有色，也促使妈祖信仰得以迅速传播，很快就成为长汀城内普遍崇奉的神明之一。

然而进入1949年以后，长汀的妈祖信仰发生了重大变化。这里面既有政治的因素，又有因时代变迁和社会发展所带来的根本性影响。特别是改革开放以后，上述这些变化尤为突出。

从社会变迁的角度说，最显著的变化是汀江航运消失了。汀江曾经是闽西地区的“母亲河”，在陆路交通尚未发达的时代，它是长汀与外部世界交通最主要的干道。以后随着公路建设日益发展，水土流失、河道淤浅，汀江航运的功能在逐渐弱化。特别是20世纪90年代以后开始建设高等级公路，铁路网的铺设也正在向这个地区延伸，汀江航运的功能由此迅速消失。如今到长汀调查，已经见不到满江船樯云集的壮观景象，留下的只是一些旧照片和老人的回忆而已。交通的变迁深刻影响着长汀的妈祖信仰。如果说妈祖原来是海神，而传入闽西以后则与汀江航运联系在一起，变成了“主江海”即保佑船民水上安全的水神。如今却完全与水无关，仅剩下保人平安的基本功能了。

社会发展的多样化，经济活跃、信息发达，也深深影响着长汀的妈祖信仰。以前常往天后宫祭拜的主要是东门外居民以及船民、商人等，如今前往朝拜的几乎包括各行各业，有求升官发财、上学高考的，有求添丁顺产、夫妻和睦的，有求身体健康、行车安全的，有求生意兴隆、事业发达的……无所不包。凡是能够如愿，就必须带上一份供品前去还愿。添丁顺产的要准备肉丸、红蛋、公鸡，考上大学的带上几十斤菜籽油，夫妻和好或者添盖新房、驾驶员平安的一般是准备香烛、水果和干面条等。每逢初一、十五，前往祈求、还愿的人特别多。

两岸关系的发展、对外交往增多，也给长汀妈祖信仰带来许多新的变化。台湾同胞前往长汀祭拜妈祖、捐款建楼、迎奉妈祖分身返台，长汀天后宫则从台湾引进了两座大型光明灯。这在过去是从来没有过的。天后宫的修建从外面吸引了大量资金，除中国香港、台湾外，还有美国、法国、泰国、缅甸、马来西亚、新加坡等客属乡亲的捐献。以前天后宫的修建主要依靠本地商人势力，现在旧式的商人已经退出历史舞台，取而代之的是长汀所属各企事业单位、个人以及海内外的广泛赞助。天后宫募集捐款的手段也愈趋现代化，电话、银行账户、各种传媒都加以利用，甚至成立了“汀州妈祖文化国际交流协会”，通过举办研讨会、出版论文集来扩大影响，吸引更多的信众以增加资金来源。

政府行为的介入也是长汀妈祖信仰变化的一大因素。1949 年以后，当时实行极“左”的宗教政策，一切“封建迷信”的拜神活动均被禁止，因此从 20 世纪 50 年代开始天后宫也被挪作他用。“文革”结束以后特别是改革开放以来，过去极“左”的政策受到批判，宗教信仰自由已成为普遍认同的基本宗教政策。如 1982 年 12 月 4 日第五届全国人大第五次会议通过的《中华人民共和国宪法》第三十六条明文规定：“中华人民共和国公民有宗教信仰自由。任何国家机关、社会团体和个人不得强制公民信仰宗教或者不信仰宗教，不得歧视信仰宗教的公民和不信仰宗教的公民。国家保护正常的宗教活动。任何人不得利用宗教进行破坏社会秩序、损害公民身体健康、妨碍国家教育制度的活动。宗教团体和宗教事务不受外国势力的支配。”也就是说，正常、合法的宗教活动受到国家法律保护，作为公民信仰宗教或者不信仰宗教完全是个人的私事，政府不予干预。长汀天后宫自 20 世纪 90 年代以后又得以修复，与这种政策大环境的改变密切相关。

从政府部门的角度说，支持修复天后宫的目的在于保护古迹、发展旅游业。特别是在改革开放的大背景下，各地都在努力发掘地方文化资源，以利于振兴地方经济，长汀天后宫作为重要的历史古迹，正是应该得到保护并可以用来开发旅游的文化资源。而从民众的角度看，他们积极捐款参与修复天后宫则希望恢复妈祖信仰。但双方都在保护文物古迹的口号下找到了共同点。

“汀州天后宫文物古迹修复协会”实际上是半官方的民间组织，负有重修天后宫和管理庙宇的双重职责。“协会”下设秘书、保卫、财务、基建、捐资、念经等十个组，并有“福慧联社”这样的念经团体。每年几次大型的祭祀活动均由念经组负责，庙会安排也增加了新的纪念性内容，诵念《圣母经》成为常见的项目。尽管每天仍有香客到庙里烧香，但天后宫已经不是过去由攀桂坊七蓬人主持的庙宇，而是成了隶属于“协会”管辖、井然有序的宗教场所。

如今我们到长汀天后宫参观，一进大门就可以看到天井两侧悬挂着一副长联：“弘扬妈祖文化，发掘旅游资源。”修复一新的天后宫在阳光下闪闪发亮：它既是一个文物古迹，又是一处旅游景点；它在振兴地方经济中发挥着“文化”的作用，同时又是长汀百姓信奉妈祖的神圣场所。多重角色与功能相互交织在一起，使得这座妈祖庙增加了许多新的色彩。

当然，长汀天后宫及其妈祖信仰的演变仍然离不开对传统的继承。尽管这座天后宫的历史有过中断，但中断的历史并不能割断文化传统的连续性。长汀天后宫的恢复就是在尊重传统的基础上被提出来的。每年三月二十三仍是天后宫最隆重的节日，天后宫的戏台上照样上演大戏。人们祈求妈祖保佑的基本观念仍然没有改变。前面说过，长汀人以前崇拜妈祖，经常把难养的小孩过契给妈祖请她庇佑，并为小孩取一个带“妈”或“马”的名字，如今凡是上了年纪的人，有很多都有这样的名字。天后宫恢复以后，这种传统依然没变。据说天后宫“协会”的首任会长张慕庚老人就很擅长此道。凡是有父母带小孩来烧香的，如果要把孩子过契给妈祖，张慕庚都会主动为他们服务，替孩子取个名字，当父母的也会送给他一个红包，直至 1998 年张慕庚老人去世前夕。

由此可见，长汀城关的妈祖信仰重新恢复以后，有些原有的传统活动和社会功能消失了（如游神、保佑船只航行），有些经过改造或增加了新的内容，这一切都是宗教信仰为适应社会变化而进行的自我调整，同时也是时代发展的必然结果。不过，这里应该强调指出的是，宗教信仰的任何演变都离不开当时当地特定的具体环境。长汀城关的妈祖信仰，随着城市社会变迁与经济发展其社会功能乃至具体的组织形式都发生了变化，然而在偏远的山村，正如笔者研究过的永定区高头村，当地的妈祖信仰仍然作为村落的保护神而没有发生什么变化。① 尽管宗教政策这个社会大环境已经改变，但具体到某个地方，不同的社会发展程度仍然对宗教信仰产生着根本性的影响，以致每个地方的情况存在着很大差别。而宗教信仰的这些变化和改造，都是在继承传统的基础上进行的。继承与发展构成了长汀城关妈祖信仰变迁的两大主题。

---

① 杨彦杰：《山区的妈祖：一个宗族与村落的保护神》，1997 年。

饮食文化的特色

客家菜与客家饮食文化①

中国地域辽阔，民族、民系众多。各地由于所处的自然环境、社会人文背景的不同，因此形成了各具特色、内容复杂多样的地域性饮食文化。如著名的鲁菜、川菜、粤菜、闽菜、京菜、淮扬菜等，即是显著代表。这些地域性饮食文化是中国饮食文化的有机组成部分。它们之间既有共性，又有个性，共同构成了中国饮食文化博大精深的丰富内涵。

客家作为汉族的一个民系，其饮食习惯和菜肴风味亦有自己的特色，就如同客家文化有别于其他民系的文化一样。客家菜究竟具有什么特点，它是如何形成的，客家人的饮食文化主要有哪些特征？这些都是很值得探讨的问题。本文拟以闽粤赣三省交界地的客家传统饮食为主，对上述问题作一分析和讨论。

一、客家菜的特色

客家菜与中国几大菜系相比，显得具有山区地方菜的特色。如何对客家菜进行定位，在学术界并没有形成统一的看法。在历史上，由于客家人主要聚居于闽粤赣三省交界地，这里高山阻隔，交通不便，社会经济文化的发展相对滞后，因此一直没有形成统一的菜系，而是以各自所在地分别纳入当地（省份）的主流菜系之中。② 如住在广东的客家人以“东江菜”闻名，与“广州菜”“潮州菜”共同构成粤菜的三大来源；住在闽西的客家人亦以“闽西菜”著称，并与“闽南菜”“闽东菜”组成了闽菜系列；而住在赣南的客

① 本文为“第六届中国饮食文化学术研讨会”参会论文，1999 年 10 月 25—27 日，福州。

② 关于客家菜是否形成统一菜系，以往有不同看法。见吴客：《客家菜特色探讨》，《客家史与客家人研究》1989 年第 1 期，第 89 页；黄顺炘、黄马金、邹子彬主编：《客家风情》，中国社会科学出版社 1993 年版，第 298 页。

家人情况也基本如此。但是如果仔细分析，客家人的菜肴不管是“东江菜”还是“闽西菜”，它们内部的区别不大，反而与沿海地区的“闽南菜”“广州菜”“潮州菜”相比，有着明显不同。因此，从这个意义上说，客家菜能自成一体，只是由于其居住环境以及相对封闭的社会历史因素，使得外界对它的了解不多，自身也没有引起足够的重视并加以改进。

客家菜与其他地方菜相比，其基本特色主要表现在选材、口味以及烹调方法等诸多方面：

第一，在选材上，主要利用当地出产的大米、杂粮以及鸡鸭鱼肉和山珍野味。山货较多，而海鲜甚少。

客家人喜欢吃的风味食品如米粄、糍粑、芋子饺、豆腐饺、蕨须包、薯包、“肉圆”、大卷、松丸子、灯盏糕等，都是用大米、大豆以及番薯、芋头、蕨根、大薯等淀粉类的作物做成的。这类食品既可当粮食充饥，又可宴客佐餐，具有明显的助餐功能。在酒席菜肴方面，著名的“白斩鸡”“盐焗鸡”“莲子鸭”“冬瓜盅”“涮九品”“炒八脆”“梅菜扣肉”“药薯扣肉”“烧大块”“杀鱼生”“鱼白”“鲜蛋饺”“生焖草鱼”“腌菜蒸肉”等，以及传统的高级名菜如“麒麟脱胎”，其主要材料均是取自农家自产的牲畜禽蛋以及淡水鱼等。

客家人有喜欢吃“野”和吃“杂”的习惯。所谓吃“野”，即是食用各种野生植物或动物。宁化县的擂茶除了茶叶之外，还加上各种野生植物的嫩叶，如清明前采摘的山梨叶、大青叶、雪薯叶等，必要时还可配入青草药，和花生、豆子等食物一起放入擂钵内擂成糊状，再冲进开水或倒入锅内煮熟食用。山区有许多飞禽走兽，狐狸、野鸡、鹧鸪、山羊、野猪、豪猪、狸、蛇、龟、鳖以及老鼠、青蛙等，都能变成客家人餐桌上的美味佳肴。所谓吃“杂”，主要指喜欢吃牲畜或家禽的内脏。连城县著名的“涮九品”亦称“涮九门头”，就是取牛内脏九个部位的肉：牛舌黄、卵肝、百叶头、牛双唇（牛肚之进口处）、牛腰、黄喉管、牛肚尖、牛卵（睾丸）、蜂肚头，放入火锅内涮熟，蘸佐料食用。永定区有名的“炒八脆”亦称“炒牛八脆”或“八脆醉仙”，亦是取牛的舌头、白管、心盖、肝、脾、草肚纲、泥肚尖、奶兜等八部位的肉，用热锅炒熟。此外，在赣南、闽西、粤东，还有酸菜（或酒糟）炒猪大肠、猪肚尖、牛肚、禽杂等家常菜。这种饮食习惯如与沿海地区的“生猛海鲜”相比，显然有天壤之别。

第二，干腌腊制品在客家菜中地位突出，相当普遍，成为重要的风味食品。

在一般的客家菜中，腌腊制品相当普遍，如腌咸菜、萝卜、豆腐乳等，几乎家家都有。每当逢年过节，各家各户又都要备办各种腊味以准备招待来客。因此，干腌腊制品在客家菜肴中有着不可替代的地位，与客家人的饮食文化息息相关。

客家地区最著名的干腌腊制品要数“闽西八大干”。所谓“闽西八大干”是指过去汀州府管辖下的八个县，每个县都有一种代表性的干制食品。如永定菜干、上杭萝卜干、武平猪胆干、连城地瓜干、长汀豆腐干、宁化老鼠干、清流笋干、明溪肉脯干。① 这“八大干”中，最为特别的是武平猪胆干和宁化老鼠干。猪胆干的制作相当复杂。首先要选择新鲜呈深褐色的“糯米猪肝”作材料，猪胆囊不能摘除，整个浸在有一定浓度的盐水里，并加上适当配料。等到胆汁渗入猪肝内之后，再捞起来吊晒，每隔2～3天要整形一次。整个制作过程包括选料、配料、腌制、晾晒、压扁、整形、检验七道工序，相当讲究。要食用时，只需将猪胆干蒸熟切成薄片，再浇上麻油、蒜片即可。宁化老鼠干的制作亦是如此。一般在立冬以后，田鼠正肥，人们便去地里捕捉田鼠，再经过去毛、除杂、清洗，最后用谷壳或米糠熏烤，使之成为酱黄色的腊味。食用时，将老鼠干与猪肉、冬笋同炒。当地人视老鼠干为配酒佳品，历来有“老鼠干猪肉价”之说。

除了上述两种干制品之外，其他的诸如菜干、萝卜干、豆腐干等也都以做工考究、质量上乘著称。如永定菜干一般都要经过“三蒸三晒”，特别精细的要达到“七蒸七晒”。上杭萝卜干，同样要经过“晒、腌、藏”三道工序，反复数次，直至萝卜干变成金黄色为止。而在赣南、粤东，亦有许多闻名遐迩的干腌腊制品。如广东大埔的百侯牛肉干、梅州地区的梅菜干，江西

---

① 参见黄顺炘、黄马金、邹子彬主编：《客家风情》，第298～303页。还有一种说法，“闽西八大干”包括武平猪胆干、连城地瓜干、永定菜干、上杭萝卜干、长汀豆腐干、宁化辣椒干、宁化老鼠干、明溪肉脯干。见王增能：《客家饮食文化》，福建教育出版社1995年版，第92～97页。

会昌的酱油豆干（称“酱干”）、兴国的倒蒸番薯干等。广东的梅州菜干以其质地优良著称，有名的“梅菜扣肉”就以这种菜干为重要佐料做成。因此可以说，客家菜如果离开了干腌腊制品，它的地方风味就要减去不少。

第三，在烹调方法上，食物多蒸煮而少炸烤，刀功粗犷，朴实无华。

客家菜多以蒸、煮、焖、炖烧制而成。如芋子饺、蕨须包、豆腐饺、地瓜包，以至传统佳肴蒸猪肉、白斩鸡、莲子鸭、红烧鱼、烧大块、炖猪肚、烊豆腐、焖草鱼、烩三冬、涮九品等，无不采用这种烹制方法。有的菜也经过炸烤，但为数不多，而且有的是先经过油锅炸后再放入佐料用文火蒸煮，如各种扣肉的烹制即是如此。客家菜也常有用旺火速炒而成的，这类菜往往爆炒的时间不长，只限于去生，而没有达到焦的程度。因此，客家菜吃起来总体上都比较脆烂，老少咸宜，烹制的时间也比较长。

在刀功方面，客家菜大都比较粗犷。著名的“盐焗鸡”，据说在一般人家中往往只是撕成几个大块。长汀“白斩河田鸡”是一道名菜，但一盘鸡重一斤多，也只用刀切成十几块而已。客家人爱吃的“烧大块”，每块猪肉又方又大。“梅菜扣肉”“咸菜扣肉”等，那片反扣在上面的酱红色的猪肉，小的一二两，大的有三四两重或者更多。难怪有的学者认为，客家人“不吃巧而吃饱”，“这六个字正是传统客家饮食中，最重要的精神所在”。① 王增能先生在论述客家饮食结构时也说，客家人的饮食特色在于素、野、粗、杂的传统吃法。所谓吃“素”，指的是生活条件艰苦。而吃“粗”，除了食物以大米、粗粮为主外，还体现在菜肴名称不够文雅，烹制也不太精细，这其中自然也包括刀功在内。② 这些论述都相当中肯。它反映了客家菜肴具有粗犷、朴实无华的外部特征，而其内在实质，实与客家人纯朴、讲究实际的精神品格联系在一起。

第四，在口味方面，客家菜注重鲜香，讲究原味，但各地的口味略有不同。

客家妇女常有一句话：“炒菜时，油多放一点才好吃。”这大概是由于生

---

① 刘还月：《客家饮食与客家人》，《第四届中国饮食文化学术研讨会论文集》，1996 年 12 月，第 399 页。

② 王增能：《客家饮食文化》，第 12~18 页。

活条件清苦而反过来的一种追求。客家菜确实比较重油，特别喜欢使用肥、瘦相间的“五花肉”来烧菜，如“烧大块”“扣肉”等就是如此。但由于在烹制时都会放入菜干、笋二、腐竹、萝卜之类较吸油的配料，又经过文火慢煮（或蒸），因此吃起来并不感到油腻，反而味道鲜美，滑嫩可口。

客家人很勤于洗锅，所谓“煮菜不用学，只要肯洗镬”就是这种习惯的反映。传统厨师在烧菜时，一般不使用味精、高度白酒等调味品，而是用生姜、葱、蒜、家酿糯米酒、酒糟等，再加上丰鱼、笋丝、菇脚和禽兽骨等熬成的汤汁作调料，因此烹制出来的菜肴原味突出。在主、次材料的搭配上，一般注重强调主菜的味道，混而不杂，有的菜肴甚至选用的配料很少。如粤东的“盐焗鸡”，即将洗净的鸡用草纸包好，直接埋入炒热的盐内焙烤而成，一般不使用其他佐料。所以，客家菜品尝起来味道清香、纯正，能感觉到食物原有的滋味。

当然，客家菜在各个地方口味亦有区别。如广东的“东江菜”，有的学者就指出“其特点是咸、肥、香”①；而在赣南，由于江西、湖南、四川数省都是喜欢吃辣的，因此那里的客家菜“味重，偏咸、辣、香”，当地人说他们喜欢吃“咸咸辣辣的”②。总而言之，在广袤的客家地区，每个地方的口味都不太一致。一般说来，在经济文化较发达的地方（如长汀、宁化城关），菜肴的口味相对都比较清淡，而在生活条件较为艰苦的山区，菜的口味较重，而且每个地方的饮食嗜好又会受到周边民系的影响。因此，客家菜就如同客家文化一样，既有总体的基本特色，又有各个地方的不同风味与区别，这是我们研究客家文化（包括饮食文化）所必须特别注意的。

二、客家菜形成的原因

客家菜之所以具有上述特色，离不开当地的自然地理条件、物产资源以及社会人文环境的交互影响。

首先是自然地理条件决定着当地的物产，因而成为影响客家人饮食的一

① 张卫东：《客家文化》，新华出版社 1991 年版，第 151 页。
② 阳小春：《风味独特的客家食品》，《客家源》1995 年总第 3 期，第 57 页。

个最基本的因素。

一方水土养一方人。一个地方的人吃什么，主要取决于当地的物产。客家人聚居的地方是一片山区，而且地处长江以南，所以当地的农产物历来以水稻和杂粮为主。水稻性喜湿温，但山区梯田往往日照时间不足，又加上过去农用肥料有限，因此粮食产量一直很难提高。清末成书的《临汀汇考》：

稻性宜水。汀居万山中，泉源所发，阬［坑］田水常浸冬也……一岁再获者，其田不多得……山乡地气高寒，每日不满一晷，所艺多晚禾，春种冬收，故滋本深而含实茂。实圆而大，味亦至腴，俗称“大冬”者是也。分大秥、大糯、大禾三种。①

由于稻米产量有限，当地人就必须依靠其他杂粮来充饥。最常见的杂粮是番薯、芋头、蕨根、山药、大薯等。番薯是明末从南洋传入福建的，而芋头、蕨根、山药等物则是山区所固有。上引《临汀汇考》又载：

番薯种来自南夷，闽中万历中始有之。北方曰“地瓜”。瘠土、沙土皆可种，一亩之地收可十余石。山居之民以此代饭，可省半岁之粮。其济人甚□，即多食不损脾胃，与芋性殊，故芋为蔬而此可为谷也。

芋为农家最重之蔬。以良田岁更易莳之，视所收之丰歉为日食侈约之度，以佐五谷。而岁储之所谓“菜”，不熟曰“馑”也。②

可见番薯、芋头的地位相当重要。我们在闽西调查时，到处都可以看到用这两项制成的食品。当地人甚至迄今仍有“番薯芋子半年粮”的习惯说法。

至于蕨根、山药、大薯等，原来产于山野，后来也有被引入农家自种的。蕨是一种野生植物，它的嫩芽“连茎可食”，根部“捣汁澄粉”，可以制成各种食品。山药是藤状植物，五月开花，“冬食其根，味美益人。园叟日担入市，至二三月乃尽”。“又有一种曰大薯，巨者重数斤，有紫白二色……取薯一本，片片切之，只留皮一面；稍沾肥灰种之，即皮上发根生苗。医家以此物得土气之全，最补脾。”③ 所以客家人经常挖取蕨根、山药、大薯来掺和其

---

① 杨澜：《临汀汇考》卷四，光绪四年（1878）刊，木刻本，第14~15页。

② 杨澜：《临汀汇考》卷四，第1、3~4页。

③ 杨澜：《临汀汇考》卷四，第2页。

他食物炖煮，或者制成风味食品。

客家人由于粮食产量不足，因此反而养成了善于加工各种粮副食品的本领。有一篇研究赣南的文章说：客家妇女很会理财，“她们可将大米加工制成二十多种食品，将红薯、南瓜、芋子、大豆等分别加工制成近十种食品，既可当粮食充饥，也可作菜肴下饭，又可作果品当点心，俗话说：番瓠甜又香，抵上五谷和杂粮”①。客家人制作的这类食品，最有代表性的就是“粄”。所谓“粄”是用大米或其他淀粉类作物加工而成的，有的类似于通常说的“粿”或“糕”，如客家人所说的“发粄”即是闽南的“发粿”，“糖糕粄”即是闽南的“糖粿”“年糕”（客家人也称为“年糕”）。此外还有非常多的品种，如禾米粄、艾叶粄、苎叶粄、麦粄、芋卵粄、米冻粄、黄粄、簸箕粄、老鼠粄、虾公卵粄、绿豆粄、忆子粄、白头公粄、烙粄、煎粄、灰水粄、粄皮等，有的是掺入配料炒、煮，有的是包馅的，也有的蘸糖食用。另外在大豆制品方面，最重要的要数豆腐，其中又以长汀豆腐最为有名。长汀的豆腐不仅可以制成豆腐干，而且还可以制成豆腐丸、豆腐脑、豆腐饺、豆腐皮、豆腐乳，主要菜肴有韭菜炒豆腐、白菜熬豆腐、猪肉烧豆腐、油焖嫩豆腐、沙锅老豆腐、鲜虾焖豆腐、煮豆腐、炸豆腐、煎豆腐、熏豆腐、烊豆腐、卤豆腐等等。由此可见客家人善于加工各种粮食制品之一斑。

至于客家人喜欢吃山间的野生食物（包括菌类、植物和飞禽走兽），绝少食用海鲜，更与他们所处的自然环境、物产资源有着直接的关系，这里就不用细说了。

其次，当地的生产生活条件，也是影响客家人饮食的另一个重要因素。

客家人生活在山区，山高水冷，劳动生活条件艰苦。由于出门动辄需要爬山挑担，体力消耗大，因此客家人讲究吃饱，菜肴的口味偏重，这也是为了补充消耗掉的体力和盐分。客家人聚居的地方交通不便，物资流通较为困难，农家每日所需的粮食蔬菜大都依靠自给。但蔬菜瓜果是有季节性的，禽肉猎物也不是时时都有，因此在收获的高峰期（旺季）就必须考虑把大量食物储存起来，以备不时之需。客家人特别善于制作各种干腌腊制品，显然也

① 阳小春：《风味独特的客家食品》，《客家源》总第3期，第57页。

与他们的生存环境有关。而各种酸菜、咸菜、菜干、萝卜干与食物同煮，其味道亦就必然偏重。在一些喜吃辣椒的地方，家家户户都藏有辣椒干，这样做出来的菜“咸咸辣辣的”，实在是很自然的事情。

客家地区油料作物相对缺乏。有的地方以前虽然也有种植花生，但产量不高。一般农家平时是很少买肉的。据王增能先生说，过去客家人主要的食用油是山茶籽油（简称茶油）和菜籽油，这些油主要有三个用途：“一用来平时点灯以奉祀祖宗和诸神；二用来庙会时炸粄子敬神；三用来款待宾客(包括‘回篮子’)；自己一般是舍不得吃的。”① 由于油少，因此客家菜多用炖煮而少炸烤。客家妇女经常喜欢说“炒菜时，油多放一点才好吃”；烹制酒宴菜肴时多喜欢使用“五花肉”。如果从另一个角度去理解，这种喜油的嗜好恰恰是缺油生活的一种反映，一种自然的社会心理需求。总而言之，客家人的食品加工方式与菜肴风味，与他们赖以生存的自然环境和劳动生活状况息息相关。

在社会人文背景方面，由于客家人属于汉族南迁的一个民系，因此他们的菜肴风味包括饮食习惯，也必然受到土著民族、迁出地以及周边民系的共同影响。

客家先民大都是唐宋以后才逐步迁入闽粤赣边区的。在这些汉族移民迁来之前，闽粤赣三省交界地主要为畲、瑶等土著民族的居住地。客家先民迁入以后，经过与土著居民长期的交往与融合，由此形成了客家民系及其文化特质。如今在客家的传统聚居区内，已经很难分辨出哪是畲、瑶，哪是汉人。一方面畲、瑶已基本汉化，另一方面汉族移民也吸收了土著民族的某些文化成分，这不仅体现在语言、服饰、生产技艺、神明崇拜等方面，而且也体现在饮食和生活习惯上。

客家耕种的梯田有的被称作“畲田”。过去长汀有一种米称作“畲米”。《临汀汇考》云：“此外，又有稜米，又名‘畲米’。畲客开山种树掘烧乱草，乘土暖种之，分黏、不黏两种。四月种，九月收。六月、八月雨泽和则

① 王增能：《客家饮食文化》，第12~18页。

熟。"① 客家人喜欢酿造糯米酒，其使用的酒饼据说也是源于畲族。过去，畲民认识一种草药称作"酒饼草"，只要将它撒在剩饭上即可成酒，而客家人正是从他们那里学到了这一知识，并加以改进制成酒饼。在宁化，当地有一道著名菜肴称作"杀鱼生"，即将鲜活的草鱼经过厨师当场加工切片，蘸佐料生食。这种吃生的习惯显然与土著民族有某种关联。另外，客家人（包括许多南方民系）都很喜欢吃蛇乃至老鼠等，有学者指出这是古代百越民族习俗的一种遗留。②

由于客家人受畲、瑶土著文化的影响，因此有的地方还保留了一些特有的食品和饮食习惯。如清流县东山萧氏，每年正月都要举行祭"黄狗将军"的活动。这只"黄狗"以前有石雕像放在萧氏开基祖的"萧瑀庙"前（后来被人偷了）。到了正月初十那天，萧氏族人要杀一只雄鸡祭祀"黄狗"，并敬献"狗丸"（米粿丸）。从初五日开始直至正日，全村人都要吃"狗粥"。所谓"狗粥"是用大米掺和油盐姜及各种香料烧煮而成，上乘的还掺有少许糯米，并枣子、花生、红菇、瘦肉等，如同"八宝粥"一样。当地人认为吃"狗粥"可以保平安，延年益寿，但只能供人食，不可喂猪、牛、鸡、鸭等，否则会受到"不如人意的惩罚"③。

客家先民在迁入闽粤赣边区以前，主要生活于江淮一带。语言学家指出，客家方言的直接源头是江淮官话。④ 因此，客家先民在与土著民族的交往、融合过程中，是以其固有的文化传统为基础的。客家菜肴较注重食物本味，传统厨师一般不使用味精、高度白酒等调味料，这与江淮一带的菜肴属"原味菜"（如淮扬菜系）显然一脉相承。客家先民在迁入闽粤赣边区以后，仍然继承了长江中下游地区的稻作文化，不仅学会了耕种"畲田"，而且有些饮食习惯仍与原居地一样。如过去闽西的上杭、连城、永定、长汀等县区均有吃"熟米"的习惯。所谓"熟米"，是指将收割的稻米未经风干，先倒入

---

① 杨澜：《临汀汇考》，卷四，第15页。

② 王增能：《客家饮食文化》，第71~72页；谢重光：《客家文化与畲族文化的关系》，《客总会讯》1996年第31期，第30~31页。

③ 童金根：《清流县东山萧氏的宗族传说及其庙会》，载杨彦杰主编：《闽西的城乡庙会与村落文化》，国际客家学会、海外华人研究社、法国远东学院1997年版，第200~201页。

④ 张卫东：《客家文化》，第80页。

锅内用水煮，直至谷壳破裂才捞起晒干，然后砻碓成米。据说用这种方式加工稻米可以使不太饱满的谷粒均能食用，充分利用了数量有限的收获物，并较好地保持了谷物营养。而这种习惯在江浙地区如浙江的桐乡乌镇一带亦有存留，而且连城县姑田的一些客家人正是从那里迁来的。①

随着客家地区社会经济的不断发展，尤其是与外界交通贸易的展开，周围其他民系的饮食材料和加工技术也会传入客地，并对客家人产生影响。客家接受外来影响的范围较广。如武平县永平乡方氏有一种特制食品称“珍珠米”，据说是其祖先到四川当官，返乡时由其妻子携带回来的。② 客家饮食受沿海地区的影响更多。在明清时期，闽西一带的高级菜中就有鲍鱼、鱼翅、海参、鱿鱼、干贝、墨鱼等海产品出现。③ 武平城关过去有三种档次的酒席，分别取名为“天青酒席”“鲞翼酒席”和“燕窝酒席”。其中“天青酒席”的档次最低，适合于中等收入以下家庭，而“鲞翼”和“燕窝”则都是高档次的。“鲞翼”即是鱼翅，除此之外还有海参、墨鱼、虾米之类。“燕窝酒席”除了“鲞翼酒席”的内容均需要有外，首款还上一碗冰糖燕窝，而且鱼翅也是“全碗”上桌的，不可掺杂其他低档佐料。④ 在城关以外的农村，逢年过节或者神明圣诞的宴会酒席，也有使用海产品来烹制佳肴的。如连城县芷溪迎花灯的高级酒宴，就有发菜、海参、鲍鱼、鱼翅、燕窝、鱿鱼、大淡菜、鱼肚、鱼泡等海味，结合当地土产做菜。⑤ 而且客家人特别喜欢吃的“烤猪仔”（亦称“烤乳猪”），究其来源显然也是从广东传入的。

总之，客家人的菜肴是经历了一系列不断吸收和演变发展过程。对客家菜的形成起决定作用的是当地的自然地理环境和物产资源，然而土著民族、自身传统以及外来文化的影响也是不可忽视的因素。客家菜是在特定的时空背景条件下，经过长期的历史传承与演变而逐渐形成的。

---

① 王增能：《客家饮食文化》，第51页。

② 杨彦杰：《闽西客家宗族社会研究》，国际客家学会、海外华人研究社、法国远东学院1996年版，第99页。

③ 林宝树：《一年使用杂字文》，《客家》1995年第2期。

④ 王增能：《客家饮食文化》，第144～148页。

⑤ 黄元莹、杨启县、黄森：《连城县庙前镇芷溪正月游花灯》，载杨彦杰主编：《闽西的城乡庙会与村落文化》，第158页。

三、客家饮食文化的基本特征

饮食不仅是人们维持生命的基本物质需要，而且在中国人的观念里，饮食还包含着丰富的文化内涵。客家人的饮食文化不仅体现在日常生活中，而且突出表现在逢年过节、婚丧喜庆、神明祭祀等重大民俗活动里。不论是平民百姓还是官宦世家，率皆如此。客家饮食文化包含的内容很多，以下仅就其基本特征作些论述。

（一）讲究礼节的饮宴仪规

客家人很注重礼节，这尤其反映在宴请客人的隆重场合。客家人要宴客须事先通知，而且有的地方还有“三请”的习俗。如清流县东坑陈氏，从办正式酒席的那天早上起，主人必须派出专门小组到客人家中三次催请，直至最后一次还要约定以鞭炮声为号。①

宴请客人最烦琐的事情莫过于安排座次。客家人很讲究礼仪规范，因此座次如果安排不当便会引起客人的不满，严重的还会带来不小麻烦。安排座次有各种约定俗成的规定，一桌、两桌、三桌、五桌、方桌、圆桌等，均有不同的排法。作为主人，必须事先写出客人名单，并排出他们的座次。何人坐首席，何人末席，上桌在哪里，做到心中有数。客人光临时，主人还需向理事一一介绍每位客人的称呼，以免引客入座时出现差错。在每桌的客人全部落座后，其他人员才迅速入席，将空余的位子填满。

上菜、敬酒、倒酒、行令亦都有讲究。倒酒的时候，执壶者须向上席左右两位客人倒酒，然后换个手势对下方位的客人倒酒，再换手向对面的客人倒酒，最后倒自己的。酒倒完后壶嘴不能朝向客人，只能对着自己，否则会被认为失礼。酒过三巡之后才可以较随便饮酒吃菜，但一般每上一道菜都要倒酒一次。在酒席大约进行到一半的时候，主人出来敬酒，由上而下逐桌经过，也叫“催酒”。这些烦琐而又具体的礼节，几乎上自城关下至穷乡僻壤的一般百姓人家都是普遍遵守的，这是客家人恒久不变的一种传统。

---

① 陈陶芳、陈奕德：《请客的礼节》，载孔灿生、陈佳清主编：《东溪寻古》，清流县：清流县档案馆、余朋乡东坑村1994年编印，第78页。

（二）趋吉避害的饮食心理

客家人与其他民系一样，很喜欢用食物的名称来寓意吉祥，而且在饮食生活中有许多禁忌。每当春节来临，家家户户都要备办各种食品，其中少不了蒸年糕和准备橘子、橘饼等。“年糕年糕年年高”，预示着来年进步。而橘子或橘饼与“吉”同音，客人前来拜年贺岁，吃橘表示吉祥如意。新年正月初一，家家户户必定要吃芹菜、蒜等食物，以示家人“勤奋”，会“计算”过日子。

长汀人在重要场合特别喜欢用蕨粉做的“肉圆”。《临汀汇考》云：“蕨，初生紫色似鳖脚，长如小儿拳，连茎可食。掘根捣汁澄粉，揉作粔籹，质通明可爱，汀俗曰之‘肉圆’。婚嫁之期，男女两家俱以此为礼物，有用至一二石者，名为‘结缘’，并以分散戚友。生子亦必以此报喜。”① 由于“肉圆”与“结缘”谐音，因此当地人每逢结婚、生子，甚至乔迁到新的地点居住，都要用这种食品来缔结与邻里、亲属间的良好关系。永定人则喜欢用大米做成的丸子。生子做满月和对岁的时候，或者亲人难得团聚，一般都要准备红汤丸。民间将汤丸称作“锡圆”，与“惜圆”谐音，象征着亲人的喜庆、团聚。

客家人祝寿时一般都喜欢用面条或者线面，以示长寿。结婚时，洞房里都放有红枣、花生、桂圆，寓意“早生贵子”。有的则在婚床上放四个柚子，表示“有子”。举办宴会时，最后一道菜通常是鱼，当地人有“鱼来菜止”的俗语。由于“鱼”与“余”同音，表示丰盛“有余”。亲友要出门远行，不管是设宴或者送礼，永定人定要有母鸭，因为母鸭善于游水，能避风险，寓意“一路平安”。而江西兴国人则必须给远行的亲人吃一碗“鱼丝”（用鱼肉和薯粉做成），表示“相思”之意。

客家人除了善于利用各种食物的名称外，还喜欢使用数字来表达吉祥。如宴会中经常上“八大碗”“十样锦”。结婚礼品中常含有九的数字（九、十九、二十九……），取“长久”之意。有时也用偶数，以示成双成对。在喜庆宴席上，经常用一至十的数字来编成菜谱，如一品海参、双料鱼圆、三冬

---

① 杨澜：《临汀汇考》卷四，第2页。

烩盍、四喜甜姜、乌骨炖鸡、溜醋鲤鱼、麒麟脱胎、八宝米饭、韭菜腐干、十样大景。饮酒猜拳时，也喜欢用数字来编织吉祥。常用的叫法有：一品当朝、双生贵子、三元及第、四季发财、五子登科、禄位高升、七星伴月、八仙庆寿、九九长寿、全家福禄。反映客家人传统的价值观念，即祈盼升官、发财、科举、入仕、添丁、富贵、长寿等。

在客家人的饮食生活中，除了趋吉以寄托良好愿望外，还有许多禁忌。平常吃饭时忌将筷子插在饭中间，谓之“吃斋饭”。忌用筷子敲碗，民间有“敲碗敲碟，无吃无挪”的俗语。忌将油瓶打破，认为这是最不吉利的事情。吃饭时不许将脚翘向灶门，生怕得罪灶神。树厂工人（伐木工）将吃饭称作“开船”，并禁止说话，尤其忌说“红、血、汤”之类。如果有谁触犯禁忌，工人们就不出工，须由说话人请客作福，并忌猜拳、敬酒、行令，以免触怒山神。

长汀人忌让怀孕的妇女吃甲鱼，认为甲鱼的头经常伸伸缩缩的，担心吃了甲鱼会难产。相反，做母亲的在得知女儿即将临产时，每月农历逢三（初三、十三、二十三）要给她送去鸡蛋和毛芋子。因为煮熟的鸡蛋和毛芋子很容易剥皮，“三”与“生”谐音，寓意女儿会顺产。可见禁忌与趋吉实际上是同一个事情的两个方面。

（三）群体共宴的团结精神

客家人很喜欢一群人聚在一起分享食品，有的是属于宴会，有的则不一定。永定区陈东的吴、林、苏、谢、张、江六姓男丁，每年正月初一要集中到丁山下公王坛前饮“新丁酒”。上年添新丁的主人，每户必须携带一副较丰盛的供品：猪头、五牲、一大壶家酿好酒以及各种荤素菜，到公王坛祭祀，同时集体杀一只大猪。祭后就在公王坛前席地而坐，将带来的食品煮熟，添丁的人家手持酒壶到每“桌”去敬酒，大家相互祝贺，畅怀豪饮。① 上杭县濑溪村林氏，则于每年正月初六日“出新丁”。届时，上年添丁的人家要将备好的黄米粄和整坛老酒一起带到村旁大岗上，经过请神祭祀之后，新丁的父辈们就用老酒迎请外来的观光亲友。“他们右手执壶，左手捧碗，穿走于人

---

① 涂祥生、卢真福：《永定县陈东“四月八”迎神活动》，载杨彦杰主编：《汀州府的宗族庙会与经济》，国际客家学会、海外华人研究社、法国远东学院1998年版，第6页。

群之中；无论熟人生人，迎面便请喝酒。贪饮者，碗复一碗，喝过一家又一家，以致酩酊大醉，手舞足蹈，甚至滚地翻跟斗，表演节目。”临近中午时分，新丁父辈或代理人还要当众抛撒黄米粄。每户选定一个适当的位置，按规定各撒20斤，顿时出现“满岗抢捡粄子”的壮观场面。①

除了饮酒和分享食品外，有的地方则以其他活动来体现集体共食的习惯。如连城县北团镇的上江村，当地历来有“游大粽”的习俗。据说这个大粽要用上万片的粽叶缝制而成，内装120斤糯米，蒸煮七天七夜，做成高2米、上尖下圆的圆锥体。原料由各家各户筹集，游后大家分享。大粽顶端还挂有上百个指头大小的“公”“母”小粽，凡是想生男孩或女孩的年轻妇女都会去讨“公”“母”粽吃。②

客家人是相当好客的。平时不管哪家有客人，他的左邻右舍都会闻讯携带一壶酒和几样小菜，放在主人餐桌上与客人同享。有时甚至一张桌上就摆满十几个酒壶和几十碟小菜。逢年过节，在客家地区做客更是有喝不完的酒。厦门大学郑朝宗教授在回忆他抗战期间迁往长汀的生活时说：

和别处不一样，长汀人不仅不歧视外地人，实际还非常好客，你什么时候去访他们，总会受到热情接待。春节期间，他们有一种很有趣的习俗，客人上门贺年时，总要留下来喝酒，假如你不知道当地的规矩，不自动要求退席，这酒便一直喝下去，从清早直至晚上。③

我们在客家地区做调查，感受到的完全一样。客家人往往有意把“喝酒”说成“喝茶”，如果你不知道底细，一进家门茶还没喝完酒就上来了。你在一家做客，旁边有很多人在陪着你，而且还有很多家在等着你。在那种情况下，你会真切体会到有时肚量与情感是很难协调的。

客家人平时还有喜欢“打平伙”的习俗。由几个要好的朋友聚在一起，共同出钱买些肉菜来饮酒。买食物的钱平均分摊，猪肉也切成大小均等的几块。这种“打平伙”的习俗主要限于男性。女性则喜欢几个人聚在一起喝茶

---

① 林风年：《上杭县湖洋乡濑溪村的迎神赛会》，载杨彦杰主编：《汀州府的宗族庙会与经济》，国际客家学会、海外华人研究社、法国远东学院1998年版，第126~129页。

② 谢桂犀：《连城客家节俗文化活动初探》，《连城文史资料》1993年第17辑，第99~100页。

③ 郑朝宗：《汀州杂忆》，载李文生、张鸿祥编《汀州揽胜》，厦门大学出版社1993年版，第155~156页。

聊天。在有擂茶的地方，谁家有做擂茶，那里就自然成了集中的场所。由此可见，客家饮食文化中的群体特征相当明显。

（四）注重和合的烹调原则

客家菜较讲究原味，而且很注重食物之间的搭配。在中国人的饮食文化中，特别善于辨识各种不同食物的特性，有的属温，有的属凉，有的属热。而搭配食物的原则，有的是相辅相成的，有的则相反相成。客家人在烹调菜肴时，往往注重食物性质的一致性。如上杭的莲子鸭汤，用莲子配鸭子蒸煮而成，这两种食物均属凉性，而且清蒸也没有热感。红烧狗肉配当归和生姜，狗肉属温性，这样做既保留和加强了食物的温性，而且可以去掉狗肉的腥味。

注重食物的特性也反映在“食补”的饮食习惯中。永定客家人有一句俗语“冬至羊，夏至狗，吃了满山走”。每当夏至来临，永定人喜欢买狗肉回去补身体。而在冬至那天，市场上到处都有卖羊肉的摊子，各家各户都会去买些羊肉煮酒“补冬”。客家人聚居的地方是一片山区，气候潮湿，瘴气较重，但草药很多，因此当地人很善于利用各种草药配合食物来调节身体。如夏天客家地区普遍都有“仙草冻”（亦称“仙草粄”）这种食品。“仙草”是一种生长在田边山脚的植物，人们采摘一些回来，与白薯一起熬煮再冷却结“冻”，食之可以降温解暑。宁化一带的客家人喜欢饮擂茶，也是在食料中掺和盐姜及各种中草药，以利于去湿御瘴。而到了冬季，客家人喜欢吃当归牛肉、牛肉煮酒、羊肉煮酒、当归炖猪蹄、党参番鸭、枸杞酒蛋等，以增强体质。著名的“涮九品”火锅，也是在牛肉原汤内加入本地特产的香藤根、鸭香草等草药，用以增强补肾、除风湿的功效。在妇女做月子时，最常吃的就是用糖姜做成的鸡、酒、饭、蛋等，姜性温驱寒，对产妇恢复身体有好处。有的地方甚至在办“满月酒”的时候，上的第一道菜还是糖姜鸡，饮的第一杯酒是糖姜酒。这些都是客家人注意食物特性，在饮食生活中讲究和合的显著例子。

除此之外，客家人也注重食物之间的颜色、味道、荤素搭配，与其他地方大致相同，这里就不再细说了。

（五）丰俭并存的饮食习惯

所谓“丰俭并存”有两个方面的含义：一为平时与年节饮食间的差异，

另一为平民与富人之间的饮食区别。前者是时间性的，后者属于阶级性。

客家人一般日常饮食都相当俭朴。平时三餐有的地方吃干饭，有的是早晚食粥，中午干饭。番薯、芋头是主要杂粮。家常菜多为菜干、咸菜、萝卜干配以时令青菜，以及豆腐、豆豉等，买猪肉的机会很少。过去有一首反映客家妇女的山歌唱道："有米有粟，省俭用粮；淡茶便饭，粗布衣裳；朴朴实实，唔讲排场；人客来到，细声商量；鸭蛋炒粉，酸菜煮汤；若有酒肉，让客先尝；热情款待，面上有光……"① 就是客家人日常生活的真实写照。

而到了逢年过节或重大民俗活动，其食物之多就远非平时所能比拟。客家人很注重过春节。从冬至开始，家家户户便要酿造糯米酒。进入腊月以后，逐渐着手筹办年货。尤其是十二月下旬，蒸年糕、打糍粑、磨豆腐、杀鸡宰鸭、做腊味等，比比皆是。春节期间，到处都是人群，大家互相串门拜年，饮酒作乐。清初武平县举人林宝树在他的《一年使用杂字文》中，就有一段描写了春节的饮食情况：

初三初四拜新年，婚郎男女到家门。或请新亲来相见，丈人老表及外甥。猪肉食完并蜡鸭，蒸醋鱼冻共三牲。浸酒开坛用大碗，欢欢喜喜赛划拳。大户人家更排场，鲍鱼鲞翼馥馥香。海参燕窝鸡丝肉，鱿鱼虾米做清汤。黄螺蛏干拿来炒，蜇皮海带会辣姜。肉丸包子来凑样，也有酥骨上砂糖。极好脯鱼煮豆腐，炆烂猪蹄锡盘装。闽笋豆芽萝卜线，好贴肝肺猪肚肠。调羹舀来筷箸夹，大家食得饱非常。许多花生瓜子壳，厅下地面要扫光。②

其他重要的民俗活动，主要是各个村社每年都要举行的神明庙会，届时也是人来人往，热闹非凡，其饮食的丰盛与春节相比毫不逊色。如宁化县延祥村正月迎花灯的"灯席"，主人一般要昼夜连续两餐宴请迎灯的会友。据介绍，午餐的菜肴有鸡卷、闽鳆、猪肚、酸爪肉、海参、鱿鱼、干贝、薯汤、全鸡、粉丝、蹄子肉、全鱼、扣肉、鲍鱼、猪肝、腰花、鸽子圆蛋、蛏干、酸汤等 19 种菜，称"满堂红""九长寿"。晚餐俗称"下席"，先茶后酒。素盘有寿带、茶晶饼、水晶糕、马口酥、兰花根、到口酥、香圆片、冬瓜糖、杨梅酥、杨梅红、白齐、甘蔗等 12 盘，称为"全年美景"。荤菜有香肠、烤

① 《勤俭妇娘》，引自罗美珍、邓晓华：《客家方言》，福建教育出版社 1995 年版，第 109 页。
② 林宝树：《一年使用杂字文》，载《客家》1995 年第 2 期，第 70 页。

鸭、猪肚尖、猪耳朵、猪舌、贝虾、煎鱼、山禽走兽肉、鸡内杂、肉丝等10碟，称“十样锦”。最后还有肉圆、全鸽、荔枝肉、墨鱼丝、鸡内杂、酸猪肺等6碗热菜，称“六合”①。此外，如连城县姑田的“龙酒”、芷溪的“灯酒”、清流县长校的“关帝会”、灵地的“斯文会”“文昌会”等，其情形也大都如此。②

另一方面，过去一般百姓的生活与富裕人家的差异也很大。虽然节庆日家家户户都备有丰富的食品以招待来客，但酒桌上大都是较粗的菜肴，并且以量多或一菜多碗来充数。而大户人家的宴客就大为不同，不仅讲究排场，而且烹制的菜肴也精细。如前面曾经提到的以前武平城关有“鲞翼酒席”和“燕窝酒席”，那全是供有钱人家享用的，一般穷苦百姓根本消费不起。客家菜中有很多出名的美味，亦全出自有权有势的家庭。如有的大户人家在春节期间宴请新婚女婿，上的第一道菜就是“烤猪仔”，以此显示排场。平时宴请客人，少不了山珍海味，尤其是沿海地区高级的海产品。有的菜肴，其烹制的精细确实令人难以置信。过去长汀有一道名菜叫“麒麟脱胎”，据说是司前街一个姓郑的富户为了求多子，让他的媳妇经常食用的。它的做法是：取野山参填入麻雀腹内，再将麻雀塞进白鸽腹内，再将鸽子塞进“乌鸡健”（小母乌鸡）腹内，再将“乌鸡健”塞进小狗腹内，最后将小狗塞进猪肚内，用线缝好，文火蒸煮4~6小时。③ 这样的菜肴用料及其加工方式实在令人咋舌！因此，本文尽管列举了许多客家人的美味佳肴，但需要强调的是，这仅是少数有钱人家得以享用的，一般百姓人家主要仍以“吃饱”为原则，不要因此而误解了过去客家传统社会的生活风貌。

四、结语

以上我们讨论了客家饮食文化的基本特征，从中可以看出，就大的方面

---

① 刘善群：《宁化县泉上镇延祥村的宗族与文化》，载杨彦杰主编：《闽西的城乡庙会与村落文化》，第392页；杨亲贤、杨儒昌：《延祥村史》，宁化县泉上镇延祥村1990年编印，第59~60页。

② 参见杨彦杰主编：《闽西的城乡庙会与村落文化》，第125、158页；《汀州府的宗族庙会与经济》，第293、328~329页。

③ 黄顺炘、黄马金、邹子彬主编：《客家风情》，第319页；王增能：《客家饮食文化》，第17页。

而言，它的一些基本特征与其他地方是没有什么区别的，如注重礼仪、讲究和合、趋吉避害等，这在中国人的饮食文化中到处都可以看到，也是客家作为汉族的一个民系所必然要表现出来的共性特征。然而，每个民系都有自己的文化特质。客家人饮食文化的特殊性表现在他们具体而微的民俗细节里，表现在他们的风土人情中，这并不是每个地方都一样的。通过饮食习俗去探讨每个地方（民系）饮食文化的共性与个性，从而把握中国饮食文化与地方性文化之间的相互关系，显然是一条重要途径。

客家菜与周围其他地方的菜肴相比，也是你中有我，我中有你，并不是每道菜都是客家人独有的。而从选料、烹调、口味等方面加以把握，则能从总体上反映出客家菜的特色。这些特色与客家人所处的自然环境、社会人文背景是紧密联系在一起的，同时也成为客家饮食文化的基本内容。客家人勤奋淳朴、热情好客并具有很强的团结性，都可以从客家人的饮食生活中体现出来。饮食是人类维持生命所不可缺少的。从这个意义上说，客家饮食文化是客家文化的重要组成部分，在传统社会里，它构成了客家文化的基础和核心。

客家人的饮食禁忌[①]

客家人主要聚居于闽粤赣三省交界区，由于当地自然环境和社会历史背景的影响，客家人的饮食文化含有明显的山区特色。[②] 这种饮食特色既体现在正常的饮食活动中，也表现在某些特定的饮食禁忌方面。因此，探讨客家人的饮食禁忌，可以从一个侧面反映客家人的饮食习俗及其文化面貌。本文拟利用我们在闽西[③]所得的田野资料，结合广东、江西的其他资料，对客家人的饮食禁忌做一些讨论。客家人分布范围很广，除了大陆原乡闽粤赣三省交界区之外，还散布在广西、贵州、四川、湖南、香港、台湾等省区，以及东南亚和欧美各地，因此客家人的饮食文化很难有统一的面貌，饮食禁忌也是如此，从这个意义上说，本文的讨论只是针对闽粤赣三省交界区的客家人而言，目的是提供给同好做进一步研究比较和参考。

一、食品食物禁忌

客家人居住于山区，其食物结构比较广泛，有吃“野”、吃“粗”、吃“杂”的习俗。[④] 但是，客家人对食物用法也相当讲究，在不少场合都存在着对食物食品的禁忌习俗。

与汉民族的其他民系相同，客家人对食物性能的认识是基于某些中医常识，通常把食物分为凉、热、补、损、毒等几大类。这种认识，就一般民众

---

① 本文刊于《中国饮食文化基金会会讯》第九卷第二期，2003 年 5 月。本文的撰写，得到刘大可、钟亚兰、张燕清、赖扬恩诸位客家朋友的帮助，他们为我提供了不少有用资料，谨此致谢！

② 杨彦杰：《客家菜与客家饮食文化》，载《第六届中国饮食文化学术研讨会论文集》，台北财团法人中国饮食文化基金会，2000 年，第 363~381 页。

③ 本文所指的“闽西”包含明清时期汀州府所辖八县——长汀、连城、武平、上杭、永定、宁化、清流、归化（今明溪），以及相邻的建宁、泰宁两县。

④ 王增能：《客家饮食文化》，福建教育出版社 1995 年版。

的实际生活而言，主要是来自于民间长期以来的习惯说法。诸如：鸡蛋滋补，鸭蛋性凉；母鸡、母鸭泻火，公鸡、番鸭性燥；猪肉性凉，牛肉、狗肉性温；芥菜、白萝卜性冷，菠菜、胡萝卜滋补；姜、葱、芫荽发散，辣椒、大蒜、茼蒿通火等。① 由于有对食物性能的这些认识，因此在不同情况下就会自然产生什么可以吃、什么不能吃的观念。如，夏天客家人普遍都爱吃“仙草冻”，因为“仙草”常年生长在田边山脚，性凉，客家人认为吃了会降温解暑。冬天，狗肉、牛羊肉十分畅销，红烧狗肉、当归牛肉、牛肉煮酒、羊肉煮酒等都是客家人冬季“进补”的食品。客家妇女做月子时，最常吃的是姜、糖、酒、鸡、蛋这几种食物，据说这些性温驱寒，吃了对产妇恢复身体有好处。相反，客家人绝对不会让产妇吃白萝卜，因为白萝卜性冷，吃了有害，也不能吃糯米稀饭等被认为凉性的食物。红菇在闽南人看来是属于“补血”的，但客家人却认为菇类“有毒”，拒绝让产妇吃。对于体弱多病的人，也不宜吃老狗肉、番鸭、南瓜、茄子、四季豆之类，认为这些食物吃了都会“翻旧病”，而且南瓜、茄子（尤其是秋茄）、四季豆据说是“有毒”的，病人尤其不能食用。

除了对食物性能的基本认识之外，有些禁忌是来自食物的颜色、称呼、性状等方面，与趋吉避害的心理联系在一起。如，过年时家家都要喜庆吉利，因此客家人喜欢吃橘饼、年糕（年年高）、葱（聪明）、蒜（会算）等，而不能专门吃蛋，认为蛋与“完蛋”发音接近，很不吉利。上杭县中都镇过年时不吃鸭和兔子，因为“鸭子”当地的发音很像是“怒气”，令人不快；兔子很忙，客家人有句口头禅“忙得像兔公一样”，新年伊始当然这么忙不好。送年节的礼物也不能有鸡、鸭，因为这两种东西一般是送给病人吃的。平时吃豆腐不能说吃“白豆腐”，只能说“吃豆腐”或“煮豆腐”，这是由于只有老人过世时才吃“白豆腐”。在连城县培田村，当地人对粉干和面条的用处都做了区分，粉干用于白事，面条用于红事，所以客人来到不能用粉干相招待。对于小孩和孕妇，有关禁忌更多。客家人不会让小孩吃鸡爪，怕长大以后手指弯弯的，写不好字；也不能让小孩子吃猪尾巴，因为猪尾巴一甩一甩

① 黄顺炘、黄马金、邹子彬主编：《客家风情》，中国社会科学出版社1995年版，第338页。

的，写字时手会抖，字写不好。有位客家朋友告诉我说，他一直到上大学才知道猪尾巴原来是那么好吃，在此之前从来没有吃过。当父母亲的喜欢把祭祖先或神明的供品让小孩子吃，认为吃了以后祖先或神明就会保佑他们。相反，在三岔路口祭孤魂野鬼的东西是不能给孩子吃的。长汀客家妇女怀孕以后忌吃甲鱼，认为甲鱼的头经常伸伸缩缩，吃了以后容易难产。在孕妇快要生产时，女方母亲就会每月农历逢三（初三、十三、二十三）给她送去鸡蛋和毛芋子。因为煮熟的鸡蛋和毛芋子很容易剥皮，“三”与“生”谐音，寓意女儿会顺产。可见禁忌与趋言实际上是一件事情的两个方面。

有些客家人的食物禁忌是来源于宗教信仰或受到土著图腾崇拜的影响。许多客家村落在迎神建醮时都会斋禁，直至打醮结束才开斋。清流县城关以前每年四月初三至五月初三都要接大丰山的欧阳真仙进城供奉，在进城、出城的前后三天，整个城区都必须禁荤，所有街市断屠、饮食店关门。轮到哪个坊迎奉打醮，该坊的居民也要吃素。① 大年初一早上，大部分客家人不吃荤，这大概也与佛教的影响有关。以前，有很多客家人都不吃牛肉，有的是因为念佛，有的则认为牛对人的贡献甚大，吃了牛肉有罪过。武平县大禾乡的蓝姓居民，据研究属于畲族，当地存在着浓厚的崇拜牛和狗的观念，认为“牛肉不好筛酒”，即不能拿出来招待客人，狗肉也是如此。② 清流县东山村萧姓，至今仍保存拜狗的习俗，而且有祭狗庙会，当地村民喜欢养狗，从不吃狗肉。如果有人外出在不知情的情况下吃了狗肉，回家以后就会觉得很难受。③ 对于牛、狗、猫，乃至野猪、蛇、穿山甲等野味，过去客家人都是不会拿来当佳肴招待客人的。有的地方对一些野生动物甚至存在着很深的畏惧心理。如以前客家人煮蛇一定要在露天，据说如果在家里蜈蚣闻到蛇味会爬下来，而且人家问在煮什么时？千万不能说煮蛇，要说“煮鸡公”，吃蛇肉要说“喝鸡公汤”。在永定区，以前人认为见到穿山甲是非常倒霉的事，避

---

① 李升宝：《清流县城区庙会集锦》，载杨彦杰：《闽西的城乡庙会与村落文化》，国际客家学会、海外华人资料研究中心、法国远东学院 1997 年版，第 73~74 页。

② 刘大可：《闽西武北的村落文化》，国际客家学会、海外华人资料研究中心、法国远东学院 2002 年版，第 17、157 页。

③ 杨彦杰：《闽西东山萧氏的宗族文化及其特质》，载《“中央”研究院第三届国际汉学会议论文集（人类学组）》，台北：“中央”研究院民族学研究所，2003 年。

之犹恐不及，更不用说抓来吃。因为当地人认为穿山甲是专门吃坟墓里的白蚂蚁的，见到它就像遇到幽灵一样。

二、食物制作禁忌

食物的制作包含工具（炊具）和人，禁忌习俗体现在各个不同场合。

制作食物最重要的工具是灶，受人重视的还有装盛食油的油瓶。客家人忌将油瓶打破，认为这很不吉利，有“倒灶”“绝烟”的意味。灶有灶神。这是一家之中最主要的神明，专管人间住所，负责记录每个家庭的善恶事项，并奏报天庭，因此灶神万万不能得罪。每月初一、十五，家庭主妇都要烧香，逢年过节如果有做粄子或杀鸡宰鸭，也要先敬供灶神然后才敢食用。平时灶台要保持干净，禁止将脏物扔进灶内，也忌将双脚翘向灶门，忌在灶前骂人、吵闹、哭泣、杀生，甚至敲打灶门等。

春节是一年当中最主要的节日，家家户户都要准备许多食品过年，因此相关的禁忌也特别多。年前，大致在霜降以后，客家人就开始做酒。客家酒是用米饭蒸熟掺和酒饼浸泡而成的。做酒一定要非常小心，如果过年酒制作失败（俗称“倒缸”），那是很倒霉的事情。首先酒缸一定要清洗干净，忌有脏物。酒饭蒸好后要先盛上一碗供奉灶神、家神，然后装入缸内，上面还要放一把菜刀或柴刀压住以防忌物。吃酒饭时忌用筷子，要用调羹舀，寓意“越舀越多”，出酒量高。① 农历十二月二十五“入年界”以前，每家每户都要准备“年米”。因为入了“年界”就等于新的一年的开始，直至正月份忌说没米吃，怕越来越穷，所以再困难的人家也要在年前多准备一点米，哪怕碾十几斤谷子也好。大年三十家庭主妇要做好新年吃的“岁饭”，客家人忌大年初一淘米煮饭，有的地方甚至连喂猪的饲料也要事先准备好，年初一就兑热水给猪吃。② 关于新年禁止煮饭的习俗，每个地方不太一样。上杭、武平是大年初一至初三不煮饭，清流县长校镇是初一、三、五、九忌煮饭，寓

---

① 黄顺炘、黄马金、邹子彬主编：《客家风情》，中国社会科学出版社1995年版，第119页。

② 黄于万：《清流县灵地镇黄姓民俗》，载《汀州府的宗族庙会与经济》，国际客家学会、海外华人资料研究中心、法国远东学院1998年版，第337~340页。

意“五谷丰登，一禾生（生与三谐音）九穗”，兆新年丰收。① 有许多地方都认为大年初一是“米生日”，所以禁止煮米饭②，但江西省宁都县的客家人则认为年初三俗称“三重日”，年初五俗称“月忌日”，亦说是“米谷神生日”，所以这两天都忌做“始发饭”，也不宜出门。③ 忌煮饭时间最长的是连城县培田村，当地村民从大年初一开始直至初九都忌做米饭，一连九天。可见客家人春节期间禁止做饭的习俗相当普遍，但各地具体情况不同，成因复杂。

在供神或制作各种神圣食品的时候，也有一些禁忌。客家人迎神打醮时需要做供馒头，由于是素食，只能让男人做，不能有妇女参与，怕不洁净。连城县河源地区（今朋口、宣和两乡镇），过年时需要做“河源米冻”。这种食品在制作时绝对不能让生人看见，有时甚至连大门都要关起来，厨房门也关上，很神秘的样子。当地人说，做“河源米冻”一定要清洁，如果有外人进来带入邪气或其他干扰，就会失败，这样会影响到一年的运气。据说在改革开放以前，有一户人家他们的房子被拿去当生产队仓库，由于是公共场所，人来人往，里面又堆放着化肥，异味很重，结果那户人家的过年“米冻”就没有做成。做“河源米冻”主要由妇女完成。同样的情况在广东梅县丙村也存在。当地温姓每年正月、八月做“社”时，一定要由“家娘”出来当头，负责整个祭祀活动；而且敬社官的米粄要特别使用象征该宗族女性崇拜的“凤头”树叶，制作过程复杂而奇特。④ 十分明显，客家人制作食品的某些特殊禁忌，与当地村民的宗教传统或崇拜观念有着密切关联。

三、饮食行为禁忌

除了食品及其制作的禁忌之外，饮食行为的禁忌也是一个重要方面。客家人饮食行为禁忌既体现在平时的日常生活中，也存在于逢年过节及其他重

① 李升宝主编：《客家撷英》，北京广播学院出版社1996年版，第83页。

② 如建宁县客家人就有此看法，见聂德仁、杨金沙：《建宁县民俗概况》，载杨彦杰：《闽西北的民俗宗教与社会》，国际客家学会、海外华人资料研究中心、法国远东学院2000年版，第332页。

③ 赖启华主编：《早期客家摇篮——宁都》，中华国际出版社2000年版，第112页。

④ 房学嘉：《客家女性在宗族中的地位：以梅县丙村温氏仁厚祠为例》，载《第四届国际客家学研讨会论文集——聚落、宗族与族群关系》，台北：“中央”研究院民族学研究所，2000年，第254~256页。

要饮食场合；既属于普通百姓饮食生活的一部分，也有特殊行业的某些习惯做法。

客家人很重视饮食行为的规范。在日常生活中，所谓“吃有吃相”。吃饭时忌将筷子插在饭中间，谓吃“斋饭”。忌用筷子、调羹敲打碗盘，民间有句俗语“敲碗敲碟，无吃无掷”，即用筷子敲碗敲盘会没有饭吃。忌手不捧碗趴在桌上吃饭，认为这种吃相好像乞丐。在别人家中做客，吃完饭后忌将筷子放在碗上，否则有讥讽主人不让吃饭之嫌。如果不小心将碗盘、调羹等摔在地上打碎了，忌说“完了、完了”等不吉利话，要说“发财、发财”！筷子掉在地上也应该说“还有人请”等。

春节期间客人登门拜年，主人就会请客人吃一碗鸡腿。这碗鸡腿很是讲究，必须有代表性地装上一片鸡头、一块鸡脖子、一个鸡翅膀及两块鸡肉，切不可混入鸡屁股，其鸡腿也必须完整，不能有破损或脱皮，否则客人会以为主人对己不敬而不欢而散。客人一定要吃鸡腿，但不可将半边鸡头吃掉，否则主人也会觉得你对他不敬或愚昧无知。因为鸡头象征整只鸡的完整，如果把鸡头吃了，主人家剩下的鸡肉就不好再拿出来招待客人。相反，如果在办丧事时，吃丧家的“谢土”鸡腿则应吃鸡头，以表示对丧家的尊重。① 在宴请客人时，鱼头朝向谁就要先喝一杯鱼头酒，此杯酒未喝，切忌动筷吃鱼。比如武平县北部的客家地区，当地人很讲究“鲜鱼成尾”，特别是在物资匮乏时期，宴请客人有时出的“鱼”只是象征性的，如果乱动往往出笑话，因此“鱼不可随便动”成为当地一条很重要的规矩。喝酒时，许多地方的客家人都习惯把第一杯酒先倒在地上敬土地公，然后才开始喝。酒桌猜拳，连城、武平两县有“上不出三，下不出二”和“一要倒出”的规矩，即猜拳人如果出“三”时，只能出下三指，拇指和食指不出；出“二”时，只能出拇指和食指，下三指不出；出“一”时，大拇指要平伸或者向下，切忌朝上，高高翘起，表示对人的不敬。客家人结婚时各种礼节和禁忌更多。比如喜宴安排座次，一定要让女方代表坐上主位，切忌排错，否则就可能出大事。大年初二，女方一定会宴请新婚女婿，此时就要想方设法把女婿灌倒，切忌让他不

① 李根水、罗华荣编著：《宁化客家民俗》，中国华侨出版社2000年版，第175页。

醉而归，否则日后他会说“外家的酒喝不醉”之类的大话。①

在行业禁忌方面，由于客家人住地属于山区，山林作业、内河航运比较危险，因此这些行业的禁忌不少。客家人把上山伐木称为“树厂”，常年在“树厂”工作的人对山林有很深的敬畏之情。他们新年第一次进山要先准备供品，祭拜山神。在山上用餐不能直说吃饭，而应改称“开船”，有的地方称“量米”。饭间忌说话，尤其忌说“红、血、汤”之类，如果有谁犯忌，工人们就不出工，须由说话者请客作福。但禁止猜拳、敬酒、行令，以免触怒山神。在山上种菇的老板经常与客户打交道，但客人来到菇场受到热情招待之后，临行前千万不能说“谢谢、多谢”，而要改称“多盛”，以免老板不高兴。在内河行船险滩暗礁很多，船上用的调羹、筷子不许搁在碗上，锅、碗、瓢、盆不准覆盖，因为“搁”意味着船搁浅、触礁，“覆”意味翻船，如果触犯这些禁忌，船主会毫不客气，当场谴责。船工购买猪肉，忌搭配猪唇上下颌，因为客家话“颌”有相撞的含义，怕出航时船与船相撞。新船下水时，船主要准备香烛鞭炮，并用乳狗或雄鸡的血祭船“出煞”，以求吉利平安。② 有意思的是，船工买猪肉忌搭配猪的上下颌，屠户卖猪肉时则忌客人直呼“猪舌”，因为客家话“舌”与蚀本的“蚀”同音，如果有谁犯禁，卖肉的就会破口大骂，甚至不卖。

四、结语

笔者在一篇讨论客家饮食文化的文章中曾经说过，客家菜与周围其他地方的菜肴相比，是“你中有我，我中有你”，并不是每道菜都是客家人所独有的。③ 客家人的饮食禁忌也是如此。比如对食物食品的禁忌，有很多是受中医有关食物特性常识的影响，这在全国相当普遍；吃饭时筷子不能插在饭

---

① 赖光耀：《汀州传统婚俗》，载《汀州府的宗族庙会与经济》，国际客家学会、海外华人资料研究中心、法国远东学院1998年版，第374页。

② 蓝汉民：《汀江上杭河段航运与商俗》，载《汀州府的宗族庙会与经济》，国际客家学会、海外华人资料研究中心、法国远东学院1998年版，第498页。

③ 杨彦杰：《客家菜与客家饮食文化》，载《第六届中国饮食文化学术研讨会论文集》，台北财团法人中国饮食文化基金会，2000年，第363~381页。

中间，不准趴着吃，不能拿筷子、调羹敲打碗盘，不给小孩吃鸡爪（包括鸡的生殖器），不能得罪灶神等，也在其他非客家地区经常见到。① 这表明客家人作为中国汉民族的一个民系，其文化与其他民系的文化有许多共通之处。另一方面，从比较独特的角度说，客家人居住于山区，历史上闽粤赣三省交界区曾经是畲瑶和闽越人的住地，再加上周边不同文化的交互影响，客家人的饮食禁忌也有一些自己独特的内容。如：“树厂”工人的饮食禁忌，神圣食品的制作习俗，畲族居民忌吃狗肉，闽越人崇拜蛇，这些崇拜观念都深深影响着客家人的饮食习惯。饮食禁忌从根本上说是心理禁忌的反映。它的形成相当复杂，自然环境、人文历史背景以及不同文化的交互作用，都有可能对人们的饮食行为乃至饮食禁忌产生影响，其中宗教信仰、巫术、神明崇拜观念往往是最具地方性的、潜在而且深层的影响因素。从这个意义上说，研究客家饮食禁忌，可以从中了解更多的古文化信息，对于深入理解客家文化的历史形成及其特质与内涵有着不可忽视的意义。

① 参见任骋《中国民间禁忌》之相关记述，作家出版社 1991 年版。

附　录

合作与交流：华南客家研究的经验和体会①

不久前我在台湾访问，当时我参观了一个客家人经营的果园，当地农民把本地出产的土梨与另一种来自日本的梨子相嫁接，结果产生出另外一个新品种，它的果实又大又甜，味道也特别好，当地人把它称作“高接梨”。据说这种梨子每年可以换取很多收入。我们的研究成果不是梨子，既不能吃，也卖不出什么好价钱，但它的结果以及由此积累下来的经验和体会却与“高接梨”有某些相通之处。

在科学研究迅速发展的今天，不同学科的合作与科际整合已日益受到学术界的重视。不管是自然科学还是人文社会科学，研究者已经越来越注意到合作研究的重要性。但是这种合作研究究竟应该怎样进行，它会取得什么成果，对研究者来说同时又会带来什么新的体会和认识，这些都是值得我们回忆和思考的问题。

我和劳格文先生的合作始于1992年。从那时开始，我们每年都在中国南方尤其是福建省西部作客家传统文化的田野研究。我们的合作基础有三个方面是各不相同的：我是历史学者，劳格文先生是汉学家。我的研究方法更注重于文献资料，而劳格文先生更加重视田野调查和口碑资料的收集。我生长在中国，劳格文先生生长在西方。不同学科、不同研究方法和东西方文化背景的差异，使得我们的合作从一开始就充满着挑战性，具有两种文化长距离“嫁接”的特点。

中国是个文明古国。与法国一样，中国有着极其丰富的历史文化遗产。作为中国的历史学者，对史料的尊重和利用是这门古老学科的传统。而劳格

①本文是2000年12月5日在巴黎“法国远东学院成立一百周年国际学术会议”上的发言稿。

文先生是个汉学家，对中国道教有很深的研究，他更注重运用人类学田野调查的方法，去收集和整理除文献以外的其他资料。我们从一开始都是从各自不同的角度去参与合作：我特别关注乡村的宗族，而劳格文先生则研究宗教。可是没过多久我们两个人都惊奇地发现，除了各自的研究领域之外，我们都很注意自己的合作者在做什么，怎么做。

有一次，我们在一个山间盆地作调查，那里有两个大姓，我们每人分了一个。可是在最后相互交流时，我向劳格文先生介绍的主要是这个宗族的来源与发展；同时也向他介绍了该宗族参与庙会的情况；而劳格文先生则带我参观他走过的每一座庙宇、每一个神坛，并且交给我他收集到的族谱资料。我们有各自的出发点和研究领域，同时也注意到了对方的研究和兴趣。我们都明白合作研究不是分工，更重要的是相互理解，以及在理解中的学习和借鉴。

在我和劳格文先生合作的过程中，我们越来越注意到民间宗教在中国传统社会的重要性。中国南方地区宗族制度比较发达，而宗族与宗族之间的联系，神明崇拜则起着不可替代的作用。人们通过年复一年地举办庙会，共同修建庙宇，把不同姓氏的人群聚合在一起，从而形成了某个地方的乡村社会及其民俗文化传统。因此要研究中国传统社会，离不开对宗族与宗教的讨论，而以往的学科分类却把这两者人为地割裂开来。研究宗族的学者不研究宗教，研究民间宗教的学者却没有把它放在宗族社会的历史环境中加以考察。我们的合作把这两者结合在一起。这不仅是客观存在的一种反映，同时也是研究者认识逐步深化的具体成果。

合作研究可以给我们带来很多新的认识和变化。这种变化是在彼此之间相互学习和借鉴的过程中产生的。劳格文先生说过，他从我这里学到很多东西，尤其是对史料的重视，以及如何利用族谱、碑刻、契约等乡土资料去分析和研究地方历史。而我作为历史学者，则从劳格文先生那里学到了很多如何运用田野调查的方法。事实上，研究中国传统社会与文化，文献资料与田野调查这两者都是不可偏废的。尤其是在偏远乡村，那里的文献资料缺乏，大量口碑资料却可以弥补文字记载的不足。而丰富翔实的民族志资料及其积累，对于研究某个地方的社会历史与文化，分析地方文化的来源与特质，往往是历代官修史志所难以比拟的。

我们有很多的交流和讨论。合作研究不是简单的学者相加，而是不同学科之间的沟通与融合。由于我们的文化背景不同，对于每个问题的理解当然不可能完全一样，但是我们都很尊重对方。不同学术观点的交流和讨论并没有给我们带来烦恼，反而使我们的合作更显得愉快而且富有生命力。有一次我们在讨论中国传统社会时，我更加强调儒家思想文化的影响以及历代王朝的专制主义；而劳格文先生则谈到普通百姓的反儒家传统以及乡村社会中普遍存在的民主现象。他认为在乡村举办庙会时，不管是宗族势力的大小，凡是“有份”的都有轮流主办庙会的权利，即使是强宗大族也无法把别人的这种权利夺走。专制与民主，在中国历史上究竟扮演着什么角色，它们之间的关系怎样，完全是值得讨论的。但不同文化背景的学者观察问题的角度迥然不同，这更值得我们深思。学术交流的意义就在于可以相互启发，互相取长补短。作为中国学者，对于本国的历史文化当然有深切感受和认识；但是作为西方学者，从外部世界来看待中国，所关注的问题和角度有时并不是中国学者很容易就能发现或提出来的。从这个意义上说，不同学术文化背景的学者在一起讨论问题，可以引起我们更多的思考，也有利于学术研究的深入发展。

我们的合作之所以能长期友好地开展下去，有三个基本点是我们双方都同意并且遵守的：我们都同意必须坚持平等的原则，不管是谁，相互理解和尊重，这是开展合作研究的基础。我们都承认人民群众在历史上的重要地位，都认识到以往的中国史研究较多地关注社会上层，而对普通百姓的生产、生活历史，以及他们的思想、文化、情感却注意不够，开展这方面的研究具有重要的学术价值和意义。我们都承认实事求是的原则，任何交流和讨论，各种新的看法和认识，事实是第一位的，离开事实的讨论没有任何意义。我们正是在尊重事实、相互理解的基础上为了共同的研究目的而开展合作，在合作中相互交流，在交流中认识彼此的差异和寻找共同点。

我们的合作已经走过将近十年，双方都在各自的基础上接受新东西，既影响了他人也在改变自己。我们共同享受着合作的成果，有过共同的喜悦和欢乐，也有田野研究所带来的辛苦，但我们都感受到它的价值和意义。这是我们两院——福建社会科学院与法国远东学院长期友好合作的一项具体成果，也是福建社会科学院对外学术交流很有成绩项目之一。我们应该继续走下去，从学术研究与两院交流的角度说，它是一个新的开始。

客家学术研究丛书

策划 钟菱

主编 陈春声 罗勇 王东

客家研究导论（外一种：客家源流考）	罗香林 著
中国历史上的移民与族群性	梁肇庭 著
客家民系的形成及其源流	陈支平 著
客家民系与客家文化研究	谢重光 著
那方山水那方人：客家源流新说	王　东 著
走进客家历史田野	杨彦杰 著
传统客家村落社会研究	刘大可 著
白堠乡的故事	肖文评 著
动荡的围龙屋	周建新 著